Gabriele Fenkart/Anja Lembens/Edith Erlacher-Zeitlinger
(Hrsg.)

Sprache,
Mathematik
und
Naturwissenschaften

StudienVerlag
Innsbruck
Wien
Bozen

Gedruckt mit Unterstützung des Forschungsrates der Alpen-Adria-Universität Klagenfurt aus den Förderungsmitteln der Privatstiftung Kärntner Sparkasse, der Pädagogischen Hochschule Kärnten, Viktor Frankl Hochschule und dem Bundesministerium für Wissenschaft und Forschung in Wien.

Bibliografische Information Der Deutschen Bibliothek
Die Deutsche Bibliothek verzeichnet diese Publikation in der Deutschen National-bibliografie; detaillierte bibliografische Daten sind im Internet über <http://dnb.ddb.de> abrufbar.

ISBN 978-3-7065-4822-9

© 2010 by StudienVerlag Ges.m.b.H., Erlerstraße 10,
A-6020 Innsbruck
E-Mail: order@studienverlag.at
Internet: www.studienverlag.at

Layout: Marlies Ulbing
Umschlaggestaltung: Studienverlag/Vanessa Sonnewend
unter Verwendung eines Bildes von Jay Simmons

Gedruckt auf umweltfreundlichem, chlor- und säurefrei gebleichtem Papier.

Inhalt

Editorial

Wilhelm von Humboldt stellte fest: »Die Sprache ist das bildende Organ des Gedankens« (zit. nach Dörner 2006). Diese grundlegende Bedeutung der Sprache für das Denken und Verstehen in den Domänen der Mathematik und den Naturwissenschaften unterstreichen die Beiträge in diesem Band auf vielfältige Weise.

Wir verknüpfen mit Worten Bilder und Modelle in unserer Vorstellung, konstruieren Zusammenhänge und teilen uns gegenseitig unsere Wahrnehmung von Welt mit. Heurismen, also das Finden von Wegen, um ein Problem zu lösen, sind nach Dörner (2006) Frage-Antwort-Spiele mit einem selbst. In psychologischen Tests stellte man beispielsweise fest, dass bei Versuchspersonen, denen man das laute und das innere Sprechen beim Denken verbietet, eine erhebliche Verschlechterung des Denkprozesses zu verzeichnen ist (vgl. Dörner 2006). Wenn eine differenzierte Sprachbeherrschung also für ein differenziertes Denkvermögen spricht, so sollte es für alle Lehrenden ein Anliegen sein, der Sprache auch im mathematischen und naturwissenschaftlichen Unterricht die gebührende Aufmerksamkeit zu widmen.

Die Idee zum vorliegenden Buch entstand während des Universitätslehrgangs »Fachbezogenes Bildungsmanagement« 2006–2008, einer Kooperation der Österreichischen Kompetenzzentren (AECCs) für Deutschdidaktik und Mathematikdidaktik an der Alpen-Adria-Universität Klagenfurt, für Didaktik der Biologie, der Chemie und der Physik an der Universität Wien, dem Institut für Unterrichts- und Schulentwicklung (IUS) und der Pädagogischen Hochschule Kärnten. Die Zusammenarbeit der drei großen Bereiche Deutsch, Mathematik und Naturwissenschaften (Biologie, Physik und Chemie) als Fachdidaktiken und Unterrichtsfächer resultiert aber auch aus der erweiterten Grundkonzeption des IMST-Fonds[1], einer Maßnahme zur Unterstützung von innovativen Unterrichtsprojekten.

Die gemeinsame Schnittstelle ist dabei die Sprache, denn die Thematisierung von Sprache als Medium in allen Unterrichtsfächern zeigt sich als Brennpunkt sowohl im Schulalltag und der LehrerInnenaus- und -fortbildung wie auch in den Fachdidaktiken. Seit Verstehensleistungen in Mathematik, den naturwissenschaftlichen Fächern und in Deutsch Gegenstand internationaler und nationaler Testungen (PISA, TIMMS etc.) sind, rücken sprachliche Kompetenzen, im Besonderen Leselernprozesse, in den Blickwinkel der Aufmerksamkeit. Hier eröffnet sich ein großer Forschungsbereich für die Fachdidaktiken und ein bedeutsames Aufgabengebiet für die Unterrichtspraxis. Beide Zugänge, sowohl die Unterrichtspraxis als auch die fachdidaktische Forschung, kommen in diesem Band zu Wort.

Die einzelnen Beiträge öffnen die Wahrnehmung für die Vielschichtigkeit der Herausforderungen aus jeweils anderen Blickwinkeln. Da jeder Fachunterricht auf der Alltagssprache aufbaut, ist die Entwicklung allgemeiner sprachlicher Kompetenzen die Voraussetzung für die Entwicklung von fachsprachlichen Kompetenzen und damit für einen erfolgreichen Unterricht in allen Fächern. Die große Anzahl an Beiträgen aus den Bereichen der Mathematik und den Naturwissenschaften zeigt eine zunehmende Bewusstseinsbildung für die Tatsache, dass auch ihr Unterricht in diesem Sinne Sprachunterricht ist.

Das vorliegende Buch beleuchtet vier verschiedene Aspekte dieser Thematik.

Die altersgemäße Entwicklung einer Fachsprachlichkeit ist eine große didaktische Herausforderung, in der es darum geht, Kinder und Jugendliche bewusst von ihrer Alltagssprache zur Fach- und Formensprache heranzuführen. Das Ziel ist die Entwicklung eines inneren Sprachregisters, das Übersetzungstransfers von einer Sprachebene in die andere ermöglicht. Mit diesem Bereich beschäftigt sich das erste Kapitel des Bandes.

Da mehrsprachige bzw. multikulturelle Klassenzimmer zunehmend die Arbeitsrealität bestimmen, sehen sich LehrerInnen vor neuen Herausforderungen, denen nicht durch Förderkurse und Deutsch-als-Zweitsprache-Unterricht alleine begegnet werden kann. Sie sind Aufgabe von schulischer Bildung und damit Aufgabe aller Fächer. Einige Beiträge beschäftigen sich daher mit den Themen Lese- und Sprachkompetenz bei SchülerInnen mit Migrationshintergrund.

Das Thema Sprache als Schnittstelle des fächerübergreifenden Unterrichts zwischen den Fächern Deutsch, Mathematik und den Naturwissenschaften behandelt das dritte Kapitel. Der Bogen spannt sich von konkreten Unterrichtsprojekten, von Sprache und Literatur als verbindendem Element bis zum reflektierenden Schreiben als Methode der Aktionsforschung.

Mit den grundlegenden Kulturtechniken Lesen, Schreiben, Sprechen (Erzählen) für das Verstehen und das Lernen setzt sich das vierte Kapitel auseinander. Wenn sich alle Unterrichtsfächer für Strategien des Lesens, Schreibens und des eigenverantwortlichen Lernens zuständig fühlen, führt dies zu einer deutlichen Stärkung dieser grundlegenden Kompetenzen. Diese Erkenntnis ist nicht neu, hat aber doch noch nicht konsequent ihren Niederschlag im schulischen Alltag gefunden.

Der Band versteht sich als ein Plädoyer für Blicke über den Zaun, für zunehmende Zusammenarbeit und Vernetzung zum Wohle einer gelingenden Bildung, mit dem Ziel, den Lernenden Zugänge zum Verstehen von Welt zu erschließen.

Wir hoffen, Sie finden aufschlussreiche Anregungen und neue Argumente für die Förderung von Sprachkompetenzen in Ihrem Unterricht, in Ihren Fortbildungs- und Lehrveranstaltungen, und wünschen anregende Lektüre.

Gabriele Fenkart, Anja Lembens, Edith Erlacher-Zeitlinger

Anmerkung

1   IMST: Innovations in Mathematics, Science and Technology von 1999–2008. Ab 2008: Innovationen Machen Schulen Top. Infos siehe unter: *http://imst.uni-klu.ac.at/fonds*.

Literatur

DÖRNER, DIETRICH (2006): Sprache und Denken. In: Funke, J. (Hrsg.): *Denken und Problemlösen* Göttingen: Hogrefe (= Enzyklopädie der Psychologie, Themenbereich C: Theorie und Forschung, Serie II: Kognition, Bd. 8).

1
Von der Alltagssprache zur Fachsprache

Sprachebenen im Unterricht aus der Sicht von Deutsch, Mathematik, Physik, Biologie und Chemie

Fritz Schweiger

(Fast) alles ist Zahl
Eine kleine Kulturgeschichte der Mathematik und ihrer Sprache

1. Einleitung

An den Anfang wollen wir das berühmte Zitat aus dem *Saggiatore* Galileo Galileis setzen:

La filosofia è scritta in questo grandissimo libro che continuamente ci sta aperto innanzi a gli occhi (io dico l'universo), ma non si può intendere se prima non s'impara a intender la lingua, e conoscer i caratteri, ne' quali è scritto. Egli è scritto in lingua matematica, e i caratteri son triangoli, cerchi, ed altre figure geometriche [...]. (Galilei 1623, S. 631)

Die Philosophie ist in dem großartigen Buche niedergeschrieben, das immer offen vor unseren Augen liegt (ich meine das Universum). Aber man kann es erst lesen, wenn man die Sprache erlernt und sich die Zeichen vertraut macht, in denen es geschrieben ist. Es ist in mathematischer Sprache geschrieben, und die Buchstaben sind Dreiecke, Kreise und andere geometrische Figuren [...].

Dieser Gedanke wird auch von Werner Heisenberg aufgegriffen:

Im Grunde war ich mit meiner Freude an der mathematischen Beschreibung der Natur [...] auf den einen Grundzug des abendländischen Denkens überhaupt gestoßen, nämlich eben auf die [...] Verbindung der prinzipiellen Fragestellung mit dem praktischen Handeln. Die Mathematik ist sozusagen die Sprache, in der die Frage gestellt und beantwortet werden kann, aber die Frage selbst zielt auf einen Vorgang in der praktischen materiellen Welt; die Geometrie zum Beispiel diente der Vermessung von Ackerland. (Heisenberg 1955, S. 40)

Eine Einführung in die Probleme Sprache und Mathematik bietet Maier/Schweiger (1999). Einen kurz gefassten Überblick über gewisse Aspekte findet man in Schweiger (2005). In diesem Essay soll dargestellt werden, wie wesentliche Entwicklungslinien des mathematischen Registers (dies ist das Subsystem einer natürlichen Sprache, das durch ein spezielles Vokabular und durch mathematische Zeichen angereichert, der sprachlichen Kodierung mathematischer Tätigkeiten und Ideen dient) durch die Zahl geprägt sind.

2. Strategien mathematischer Tätigkeit

Zählen und Messen stehen wohl am Ursprung der Mathematik und sind zutiefst mit sprachlichen Ausdrücken verbunden. Wir folgen zunächst der klassischen Sprachlehre, wenn wir uns den Umständen des Ortes, der Zeit, der Weise und des Grundes zuwenden.

Lokale Bestimmungen stehen auf die Fragen: Wo? Wohin? Woher? Wie weit (hoch, tief, lang, breit)? Qualitative Antworten überwiegen zunächst.

»Wo warst Du gestern Abend?« – »Mit meiner Freundin in der Disco in Krähwinkel.« – »Wo ist denn das?« – »In der Nähe.« – »Was heißt das, zu Fuß oder mit dem Auto?« – »Ja, etwa 20 km südlich vom Stadtzentrum, aber wegen des dichten Verkehrs haben wir über eine halbe Stunde gebraucht.« Plötzlich sind die (mathematischen) Begriffe der Orientierung und des Messens da. Das Messen ist Zählen mittels eines konventionellen Maßstabes.

Hatte man früher von einem Tagesmarsch gesprochen und Tücher mit Ellen gemessen, so hat sich allmählich herausgebildet, dass ein konventioneller Maßstab *präziser* und *verlässlicher* ist, wenn man das Zählen voraussetzt. Alte Längen, Flächen- und Raummaße können eine Fundgrube für sprachgeschichtliche Überlegungen sein. Die Verwendung vielerlei Maße führte letztlich dazu, dass man in Paris das Urmeter aufbewahrte, um auf der ganzen Erde einen verlässlichen Maßstab einzuführen: das Meter.

Bündelung und *Teilung* gestatteten eine Vermehrung der Begriffe: Kilometer und Millimeter, die allmählich von der mathematisch durchsichtigen Schreibweise 10^3 m und 10^{-3} m abgelöst werden.

Die lokalen Bestimmungen »nah« und »fern« verlangen früher oder später nach Präzisierung; die Richtungsangaben »südlich«, »westlich«, »östlich« und »nördlich« sind für Navigation zu ungenau, man muss Winkel und Winkelmessung einführen. Ein rechter Winkel, das ist eine Vierteldrehung (da gebrauchen wir eine wichtige Strategie: das Teilen), aber, wenn es *genauer* werden soll, so besteht ein rechter Winkel aus 90 kleinen Schritten, die Drehung um 1° genannt werden.

Auch der folgende Dialog ist aufschlussreich: »Wie alt sind Sie?« – »Nicht mehr der Jüngste.« – »Als Arzt muss ich das schon genauer wissen.« – »Ja, 63 Jahre, geboren am 29. Februar 1946.« – »Das kann nicht stimmen, denn 1946 war kein Schaltjahr.« – »Entschuldigung, ich wollte 23. Februar sagen.«

Die Zählung von Schaltjahren nach einem Algorithmus modulo 4 kommt noch hinzu! Auch hier überwiegen zunächst qualitative Aussagen, aber unsere Kultur verlangt mehr. Die Zählung der Jahre und die Erfindung von Kalendern sind uraltes Kulturgut. Das eigentümliche Mischsystem unserer Kalenderangaben (Zählung der Tage, Benennung der Monate nach einer konventionellen Zwölferreihe, Zählung der Jahre) ist bemerkenswert, wobei zusehends auf Angaben wie 290246 (siehe E-Card) umgestiegen wird. Dafür sind physikalische Tatsachen verantwortlich, nämlich die (näherungsweise bestehende) Inkommensurabilität von Tageslänge und Jahreslänge bzw. Mondumlauf (wenn man andere Kalenderformen hinzunimmt). Die mathematisch bemerkenswerte Tatsache, dass man auf das Jahr 1 vor Christi Geburt gleich das Jahr 1 nach Christi Geburt folgen ließ (und das Jahr 0 übersprungen hatte!), führte zumindest um die letzte Jahrtausendwende zu einigen heiteren Disputen, wann denn das dritte Jahrtausend beginne.

Bündeln und *Teilen* sind auch hier am Werk, wenn auch nicht immer systematisch. Der Tag ist von Natur aus vorgegeben. Die Woche hat 7 Tage, aber der Monat kann verschieden viele Tage beinhalten. Der Tag wird konventionell in 24 Stunden eingeteilt, die Stunde in 60 Minuten, die Minute in 60 Sekunden. Bis hierher reicht das Erbe Babylons, dann verwendet man Zehntel- und Hundertstelsekunden.

Maß- und Wertangaben können durch konventionelle Maßstäbe verfeinert werden. »Max verdient mehr als Moritz« – »Ja, geht es nicht genauer?« – »Max hat im Monat rund 800,– € mehr auf seinem Gehaltszettel« – »Nun, wenn das Brutto bedeutet, brauche ich noch mehr *Informationen* um zu wissen, wie viel das Netto ist.«

Modale Bestimmungen sind gegen Mathematisierung zunächst sperrig. Sie ist *schön* wie eine Fee, er ist *charmant* wie ein echter Gentleman. Da haben Zahlen nichts verloren, außer im Umweg über begleitende Zählungen: Sie verdient als Model über 100.000,– € im Jahr, er hat schon mehr als ein Dutzend Heiratsanträge erhalten. Ob damit (und mit dem derzeit überbordenden Gebrauch von Kennzahlen) Wesentliches erfasst wird, mag dahin gestellt bleiben.

Eine Art modaler Bestimmung hat sich lange der Quantifizierung widersetzt. »Morgen wird es *wahrscheinlich* regnen, aber übermorgen scheint *sicher* wieder die Sonne.« – »Ich habe 2 kg Kirschen gekauft, aber die ersten beiden sind wurmig. Sind wohl alle Kirschen verdorben?« Wahrscheinlichkeit in Zahlen auszudrücken ist nur sinnvoll, wenn Ereignisse oft stattfinden oder zumindest stattfinden könnten! Darum gehen die ersten mathematischen Überlegungen auf das Würfel- und Kartenspiel zurück, bevor die industrielle Revolution und die Naturwissenschaften der Wahrscheinlichkeitstheorie und der Statistik eine neue Rolle zugeschrieben haben. »Ich bin mir 100 % *sicher*« kann daher nur metaphorisch verstanden werden, wie die Aussage »Dies ist ein *tiefer* Gedanke«, da es für Gedankentiefe keine Maßeinheit gibt. Auch die Ansicht, dass unser Leben im Kosmos ein Zufall sei, verwendet (vorläufig) den Begriff Zufall bloß im Sinne »Ursache unbekannt«.

Man sieht, die Sprache ist reich an Wörtern und Begriffen, die auf *Präzisierung* drängen und Mathematik ist eine Möglichkeit dazu. Grundlegend dafür sind der Begriff der Zahl und die damit verbundene Tätigkeit des Zählens. Zur Weiterentwicklung der Sprache sind dazu *Zahlwörter* entstanden. In diesem Aufsatz sei nur auf Grundzahlwörter eingegangen, obgleich gerade in den abgeleiteten Zahlwörtern viel implizite Mathematik enthalten ist. Die Anfänge der Zahlwortreihe werden mit dem Erwerb der Sprache gelernt. Diese Zahlwörter sind opak, d.h. man muss sie einfach lernen: eins, zwei, drei, vier … Im Fremdsprachenunterricht passiert Ähnliches: un, deux, trois, quatre … Dann sind verschiedene Schichten erkennbar: elf und zwölf entstanden aus »eins-darüber« und »zwei-darüber« (nämlich über zehn), aber von dreizehn bis neunzehn wird (im Deutschen!) einfach addiert. Die Zahlen zwanzig bis neunzig lassen ein wenig System erkennen (obgleich *zweizig und *dreizig besser ins System passen würden!). Die Umstellung dieser Zahlen mit eingefügtem »und« hat schon viele irritiert: einundzwanzig, neununddreißig usw.

Dann werden kühn Brückenpfeiler geschlagen: hundert, tausend, (eine) Million. Es kann reizvoll sein, wenn im Fremdsprachenunterricht auf die Unterschiede der Wortbildung eingegangen wird. Der Erwerb der Zahlreihe kann als abgeschlossen angesehen werden, wenn die darunter liegende Grammatik verstanden wird, d. h. ein Kind versteht den Sinn etwa von »einhundertdreiundsechzig«, obwohl es diese Zahl vorher nie gehört oder verwendet hat.

Das Messen ist auf dem Zählen aufgebaut. Im ersten Schritt wird abgezählt, wie oft eine gegebene Maßeinheit nötig ist. Das Messen hat, wie schon erwähnt, zur Präzisierung zweier wichtiger Schritte Anlass gegeben, das Bündeln und das Teilen. Auch hier ist die Alltagssprache reich an Ausdrücken: eine Herde Kühe, ein Büschel Bananen, ein Stapel Bücher. Für den Handel und andere Zwecke ist eine Präzisierung notwendig, durch die Anzahl der Objekte (es wurden 67 Kühe verkauft, eine Kiste Bier enthält 20 Flaschen), oder durch die Anzahl der Maßeinheiten (ein Büschel Bananen wiegt etwa 40 kg). Neben die Währungseinheit 1 Euro tritt die kleinere Einheit 1 Cent, neben die Stunde die Minute. Die Idee der Verwendung kleinerer Einheiten war es, das Rechnen mit Brüchen und rationalen Zahlen aufzuschieben. Wer 25 Cents sagen kann, braucht den Begriff $\frac{1}{4}$ Euro nicht! Allerdings hat sich gezeigt, dass man durch Einführung kleinerer oder größerer Einheiten (die Astronomen haben noch Lichtjahr und Parsec als Entfernungsmaßstäbe eingeführt) an Grenzen stößt. Die Exponentialschreibweise 10^z, $z \in \mathbb{Z}$, ist derzeit das Mittel der Wahl! Die Verwendung von Zahlen erschließt und verfeinert unser Weltbild, man darf aber nicht in den Fehler verfallen, alles und jedes messbar machen zu wollen, die Schönheit eines Sonnenuntergangs, das Glück leuchtender Augen, die Bedeutsamkeit von Ereignissen, vor allem nicht den Wert des Menschen.

3. Zahl trifft Funktion

»Heute«, »morgen«, »gestern« – das sind einfache Einteilungen des Zeitverlaufs. »Seit meinem Unfall sind nun schon drei Monate vergangen und in zwei Wochen darf ich wieder arbeiten.« Die Verfolgung von Zeitabläufen steht auch am Anfang des Funktionsbegriffs. Man versuchte den jeweiligen Ort als Funktion der Zeit zu beschreiben, etwa durch $x = x(t)$. Man begann mit Differenzen zu rechnen. Ein Weg zur Differentialrechnung $\Delta x = x(t + \Delta t) - x(t)$ wurde sichtbar.

Ebenso auf dem Begriff der Zahl aufbauend ist das *Modellieren* mit Funktionen. »Wenn wir schneller fahren, sind wir früher dort.« Richtig, aber die Gleichung $s = vt$ führt zu aussagekräftigeren Umformungen, etwa $t = s/v$. Wenn wir daher um ein Drittel schneller fahren, d. h. v durch $v° = v + v/3 = (4/3)v$ ersetzen, wird die neue Fahrzeit $t° = 3s/4v = (3/4)t$ um ein Viertel verkürzt.

Ein wichtiger Schritt ist schon verwendet worden. Mit der Entwicklung der Schrift, die es gestattet, Gesprochenes und Gedachtes festzuhalten, zu bewahren und zu kommunizieren, ist die Entwicklung der mathematischen Symbolsprache verbunden (siehe dazu Tropfke 1980, Schweiger 2008). Zunächst waren es Zahlzeichen, historisch zunächst wohl aus Kerben entwickelt I, I I, I I I, aber bald treten opake Zahlzeichen hinzu. Die Gestalt der Ziffer 7 verrät nichts mehr über ihren

Begriffsinhalt. Die Entwicklung des Positionssystems ermöglicht, die mentalen Operationen der Arithmetik (Addieren, Subtrahieren, Multiplizieren, Dividieren) durch die Verschriftlichung auf »große« Zahlen auszudehnen. Die elektronischen Rechenhilfen reduzieren dies allerdings auf die Eingabe von Daten und Operationszeichen und das Lesen der Angabe.

Der Mensch ist ein »homo ludens«. Daher stehen spielerische Aufgaben schon in den ältesten erhaltenen Büchern, etwa Aufgaben wie »Ein Bauer hat Hühner und Hasen. Miteinander sind es 35 Tiere, und sie haben zusammen 100 Beine. Wie viele Hühner und Hasen hat er?« Natürlich kann man diese Aufgabe durch Probieren lösen, aber die Symbolschrift macht es zu einem *Routinefall*. Sei x die Anzahl der Hühner und y die Anzahl der Hasen, so hat man zwei Gleichungen

$x + y = 35$

$2x + 4y = 100$

mit den unbekannten Variablen x und y.

Natürlich muss man mit sprachlichen Interferenzen umgehen können, wie die berühmte Testaufgabe »In einem College sind 5 mal mehr Studenten als Professoren. Drücke dies in einer Gleichung aus!« zeigt, wo sehr oft die Gleichung 5s = p hingeschrieben wird (s bezeichne die Anzahl der Studenten, p die der Professoren). Dies ist eine Mathematisierung, die nur die Schlüsselwörter »5 mal«, »Studenten« und »Professoren« in dieser Reihenfolge aufschreibt!

Die mathematische Symbolsprache dient dazu, *Information* zu *verdichten* und kann zu *syntaktischem Arbeiten* verwendet werden. »Das Quadrat der Summe zweier Zahlen ist gleich der Summe der Quadrate dieser Zahlen vermehrt um das Zweifache des Produkts dieser Zahlen.« Wenn dem Lernenden klar wird, dass $(a + b)^2 = a^2 + b^2 + 2ab$ eine gute Abkürzung ist, ist ein wichtiges Ziel erreicht! Mit der Gleichung $(a+b)^2 = a^2 + b^2 + 2ab$ kann man auch Entdeckungen machen. Man *ersetze b* durch $-b$ und kommt auf $a^2 + b^2 - 2ab = (a - b)^2 \geq 0$.

Daher ist $a^2 + b^2 \geq 2ab$.

Setzt man $a^2 = A$, $b^2 = B$, so erhält man mühelos die Ungleichung $\sqrt{AB} \leq \frac{A+B}{2}$.

Man versuche aus der obigen verbalen Formulierung dieses Ergebnis herzuleiten! Natürlich muss man vorsichtig sein. Die Gleichungskette $-1 = i^2 = \sqrt{-1}\sqrt{-1} = \sqrt{1} = 1$ enthält irgendwo einen oder mehrere Fehler! Der Verdacht bestätigt sich. Die Regel $\sqrt{x}\sqrt{y} = \sqrt{xy}$ ist anwendbar, wenn erstens das Wurzelsymbol eine Funktion bezeichnet und zweitens die richtige Funktion gewählt wird! Wählt man etwa für $x \geq 0$ die Funktion $f(x) = \sqrt{x} \geq 0$, so ist die obige Regel richtig. Wählt man hingegen $x \geq 0$ für die Funktion $g(x) = -\sqrt{x} \geq 0$, so ist die obige Regel falsch! Auch die Wahl $f(z) = e^{\pi i \varphi}$ für $z = e^{2\pi i \varphi}$ hilft nicht weiter, da dann $\sqrt{1} = -1$ festgelegt ist!

Die Moral aus dieser Geschichte: Es gibt keine Festlegung $\sqrt{x}$ von als Funktion, so dass obige Gleichungskette richtig ist. Man sieht, dass man aus Fehlschlüssen auch einen Nutzen ziehen kann.

Das mengentheoretische Paradox von Russell ist in Zeichen geradezu lächerlich einfach auszudrücken. Sei $M := \{S : S \notin S\}$. Gilt $M \in M$, so folgt aus der Definition von M sofort $M \notin M$; ist hingegen $M \notin M$, so folgt $M \in M$. Das sprachliche Ungetüm »Die

Menge aller Mengen, die sich nicht selbst als Element enthalten« bezeichnet eben keine Menge! Dazu ein Hinweis: Einen guten Überblick über die *Verlässlichkeit* mathematischen Arbeitens findet man in Harrison (2008).

Ein Ursprung der mathematischen Symbolsprache ist in der Verwendung von Abkürzungen zu finden. Das Wurzelzeichen $\sqrt{}$ ist aus Lateinisch *radix* »Wurzel« entstanden, das Integralsymbol $\int$ stammt aus einem stilisierten großen S (für Lateinisch *summa* »Summe«). Variablen stehen sprachlich für Pronomina. »Denk dir eine Zahl. Multipliziere sie mit 2, addiere dazu ihr Quadrat und sage, was du erhältst!« »35« »Dann ist die Zahl 5!« Für die Zahl schreibe x. Dann erhält man $2x + x^2 = 35$. Das Symbol x ist ein Pronomen, ein Fürwort für die gesuchte Zahl. Ein wesentlicher Schritt ist die Ausdehnung dieser Symbolsprache auf gedachte (erfundene oder entdeckte, jedenfalls vorstellbare) Objekte. Die Abkürzung $x \in \mathbb{Q}$ sollte aber nicht zur unschönen Sprechweise »x ist ein Element der Menge der rationalen Zahlen« Anlass geben, sondern die einfache Sprechweise »x ist eine rationale Zahl« beibehalten werden. Übersetzungsübungen und Bewusstmachen der Regeln der Fachsprache sollten in keinem Unterricht fehlen. Ist etwa $ax + by + c = 0$ die (allgemeine) Gleichung einer Geraden, so sollte man die Gleichung $y = x$ gelegentlich in die Form $1 \cdot x + (-1) \cdot y + 0 = 0$ übersetzen. Andererseits, das vielleicht bei einer Rechnung auftretende Ergebnis $a = 0$, $b = 2$, $c = 4$ sollte über die Zwischenform $0x + 2y + 4$ zur Gleichung $y = -2$ vereinfacht werden.

Ein- und Ausgaben bei computeralgebraischem Einsatz können hier helfen. Ebenso können Taschenrechner und Computer die zwei Systeme der Funktionsbezeichnung »EINGABE und dann die FUNKTION« oder »FUNKTION und dann die EINGABE« bewusst machen: Man schreibt x^2, und spricht »x-Quadrat«, aber schreibt $\sqrt{x}$ und sagt »Wurzel aus x«.

Wissen über die Kulturgeschichte ist vor allem *Reflexionswissen*. Ein möglicher Einsatz im Unterricht erfordert viel didaktisches Geschick und muss wohl dosiert sein. Kinder lernen auch nicht schreiben, indem man den historischen Weg von den Hieroglyphen über die Schriften des Alten Orients bis heute nachvollzieht! Die Verwendung kleinerer Einheiten (durch Teilen) führt allerdings nicht nur zum Bereich der rationalen Zahlen $\mathbb{Q}$ (mit der Zwischenstufe der Brüche!), sondern zugleich zu deren Begrenztheit. Mit keiner noch so kleinen Längeneinheit kann man die Längen von Seite und Diagonale eines Quadrats zugleich messen. Wir sagen dafür »$\sqrt{2}$ ist irrational« (lat. *ratio* »Verhältnis«). Die Entdeckung dieses Sachverhalts soll eine Erschütterung der griechischen Wissenschaft nach sich gezogen haben, aber es gelingt nicht so recht, dies in den Unterricht zu übertragen. Immerhin hat die Menschheit gut zwei Jahrtausende mit irrationalen Zahlen gelebt und irgendwie gerechnet. Der *Kalkül* überwand die Bedenken, und erst im 19. Jahrhundert hat man hier entscheidend weitergearbeitet; die Erforschung der Grundlagen der Mathematik bekam einen neuen Aufwind. Kinder sitzen vor dem Fernseher ohne etwas über die Entdeckung des Elektrons als Elementarteilchen zu wissen. Sie fahren auch im Flugzeug in den Urlaub, bewundern vielleicht die technologische Umgebung, aber empfinden nicht das Staunen über das aerodynamische Prinzip des Auftriebs.

4. Zeichen, Wörter und Sätze

Daher ist es legitim, Mathematik als *Handeln* zu vermitteln, mit einer Dosis Reflexionswissen im Hintergrund. Auch das Vokabular kann technisch sein. Es ist gut, wenn Wörter wie »Addieren, Multiplizieren, Funktion, komplexe Zahl …« signalisieren, dass man Mathematik treibt. »Hinzuzählen, Vervielfachen« sind Wörter mit begrenzter Reichweite (und die Differenz zur Alltagssprache soll bei der Zahlbereichserweiterung von $\mathbb{Z}$ und $\mathbb{Q}$ nicht verschwiegen werden). Wenn Subtrahieren »Wegnehmen« bedeutet, so ist die Aufgabe $2x^2 - x^2 = 2$ richtig gelöst, denn x^2 wurde ja weggenommen. Störend ist dabei die Konvention der 1-Deletion, nämlich x^2 statt $1 \cdot x^2$ zu schreiben (ähnlich wie wir »zehn« statt »*ein-zehn« sagen, bei »hundert« ist aber auch schon »einhundert« zulässig und das Wort »Million« kommt ohne Zusatz »eine Million« nicht aus).

Eine Schwierigkeit liegt auch darin, dass im Alltag Wörter kontrastiv verwendet werden: Eine Ellipse ist durch ihr typisches Aussehen kein Kreis, aber in der Mathematik ist ein Kreis ein Spezialfall einer Ellipse, ebenso ist ein Quadrat prototypisch kein Rechteck. Über den Randfall »leere Menge« könnte man lange diskutieren, denn eine Menge sollte doch eben eine Menge von Dingen oder Ähnlichem sein! Die freie Verwendung von Wörtern wie »Gruppe«, »Ring«, »Körper« usw. ist sicher kein Problem. Die Verwendung von »Topologischer Raum«, »Metrischer Raum« oder »Vektorraum« zeigt die metaphorische Dimension des Wortes »Raum« auf, denn in der Mathematik gibt es keine Definition von Raum. Historisch erklärbar ist die Verwendung von Wörtern für Elemente mancher Strukturen (z. B. »Vektor« für »Element eines Vektorraums«), was aber auch zu Interferenzen führen kann, weil im Physikunterricht mit dem Begriff »Vektor« andere Vorstellungen angesprochen werden als mit den Axiomen eines Vektorraums. Die Beschränkung weiter Teile der Schulmathematik auf Zahlen im weitesten Sinn ist insofern nicht zufällig, als die Strukturen $\mathbb{N}$, $\mathbb{Z}$, $\mathbb{Q}$, $\mathbb{R}$ und $\mathbb{C}$ »kategorisch« sind, d. h. sie sind durch die dahinter liegenden Axiome im Wesentlichen eindeutig bestimmt, während es viele Gruppen, Ringe oder auch Körper gibt.

Eine gewisse Schwierigkeit liegt in der Verwendung von Adjektiven. Ein schwarzer Hund ist im Alltagsverständnis jedenfalls ein Hund, ein abgebranntes Haus allerdings eigentlich kein Haus mehr. Eine komplexe Zahl ist nur dann sinnvoll, wenn man schon weiß, was eine Zahl ist. Dies erinnert eher an den Begriff Fledermaus, die ja auch keine Maus (im zoologischen Sinn) ist. StudentInnen haben oft Schwierigkeiten zu verstehen, warum man beweisen muss, dass eine »offene Kugel« (die Menge aller Punkte x in einem metrischen Raum, die die Bedingung $|x - m| < r$ erfüllen) eine »offene Menge« im Sinne der Topologie ist.

Doppeldeutigkeiten, mit denen man ganz gut leben kann, liegen bei geometrischen Begriffen und zugeordneten Maßzahlen vor. Ein Radius eines Kreises ist eine gerichtete Strecke (eine Menge von Punkten mit festgelegtem Anfangspunkt), aber die Aussage, dass der Radius des Kreises gleich 5 ist, ist dennoch korrekt interpretierbar. Der Hintergrund ist hier, dass geometrische Verfahren und Messverfahren eng zusammenhängen. Die Gleichheit der Länge zweier Strecken ist durch Kongruenz feststellbar, aber eben auch durch Längenmessung. Bei der Flächenmessung von Rechtecken ist das bereits anders!

Die Verdichtung der Information, die das Verständnis mathematischer Texte erschwert, ist mit dem Lückentest leicht nachvollziehbar. Der Satz »G_st_rn war i__ i_ Ki_o« ist spielend zu »Gestern war ich im Kino« ergänzbar. Die Aussage »1kg Äpfel kostet € 1,12. Wie viel bezahlte Frau Bauer für 1,75 kg?« ist aus »_kg Äpf_l kostet € 1,12. Wie viel bezahlte Fr_u Bau_r für 1,75 __?« mit größerer Mühe rekonstruierbar. Die Nichtbeachtung des minimalen Unterschieds (Beisetzung eines hochgestellten Striches) zwischen der Funktion f und ihrer Ableitung f' kann verhängnisvoll sein.

Hat der Lernende sich mit dem mathematischen Vokabular und den Anfängen der Symbolsprache angefreundet, so wartet die nächste Hürde auf ihn, die mathematische Syntax. Hier ist oft die Reihenfolge entscheidend! Der Satz »Es gibt eine Frau für jeden Mann« wird im Alltag meist zu dem (in Grenzen richtigen) Satz »Für jeden Mann gibt es eine Frau« uminterpretiert. Hingegen wird bei einer Algebraprüfung die Aussage »In einer Gruppe gibt es ein inverses Element zu jedem Element« schon als Fehler angesehen, denn korrekt sollte es doch heißen »In einer Gruppe gibt es zu jedem Element ein inverses Element.« Besonders auffällig ist diese Diskrepanz bei der berühmten Formulierung »Zu jedem $\varepsilon > 0$ gibt es ein $\delta > 0$ …«, obwohl der Kundige schon die konventionelle Signalwirkung am Buchstaben ε erkennt. Im Alltag ist es die Verschiedenheit der Begriffe und eine leichte Phrasierung, die hier helfen: »Für jede Krankheit gibt es eine passende Behandlung« ist vielleicht noch ein Wunschtraum, aber der Satz »Es gibt eine Behandlung, die bei jeder Krankheit hilft« kaum glaubwürdig. In der Mathematik sind ε und δ beides eben nur Zahlen.

Dazu kommen noch die (zum Teil vermeidbaren) Nominalisierungen (»Aus der Orthogonalität zweier Vektoren folgt ihre lineare Unabhängigkeit«) und die Schachtelsätze: »Eine Funktion f heißt im Punkt x_0 differenzierbar, wenn es eine Zahl k gibt, so dass es zu jeder Zahl $\varepsilon > 0$ eine Zahl $\delta > 0$ gibt, so dass aus der Bedingung $|x - x_0| \leq \delta$ folgt $|f(x) - f(x_0) - k(x - x_0)| \leq \varepsilon |x - x_0|$« . Ist die Zahl k eindeutig bestimmt, so setzt man $f'(x_0) := k$.

In einer noch stärker formalisierten Sprache könnte der Bedingungssatz etwa so geschrieben werden: $\exists k. \forall \varepsilon. \varepsilon > 0 \Rightarrow \exists \delta. \delta > 0 \wedge \forall x. |x - x_0| < \delta \Rightarrow |f(x) + f(x_0) - k(x - x_0)| \leq \varepsilon |x - x_0|$.

Es sei darauf hingewiesen, dass kausale Bestimmungen, vor allem die Fragen Warum? und Wieso? ebenfalls zu Mathematik führen. Das Modell kausaler Abläufe (»Wenn die Sonne scheint, wird es wärmer«) spiegelt sich im mathematischen Beweis wider. Gewiss sind hier die Gründe nicht physikalischer Natur oder empirisch abgesichert, aber logischer Natur und dann für den Mathematiker eine Freude, für andere eher abschreckend. »Wenn eine Zahl n^2 gerade ist, so ist auch ihr Quadrat n^2 gerade.« Der Alltag gibt aber immer wieder Anlass zur Vermischung von Implikation und Äquivalenz. »Wenn morgen die Sonne scheint, gehen wir ins Schwimmbad.« Es ist anzunehmen, dass der Badeausflug entfällt, wenn die Sonne nicht scheint.

Die Bedeutung der Sprache in der Mathematik wird auch bei einer Analyse des *Modellierens* deutlich. Folgt man etwa dem Lösungsplan nach Blum 2006, so werden vier Schritte unterschieden: Aufgabe verstehen – Modell erstellen – Mathematik benützen – Ergebnis entdecken. Eine Aufgabe verstehen bedeutet, die in einer Sprache kodierte Information zu entschlüsseln. Die Erstellung eines Modells verlangt die Übersetzung in das mathematische Register, mit welchem dann gearbeitet wird, also Mathematik benutzt wird. Das Ergebnis erklären, erfordert sodann die Rückübersetzung in eine mit nur wenigen fachsprachlichen Elementen angereicherte Sprache.

5. Epilog

In den Bildungsstandards für den Abschluss der Sekundarstufe I Deutschlands werden fünf Leitideen unterschieden: Zahl – Messen – Raum und Form – Funktionaler Zusammenhang – Daten und Zufall. Man erkennt aber, dass in fast all diesen Leitideen die Zahl enthalten ist. Die Leitidee Zahl meint offenbar vor allem geläufige Schulung der Arithmetik. Das Messen ist ohne Zahl gar nicht möglich! Funktionale Zusammenhänge sind auf diesem Niveau vor allem Zusammenhänge zwischen Zahlenreihen. Qualitative Aussagen, wie »die Funktion steigt oder fällt«, werden durch Ungleichungen präzisiert. Daten und Zufall – das ist geradezu die Betrachtung großer Mengen von Zahlen! Raum und Form können durch ihre visuelle Komponente, ästhetische Aspekte und Erfahrungen durch Begreifen und Bewegen eine von der Zahl unabhängige mathematische Einsicht beanspruchen. Wenn man diese Einsichten aber genauer beschreiben will, tritt dann doch die Zahl auf den Plan – Beschreibung der Lage durch Koordinaten, Gleichungen für Kurven und Flächen, Darstellung von Symmetrien und Kongruenzabbildungen durch Matrizen (hier werden Modelle andersartiger Strukturen sichtbar, nämlich Gruppen!).

Mathematisches Denken ist die Basis unserer technologisch orientierten Kultur. Es wurde versucht darzustellen, wie aus den Anfängen des Zahlbegriffs durch Hinzunahme verschiedener Strategien und Entwicklung einer geeigneten Sprache die Mathematik entstanden ist. Verstehen der Sprache der Mathematik ist somit ein Beitrag zur Bildung. Die Wichtigkeit dieser Sprachform einzuschätzen, heißt auch ihre Grenzen zu erkennen. In einer Zeitschrift las ich den Satz »Die Erde dreht sich zärtlich« (Dorothee Sölle). »Die Erde dreht sich«. Das ist Physik und vieles ist daraus in Mathematik beschreibbar. Das Adverb »zärtlich« entzieht sich der Rationalität. Es kann spirituelle Erfahrung ausdrücken oder schlichter die Hoffnung vieler Menschen auf eine gute Zukunft, zu der auch die Mathematik etwas beitragen könnte.

Literatur

BLUM, WERNER (2006): Modellierungsaufgaben im Mathematikunterricht – Herausforderungen für Schüler und Lehrer. In: Büchter, Andreas et al.: *Realitätsnaher Mathematikunterricht – Vom Fach aus und für die Praxis. Festschrift für Hans-Wolfgang Henn zum 60. Geburtstag.* Hildesheim: Franzbecker, S. 8–23.

GALILEI, GALILEO (1623): Il saggiatore. In: *Opere di Galileo Galilei a cura di Franz Brunetti.* Volume Primo. Torino: Unione Tipografico – Editrice Torinese 1964.

HARRISON, JOHN (2008): Formal Proof – Theory and Practice. In: *Notices of the AMS* 55, S. 1395–1406.

HEISENBERG, WERNER (1955): *Das Naturbild der heutigen Physik.* Hamburg: Rowohlt.

MAIER, HERMANN; SCHWEIGER, FRITZ (1999): Mathematik und Sprache. Zum Verstehen und Verwenden von Fachsprache im Unterricht. In: Reichel, Hans-Christian (Hrsg.): *Mathematik für Schule und Praxis.* Bd. 4. Wien: ÖBV & HPT.

SCHWEIGER, FRITZ (2008): The grammar of mathematical symbolism. In: Barbin, Evelyne; Stehlíková, Nad'a; Tzanakis, Constantinos (Ed.): *History and Epistemology in Mathematics Education. Proceedings of the 5th European Summer University.* Plzeň: Vydavatelský servis, S. 423–430.

DERS. (2005): Sprache und Mathematik. In: Maaß, Jürgen; Langer, Ulrich; Larcher, Gerhard (Hrsg.): *Kepler Symposium. Philosophie und Geschichte der Mathematik.* Linz: Universitätsverlag Rudolf Trauner, S. 38–50.

TROPFKE, JOHANNES (1980): *Geschichte der Elementarmathematik. Bd. 1: Arithmetik und Algebra.* 4. Auflage vollständig neu bearbeitet von Kurt Vogel, Karin Reich, Helmuth Gericke. Berlin-New York: Walter de Gruyter.

Peter Gallin, Urs Ruf

Von der Schüler- zur Fachsprache*

Authentische Begegnungen zwischen Lernenden und Unterrichtsstoffen kommen zustande, wenn die Annäherung an den Inhalt jeweils so erfolgt, dass sie der Verfassung der Lernenden entspricht. Zwischen der singulären Position des Lernenden und der regulären Welt des Fachs liegt immer ein Spannungsfeld, aus dem alle Lernprozesse ihre Dynamik beziehen.[1]

Wer ein Fachgebiet durchschaut und beherrscht, kann sich in den unterschiedlichen Sprachebenen sicher bewegen. Er vermag reguläre Formalisierungen jederzeit bis ins Fundament der singulären Sprech- und Sehweisen zurückzuführen und ist umgekehrt in der Lage, Probleme aus seiner unmittelbaren Umgebung wahrzunehmen und ihre fachlichen Aspekte über alle Abstraktionsstufen bis hin zur fachlichen Präzision zu verdichten. Diese sprachliche und fachliche Beweglichkeit darf man allenfalls als hochgesteckte Zielvorstellung eines Fachstudiums fordern, nicht aber als unreflektierte Grundvoraussetzung für den Fachunterricht in der Schule. Der Lehrende muss also über diese Beweglichkeit verfügen, der Lernende muss sie nach und nach erwerben.

Konkret bedeutet das: Die Schülerinnen und Schüler reden in ihrer Sprache und auf dem für sie erreichbaren Abstraktionsniveau über Fachliches; der Lehrkraft obliegt die Aufgabe der Übersetzung und Interpretation. Diese einfache und naheliegende Forderung an den Unterricht wird in der heutigen Realität des Schulalltags mit regelmässiger Hartnäckigkeit missachtet: Normalerweise setzt die Lehrperson die Sprachebene fest, in der sie den Stoff darbieten und verhandeln will, und die Schülerinnen und Schüler sind stillschweigend dazu verpflichtet, die Aufgabe der Interpretation und der Übersetzung in ihre eigene Sprache zu übernehmen.

1. Sprache des Verstehens und Sprache des Verstandenen

In der persönlichen und singulären Auseinandersetzung mit dem Stoff erfährt man die eigenen Möglichkeiten und Grenzen, im erzählenden Austausch mit anderen gestaltet man seine Erkenntnisse und erweitert seinen Horizont. So arbeitet man gemeinsam an einer Sprache, die zwar mehr und mehr in die Welt des Regulären hineinwächst, trotzdem aber auch etwas ganz Persönliches bleibt. Martin Wagenschein nennt sie die Sprache des Verstehens und unterscheidet sie scharf von der Sprache des Verstandenen (Wagenschein 1980). Die Sprache des Verstandenen ist ökonomisch und effizient. Aber ein Unterricht, der sich darauf beschränkt, sie zu vermitteln und einzuüben, überlässt Bildung dem Zufall und produziert reihenweise Schädigungen. Der Unterricht muss Schülerinnen und Schüler anleiten, wie sie fachliche Fragestellungen mit ihrem Ich-Zentrum in Verbindung bringen und wie sie mit Hilfe persönlich durchdrungener Begriffe zum Verstehen vordringen können. Hans-Georg Gadamer hat dies so formuliert: »Das erste, womit das Verstehen beginnt, ist, dass etwas uns anspricht: Das ist die oberste aller hermeneutischen Bedingungen.« (Gadamer 1959) Und Martin Wagenschein ergänzt: »Das wirkliche Verstehen bringt uns das Gespräch. Ausgehend und angeregt von etwas Rätselhaftem, auf der Suche nach dem Grund.« (Wagenschein 1986, S. 74) Der Unterricht muss also auch Gelegenheiten für den Austausch der Lernenden untereinander schaffen, damit die singulären Positionen im Gespräch geklärt und zu regulären Einsichten erweitert werden können. Verstehen ereignet sich im Gespräch. Selber mit dem Stoff reden und seine Erlebnisse mit anderen austauschen, das sind die beiden Quellen des Verstehens.

Überall, wo Menschen sich aufmachen, um mit einer Sache Kontakt aufzunehmen und sie in der Vorschau zu erforschen und zu begreifen, ist die Sprache des Verstehens am Werk. Und überall, wo Menschen zurückschauen, um das Erforschte zu sichten, zu ordnen, zu integrieren und für die Zukunft verfügbar zu machen, bewegen sie sich erklärend und definierend in der Sprache des Verstandenen. Das ist in der Wissenschaft nicht anders als in der Schule. Auch die Forscher bedienen sich singulärer, vorläufiger Sprechweisen, wenn sie in der »Vorschau-Perspektive« in unbekannte Gebiete vorstoßen. Erst wenn alles klar und gesichert ist, entstehen in der »Rückschau« erklärende Publikationen, die sich der regulären Fachsprache bedienen.

2. Singuläre Standortbestimmung, divergierender Austausch, reguläre Einsichten

Gängige Fragestellungen erzeugen keine Unruhe; Probleme dagegen werfen uns buchstäblich aus der Bahn. Charakteristisch für authentische Begegnungen mit Problemen ist die Verunsicherung und der Zwang zur Neuorientierung. Diese Aufgabe des Herausforderns, des Stimulierens oder sogar des Provozierens übernehmen sach- und schülergerechte Kernideen im Unterricht, welche – zu expliziten Aufträgen umgeformt – die Lernenden in einer ersten Phase längere Zeit beschäftigen. Die singuläre Standortbestimmung ist die notwendige Antwort der Lernenden auf die provozierenden Kernideen und sie erfolgt ganz in der Sprache des Verstehens. Damit die Heterogenität innerhalb einer Schulklasse die verschiedenen Antworten nicht schon im Keime erstickt, muss jede Schülerin und jeder Schüler das Protokoll der Auseinandersetzung mit der Kernidee in schriftlicher Form abgeben. Fachliche und sprachliche Normen treten dabei in den Hintergrund. Im Unterricht muss man dieser Phase der Erarbeitung viel Raum und Zeit zumessen. Auf dem Weg zur professionellen Handhabung der regulären Produktions- und Rezeptionsmuster kommt in einer zweiten Phase dem divergierenden Austausch eine Schlüsselrolle zu. Die verschiedenen Arbeitsformen, die den Austausch mit der Lehrperson einerseits unter den Lernenden andererseits ermöglichen, müssen mit Geduld und Beharrlichkeit erprobt und erlernt werden. Alles, was den Lernschritten in den ersten beiden Phasen dient, gehört in den Bereich des internen Sprachgebrauchs, hat Werkstattcharakter und findet seinen Niederschlag im Reisetagebuch oder Lernjournal; hier gelten die Regeln der Sprache des Verstehens. Alle schriftlichen und mündlichen Formen der regulären Einsichten hingegen, die den Charakter von Auftritten vor dem Publikum haben – also Prüfungen, Referate, szenische Darstellungen, Texte für Leser, Theorien usw. – nennen wir Produkte; sie orientieren sich an der Sprache des Verstandenen.

3. Lernen auf eigenen Wegen

Das zentrale Anliegen des Konzepts »Lernen auf eigenen Wegen« besteht darin, die Lernenden zum Aufbau regulärer Kenntnisse und Fertigkeiten anzuleiten, ohne sie dadurch von ihrer singulären Basis zu entfremden. Am Anfang eines Lernprozesses stehen Kernideen, die das ganze Stoffgebiet in vagen Umrissen einfangen und als attraktives Gegenüber die Lernenden zum sachbezogenen Handeln herausfordern. Der generelle Auftrag lautet: »Dokumentiere deinen Lernweg!« Das ferne Ziel des Lernwegs ist der Überblick über das Sachgebiet in der Rückschau und die Beherrschung der zugehörigen, selbstständig aufgebauten Algorithmen und Kenntnisse. Als Orientierungshilfen für Lehrpersonen dienen folgende Fragen, aus denen Aufträge für die Lernenden geformt werden können:
- Wie wirkt dieser Stoff auf mich? (Vorschau)
- Wie verhalte ich mich beim Problemlösen? (Weg)
- Kann ich mit meinem Wissen und Können vor anderen bestehen? (Produkt)
- Was habe ich erreicht? (Rückschau)

4. Kernidee und Reisetagebuch

Die schriftliche Arbeit an Aufträgen im Reisetagebuch erlaubt es, die Lernenden mit großen und zusammenhängenden Stoffgebieten in der Form von Kernideen zu konfrontieren und ihnen genügend Raum für authentische Begegnungen und für singuläre Standortbestimmungen anzubieten. Je nach Standort, den ein Lernender der Sache gegenüber einnimmt, und je nach Intensität seiner Interaktionen wird er beim Lernen mehr oder weniger lange Wege beschreiten. Jeder kann sich allerdings nur auf die ihm gemäße Weise entwickeln, wenn ihm der Unterricht spezifische Arbeitsinstrumente und adäquate Beurteilungskriterien anbietet. Leistungen im Reisetagebuch entstehen unter anderen Bedingungen und müssen anders beurteilt werden als Leistungen, die sich an ein Publikum richten und sich an regulären Anforderungen orientieren. Der Weg von der Kernidee zur Theorie ist individuell verschieden. Hilfreich sind dabei knappe, aber spezifische Rückmeldungen der Lehrperson oder der Mitschülerinnen und Mitschüler sowie die Aufforderungen, neben den sachbezogenen Einsichten auch über die eigene Lernstrategie zu reden bzw. zu schreiben. Dabei hebt der Lernende sein vielfach nur intuitiv vorhandenes Handlungswissen auf die Ebene des begrifflichen Bewusstseins. Häufig ist die singuläre Sprachkompetenz den Ansprüchen eines komplexen Sachverhalts noch nicht ganz gewachsen. Dieses Ungleichgewicht nicht als Mangel zu sehen und es für das Lernen fruchtbar zu machen, ist eine wichtige Aufgabe der Lehrperson. Sie hat die anspruchsvolle Pflicht und verantwortungsvolle Aufgabe, bei allen Lernenden die Entwicklung von der Sprache des Verstehens in die Sprache des Verstandenen zu begleiten.

5. Rollentausch

Wenn die Lehrperson den Lernenden und ihren singulären Sprech- und Denkweisen den Vortritt lässt, muss sie zwar alles nutzen, was sie an fachlichem Wissen und Können zu mobilisieren vermag, breitet dieses Wissen aber nicht flächendeckend aus, sondern holt nur gerade das heraus, was in der aktuellen Gesprächssequenz hilfreich und erhellend wirkt. Nicht das Produzieren ist ihr Hauptbeitrag im Unterricht, sondern das viel schwierigere Rezipieren. Die Lehrperson ist es, die sich auskennt im Fach, darum obliegt ihr die Aufgabe, sich als bewegliche Zuhörerin in die singulären Systeme der Lernenden einzudenken und wohldosierte Hilfen auf dem Weg zum Regulären anzubieten. Damit vertauschen Lehrer und Schüler die Rollen: die Schüler reden, die Lehrperson hört zu; sie passt genau auf, stellt Rückfragen und will verstehen.

Das nachfolgende kurze Beispiel aus dem gymnasialen Mathematikunterricht des siebenten Schuljahrs soll zeigen, wie im Rahmen des geometrischen Themas »Achsenspiegelung« einerseits der Ich-Bezug geschaffen werden kann und andererseits die Kernidee der Asymmetrie unserer Gesichter zu provozieren vermag. Stefanie bearbeitet in ihrem Reisetagebuch den folgenden Auftrag: »Halte einen Spiegel auf ein Foto deines Gesichtes und überprüfe, ob es achsensymmetrisch ist oder nicht. Erfinde dann eine Methode, wie du mit dem Fotokopierer aus deinem Foto zwei Gesichter herstellen kannst, von denen eines aus zwei linken und eines aus zwei rechten Hälften besteht.« Da die überraschende, vorbildliche und durch drei Häklein qualifizierte Bearbeitung von Stefanie auch allen Mitschülerinnen und Mitschülern der Klasse kopiert abgegeben worden ist, findet – organisiert durch den Lehrer – bereits ein erster Austausch unter den Lernenden statt. Außerdem ist dank Stefanies Arbeit für den Lehrer auch sofort klar, was in der Klasse noch besprochen werden muss und wie die Arbeit am Thema ihre Fortsetzung findet. Die ersten Hinweise erkennt man bereits in der Rückmeldung des Lehrers. Das Beispiel zeigt, wie durch konsequenten Einbezug von singulären Schülertexten ein sachbezogener Dialog[2] mit den Lernenden und unter den Lernenden in Gang gesetzt werden kann, so dass die regulären Kenntnisse der durch den Lehrplan vorgegebenen Stoffe nicht als schädigende Fremdkörper, sondern gleichsam als körpereigene Substanz in den Lernenden wachsen.

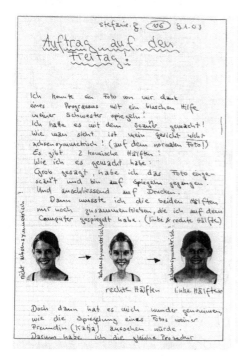

Anmerkungen

* Dies ist eine leicht überarbeitete Fassung eines Artikels, der in der Zeitschrift *Forum Schule heute* (Nr. 1, Februar 2003, S. 7–9) in Südtirol erschienen ist.

1 Die zentralen Begriffe dieses Artikels sind in Gallin/Ruf 1990 nachzulesen.

2 Mehr zum sogenannten »Dialogischen Lernen« in Ruf/Gallin 2005 und in Gallin 2008.

Literatur

GADAMER, HANS-GEORG (1959): Vom Zirkel des Verstehens. In: Günther Neske (Hrsg.): *Martin Heidegger: Festschrift zum 70. Geburtstag.* Pfullingen: Neske, S. 24–35.

GALLIN, PETER (2008): Den Unterricht dialogisch gestalten » neun Arbeitsweisen und einige Tipps. In: Ruf, Urs; Keller, Stefan; Winter, Felix (Hrsg.): *Besser lernen im Dialog.* Seelze-Velber: Kallmeyer, S. 96–108.

GALLIN, PETER; RUF, URS (1990): *Sprache und Mathematik in der Schule. Auf eigenen Wegen zur Fachkompetenz.* Zürich: Verlag Lehrerinnen und Lehrer Schweiz (LCH) sowie: Seelze-Velber: Kallmeyer (1998).

RUF, URS; GALLIN, PETER (2005): *Dialogisches Lernen in Sprache und Mathematik. Austausch unter Ungleichen.* Bd. 1: *Grundzüge einer interaktiven und fächerübergreifenden Didaktik.* Bd. 2: *Spuren legen – Spuren lesen. Unterricht mit Kernideen und Reisetagebüchern.* Seelze-Velber: Kallmeyer, 3. überarb. Aufl.

WAGENSCHEIN, MARTIN (1980): Physikalismus und Sprache. Gegen die Nichtachtung des Unmessbaren und Unmittelbaren. In: Schaefer, Gert; Loch, Werner (Hrsg.): *Kommunikative Grundlagen des naturwissenschaftlichen Unterrichts.* Weinheim: Beltz, S. 11–37.

DERS. (1986): *Die Sprache zwischen Natur und Naturwissenschaft.* Marburg: Jonas, S. 74.

Claus Bolte, Reinhard Pastille

Naturwissenschaften zur Sprache bringen

Strategien und Umsetzung eines sprachaktivierenden naturwissenschaftlichen Unterrichts

Orientiert an den Kompetenzmodellen und Basiskonzepten der Rahmenpläne wird in einem 2007 gestarteten Forschungs- und Unterrichtsprojekt der Erfolg sogenannter »sprachaktivierender Maßnahmen im naturwissenschaftlichen Unterricht der Jahrgangsstufe 7/8« untersucht. Die bislang gesammelten Erfahrungen zeigen, dass systematische Sprachförderung im naturwissenschaftlichen Unterricht erfolgreich ist, wenn sie auf die fachspezifischen, in den Standards beschriebenen kommunikativen Kompetenzen abzielt. Von den Autoren entwickelte »Werkstücke zur Unterrichtsgestaltung« ermöglichen es dabei, zu vermittelnde Unterrichtsinhalte am Parameter der Sprachaktivierung zu messen, um sie für SchülerInnen gewinnbringend aufzubereiten.

1. Einleitung

Nicht erst seit der Entdeckung des »Schülers mit Migrationshintergrund« durch Kultusbehörden und die aktuelle Forschung ist systematische Sprachförderung auch im naturwissenschaftlichen Unterricht das fachdidaktische Gebot der Stunde. Stärker als in den geisteswissenschaftlichen Fächern fehlt es in den Naturwissenschaften aber an praxiserprobten und fachdidaktisch fundierten Modellen der Sprachförderung. Vorherrschend ist mancherorts noch immer die Annahme, dass sich ein zielführender Umgang mit den naturwissenschaftlichen Fachsprachen – Fleiß und Talent auf SchülerInnenseite vorausgesetzt – gleichsam von selbst oder doch mit nur punktuellen Hilfen durch die Lehrperson vermitteln ließe. Zugleich ist die Welle der Euphorie, die die »Sprachförderung« als notwendige Ergänzung des Fachunterrichts einmal begleitet hat, einer reflektierten, teils auch offen resignativen Einschätzung gewichen. Zu oft erschöpft sich in der Praxis die Arbeit »an der Sprache« in klassischer Spracharbeit: Es werden tatsächliche oder vermeintliche allgemeinsprachliche Defizite bearbeitet, wo darüber hinaus die Handhabung einer Fachsprache trainiert werden müsste. Wenn überhaupt, gelingt Sprachförderung bislang vor allem außerhalb des eigentlichen Unterrichtsgeschehens in Modellprojekten,

Nachmittagskursen und außerschulischen Angeboten. Im Fachunterricht selbst bleibt die Vermittlung von Sprachkompetenzen weithin Stückwerk; sie erfolgt beiläufig und unter fachdidaktischen und sprachwissenschaftlichen Gesichtspunkten durchaus unsystematisch.

Wie alle FachlehrerInnen wissen, verstummen im naturwissenschaftlichen Unterricht deshalb auch SchülerInnen, die in anderen Fächern noch anerkennenswerte Leistungen erbringen. Lernende mit ohnehin eingeschränkter Sprachkompetenz erleben in den naturwissenschaftlichen Unterrichtsfächern ein frühes und oftmals endgültiges »Scheitern«. Ihre Sprachlosigkeit entmutigt sie auch außerhalb des schulischen Umfelds und trägt gerade unter Jugendlichen mit Migrationshintergrund zur Perpetuierung sozialer Außenseiterpositionen bei. Dabei sind es erfahrungsgemäß gerade die naturwissenschaftlichen Fächer, denen die Mehrzahl der SchülerInnen, darunter auch leistungsschwächere, anfangs ein besonderes Interesse entgegenbringt. Unter dem Eindruck erster Misserfolge und rasch steigender fachlicher Anforderungen aber löst sich dieses bald auf. Für die Lehrperson ist dabei auffällig, dass die für Misserfolge zumeist ursächlichen mangelnden Sprachkompetenzen nur zu einem geringeren Teil auf allgemeinsprachliche Defizite zurückgehen. Jedenfalls ist der rapide Motivationsverlust aus Sicht der Verfasser vielmehr Ausweis eines nie wirklich eingeübten und deshalb stets fehleranfällig bleibenden Umgangs mit den Fachsprachen des naturwissenschaftlichen Unterrichts, welche SchülerInnen traditionell als aufgesetzt und nicht relevant erleben.

Gravierende, zugleich aber auch behebbar erscheinende »Sprachprobleme« werden dabei bereits im Vorfeld der eigentlichen Leistungserbringung erkennbar: Fragen und Anweisungen werden missverstanden, Beobachtungen unterschlagen, Schwerpunkte verkannt, Ergebnisse nicht bewertet. Der Umgang mit Fachbegriffen gleicht einem mit mäßigem Interesse betriebenen Lotteriespiel. Ambitioniertere SchülerInnen suchen ihr Heil im wahllosen »Auswendiglernen« oder beschränken sich auf das gewissenhafte Führen von Unterlagen unverstandenen Inhalts. Fast allen fehlt die Zeit, »genau« hinzusehen und gewissenhaft nachzudenken, um das für die jeweilige Aufgabenstellung zu bewertende Phänomen überhaupt erst zu »bemerken«. Vor diesem Hintergrund müssen Bemühungen um Sprachentwicklung im naturwissenschaftlichen Unterricht verstärkt die speziell in diesen Fächern geforderten Kompetenzen in den Blick nehmen. Die schulrelevanten naturwissenschaftlichen Inhalte sind hierfür auf die mit ihrer Vermittlung verbundenen Sprachprobleme hin zu untersuchen. Dafür und zur Überwindung der zu spezifizierenden Probleme sind nicht nur spezielle Instrumente zu entwickeln (siehe Abschnitt 2) sondern auch fachdidaktische Maßnahmen zu erschließen (siehe Abschnitt 4), die dabei helfen, identifizierte Defizite zu verringern (siehe Abschnitt 3).

2. Analyse alltags- und naturwissenschaftsbezogener Sprachkompetenzen

In der Abteilung Didaktik der Chemie der Freien Universität Berlin hat eine Arbeitsgruppe begonnen, Forschungsdefizite durch erste systematische Untersuchungen zu verringern.

Die Aktivitäten wurden zunächst auf vier Bereiche konzentriert; nämlich auf die Entwicklung und Erprobung

1. eines Modells zur Entwicklung »sprachaktivierender Lernumgebungen für den naturwissenschaftlichen Unterricht« (siehe Abschnitt 4),
2. innovativer Unterrichtsanregungen (wir nennen sie »Werkstücke«), die darauf zielen, sprachliche und naturwissenschaftliche Kompetenzen von SchülerInnen zu fördern (siehe Abschnitt 4.3),
3. eines Instruments zur Analyse naturwissenschafts- und alltagswelt-bezogener Lesekompetenzen (siehe Abschnitt 2.1) und
4. eines Leitfadens zur Analyse von Kompetenzen, naturwissenschaftliche Sachverhalte angemessen verschriftlichen zu können (siehe Abschnitt 2.2).

Gegenwärtig konzentrieren wir uns in unseren Forschungsaktivitäten auf die Untersuchung von alltags- und naturwissenschaftsbezogenen Sprachkompetenzen von SchülerInnen der Jahrgangsstufen 7 und 8. Dabei fokussieren wir auf die gängige Unterrichts- und Bildungssprache. Wir richten unsere Aufmerksamkeit dabei vor allem auf die Frage, in wie weit SchülerInnen in der Lage sind bzw. Schwierigkeiten haben, aus alltagsbezogenen Textquellen, die naturwissenschaftliche Sachverhalte beinhalten, sachdienliche Informationen zu entnehmen, und in wie fern sie diese Informationen angemessen und sachgerecht wiedergeben können. Beides sind zentrale Aufgaben eines auf Scientific Literacy abzielenden naturwissenschaftlichen Unterrichts (Gräber/Bolte 1997, Bolte 2003a und 2003b).

2.1 Konsequenzen für die Entwicklung des Befragungsinstruments zur Analyse der naturwissenschaftlichen und alltagsbezogenen Lesekompetenz

Für die Entwicklung des Befragungsinstruments zur Analyse[1] haben wir zwei unterschiedliche – man kann auch sagen: zwei sich ergänzende – Repräsentationsformen ausgewählt, die einerseits als Informationsgrundlage und andererseits als Grundlage für die unterschiedlichen Aufgaben unserer Tests fungieren; und zwar:

- Quellen und Aufgaben, die ausschließlich auf verbalen, schriftlich formulierten Repräsentationen basieren; wir bezeichnen diese Quellen als Sachtexte und die Aufgaben als Textaufgaben des Typs A.*.
- Informationsquellen und Aufgaben, die auf sprachlichen, numerischen und/oder graphischen Repräsentationsformen beruhen (z. B. Graphen, Schaubilder, Diagramme, Tabellen und/oder Kombinationen aus diesen Darstellungsformen); wir nennen diese Quellen und Aufgaben dieses Typs multiple Quellen bzw. Aufgaben des Typs B.*.

Für beide Repräsentationsformen haben wir Aufgabensätze entwickelt, die unterschiedliche Lösungsschwierigkeiten aufweisen (sollen). Wir unterscheiden diesbezüglich in:

- Aufgaben, die durch die korrekte Auswahl eines Distraktors korrekt bearbeitet werden können (wir bezeichnen diese Aufgaben als monokausale Aufgaben oder Aufgaben des Typs *.1) und

Tab. 1: Matrix der Aufgabenstruktur

Repräsentationsform / Komplexitätsgrad	verbale Informations- quelle und Aufgaben des Typs A.*	multiple Informations- quelle und Aufgaben des Typs B.*	Anzahl der Aufgaben
monokausale Aufgaben oder Aufgaben des Typs *.1	A.1 (2 Aufgaben)	B.1 (2 Aufgaben)	4 Aufgaben
komplexe Aufgaben oder Aufgaben des Typs *.2	A.2 (2 Aufgaben)	B.2 (2 Aufgaben)	4 Aufgaben
Anzahl der Aufgaben	4 Aufgaben	4 Aufgaben	**insgesamt 8 Aufgaben**

● Aufgaben, die erst durch die sachgemäße Kombination mehrerer Informationen richtig gelöst werden können (wir nennen diese Aufgaben komplexe Aufgaben oder Aufgaben des Typs *.2).

Sowohl die beiden verschiedenen Repräsentationsformen als auch die zwei unterschiedlichen Komplexitätsniveaus wurden kombiniert, um zu differenzierenden Erkenntnissen zu gelangen; wir bezeichnen die daraus resultierenden Aufgaben-Kombination als Aufgabentyp. Da jeweils zwei Aufgaben pro Aufgabentyp entwickelt wurden, liegen jeweils Sätze von Aufgaben unterschiedlicher Aufgabentypen vor (Tab. 1).

Die Kombination aus Informationsquellen und Aufgaben bezeichnen wir als ein Aufgabenset. Insgesamt haben wir neun Aufgabensets konstruiert, die jeweils unterschiedliche Themen aufgreifen: Bleigießen, Salz, Glas, Ernährung, Erde, Luft, Diamant, Legierung und Wasser. Da nicht alle ProbandInnen alle Aufgaben bearbeiten können, haben wir die neun Aufgabensets auf insgesamt vier Aufgabenhefte verteilt. Ein Aufgabenset (das Aufgabenset Bleigießen) fungierte dabei als Anker-Aufgabenset; d.h. dieses Set wurde in allen Aufgabenheften berücksichtigt und um jeweils zwei weitere Aufgabensets ergänzt. Wir gehen davon aus, dass wir durch die getroffenen Konstruktionsvorgaben Aufgaben entwickeln konnten, die unterschiedliche Schwierigkeitsgrade besitzen. Dadurch wird es möglich, unterschiedliche Niveaus des naturwissenschaftlich-alltagsbezogenen Leseverständnisses nachzuzeichnen. Zum einen erwarten wir, dass verbale Informationsquellen und Aufgaben leichter zu lösen sein werden als die abstrakte(re)n multiplen Quellen und Aufgaben (Typ A.*-Aufgaben werden im größerem Umfang korrekt beantwortet als Typ B.*-Aufgaben), zum anderen vermuten wir, dass monokausale Aufgaben mit höherer Erfolgsquote zu beantworten sein werden als komplexe Aufgaben (Typ *.1-Aufgaben häufiger korrekt gelöst werden als Typ *.2-Aufgaben). Den ProbandInnen werden sowohl offene als auch Multiple Choice-Aufgaben zur Bearbeitung vorgelegt. In Abschnitt 2.5.3 werden wir auf erste Ergebnisse zu sprechen kommen, die wir im Zuge der Pilotierung des Instruments ermittelt haben.

2.2 Konsequenzen für die Entwicklung des Leitfadens zur Analyse von Kompetenzen, naturwissenschaftliche Sachverhalte (angemessen) verschriftlichen zu können

Auch wenn wir in diesem Beitrag nicht im Detail auf die Entwicklung und Erprobung des Leitfadens zur Analyse von Kompetenzen, naturwissenschaftliche Sachverhalte angemessen verschriftlichen zu können, eingehen, möchten wir doch unsere grundlegenden Entwicklungsideen in aller Kürze vorstellen.[2] Die Güte von alltags- und naturwissenschaftsbezogenen Schriftstücken (z. B. von Versuchsprotokollen oder Arbeitsberichten) ist u. E. mindestens an den folgenden fünf Kriterien abzuschätzen:

1. an der inhaltlichen bzw. fachlichen Korrektheit der im Text getroffenen Aussagen,
2. an der korrekten Verwendung von Fachtermini,
3. an der Strukturiertheit des Textes,
4. an der Genauigkeit der formulierten Aussagen und
5. an der Prägnanz des Schriftstücks.

Gegenwärtig sind wir damit beschäftigt, für diese Kriterien operationalisierbare Analysevorschriften zu entwickeln und Normierungsfaktoren festzulegen, die zu einer angemessenen Gewichtung der fünf Kriterien führen. Die ersten Erfahrungen, die wir mit diesem System gemacht haben, stimmen uns zuversichtlich, dass wir in absehbarer Zeit in der Lage sein werden, einen praktikablen Leitfaden zur Analyse naturwissenschaftsbezogener Schrift-Sprach-Kompetenzen zur Diskussion stellen zu können.

2.3 Fragestellungen, die die Erprobung des Instruments zur Analyse naturwissenschaftlicher und alltagsbezogener Lesekompetenz betreffen

Die Fragen, die uns bei den zunächst deskriptiv-statistisch ausgerichteten Analysen der erhobenen Daten leiten, sind wie folgt zusammenzufassen:

- In welchem Maße sind SchülerInnen der Jahrgangsstufen 7 und 8 in der Lage aus naturwissenschaftlich- und alltagsweltbezogenen Texten und anderen multiplen Repräsentationen wesentliche und sachdienliche Informationen so zu entnehmen, dass sie daran gekoppelte naturwissenschaftsbezogenen Aufgaben angemessen lösen können?
- Bezüglich welcher Aufgabentypen (der dargebotenen lesekompetenz-bezogenen Anforderungen) und in welcher Weise unterscheiden sich ausgewählte Schüler-Populationen voneinander?

Folgende Schüler-Populationen werden in unserer Arbeit untersucht:

- SchülerInnen der 7. und 8. Jahrgangsstufe,
- Jungen und Mädchen,
- SchülerInnen mit und ohne Migrationsbiographie und
- SchülerInnen unterschiedlicher Schulformen (SchülerInnen von Haupt- und Gesamtschulen und Gymnasien).

Tab. 2: Aufteilung der Stichprobe aus der Pilotierung (Differenzen zu N = 858 ergeben sich aus fehlenden Angaben)

Stich-probe	7. Jg.	8. Jg.	Mädchen	Jungen	ohne Migration	mit Migration	Haupt-schule	Gesamt-schule	Gymna-sium
858	569	265	435	417	472	381	70	463	324

3. Ergebnisse aus der Pilotierung

3.1 Stichprobe der Pilotierung

Sechs Berliner Schulen haben sich an der Pilotierung beteiligt. Insgesamt nahmen 858 SchülerInnen an dieser Untersuchung teil. Die Verteilung der ProbandInnen entsprechend der oben genannten Kriterien der Stichprobenzusammensetzung geht aus Tabelle 2 hervor.

3.2 Datenerhebung

Im Zuge der Datenerhebung in den Schulen verschiedener Schulformen zeichnete sich ab, dass die SchülerInnen an Gymnasien weniger Zeit zum Bearbeiten der Testhefte benötigten (ca. 30 Minuten) als die SchülerInnen an Haupt- und Gesamtschulen (ca. 45 Minuten). Grundsätzliche oder systematische Schwierigkeiten beim Bearbeiten der Tests sind nicht aufgefallen.

3.3 Ergebnisse bezogen auf die Teil-Stichproben der Jahrgangsstufen 7 und 8

Die Prüfung der Reliabilität und Konstruktvalidität schreibt dem Test-Instrumentarium zufriedenstellende Ergebnisse zu (Bolte/Pastille, im Druck). Zentrale deskriptiv-statistische Kennwerte sind in Abbildung 1 zusammengefasst. Tabelle 3 ergänzt diese Befunde und eröffnet einen Einblick in die Teil-Stichproben-Paar-Vergleiche, die zu statistisch signifikanten Unterscheidungen bezogen auf die geprüften Skalen und Sub-Skalen führen.

3.3.1 Befunde bezogen auf die gewählte Gesamtstichprobe

Dem ersten Boxplot in Abbildung 1 (Boxplot links; die Gesamt-Stichprobe [N = 858] betreffend) ist zu entnehmen, dass der Median (der Wert über und unter dem 50 % der Gesamtstichproben-Daten liegen) bei einer Lösungswahrscheinlichkeit von 58 Prozent liegt; d. h.: Die Hälfte aller SchülerInnen hat also ein besseres oder ein Ergebnis von genau 58 Prozent korrekt gelöster Aufgaben erreicht; die andere Hälfte ein schlechteres oder gleich gutes Resultat. Anhand der Box ist außerdem zu erkennen, dass 50 Prozent der SchülerInnen zwischen 38 Prozent und 74 Prozent der Auf-

Tab. 3: Mittlere Prozentwerte richtig gelöster Aufgaben, Mittlere Prozentwert-Differenzen [Δ][3] und Signifikanztests [T-Test; p < 5%][4] – differenziert nach Aufgaben-Typus und nach ausgewählter Teil-Stichprobe bzw. nach ausgewähltem Teil-Stichproben-Paar-Vergleich

	alle Aufgaben	Typ A.*	Typ B.*	Typ *.1	Typ *.2	Typ A.1	Typ B.1	Typ A.2	Typ B.2
7. Jg.	57,64	59,8	55,49	74,65	40,64	73,11	76,19	46,49	34,8
8. Jg.	62,31	64,72	59,91	77,36	47,26	74,34	80,38	55,09	39,43
Δ Jg.	- 4.67	-4,92	-4,42	-2,71	-6,62	-1,23	-4,19	-8,60	-4,63
T-Test	.006	.016	.029	.192	.001	.639	.075	.001	.080
weibl.	58,94	62,47	55,4	77,53	40,34	77,82	77,24	47,13	33,56
Männl.	59,5	60,31	58,69	73,92	45,08	69,66	78,18	50,96	39,21
Δ Sex	-0,56	2,16	-3,29	3,61	-4,74	8,16	-0,94	-3,83	-5,65
T-Test	.717	.251	.076	.058	.011	.001	.671	.108	.020
Ohne Mb.	63,53	65,1	61,97	79,82	47,25	77,65	81,99	52,54	41,95
mit Mb.	54,17	57,09	51,25	71,13	37,2	69,42	72,83	44,75	29,66
Δ Mb.	9,36	8,01	10,72	8,69	10,05	8,23	9,16	7,79	12,29
T-Test	.000	.000	.000	.000	.000	.001	.000	.001	.000
Gymnasium	72,45	73,3	71,6	89,66	55,25	86,42	92,9	60,19	50,31
Gesamtsch.	51,92	54,81	49,03	68,79	35,04	67,71	69,87	41,9	28,19
Δ Gym/GS	20,53	18,49	22,57	20,87	20,21	18,71	23,03	18,29	22,12
T-Test	.000	.000	.000	.000	.000	.000	.000	.000	.000
Gymnasium	72,45	73,3	71,6	89,66	55,25	86,42	92,9	60,19	50,31
Hauptsch.	46,96	50,36	43,57	58,57	35,36	56,43	60,71	44,29	26,43
Δ Gym/HS	25,49	22,94	28,03	31,09	19,89	29,99	32,19	15,9	23,88
T-Test	.000	.000	.000	.000	.000	.000	.000	.000	.000
Hauptsch.	46,96	50,36	43,57	58,57	35,36	56,43	60,71	44,29	26,43
Gesamtsch.	51,92	54,81	49,03	68,79	35,04	67,71	69,87	41,9	28,19
Δ HS/GS	-4,96	-4,45	-5,46	-10,22	0,32	-11,28	-9,16	2,39	-1,76
T-Test	.074	.213	.105	.017	.904	.020	.071	.594	.633

gaben richtig gelöst hat. Die Ergebnisse der restlichen 50 Prozent der ProbandInnen verteilen sich nahezu über das gesamte Spektrum an Lösungshäufigkeiten; d. h. 25 Prozent der SchülerInnen sind dem Bereich von 3 Prozent bis 38 Prozent richtig gelöster Aufgaben zuzuordnen und 25 Prozent dem Bereich zwischen 74 Prozent und 100 Prozent richtiger Aufgabenlösungen.

Bezogen auf diese Stichprobe ist also festzustellen, dass die Aufgabenschwierigkeit so justiert wurde, dass die Hälfte aller ProbendInnen 58 Prozent und mehr der

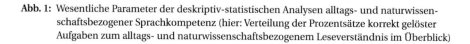

Abb. 1: Wesentliche Parameter der deskriptiv-statistischen Analysen alltags- und naturwissenschaftsbezogener Sprachkompetenz (hier: Verteilung der Prozentsätze korrekt gelöster
Aufgaben zum alltags- und naturwissenschaftsbezogenem Leseverständnis im Überblick)

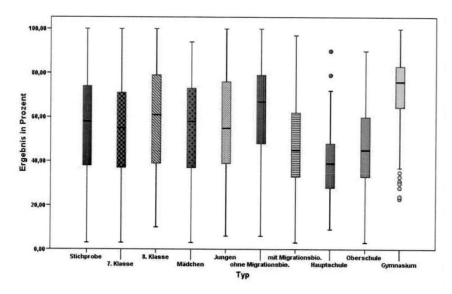

Aufgaben korrekt gelöst hat. Alles in allem weist der Test also – bezogenen auf die
Stichprobe dieser Untersuchung – eine (sehr) zufriedenstellende Trennschärfe auf.

3.3.2 Befunde bezogen auf die Teil-Stichproben der Jahrgangstufen 7 und 8

Den beiden Boxplots in Abbildung 1, die die Ergebnisse der SchülerInnen der 7. (N =
569) und 8. Jahrgangsstufe (N = 265) wiedergeben, ist zu entnehmen, dass der Median des 7. Jahrgangsstufe bei 55 Prozent und der der 8. Jahrgangsstufe bei 61 Prozent
richtig gelöster Aufgaben liegt. Die Verteilung aller Ergebnisse streut in der 7. Jahrgangsstufe zwischen 3 Prozent bis 100 Prozent richtiger Lösungen; in der 8. Jahrgangsstufe ist die gesamte Streuung vergleichsweise etwas geringer (zwischen 10 %
und 100 %). Die Streuung innerhalb der 50 Prozent-Box (also um den Median) fällt
im Betrag in der Teil-Stichprobe des 8. Jahrgangs etwas größer aus (zwischen 39 %
und 79 %) als die in der Teil-Stichprobe des 7. Jahrgangs (37 % bis 71 %). Den Ergebnissen zu folge können die Aufgaben von ProbandInnen höherer Jahrgangsstufe (er-
wartungsgemäß) mit größerer Erfolgswahrscheinlichkeit gelöst werden; über alle
Aufgaben gemittelt, ist dieser Befund statistisch signifikant ($p \leq .006$). Die Aussage
zur statistischen Signifikanz der Kompetenzdifferenzen trifft jedoch nicht auf alle
sondern nur bezogen auf vier (von insgesamt acht geprüften) Teil-Kompetenzen zu;
zu nennen sind die Bereiche A.* ($p \leq .016$), B.* ($p \leq .029$), *.2 ($p \leq .001$) und A.2 ($p \leq
.001$). Dementsprechend sind die Differenzen zwischen der 7. und 8. Jahrgangsko-

horte bezüglich der vier restlichen Teil-Kompetenzen (*.1, A.1 und B.1 sowie B.2) statistisch nicht signifikant. Außerdem ist festzustellen, dass das Gros der Leistungsdifferenzen insgesamt als eher klein (nämlich kleiner als 5 %) zu bezeichnen ist; lediglich die Differenzen bei den Aufgaben des Typs *.2 und hierbei insbesondere bei denen des Typs A.2 sind im Durchschnitt größer als 5 Prozent.

Unter der Annahme, dass diese Ergebnisse auch in einem »echten Längsschnitt« so erzielt worden wären, würden die Ergebnisse darauf hindeuten, dass bezüglich dieser Teilkompetenzen nur kleinere – zumindest keine statistisch signifikanten – Lern- und Leistungszuwächse innerhalb eines Schuljahres zu verzeichnen gewesen wären. Inwieweit diese Interpretation tatsächlich zutrifft, wird von der Arbeitsgruppe gegenwärtig in einer Längsschnittuntersuchung geprüft.

3.3.3 Befunde bezogen auf die Teil-Stichproben der Jungen und Mädchen

Die beiden Boxplots in Abbildung 1, die die Ergebnisse differenziert nach Jungen und Mädchen darstellen, bringen zum Ausdruck, dass der Median der Mädchengruppe etwas höher ausfällt (Median: 58 %) als der Median der Jungen (Median: 55%). Die Streuungsmaße der Jungen und Mädchen sind im Betrag gleich (jedoch auf etwas unterschiedlichem Niveau). Die Whisker oder sogenannte »Barthaare« (das sind die Striche unter- und oberhalb des Rechtecks oder einer »Box«) der Mädchen- und Jungen-Gruppe verdeutlichen außerdem, dass einerseits innerhalb der Mädchen-Gruppe die schlechtesten Resultate nachzuweisen sind (Minimum: 3 %) und dass andererseits die besten Ergebnisse innerhalb der Jungen-Gruppe erreicht werden (Maximum 100 %).

Die Mädchen-Gruppe erzielt also über alle Probandinnen gemittelt tendenziell bessere Ergebnisse als die Jungen-Gruppe; die über alle Aufgaben gemittelten Differenzen sind jedoch statistisch nicht signifikant. In statistisch signifikanten Maße ist die Gruppe der Mädchen der Gruppe der Jungen in Bezug auf die Lösung von Aufgaben des Typs A.1 überlegen ($p \leq .001$). Demgegenüber sind die Jungen in statistisch bedeutsamem Maße in der Lage, Aufgaben des Typs *.2 im Allgemeinen ($p \leq .011$) und des Typs B.2 im Speziellen ($p \leq .020$) erfolgreicher zu lösen als die Mädchen.

Die in den großen Assessment-Studien beschriebene sprachliche Überlegenheit der Mädchen gegenüber den Jungen ist, bezogen auf die hier geprüften alltags- und naturwissenschaftsbezogene Lesekompetenzen, nicht zu bestätigen. Ebenso wenig kann verifiziert werden, dass die Jungen gegenüber den Mädchen grundsätzlich und deutlich bessere Ergebnisse bzgl. ihrer naturwissenschaftlichen Performanz erzielen; für die Bereiche der hier analysierten alltags- und naturwissenschaftsbezogenen Lesekompetenzen ist dies zumindest nicht zutreffend.

3.3.4 Befunde bezogen auf die Teilstichprobe der ProbandInnen mit und ohne Migrationsbiographie

Mit einem Median von 67 Prozent richtig gelöster Aufgaben in der SchülerInnen-Teilstichprobe ohne Migrationsbiographie und einem Median von 45 Prozent korrekter Antworten in der Teilstichprobe der SchülerInnen mit Migrationsbiographie zeichnen sich deutliche Unterschiede in den alltags- und naturwissenschaftsbezogenen Lese-Kompetenzen dieser beiden Teil-Stichproben ab (siehe Abb. 1 und Tab. 3). Die Verteilung der ProbandInnen innerhalb der Box ist zwar absolut betrachtet ähnlich (die Differenzen liegen im Betrag zwischen 29 % und 31 %), vom qualitativen Standpunkt aus gesehen sind die Niveauunterschiede jedoch erheblich (mit Migrationsbiografie zwischen 33 Prozent und 62 Prozent; ohne Migrationsbiographie zwischen 48 % und 79 %). Betrachtet man jedoch die Minima, so relativieren sich die Leistungsunterschiede zwischen den beiden Teilstichproben ein wenig. Die am wenigsten befriedigenden Resultate rangieren in der Migration-Teilstichprobe zwischen 3 Prozent und 33 Prozent und die der Vergleichsgruppe zwischen 6 Prozent und 48 Prozent. Demgegenüber ist aber auch festzustellen, dass ein Viertel der ProbandInnen der Migration-Teilstichprobe »Spitzen-Werte« zwischen 62 Prozent und 97 Prozent korrekt gelöster Aufgaben erreicht; in der Gruppe ohne Migrationsbiographie liegen die Spitzen-Werte allerdings erkennbar höher; nämlich zwischen 79 Prozent und 100 Prozent.

Die große Streuung der Ergebnisse in der Teilstichprobe der SchülerInnen mit Migrationsbiographie macht deutlich, dass bezogen auf die getestete Leistungsperformanz SchülerInnen mit Migrationsbiographie Testresultate erzielen, die denen von SchülerInnen ohne Migrationsbiographie durchaus entsprechen. Vor Stigmatisierungen und vorschnellen Generalisierungen sei an dieser Stelle daher ausdrücklich gewarnt. Gleichwohl lassen sich die Niveauunterschiede in den Ergebnissen der SchülerInnen mit und ohne Migrationsbiographie auch in dieser Untersuchung nicht wegdiskutieren; alle geprüften Teil-Kompetenzen zeigen statistisch (hoch) signifikante Differenzen ($.000 \leq p \leq .001$) zu ungunsten der SchülerInnen mit Migrationsbiographie. Mehr als die Hälfte dieser Schülerschaft zeigt Leistungen unterhalb einer normativ gesetzten 50 Prozent-Leistungsgrenze.

Diese Befunde unterstreichen noch einmal und sehr eindringlich die Notwendigkeit, dass diesen SchülerInnen besondere Aufmerksamkeit und Hilfe beim Lernen naturwissenschaftlicher Sachverhalte zu Teil werden muss. Bedenkt man dabei, dass in der Teil-Stichprobe der SchülerInnen ohne Migrationshintergrund SchülerInnen von Gymnasien überrepräsentiert sind, dann scheinen auch besondere Unterstützungsmaßnahmen für SchülerInnen ohne Migrationsbiographie dringend angezeigt.

3.3.5 Befunde bezogen auf die ProbandInnen der unterschiedlichen Schulformen

Die drei letzten Boxplots in Abbildung 1 geben differenziert Auskunft über die Verteilung der Ergebnisse bezogen auf die ProbandInnen aus unterschiedlichen Schulformen.

Der Median der *Hauptschul-Stichprobe* liegt bei 39 Prozent korrekt beantworteter Aufgaben. Die Streuung der Ergebnisse ist innerhalb der Box (zwischen 28 % und 48 %) im Vergleich zu den Ergebnissen anderer Teil-Stichproben gering. Zwei Ausreißer in der Gruppe der HauptschülerInnen erreichen (erfreulich) gute Testergebnisse.[5] Kein/e HauptschulprobandIn hat alle Aufgaben richtig lösen können. Festzustellen ist aber auch, dass zumindest die Hälfte der untersuchten Hauptschü- lerInnen Testwerte zwischen 9 Prozent und 45 Prozent richtig gelöster Aufgaben er- reicht. Auch wenn die schwächsten ProbandInnen nicht aus der Gruppe der Haupt- schülerInnen entstammen, sind dies Ergebnisse, die den drängenden didaktischen und pädagogischen Handlungsbedarf im Unterricht an Hauptschulen untermauern.

Der Median der *ProbandInnen aus Gesamtschulen* liegt bei 45 Prozent richtiger Lösungen. Die Streuung innerhalb der Box reicht von 33 Prozent bis 60 Prozent und außerhalb der Box von 3 Prozent bis 90 Prozent; sie ist in beiden Fällen (vergleichs- weise) groß. In der Gesamtschulen-Teil-Stichprobe befinden sich die ProbandIn- nen, die die schwächsten Testresultate erreicht haben. Außerdem ist festzustellen, dass in der Gesamtschulen-Teil-Stichprobe keine ProbandIn alle Aufgaben richtig gelöst hat. Die insgesamt wenig befriedigenden Testergebnisse bekräftigen die Mah- nung, im Unterricht von Gesamtschulen verstärkt sprachaktivierende und sprach- fördernde Maßnahmen einzusetzen.

Mit 76 Prozent korrekter Lösungen ist der *Gymnasial-Teil-Stichprobe* der (ver- gleichsweise) höchste Median zuzuweisen. Sowohl innerhalb der Box (zwischen 64 % und 83 %) als auch außerhalb ist die Streuung der Ergebnisse (verhältnismä- ßig) klein. Von einigen GymnasiastInnen werden sogar alle Aufgaben richtig beant- wortet. Auffällig sind die sieben Ausreißer unterhalb des unteren Leistungsbereichs (Punkte unterhalb des unteren Whisker). Die Punkte kennzeichnen die schlechte- sten Resultate innerhalb dieser Teilstichprobe; diese Werte liegen zwischen 23 Pro- zent und 33 Prozent korrekt gelöster Aufgaben.

Alle Paarvergleiche zwischen den getesteten GymnasiastInnen und den Schü- lerInnen von Haupt- und Gesamtschulen fallen statistisch signifikant aus; und zwar zu Gunsten der GymnasiastInnen. Von den geprüften Leistungsdifferenzen zwischen Haupt- und Gesamtschul-SchülerInnen sind lediglich die bezüglich der Sub-Skalen *.1 ($p \leq .017$) und A.1 ($p \leq .020$) statistisch signifikant. In beiden Fällen erreichen die SchülerInnen von Gesamtschulen bessere Resultate als die der Hauptschulen.

Die Ergebnisse der Schulform spezifischen Analysen lassen den Schluss zu, dass mittels des Testinstruments und Analyseverfahrens SchülerInnen unterschiedlicher Schulformen bezogen auf deren alltags- und naturwissenschaftsbezogene Lese- kompetenzen zu unterscheiden sind. Für die Analyse alltags- und naturwissen- schaftsbezogener Lesekompetenzen von SchülerInnen der Jahrgangsstufen 7 und 8 an Haupt- und Gesamtschulen scheinen die Testsets ebenfalls gut geeignet; hinge- gen sind die Aufgaben für GymnasiastInnen der gleichen Jahrgangsstufen anschei- nend (zu) leicht zu lösen.

Bezogen auf die hier geprüften alltags- und naturwissenschaftsbezogenen Lese- kompetenzen scheinen die GymnasiastInnen, die an der Pilotierung teilgenommen haben, im Vergleich zu den SchülerInnen der anderen Schulformen in einer anderen Liga zu spielen; in allen Tests auf Leistungsdifferenzen schneiden die ProbandInnen aus Gymnasien in statistisch signifikanter Weise besser ab als die der beiden Ver- gleichsstichproben; die Unterschiede in den Leistungsniveaus sind verhältnis- mäßig groß. Auf Grund des recht hohen Leistungsniveaus der GymnasiastInnen legen die Befunde aus unserer Pilotierung den Schluss nahe, die Gymnasial-Teil-Stichprobe lediglich als Referenz-Gruppe zu nutzen. Da es dem Gros dieser SchülerInnen-Klientel wenig Schwierigkeiten zu bereiten scheint, sachdienliche Informationen aus Text- und multiplen Informationsquellen zu entnehmen, scheinen besondere didaktische Hilfestellungen in dieser Schülerschaft nicht so dringend geboten, wie dies in den anderen Teil-Stichproben angezeigt ist.

Der Vergleich der Testergebnisse der SchülerInnen von Haupt- und Gesamtschulen bietet hingegen differenzierende Befunde. So zeigen sich hinsichtlich der Aufgaben des Typs *.1 im Allgemeinen und des Typs A.1 im Besonderen statistisch signifikante Differenzen zu ungunsten der HauptschülerInnen. HauptschülerInnen sind aber nicht in allen Belangen den SchülerInnen von Gesamtschulen im statistisch signifikanten Maße unterlegen. Da die Testergebnisse in beiden Teil-Stichproben unterdurchschnittlich ausfallen und beiden Schüler-Gruppen unbefriedigende Performanz bescheinigen, sollte in Haupt- und Gesamtschulen verstärkt auf die Förderung von alltags- und naturwissenschaftsbezogener Sprachkompetenz geachtet werden.

Anregungen, wie alltags- und naturwissenschaftsbezogene Sprachkompetenzen in der Praxis des naturwissenschaftlichen Unterrichts gefördert werden können, werden wir in den folgenden Abschnitten unterbreiten und zur Diskussion stellen.

4. »Sprachaktivierung« im Fachunterricht

Empfehlungen, wie den aufgedeckten Schwierigkeiten in der Praxis begegnet werden kann, fassen wir unter dem Begriff »Sprachaktivierung« zusammen (Pastille/Bolte 2008): Gemeint sind damit den Fachunterricht strukturierende Verfahren, mit deren Hilfe Lehrende und Lernende durch eigenes Tätigwerden naturwissenschaftliche Inhalte und Zusammenhänge in eine intersubjektiv vermittelbare, also gegenüber Dritten nachvollziehbare Ausdrucksform übertragen können, welche ihrerseits ein intelligentes Anschlusslernen ermöglicht. Der Begriff »Sprachaktivierung« erscheint dabei weit genug, um die Adressierung auch »allgemeinsprachlicher« Defizite aufzunehmen, soweit diese den Lernerfolg in den naturwissenschaftlichen Fächern gefährden (z. B. durch Missverstehen der häufig synonym verstandenen Arbeitsanweisungen »nenne«, »beschreibe«, »diskutiere«), andererseits aber ausreichend eng, um die speziell auf die Kompetenzen im naturwissenschaftlichen Unterricht abzielende Spracharbeit sowohl von allgemeineren (»Deutsch für Nicht-Muttersprachler«) als auch spezielleren Formen der Sprachförderung (»Einführung in die Fachsprache Chemie«) abzuheben. Es geht mithin um eine nach Gesichtspunkten der fachsprachlichen Kompetenzentwicklung geordnete Neuausrichtung des naturwissenschaftlichen Unterrichts.

Die im Rahmen des hier vorzustellenden Projekts entwickelten und in ihrer Wirksamkeit erprobten Instrumente werden als sogenannte »Werkstücke« zur Implementierung im Unterrichtsalltag aufbereitet, wo sie auch außerhalb exzeptioneller Konstellationen wie fächerverbindender Themenwochen bestehen können. Das mit dem Begriff der »Aktivierung« verbundene Anliegen ist dabei ein doppeltes: Zum ei-

Abb. 2: Theoretische Grundlagen für die Planung sprachaktivierenden
naturwissenschaftlichen Unterrichts

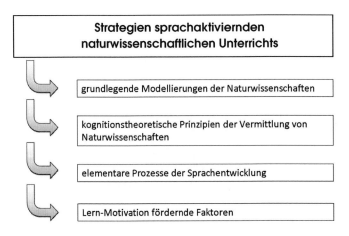

nen zeigen die zwischenzeitlich gesammelten Erfahrungen, dass ein Teil der angestrebten Sprachkompetenzen durch gezielte Verfahren in der Tat nur re-»aktiviert«
zu werden brauchen; zum anderen beugt nur das »Aktivwerden« der Lernenden im
Rahmen der Spracharbeit dem erneuten Verlust erlangter Kompetenzen vor. So muss
insbesondere vermieden werden, dass der naturwissenschaftliche Unterricht fortan
in einen Fach- und einen aufgesetzten Sprachübungsteil zerfällt, die Spracharbeit
mithin von den SchülerInnen als Verlängerung eines innerlich bereits abgelehnten
Fachunterrichts verstanden wird. Auch hierfür liefert das Projekt Anregungen.

4.1 Theoretische Grundlagen: »Modellierung« naturwissenschaftlicher Inhalte

Die Autoren beschäftigen sich bereits seit Längerem mit fachdidaktischen und un-
terrichtspraktischen Ansätzen, die aufzeigen, dass fächerverbindende Unterrichtsphasen SchülerInnen den Zugang zum naturwissenschaftlichen Lernen wesentlich
erleichtern, indem sie naturwissenschaftliche Phänomene in ihrer Komplexität erfahrbar machen (Pastille 1987, 1995; Bolte u. a. 2005; Streller/Bolte 2008; Kirschen-
mann/Bolte 2007). Frühzeitig wurde dabei versucht, eine systematische Sprachförderung in den Unterricht zu integrieren (Pastille 1992, 1993; Pastille/Dickheuer
1997; Seyfarth/Bolte 2007; Riebling/Bolte 2008). Diese aus der Praxis gewonnen Erkenntnisse erfuhren ihre Bündelung und Fortentwicklung 2007 im Forschungs- und
Unterrichtskonzept »Strategien und Umsetzung eines sprachaktivierenden naturwissenschaftlichen Unterrichts« (Pastille/Bolte 2008), das in der Erprobungsphase
zunächst an der Berliner Carl-von-Ossietzky-Oberschule (Gesamtschule mit
gymnasialer Oberstufe) in fünf Klassen mit etwa 130 Schülern in Angriff genommen
wurde.

Abb. 3: Leitideen und thematische Schwerpunkte für die 7. und 8. Schulstufe

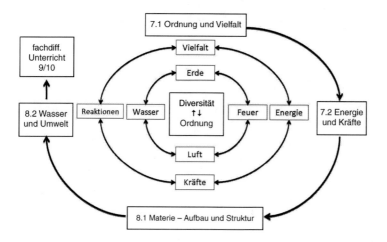

Orientiert an den Kompetenzmodellen und Basiskonzepten der Rahmenpläne wurden und werden im Zuge des verfolgten Ansatzes »alltags- und naturwissenschaftsbezogene Lesekompetenzen« und das damit verbundene fachbezogene Textverständnis gefördert als auch verbale und schriftliche Argumentationsfähigkeiten der SchülerInnen ausgeformt. Abbildung 2 verdeutlicht die dabei verfolgte Strategie.

Konzeptionell wird im Rahmen des Projekts von der naturphilosophischen Weltsicht des Aristoteles ausgegangen (siehe Abb. 3), wonach alles Bestehende »Element« bzw. »aus Elementen zusammengesetzt« sei, und die Vielfalt der Erscheinungen aus der Umwandlung der diesen Elementen beigegebenen Eigenschaftspaaren folge.

Die von allen Rahmenplänen geforderten Inhalte der Fächer Chemie, Biologie und Physik werden dabei den vier Grundprinzipien (bzw. Elementen) »Erde«, »Wasser«, »Luft« und »Feuer« zugeordnet, von denen wiederum die Prinzipien »Vielfalt«, »Energie«, »Kräfte« und »Reaktionen« abgeleitet werden (siehe Abb. 3).

- »Diversitäten entfalten«: Zunächst soll das Erkennen der Vielfalt durch die SchülerInnen angeregt werden (Stichworte: Artenvielfalt, Energieformen, unterschiedliche Systeme, Elemente, Stoffteilchen, Reaktionen und Kräfte).
- »Ordnungsstrukturen entwickeln«: Den SchülerInnen soll es sodann um die Systematisierung der Vielfalt gehen (Stichworte, die in diesem Zusammenhang zu nennen wären, sind: Periodensystem der Elemente, Aggregatzustände, physikalische Gesetze, biologische Klassifizierungen). Derartige Ordnungsstrukturen erlauben überprüfbare Prognosen und bilden damit erst den Einstieg in das naturwissenschaftliche Arbeiten.

Die fachliche Modellierung des integrierten naturwissenschaftlichen Unterrichts spiegelt sich in den thematischen Zuordnungen der Halbjahre wider (siehe Tab. 4,

Abb. 4: Modell sprachlicher Aktivierung im naturwissenschaftlichen Unterricht

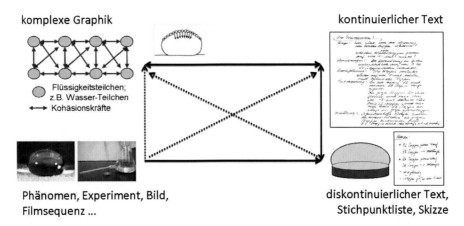

S. 41, Pkt. 7.1 bis 8.2). Tabelle 4 umreißt einen möglichen Fachplan für die Jahrgangsstufe 7/8, der in der vorliegenden Form bereits erprobt wurde.

4.2 Methode: Vom »Bild« zum Text

Bezugspunkt aller sprachaktivierenden Maßnahmen des vorliegenden Unterrichts-
und Forschungsansatzes ist das von den Verfassern entwickelte sog. »Aktivierungs-
rechteck« (siehe Abb. 4). Es ist Hilfe bei der Entwicklung von sprachaktivierender
Unterrichtsszenarien und zugleich Evaluationsleitfaden für das vorliegende Projekt.
Wie das Modell aufzeigt, durchlaufen ungeachtet der Fülle von Sprachaktivierungs-
möglichkeiten (vgl. hierzu Leisen in diesem Heft) alle sprachbezogenen Lernprozesse vier »Stationen« die – mehrfach vereinfacht – wie folgt beschrieben werden können: Naturwissenschaftliche Zusammenhänge begegnen den SchülerInnen im Unterricht in der Regel zunächst in Gestalt von Phänomenen, Modellen, Experimenten, kurz: in Form von »Bildern« (Ecke 1 des Aktivierungsrechtecks in Abb. 4).

   Für die Zwecke dieser Darstellung wird vorliegend das Phänomen eines »Wassertropfens« aus dem Werkstück »Kräfte in uns und um uns« von Hoffmann, Glomme,
Bolte und Pastille (2008) angesprochen. In dem genannten Werkstück (oder Beispiel) wird das Problem der Oberflächenspannung bei der Bildung von Wassertropfen behandelt. Im Erfolgsfall übersetzen die SchülerInnen die »Rätsel« in eine eigene, Dritten noch nicht voll zugängliche, Sprache (Ecke 2). Die damit verbundene
Darstellungsform wird als »diskontinuierlicher Text« bezeichnet. Diskontinuierliche
Texte können zum Beispiel Tabellen, Mindmaps, Wortlisten, Skizzen etc. sein. Mit
der Überführung ihrer zunächst nur skizzenhaften Überlegungen in einen aus sich
heraus verständlichen, zusammenhängenden Text (Ecke 3) werden Lernzuwächse
überhaupt erst erkennbar und der Unterricht zu einem sinnstiftenden Geschehen.

Tab. 4: Entwurf des Fachplans für die Jahrgangsstufen 7 und 8

7.1 Ordnung und Vielfalt	7.2 Energie und Kräfte	8.1 Materie – und Aufbau und Struktur	8.2 Wasser und Umwelt
1. Zellen. Eine Zelle – viele unterschiedliche Lebewesen. Ein Lebewesen – viele unterschiedliche Zellen.	1. Flammen und Reaktionen. Immer da – aber umwandelbar. Aktivierung und Richtung – Ordnungsprinzipien.	1. Struktur und Bewegung. Kleine Teilchen – nicht sichtbar, aber darstellbar. Statisch oder dynamisch?	1. Wasser – ein Molekül-Verband. In Arbeit.
2. Elemente. Stoffe, Teilchen, Gegenstände? Unterschiedliche Elemente ergeben geordnete Einheiten.	2. Kräfte. Nicht sichtbar – aber wirksam. Kräfte – eine Grundlage des Lebens.	2. Bewegung und Energie. Bewegung in Feuer, Luft und Wasser. Bewegungen – ein Lebensprinzip.	2. Wasser – ein Lebens-Mittel. In Arbeit.
3. Lebewesen. Ordnung in Lebewesen. Die Vielfalt der Lebewesen und ihre Ordnung.	3. Eingefangene Energien. Das Blatt – der Energieumwandler. Der Wald – die Energiefabrik.	3. Bewegungen sehen und fühlen. Der Sehvorgang – optisch und biologisch. Die Atmung – biologisch und chemisch.	3. Konfliktstoff: Wasser. In Arbeit.
4. Lebensräume. Ordnung in Lebensräumen. Die Vielfalt der Lebensräume – Möglichkeiten ihrer Ordnung.		4. Energie und Ladung. Wärme – eine lebenswichtige Energie. Elektrizität – Grundlage des modernen Lebens. 5. Struktur – Energie – Leben. Tiere und ihre Umgebung. Leben und Energie.	

Mit »kontinuierlichen Texten« sind nun intersubjektiv vermittelbare Beschreibungen, Geschichten und/oder Interpretationen gemeint. Im Idealfall konstruieren die SchülerInnen hieraus zuletzt die Darstellungsform »komplexe und/oder abstrakte Grafik/Diagramm« (Ecke 4). Hierbei handelt es sich um eine inhaltlich verdichtete, wissenschaftlich kommunizierbare, abstraktere Form der Darstellung »Bild«. Vorliegend bietet sich dabei etwa die – komplexere – Darstellungsform eines Wassertropfens auf der Grundlage von Kohäsionskräften an.

Das bewusste (durch spezielle Hilfen des Fachlehrers aktiv begleitete Durchlaufen) dieser Stationen erleichtert die sukzessive Erhöhung des Abstraktionsniveaus im Unterricht und damit zugleich die allmähliche Verbesserung von Sprachkompetenzen der beteiligten SchülerInnen.

4.3 Werkstücke zur Unterrichtsgestaltung

Die von den Autoren in Zusammenarbeit mit weiteren Projektpartnern (siehe Danksagungen am Ende dieses Berichts) entwickelten »Werkstücke zur Unterrichtsgestaltung« suchen nun den vorstehend beschriebenen Prozess der Aneignung unbekannter bzw. zunächst unverstandener Inhalte an mehreren Stellen positiv zu beeinflussen. Als Szenarien eines sprachaktivierenden Unterrichts geben sie den LehrerInnen jeweils eine Eingangspräsentation (z. B. Überblick über Lerninhalte und Sprachprobleme), einen gedruckten Informationsteil (z. B. »Schritt für Schritt-Anleitung«) sowie jeweils einsatzfähige Arbeitsbögen (z. B. konkrete Arbeitspläne und Hilfsmittel) für die teilnehmenden SchülerInnen an die Hand.

So wird zunächst der Übergang vom Bild zum diskontinuierlichen Text durch die Identifizierung geeigneter Experimente (Schülerversuche) bzw. die kontextgebundene Integration von realen Gegenständen, Schaubildern und Abbildungen in den Unterricht erleichtert. Hierdurch soll insbesondere bereits bestehendes Vorwissen mobilisiert, der fachliche Austausch unter den Lernenden angeleitet und ihr Sprachbewusstsein unterstützt werden. Beim Übergang vom Bild zum diskontinuierlichen Text helfen sodann auf den jeweiligen Unterrichtsinhalt abgestimmte Lernaufgaben (z. B. Anfertigen von Stichwortverzeichnissen, Mindmaps, Tabellen, Ja/Nein-Zuordnungen, Zusammenfügen von Merksätzen anhand von Schlagwörtern). Im Zuge dessen entstehen erste alltags- und naturwissenschaftsbezogene Textbausteine.

Den Übergang vom kontinuierlichen Text zu einer komplexeren Bildebene ebnen schließlich umfangreichere Aufgaben (wie das Zusammenfassen und die Bewertung von Teilergebnissen, die Analyse von Gemeinsamkeiten und Unterschieden beobachteter Phänomene, Definitionsversuche einzelner Begriffe sowie die Vorbereitung einfacher Präsentation oder sonstiger sozialer Interaktionen (z. B. Interview, Rollenspiel, Kurzvortrag).

Zuletzt werden Anregungen zum eigenständigen Anschlusslernen gegeben, mit denen die mittlerweile erreichten Lernerfolge verfestigt und zugleich hinterfragt werden sollen. Die SchülerInnen werden daher bei keinem ihrer Lernschritte allein gelassen, freilich auch nirgends »aus der Pflicht« entlassen. Alle entwickelten »Werkstücke« sind zwischenzeitlich in konkreten Unterrichtssituationen erprobt und in Lehrerfortbildungsveranstaltungen optimiert worden. Im Folgenden wird auf den Einstieg in das Werkstück »Energie und Arbeit« kurz eingegangen.

Dieses »Werkstück« (Pastille/Bolte/Mantschew 2009) verknüpft die Phänomene und Begriffe »Feuer«, »Energie«, »Bewegung« und »Arbeit« dergestalt, dass sich auch für SchülerInnen mit einer nur geringen Sprachkompetenz erste Möglichkeiten der Fachkommunikation eröffnen. Dabei wird zunächst das »Bemerken« naturwissenschaftlicher Phänomene trainiert. Das »Bemerkte« wird anschließend (wenn nötig unter Anleitung) näher »beobachtet« und die für die jeweilige Feststellung im Einzelfall erhebliche Beobachtung am Ende strukturierend zusammengefasst.

Das Durchlaufen der Kette »Bemerken-Beobachten-Beschreiben« stellt hohe Anforderungen an die kommunikativen Kompetenzen und die Textarbeit der SchülerInnen (Strukturierungs- und Formulierungskompetenz). Das Einstiegsexperiment »Der fliegende Teebeutel« verknüpft – für die Lernenden besonders attraktiv – Begriffe wie Flammen, Energie, Luft und Bewegung. Anschließend wird zum Beispiel am Phänomen »Weihnachtspyramide« und/oder anhand des Modells »Wassergenerator« die Frage gestellt, ob die beobachteten Phänomene zum Vorteil des Menschen »genutzt« werden können. Dieser Problembereich wird im weiteren Verlauf anhand eines gesonderten Arbeitsbogens, der eine Abbildung, ein einfaches Diagramm und einen einfachen Text enthält, diskutiert.

Danach wird anhand der im Gespräch erarbeiteten Inhalte (i. d. R. in Gruppen) ein Leitfaden entworfen, mit dessen Hilfe es den Schüler(inne)n leichter fällt, »Fachleute« über Zusammenhänge zwischen »Energieumwandlung und Luftverschmutzung« zu befragen. Wenn auch zunächst auf – fachwissenschaftlich und fachdidaktisch – sehr einfachem Niveau, beschäftigen sich die SchülerInnen argumentativ beispielsweise mit dem Begriff der »Arbeit« aus historischer, industrieller und umweltbezogener Perspektive. Dies eröffnet eine Fülle von Gesprächsmöglichkeiten. Durch die Vorbereitung von Interviews in den einzelnen Lerngruppen und deren Präsentation vor den Kleingruppen des Kurses bzw. vor dem Klassen-Plenum wird abschließend die im Fachunterricht besonders wichtige – aber selten thematisierte oder gar »trainierte« – Ebene des »Bewertens« eingeübt. Gemeint ist damit die fachlich begründete Einordnung naturwissenschaftlicher Phänomene in übergeordnete Erklärungszusammenhänge.

Spätestens auf dieser Ebene gelingen den SchülerInnen – ermutigt durch die Gruppenarbeit – wohl durchdachte und durchaus flüssige Wortbeiträge, die die Jugendlichen dann – trotz der im Übrigen verbleibenden Sprachprobleme – auch weitgehend strukturiert in das Unterrichtsgeschehen einzubringen vermögen. Die Einstiegssequenz in dieses Werkstück verdeutlicht die Choreographie der von den Autoren bevorzugte Vorgehensweise und veranschaulicht, wie fach- aber auch alltagsbezogenes Lernen im Modell des Aktivierungsrechtecks eingebunden werden.

Der Übergang von der Darstellungsform »Bild« zur Darstellungsform »diskontinuierlicher Text« soll bei den SchülerInnen Vorwissen mobilisieren, die Kommunikation untereinander anregen und das Sprachbewusstsein unterstützen. Dieser Prozess stellt weitgehend noch einen kontextgebunden mündlichen Austausch dar. Der Übergang zum »kontinuierlichen Text« beinhaltet einen veränderten Kontextbezug. Hier werden über den mündlichen Austausch hinaus, spezifische Merkmale der Fachsprache (Wortschatz, Satzbau, Textebene) im Rahmen einfacher Fachtexte und Präsentationen geübt. Die Entwicklung neuer »Bilder«, fachkompetent artikuliert, zeigt deutlich, ob die Lernenden erfolgreich zum erweiterten Erwerb von Lese- und Lernstrategien gekommen sind (vgl. auch Abschnitt 3 oben und Abschnitt 5 unten).

5. Das Fortbildungsmodul »Spracharbeit – die andere Seite des Fachunterrichts«

Das Konzept der meist ganztägigen Lehrerfortbildung beruht auf den Erfahrungen, die wir an den Kooperationsschulen im Rahmen der Implementation des Konzeptes gemacht haben. Zentraler Arbeitsschwerpunkt ist dabei die Auseinandersetzung mit einzelnen Werkstücken, die sowohl inhaltlich, experimentell, aber besonders unter dem Aspekt der Sprachaktivierung von StudentInnen vorgestellt werden. Die Mitarbeit der StudentInnen ist obligatorisch und ein Teil ihrer fachdidaktischen Ausbildung. So entwickelt sich dieses LehrerInnen-Fortbildungs-Modul auch gleichzeitig zu einem Modul innerhalb des Studiengangs Chemielehramt. Den Ansatz dieses Fortbildungskonzepts umreißen die folgenden Leitgedanken: Sprachaktivierender Unterricht in den Naturwissenschaften führt zum Erwerb von Textkompetenz, Textkompetenz führt zur Verbesserung der Anschlusskommunikation, verbesserte Anschlusskommunikation führt zu Möglichkeiten des intelligenten Weiterlernens, ergebnisorientierte und zielgerichtete Lernstrategien, besonders im naturwissenschaftlichen Bereich, führen zu verbesserten Möglichkeiten der aktiven Teilnahme am gesellschaftlichen Leben.

Anhand des oben beschriebenen Aktivierungsrechtecks werden die TeilnehmerInnen in das Konzept eingeführt. Die Übergänge innerhalb des Rechtecks unter Betonung der Sprachaktivierungselemente werden an dem kleinen Werkstück »Vom Großen zum Kleinen – wie arbeiten die Wissenschaften?« (Pastille / Bolte / Lintzmeyer / Mantschew 2008) verdeutlicht und ausführlich diskutiert. Die StudentInnen stellen nun detailliert mit Hilfe der entsprechenden Experimente und anhand ihrer Erfahrungen bei der schulischen Realisierung ein größeres Werkstück dar. In Gruppen werten die LehrerInnen diese konkreten Unterrichtsunterlagen nach unterschiedlichen Gesichtspunkten (z. B. fachliche Richtigkeit, didaktisch-methodischer Aufbau, Schülerorientierung, Alltagsbezug, Sprachförderung) aus. Diese kleinen Gutachten werden einzeln vorgestellt, diskutiert und von den Studierenden »verteidigt«. Gemeinsam wird dann besprochen, wie dieses Werkstück umsetzbar ist und an welchen Stellen die Sprachaktivierung – ohne Abstriche an den fachlichen Inhalten – verbessert werden kann. Diese Phasen sind für LehrerInnen und Studierende höchst effektiv und führen stets zu wertvollen Gedanken und Impulsen, die auf das ganze Konzept zurückwirken.

6. Danksagung

Ohne die tatkräftige Unterstützung vieler KollegInnen wäre dieses Projekt nicht realisierbar. Neben den SchülerInnen sowie deren LehrerInnen, die an der empirischen Erprobung der Analyseinstrumente teilgenommen haben, danken die Autoren vor allem: B. Hecke, N. Kilic, H. Lintzmeyer, K. A. Mantschew, Th. Mühlenhoff, L. Riebling, G. Stephan, J. Strauch und den Lehramtsstudierenden der Module »fachbezogenes Unterrichten« der Freien Universität Berlin; allen voran F. Adamik, S. Glomme, M. Hoffmann und I. Nsir. Unterstützung erfährt das hier vorgestellte Projekt im Rahmen der Initiative »Projektorientierte Sprachförderangebote an Gymnasien in Berlin« (PROSA), das vom Institut für berufliche Bildung und Weiterbildung e.V. (ibbw) durchgeführt und aus Mitteln des Europäischen Sozialfonds (ESF) und des Landes Berlin gefördert wird. Des Weiteren werden unsere Arbeiten von der Mercatorstiftung und dem Berliner Schulsenat wohlwollend unterstützt.

Anmerkungen

1 Wir danken Frau Linda Riebling für die tatkräftige Unterstützung und maßgebliche Mitarbeit in der Phase der Entwicklung der Aufgabensets.
2 Wir danken Johannes Strauch für seine kreativen Ideen und maßgeblichen Vorarbeiten im Zuge der Entwicklung des Leitfadens.
3 Eine Mittlere Prozentwert-Differenz [Δ] wird berechnet, indem der jeweils Mittlere Prozentwert der Vergleichsstichprobe vom Mittleren Prozentwert der zuerst genannten Vergleichstichprobe abgezogen wird.
4 Beim T-Test handelt es sich um ein statistisches Verfahren, mit dessen Hilfe Merkmalsunterschiede (hier Unterschiede der Mittelwertewerte) von zwei unterschiedlichen (»unabhängigen«) Stichproben auf statistische Signifikanz (statistische Bedeutsamkeit) geprüft werden. Der Zahlenwert [p] gibt darüber Auskunft, mit welcher Wahrscheinlichkeit die Merkmale (Mittelwerte) in den beiden zu vergleichenden (Teil-)Stichproben unterschiedlich ausfallen. Ist $p < 5\%$ ($p < .050$), so kann von statistisch signifikanten Differenzen gesprochen werden. Ob statistisch signifikante Merkmalsunterschiede auch pädagogisch oder didaktisch bedeutsam sind, ist damit nicht entschieden.
5 Ein sogenannter »Ausreißer« (ein Junge) aus der Hauptschul-Teil-Stichprobe hat (sogar) 90 Prozent der Aufgaben korrekt gelöst.

Literatur

Bolte, Claus (2003a): Chemiebezogene Bildung zwischen Wunsch und Wirklichkeit – Ausgewählte Ergebnisse aus dem zweiten Untersuchungsabschnitt der curricularen Delphi-Studie Chemie. In: *ZfDN*, Jg. 9, S. 27–42. Kiel: IPN Kiel.

Ders. (2003b): Konturen wünschenswerter chemiebezogener Bildung im Meinungsbild einer ausgewählten Öffentlichkeit – Methode und Konzeption der curricularen Delphi-Studie Chemie sowie Ergebnisse aus dem ersten Untersuchungsabschnitt. In: *ZfDN*, Jg. 9, S. 7–26. Kiel: IPN Kiel.

Bolte, Claus; Gräber, Wolfgang, Neumann, Anja; Tiemann, Stefan (2005): Naturkosmetik aus der Ostsee. Das ParIS-Kiel-Projekt. In: *Naturwissenschaften im Unterricht – Chemie*, Jg. 16, H. 87, S. 18–23.

Bolte, Claus; Pastille, Reinhard (2009): *Analyse alltags- und naturwissenschaftsbezogener Lesekompetenzen von Schülerinnen und Schüler der Jahrgangsstufen 7 und 8*. Unveröffentlichtes Manuskript.

Dies. (2010, im Druck): Spracharbeit – Diagnose und Evaluation kommunikativer Kompetenzen. In: Höttecke, Dietmar: (Hrsg.): *Entwicklung naturwissenschaftlichen Denkens zwischen Phänomen und Systematik. Zur Didaktik der Physik und Chemie. Probleme und Perspektiven*. Münster: Lit-Verlag.

Gräber, Wolfgang; Bolte, Claus (Eds.; 1997): *Scientific Literacy – An International Symposion*. Kiel: IPN Kiel.

Hoffmann, Mario; Glomme, Sven-Phillip; Bolte, Claus; Pastille, Reinhard (2008): *Werkstück »Kräfte in uns und um uns«*. Unveröffentlichtes Manuskript.

Kirschenmann, Birgit; Bolte Claus (2007): Chemie (in) der Extra-Klasse zum Thema Bioenergie – Konzeption eines Bildungsangebotes für Schüler/-innen der Sekundarstufe II. In: *Praxis der Naturwissenschaften/Chemie in der Schule*, Jg. 56, H. 5, S. 25–30.

Pastille, Reinhard (1987): Fachübergreifender Unterricht zum Thema Umwelt am Beispiel »Berliner Luft«. In: *chimica didactica* 13, S. 225 ff.

Ders. (1995): Ökologische Herausforderungen. Verknüpfung von naturwissenschaftlichem Unterricht und politischer Bildung«. In: *Geschichte, Erziehung, Politik* 6, S. 401 ff.

Ders. (1992): Systematische Sprachförderung im Unterricht. Beispiel Fette. In: *Chemie in der Schule*, 12, S. 451 ff.

DERS. (1993): Systematische Sprachförderung im Unterricht. Situation und Forderungen. In: *Chemie in der Schule* 1, S. 18 ff.

PASTILLE, REINHARD; DICKHEUER, KARIN (1997): Das 4-B-Projekt: Bemerken, Bobachten, Beschreiben, Bewerten. In: *Deutsche Lehrerzeitung* 9/10, S. 19.

PASTILLE, REINHARD; BOLTE, CLAUS (2008): Anregungen für einen sprach-aktivierenden Unterricht im Fach Naturwissenschaften der Jahrgangsstufen 7 und 8. In: Höttecke, Dietmar (Hrsg.): *Kompetenzen, Kompetenzmodelle, Kompetenzentwicklung. Zur Didaktik der Physik und Chemie. Probleme und Perspektiven.* Münster: Lit-Verlag, S. 173–175.

PASTILLE, REINHARD; BOLTE, CLAUS; LINTZMEYER, HARRY; MANTSCHEW, KARMEN ALEXANDER (2008): *Werkstück »Vom Großen zum Kleinen – wie arbeiten die Wissenschaften?*

RIEBLING, LINDA; BOLTE, CLAUS (2008): Sprachliche Heterogenität im Chemieunterricht. In: Höttecke, Dietmar (Hrsg.): *Kompetenzen, Kompetenzmodelle, Kompetenzentwicklung. Zur Didaktik der Physik und Chemie. Probleme und Perspektiven.* Münster: Lit-Verlag, S. 176–178.

SEYFARTH, MARION; BOLTE, CLAUS (2007): Untersuchungen zur Sprache im Chemieunterricht. In: Höttecke, Dietmar (Hrsg.): *Naturwissenschaftlicher Unterricht im internationalen Vergleich. Zur Didaktik der Physik und Chemie. Probleme und Perspektiven.* Münster: Lit-Verlag, S. 313–315.

STRELLER, SABINE; BOLTE, CLAUS (2008): Tornados im globalen Klimageschehen. In: *Praxis der Naturwissenschaften/Chemie in der Schule*, Jg. 57, H. 2, S. 11–16.

Karsten Rincke

Von der Alltagssprache zur Fachsprache
Bruch oder schrittweiser Übergang?

1. Die Sprache im physikalischen Fachunterricht: Ein Problem mit vielen Gesichtern

Der physikalische Fachunterricht stellt die Schülerinnen und Schüler vor mannigfache Herausforderungen, die sie bewältigen müssen, um die gesetzten Ziele zu erreichen. Ein Blick in die Bildungsstandards vermittelt einen kleinen Eindruck davon, wie diese Ziele gelagert sind. Es ist nur ein kleiner Eindruck, weil die Bildungsstandards sich auf das beziehen, was der Unterricht als Endprodukt hervorbringen soll. Die Prozesse jedoch, die auf dieses Produkt führen sollen, stehen nicht im Blickpunkt der Standards, sie bilden aber den Hauptteil des Unterrichts. Es liegt in der Natur der Sache, dass Bildungsstandards keine Selbstverständlichkeiten verlangen. Sie verlangen etwas, um dessen Erreichen Lehrkräfte wie Schülerinnen und Schüler in aller Regel ringen müssen. So kommt es, dass man jede der in den Standards formulierten Normen als einen indirekten Hinweis darauf interpretieren kann, was Schülerinnen und Schüler in aller Regel nicht »von sich aus schon können«, worauf sie also im Unterricht besondere Mühe verwenden müssen, wo sie besondere Hürden zu überwinden haben: Die Tatsache, dass sie Modellvorstellungen angemessen anwenden können sollen, deutet also darauf hin, dass Modellvorstellungen offenbar Schwierigkeiten machen. Dasselbe gilt, wenn sie Phänomene beschreiben sollen, fachliche Konzepte wiedergeben und anwenden oder Bezüge zwischen Inhalten des Fachs und sich selbst oder unserer Gesellschaft herstellen sollen. Ein enormer Anteil dieser Auseinandersetzung mit großen und kleinen Hürden verläuft auf dem Wege der sprachlichen Kommunikation, schriftlicher wie mündlicher. Dabei stellen sich Probleme auf unterschiedlichen Ebenen ein. In einer etwas holistischen Perspektive kann man sagen, dass der Fachunterricht nicht nur neue Inhalte vermitteln möchte, er bedient sich dabei zu allem Überfluss auch noch einer neuen Sprache. Das mag ein wenig radikal formuliert sein, und wir werden uns auch gleich wieder ein gutes Stück von dieser radikalen Sichtweise distanzieren. Doch für einen Moment mag man sich einmal die Konsequenz vor Augen führen, vielleicht am einfachsten, indem man sie probeweise auf das Fremdsprachenlernen überträgt: Stellen Sie sich vor, dass Sie sich mittels Büchern über ein neues Inhaltsgebiet informieren möchten, das Ihnen weitgehend unbekannt ist. Stellen Sie sich nun vor, dass Sie leider nur Bücher finden, in denen dieses Inhaltsgebiet in einer fremden Sprache, nehmen wir Finnisch als Beispiel, beschrieben ist. Nun würden Sie sicher nach einem Wörterbuch suchen, in denen die Vokabeln Ihrer Herkunftssprache den finnischen Wörtern gegenüberstehen. Die Frage, mit der dieser Beitrag betitelt ist, lässt sich in diesem kleinen Vergleich nun so formulieren: Wie wird das Wörterbuch aussehen, das Sie finden: Wird es wirklich die Vokabeln der beiden Sprachen einander gegenüberstellen, oder wird es womöglich ein Diktionär sein, also ein Buch, das Ihnen die finnischen Vokabeln auf Finnisch erklärt? Und schließlich: Wird es Ihnen etwas nützen? Eines können wir uns jetzt schon beantworten: Es wird keine leichte Kost sein.

Es ist keine neue Idee, in Zusammenhang mit der Frage nach der Bedeutung der Sprache im naturwissenschaftlichen Fachunterricht eine Beziehung zum (Fremd-) Sprachenlernen herzustellen: So wie mit dem Erlernen einer Fremdsprache in der Schule oft das Einpauken von Vokabeln verbunden wird, so wird mit den modernen Naturwissenschaften ihr fremdartiges Vokabular verbunden. Doch ebenso wie das erfolgreiche Memorieren fremdsprachlicher Vokabeln noch kein flüssiges, der kommunikativen Situation angemessenes Sprechen ermöglicht, so eröffnen auch Fachbegriffe kaum eine Kenntnis von naturwissenschaftlichen Zusammenhängen, wenn sie auf eine Rolle als Etiketten für Objekte der Umgebung oder der Anschauung reduziert werden. Dennoch ist der Hinweis wichtig und berechtigt, dass die in Schulen gebräuchlichen Fachbücher sehr viele Fachbegriffe enthalten, von denen ein Großteil nur ein einziges Mal vorkommt und damit für eine naturwissenschaftliche Grundbildung entbehrlich erscheint (Merzyn 1994).

1.1 Das Fachvokabular

Es sollte bewusst planenden Lehrkräften wenig Mühe bereiten, entbehrliche Fachbegriffe im Unterricht durch Umschreibungen zu ersetzen. Entbehrlich sind in der Regel selten gebrauchte Begriffe, die nicht mit einer physikalischen Größe assoziiert sind. Dazu gehört eine große Zahl von Namen für technische Materialien und Gegenstände, also Begriffe, die tatsächlich »nur« die Rolle von Etiketten haben. Ich denke an Begriffe wie »Perleins«. Wer nicht schon einmal Optik in der Mittelstufe unterrichtet hat, wird im ersten Moment gar nicht wissen, wie er oder sie »Perleins« aussprechen soll. Bei der »Perleins« handelt es sich um eine handtellergroße Metallplatte, die an mehreren Stellen durchbohrt ist. Die Löcher sind so angeordnet, dass sie das Muster einer Eins andeuten. In jedem Loch steckt eine Glasperle. Man benutzt dieses seltsame Objekt für einfache Experimente, bei denen man die optische Abbildung von leuchtenden Gegenständen mit Hilfe einer Glaslinse untersucht. Die Eins, die aus Glasperlen besteht, ist ein solcher leuchtender Gegenstand, wenn man sie von einer Seite mit einer Lampe bestrahlt – die Perlen funkeln dann und senden ihr Licht auf die Linse, die ein leuchtendes Abbild erzeugt. Es bedarf wenig Fantasie, viele solcher Etiketten wie Perleins durch kurze Umschreibungen zu ersetzen und damit das Lernen zu entlasten. Wessen es etwas mehr bedarf, ist Emanzipation, und zwar Emanzipation gegenüber der vermeintlichen Autorität dieser entbehrlichen Fachwörter. Man muss sich gegenüber »Unterdruck«, »Überdruck«, »Schweredruck«,

»Luftdruck«, »Umgebungsdruck«, »Staudruck«, »statischem Druck« und »dynamischem Druck« emanzipieren und auf das zurück kommen, worum es geht. Es geht offenbar um »Druck«, der in verschiedenen Situationen mit je unterschiedlichen Ursachen und Wirkungen verbunden ist. Das sagt man aber lieber in ganzen Sätzen als in einem Kompositum, hinter dem die Schülerin nichts, der Kenner aber das ganzes Szenario eines Experimentalaufbaus sieht. Bennett (2003, S. 147 f.) weist darauf hin, dass viele Forschungsergebnisse zeigen, dass Lernschwierigkeiten in den Naturwissenschaften weniger mit den Besonderheiten ihres Fachvokabulars zu hätten als man erwarten sollte – wenn man also den Unterricht und das Lernen der Schülerinnen und Schüler von vielen Fachbegriffen entlastet hat, ist offenbar nur ein erster Schritt getan.

1.2 Die Fach-Sätze

Woraus resultieren die eigentlichen Schwierigkeiten mit der Sprache im naturwissenschaftlichen Fachunterricht, wenn das Fachvokabular nicht als wesentliche Quelle ausgemacht werden kann? Leisen (1999) fasst die Besonderheiten der Fachsprache in übersichtlicher Weise zusammen. Neben dem besonderen Vokabular an sich sind es typische Konstruktionen und Gestaltungsmerkmale des Satzbaus und des Sprachstils, die die Fachsprache auszeichnen. So treten zum Beispiel Funktionsverbgefüge (»Arbeit verrichten«) oder komplexe Attribute (»der auf der Fahrbahn reibungsfrei gleitende Wagen«) auf, die in der Alltagssprache selten anzutreffen sind, hinzu kommt ein für die Fachsprache typischer unpersönlicher passivischer Stil, der eine Distanz zu der vom persönlichen Erleben der Jugendlichen geprägten Alltagssprache aufbaut. Leisens Buch stellt eine Fülle von Möglichkeiten vor, wie diese Besonderheiten unterrichtsmethodisch aufgegriffen und zu vielfältigen Lerngelegenheiten ausgebaut werden können. Essenziell erscheint dabei die Einsicht, dass die Problematik der Fachsprache nur zu einem geringen Anteil vom Einzel(fach)wort ausgeht. Sie geht eher davon aus, wie dieses Wort im Zusammenspiel mit anderen Wörtern, Präpositionen, direkten oder indirekten Objekten agiert. Betrachten wir dazu zwei Beispiele, die beide auf derselben Seite eines gängigen Physiklehrbuchs für die Altersstufe der etwa 14-Jährigen zu finden sind. Es geht dabei um den Begriff der elektrischen Spannung, ein Begriff, der im wahrsten Wortsinn mit Lernschwierigkeiten geradezu aufgeladen ist: Auf der Seite ist zu lesen »Die von Volta gebaute Monozelle hatte die Spannung 1 V.« An anderer Stelle: »Zwischen den Buchsen der Steckdose besteht eine Spannung.« Versetzen wir uns in die Lage einer Schülerin, die die Eigenschaften des neuen Konzepts, das hinter dem Wort »Spannung« steht, erfassen möchte. Sie erfährt, dass eine Spannung zwischen zwei Dingen bestehen kann und dass man sie haben kann. Im ersten Fall bezeichnet die Spannung eine Relation zwischen zwei Objekten, im zweiten Fall lediglich zu einem einzigen Objekt. Die beiden Beispielsätze aus dem Lehrbuch vermitteln implizit Informationen über die elektrische Spannung, die man also schlecht in Einklang bringen kann. Wenn dann weitere Sätze hinzukommen, in denen »Spannung geleitet wird, groß ist, gefährlich ist, anliegt, steigt« oder »abfällt«, sind Lernschwierigkeiten zu erwarten. Das Fachwort »Spannung« wird in so diversen Wortkombinationen verwandt, dass Wesentliches und Unwesentliches ebenso wenig trennbar sind wie exakte und vergröbernde Darstellung. Nur wer schon weiß und verstanden hat, kann bemerken, dass die Formulierungen auf unterschiedlichen sprachlichen Ebenen angesiedelt sind und das intendierte fachliche Konzept unterschiedlich exakt benennen.

Die fachliche Definition der physikalischen Größe »Spannung«, so wie man sie in einem Hochschullehrbuch finden kann, benennt zwei Bezugspotenziale, die an unterschiedlichen Orten gemessen werden, und deren Differenz die Spannung ist. Vor diesem Hintergrund liegt die Formulierung, die die Präposition »zwischen« verwendet, dem fachlich intendierten Konzept am nächsten, weil sie zwei Orte benennt, zwischen denen die Spannung besteht.

1.3 Die Sprachebenen im Fachunterricht

Leisen beschreibt in seinem Buch die schon erwähnten sprachlichen Ebenen, die im Unterricht betreten werden: Zwischen den Ebenen der Alltags- und der Fachsprache bildet die Unterrichtssprache eine Brücke. Sie ist mit Versatzstücken der Fachsprache versehen, ohne dabei den der Fachsprache eigenen Anspruch an Allgemeingültigkeit zu erheben. Auch Fischer (1998) beschreibt diese »innere Mehrsprachigkeit« des Unterrichts, mit der die unterschiedlichen sprachlichen Ebenen gemeint sind. Eine solche Mehrsprachigkeit ist unvermeidlich, und ihre Bewältigung (nicht die Beseitigung!) muss ein Ziel des Fachunterrichts sein. Problematisch bleibt es allerdings, wenn den Schülerinnen und Schülern die Zugehörigkeit einer Formulierung zu einer sprachlichen Ebene nicht transparent gemacht wird: Woran sollten sie erkennen, dass die Formulierung »zwischen den Buchsen besteht eine Spannung« sehr viel klarer auf das fachlich Wesentliche verweist als etwa »eine Spannung fällt ab«?

Der implizite Wechsel der Sprachebenen setzt zusätzliche Hürden, wenn die benutzten Fachwörter auch in der Alltagssprache gebräuchlich sind und ein breites Bedeutungsfeld haben. Für Novizen werden Alltags- und Fachsprache untrennbar, und es verwundert nicht, dass Alltagsvorstellungen den Fachunterricht mitbestimmen, die dem fachlichen Konzept zuwiderlaufen. Das Fachwort Kraft bildet dafür ein Beispiel, es ist in der Alltagssprache verankert und steht zugleich im Zentrum der Physik: Die fundamentalen Wechselwirkungen, auf denen die Physik aufgebaut ist, kommen ohne den Kraftbegriff nicht aus.

2. Kraft haben oder Kraft auf etwas ausüben?

Das Wort Kraft kommt im Alltag in mannigfaltigen Bedeutungen und Verbindungen vor. Darunter sind Bezeichnungen für Gegenstände (Kraftwerk) oder Wortverbindungen, die auf Eigenschaften verweisen, die ein Gegenstand besitzt: Die Waschkraft von Waschmitteln oder etwa die Sehkraft des Auges. Das Kraftwerk liefert Energie – offenbar wird Kraft mit Energie assoziiert, und diese wiederum mit weiteren Bedeutungen, von denen die eines Universaltreibstoffes noch als eine der passendsten angesehen werden kann. Bei der Waschkraft geht es um das Vermögen einer Substanz, Schmutz zu lösen, und bei der Sehkraft um das Vermögen des Auges, Gegenstände scharf auf der Netzhaut abzubilden. Diese wenigen Beispiele illustrieren, dass im Alltag Kraft im Sinne von Potenz, etwas zu leisten, zu verursachen, voranzubringen, verwendet wird. Die physikalische Fachsprache sieht einen anderen Gebrauch vor, der mit einem Konzept verbunden ist, das bei näherem Hinsehen sehr fremdartig erscheint. Stellen wir uns einen Gummiball vor, der auf den Boden fällt und wieder nach oben springt. Eine fachsprachliche Beschreibung könnte lauten: »Der Boden übt eine Kraft auf den Ball nach oben aus.« Die fachsprachliche Formulierung zeigt gegenüber der alltäglichen zwei wesentliche Besonderheiten: Zunächst klärt der Begriff Kraft in Verbindung mit »ausüben auf« eine Beziehung zwischen zwei Objekten, dem Boden und dem Ball. Diese Beziehung ist in der gegebenen Formulierung (noch) nicht symmetrisch.[1] Die Wendung »Kraft ausüben auf« bezeichnet also eine zweistellige Relation und nicht die Eigenschaft oder das Vermögen eines einzigen Objekts. Weiterhin ist die Fähigkeit, Kraft ausüben zu können, wider Erwarten nicht an ein Objekt gebunden, dem man dies im alltäglichen Verständnis zutraute: »Der Boden kann keine Kraft ausüben, der liegt doch nur so da« ist ein oft gehörter Einwand aus Schülermund. Diese Schwierigkeiten, das alltägliche Verständnis vom fachlichen abzugrenzen, ja das fachliche überhaupt als ein gültiges zu akzeptieren, sind in vielen deutschen und internationalen Studien zu Schülervorstellungen und Lernschwierigkeiten untersucht worden (vgl. z. B. Jung/Wiesner/Engelhardt 1981, Jung 1986, Hestenes/Wells/Swackhammer 1992, Wiesner 1994a, Gerdes/Schecker 1999, Wodzinski 2004). Das Interesse an Schülervorstellungen und Lernschwierigkeiten trat dabei gepaart auf mit einer vom Konstruktivismus geprägten Lerntheorie, wonach Lernende beim Aufbau von Wissen eine aktiv konstruierende Rolle einnehmen und ihre Wissenskonstruktion auf ihr Vorwissen gründen (vgl. z. B. Gerstenmaier/Mandl 1995). Dieses Vorwissen ist wesentlich durch Alltagserfahrungen gespeist. Die Lernenden bringen also Erfahrungen und Vorwissen über Zusammenhänge in den Unterricht ein, die sich für sie über Jahre im Alltag bewährt haben und von der Lehrkraft ernst genommen werden müssen. Leider laufen die intendierten fachlichen Konzepte denen, die der Alltag nahelegt, sehr oft entgegen. Die Newtonschen Mechanik, in deren Zentrum der Kraftbegriff steht, bildet hierfür eines der prominentesten Beispiele. Newton gelang eine Formulierung von Grundgesetzen, indem er von aller Erfahrung absah – er formulierte sie wie für eine idealisierte, reibungsfreie Welt: »Ein Körper verharrt im Zustand seiner Bewegung, wenn kein anderer Körper eine Kraft auf ihn ausübt« lautet das sogenannte Erste Newtonsche Axiom. Der Alltag, in dem alle Bewegungsvorgänge mit Reibung einher gehen, wo also stets ein anderer, einwirkender Körper vorhanden ist, bietet kein Beispiel, wo man das beobachten könnte, was Newton formuliert hat. Der Alltag erscheint wie ein mächtiger Einwand gegen die Newtonsche Einsicht! Man könnte einen Ausweg darin sehen, Newtons Axiom ins Positive zu wenden: »Wenn ein Körper den Zustand seiner Bewegung ändert, dann gibt es stets mindestens einen weiteren Körper, der eine Kraft auf ihn ausübt.« Der Anspruch, sich von eigenen Alltagsvorstellungen zu distanzieren, wird dadurch aber kaum gelindert.

Schülerinnen und Schüler assoziieren mit dem Körper, der eine Kraft ausübt, Aktivität und Vitalität. Dieses Aktivitätsschema (Wiesner 1994b) behindert eine Rollenzuweisung, wie sie oben das Formulierungsbeispiel mit dem Ball abverlangt, auf den der Boden (!) eine Kraft ausübe, denn der Boden ist nicht aktiv, nicht vital. Die skizzierten Schwierigkeiten, die Schülerinnen und Schüler zu meistern haben, wenn sie ein angemessenes fachliches Konzept aufbauen sollen, verlangen nach einem gut elaborierten Unterrichtskonzept.

Ein weiterer Ansatzpunkt, um das Lernen zu unterstützen, kann darin liegen, sich bei der Auswahl von Unterrichtskonzepten und Lernumgebungen nicht nur auf die zu erlernenden Konzepte zu konzentrieren, sondern ergänzend auch darauf, wie diese sprachlich abgebildet werden. Die wenigen Beispiele am Beginn dieses Abschnittes zeigten, dass ein alltägliches Verständnis von Kraft nicht nur konzeptuell vom fachlichen abweicht, sondern auch in der Art, wie es an die sprachliche Oberfläche tritt: Die zweistellige Relation, die für das fachlich korrekte Konzept bedeutsam ist, wird sprachlich durch das transitive Verb *ausüben* mit der Präposition *auf* angezeigt. Wer diese Wörter in seinen Satz aufnimmt, so soll man erwarten, wird in Richtung des fachlich Korrekten gedrängt. Anders als etwa die Formulierung »Kraft haben«, die auf die Kraft wie auf den Besitz einer Körpereigenschaft verweist. Hier wird keine Relation zwischen zwei Objekten beschrieben, und das dahinter liegende Konzept ist zumindest im strengeren Sinne fachlich nicht angemessen. Dass unsere Lehrbücher dennoch immer wieder unbekümmert von der »Gewichtskraft eines Körpers« sprechen, zeigt, wie der Fachtext unmerklich auf die Ebene der Alltagssprache und damit des Alltagsverständnisses zurückkehrt, das er doch eigentlich kontrastieren wollte. Es ist nicht die Gewichtskraft des Körpers gemeint, sondern die Kraft, die die Erde und der Körper gegenseitig auf einander ausüben. Das klingt zugegebenermaßen kompliziert. Es ist kompliziert. Unsere Sätze sollten das nicht verschleiern.

3. Sprachebenen bewusst machen im Metadiskurs

Am Beispiel des Fachbegriffes Kraft wurde gezeigt, dass Fach- und Alltagssprache sich keineswegs darin unterscheiden, dass die eine ein grundsätzlich anderes Vokabular verwandte als die andere. Viele Begriffe sind in beiden Sprachebenen beheimatet. Anders ist es mit den sprachlichen Wendungen, in denen ein Begriff auftaucht. Die Verwendung des Kraftbegriffes in Verbindung mit *ausüben auf* macht den Begriff zum Fachbegriff, es ist nicht das Einzelwort, sondern seine Verbindung mit anderen, die der Alltagssprache weitgehend fremd ist. Kraft wird also erst durch eine besondere sprachliche Umgebung zum Fachwort. Das bedeutet, dass der Unterricht, in dem die Schülerinnen und Schüler das mit dem Kraftbegriff verbundene Konzept kennen lernen sollen, die sprachlichen Umgebungen thematisieren muss, in denen das Wort auftauchen kann. Das erinnert sehr an den Fremdsprachenunterricht, wenn Kollokationen gelernt werden sollen.

Die Fremdsprachendidaktiker Bleyhl und Timm schreiben: »Das Wort allein ist [...] nichts, es braucht Umgebung. [...] Einzelwörter gehören weder an die Tafel noch ins Schülerheft.« (Bleyhl/Timm 1998, S. 263 f.) Der Didaktiker Ur zur gleichen Problematik: »So this [die Kollokation, Anm. d. Autors] is another piece of information about a new item which it may be worth teaching. When introducing words like decision and conclusion, for example, we may note that you take or make the one, but usually come to the other; [...].« (Ur 1996, S. 61) Im Fremdsprachenunterricht bedeutet die richtige Verwendung einer Kollokation einen zielsprachenkonformen Ausdruck, im Physikunterricht übernimmt die Fachsprache in diesem Sinne die Rolle der Zielsprache.

Nun mag man einwenden, dass ein Schüler, der eine bestimmte fachsprachliche Wendung in seine Sätze einschließt, nicht notwendig auch angemessen fachlich beschreiben oder argumentieren muss. Seine Äußerung könnte, obwohl sie von der Kraftausübung auf einen Körper spricht, inhaltlich unpassend sein. Dieser Einwand ist berechtigt. Man darf also keine überhöhten Erwartungen an den Nutzen für das fachliche Lernen haben, wenn im Unterricht unterschiedliche Formulierungen verglichen und sprachlichen Ebenen zugeordnet werden. Doch was genau darf man erwarten, und wie gehen Schülerinnen und Schüler auf einen Unterricht ein, der einen besonderen Wert auf die Pflege der Fachsprache legt?

3.1 Der Umgang mit Fachsprache als Element des Fachunterrichts

Im Folgenden werden die Ergebnisse einer umfänglichen Studie zusammengefasst, die sich mit den eben genannten Fragen befasste. Die Studie gründete auf einen Unterricht, der in sprachlicher Hinsicht durch folgende Merkmale ausgezeichnet war:

- Das Fachwort Kraft wird nicht im Sinne einer lexikalischen Definition eingeführt, sondern im Kontext von Sätzen, von Beschreibungen von Bewegungsabläufen. Die Beschreibungen zeigen, welche Bedeutungen das Fachwort durch seine Verbindung mit anderen Wörtern erhält. Diese Einführung folgt dem wittgensteinschen Gedanken des Sprachspiels: Sprachspiele sind in Wittgensteins Werk »Verhaltensabläufe, in denen Sprechen und anderes Handeln miteinander ›verwoben‹ sind« (Savigny 1998, S. 9). Die Rolle eines Ausdrucks im Sprachspiel legt fest, wie der Ausdruck gebraucht werden kann, und damit ist auch die Bedeutung dieses Ausdrucks umrissen. Wörter haben demnach keine Bedeutung, sie erhalten sie im Gebrauch.
- Alltags- und Fachsprache werden im Unterricht wiederholt kontrastiert. Alltagssprachliche Formulierungen und die dahinter liegenden Alltagsvorstellungen werden von fachsprachlichen und den mit ihnen verbundenen fachlichen Konzepten abgegrenzt. Eine unbewusste Vermischung der Ebenen von Alltags- und Fachsprache wird im Unterricht konsequent vermieden, sowohl was die verwendeten Lehrtexte angeht, als auch das sprachliche Vorbild der Lehrkraft betreffend.
- Die Schülerinnen und Schüler sprechen nicht nur über die Physik der Bewegungen, sie sprechen auch über ihr Sprechen. Dieser Metadiskurs wird seit langem für den Naturwissenschaftsunterricht empfohlen, der die Pflege der Fachsprache als ein Anliegen des Fachunterrichts anerkennt:

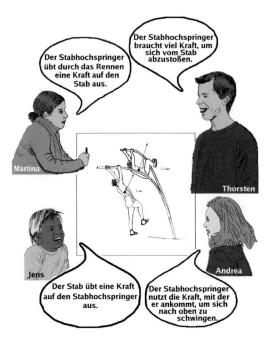

Abb. 1:

Ein Beispiel für eine Aufgabe, die die Schülerinnen und Schüler in einen Metadiskurs involviert. Die Schülerinnen und Schüler haben zuvor das Video eines Stabhochsprungs gesehen, haben den Bewegungsablauf alltagssprachlich, dann fachsprachlich beschrieben. Nun erhalten sie die fiktiven Schüleräußerungen in den Sprechblasen, dazu die Aufträge:

a) Teilt die Aussagen ein: Welche verwenden das Wort Kraft eurer Meinung nach fachsprachlich richtig, welche nicht? Gebt jeweils eine kurze Begründung.

b) Die Sprecher/innen, die das Wort Kraft fachsprachlich nicht richtig verwendet haben, stellen sich unter Kraft etwas anderes vor, als wir gelernt haben. Versucht zu beschreiben, was sie sich vorstellen.

c) Die Sätze, die das Wort Kraft fachsprachlich richtig verwenden, passen unterschiedlich gut zu den gezeigten Situationen. Welcher passt am besten, und warum?

Teachers should model scientific language by explaining to students how they themselves are combining terms together in sentences. They should stop to point out special idioms and phrases. [...] In present practice teachers tend to leave much of the semantics and grammar of scientific language completely implicit. Students are expected to figure all this out for themselves. That is too much to expect of students who have to deal with topics and thematic content that are so distant from common experience. (Lemke 1990, S. 170).

Abbildung 1 zeigt das Beispiel einer Aufgabe, die die Schülerinnen und Schüler in einem Diskurs über die Sprache und den mit ihr assoziierten Vorstellungen anregt.

Die drei Teilaufgaben zielen auf eine Beschäftigung mit der sprachlichen Oberfläche und mit dem assoziierten Inhalt: Zunächst kann allein auf der Basis von Oberflächenmerkmalen entschieden werden, welche der gegebenen Äußerungen fachsprachlich sind und welche nicht. Als fachsprachlich gelten diejenigen, in denen der Ausdruck »Kraft ausüben auf« vorkommt. Es sind die Äußerungen von Martina und Jens (Aufgabenteil a). In den folgenden beiden Teilaufgaben geht es vertiefend um die Vorstellungen, die mit den Äußerungen verbunden werden können. Die Sprecher/innen Thorsten und Andrea bieten Formulierungen an, wie sie auch von Schülerinnen und Schülern kommen können. Sie sind alltagssprachlich und verwenden das Wort Kraft in einem Sinne von Energie, körperlicher Anstrengung oder Schwung. Solche Konzeptualisierungen von Kraft sind im Alltagsverständnis verbreitet. Die Schülerinnen und Schüler haben hier also Gelegenheit, eigene Vorstellungen einzubringen und sich ihres Gegensatzes zum fachlichen Konzept bewusst zu werden. Die fachsprachlich formal korrekten Äußerungen unterscheiden sich in ihrer Qualität: Martinas Äußerung ist der gezeigten Situation nicht angemessen, da das »Rennen« nicht ursächlich mit der Kraftausübung einher geht. Andererseits ordnet die Äußerung der Person, dem Springer, eine aktive Rolle zu und erscheint dadurch attraktiv – im Gegensatz zur Äußerung von Jens. Diese ist formal und inhaltlich korrekt, jedoch weist sie dem Stab die Rolle zu, eine Kraft auf den Springer auszuüben. Es ist der exakte Widerspruch zum schon erklärten Aktivitätsschema, der diese Äußerung trotz ihrer fachlichen Korrektheit in der Perspektive der Schülerinnen und Schüler als fraglich erscheinen lassen wird. Die beiden fachsprachlichen Äußerungen zeigen also eine Ambivalenz, die Aufgabenteil c) komplex und vielschichtig macht.

Die hier skizzierte Anlage der Unterrichtssequenz wurde vor Beginn der Studie mit 55 Schülerinnen und Schülern über einen Zeitraum von gut zwei Monaten erprobt (zwei achte Klassen an Gymnasien, je 20 Unterrichtsstunden). Gut 20 Stunden wurden videografiert, um anhand der anschließend angefertigten Transkripte die Auswertungsinstrumente zu entwickeln. Diese Erprobung mündete in ein Unterrichtskonzept und einen Satz von lernprozess- und -produktbezogenen Erhebungsinstrumenten, die für die Hauptstudie verwandt wurden. Die Hauptstudie erfolgte ebenfalls in zwei Klassen mit gut 50 Jugendlichen, wobei eine Klasse zu einem Gymnasium, die andere zu einer additiven Gesamtschule gehörte. Auch hier wurden alle Stunden videografiert, in denen fachsprachliche Fragen in Zusammenhang mit dem Kraftbegriff thematisiert wurden (19 Stunden insgesamt). Sämtliche Instrumente, Unterrichtsmaterialien und Auszüge aus Transkripten finden sich in Rincke (2007), der vollständige Text ist auch online verfügbar.

3.2 Empirische Daten

Die Transkripte der Unterrichtsvideos ergeben einen umfänglichen Materialkorpus, der einer systematischen Auswertung zugänglich gemacht werden muss. Für die detaillierte Darstellung der einzelnen Schritte muss hier auf Rincke (2007) verwiesen werden. Für das Anliegen dieses Beitrags mag die folgende überblickartige Zusammenfassung des Vorgehens ausreichen:

- Der Materialkorpus, der sich aus Transkripten und schriftlichen Zeugnissen der Arbeit (Lerntagbücher, Arbeitsblätter, Tests) zusammensetzte, wurde in vier Teile geteilt, die von vier Paaren von Kodierern bearbeitet wurden. Die Interkoderreliabilitäten der Paare betrugen etwa 0,75 und waren damit zufriedenstellend.
- Das verwendete Kodierschema unterscheidet zwei Kontexte und bietet dafür jeweils eigene Kategorien an:
  - *Kontext A:* Die Schülerinnen und Schüler sind explizit aufgefordert, fachsprachliche Sätze zu produzieren: Die Kategorien unterscheiden, inwieweit die Art, in der der Kraftbegriff verwendet wird, eine Wechselwirkung zwischen verschiedenen Objekten ausdrückt bzw. inwieweit sie mit den aus der Literatur bekannten Alltagsvorstellungen übereinstimmt.

– *Kontext B:* Die Schülerinnen und Schüler befinden sich in einem Metadiskurs
über die Sprache: Die Kategorien unterschieden zwei Begründungsmuster,
nach denen die Zugehörigkeit einer gegebenen Formulierung zur Ebene der
Alltags- oder der Fachsprache entschieden wird: Die Zugehörigkeit kann auf
der Oberflächenstruktur eines gegebenen Satzes erfolgen, also etwa danach,
ob ein Schlüsselwort wie »ausüben« vorhanden ist und dann wahrgenommen
und für die Begründung herangezogen wird (formgebundene Argumentation). Die Entscheidung, ob ein gegebener Satz der Alltags- oder Fachsprache
angehört, kann aber auch auf der Basis des vermittelten Inhalts erfolgen, also
danach, ob der gegebene Satz im Verständnis eines Schülers eine Wechselwirkung ausdrückt oder nicht (anschauungsgebundene Argumentation).

Die Kategorisierung des Materials zeigt den Sprachgebrauch der Schülerinnen und
Schüler und die Art, in der sie im Metadiskurs agieren. Um zu einer möglichst kon-
densierten Form eines Überblicks zu gelangen, wurde die Gesamtheit der Jugendlichen nachträglich in Gruppen eingeteilt, und zwar abhängig von den Ergebnissen
der Kategorisierungen. Diese Gruppeneinteilung wurde für jede Unterrichtsstunde
vorgenommen, wobei für die betreffenden Unterrichtsstunden stets entweder Kontext A oder Kontext B bestimmend war. Da sich nicht alle Schülerinnen und Schüler
in gleicher Weise am Diskurs beteiligt hatten, wurde diese Analyse auf einen Teil der
Klassen beschränkt. Es wurden die Personen einbezogen, die – bezogen auf die Ge-
samtzahl der von den Jugendlichen gesprochenen Wörter – mindestens so viel gesprochen hatten, wie es sich bei einer hypothetisch gleichmäßigen Beteiligung aller
Jugendlicher ergeben würde: So befanden sich in einer der beiden Klassen beispielsweise 20 Personen. Hier würde eine gleichmäßige Beteiligung einem Anteil
von 1/20 = 5 Prozent aller Wörter pro Person entsprechen. In dieser Klasse wurden
daher alle Schülerinnen und Schüler in die detaillierte Analyse einbezogen, die mindestens 5 Prozent der insgesamt in dieser Klasse gesprochenen Wörter beigetragen
hatten. Auf diesem Weg ergibt sich für das vorliegende Datenmaterial eine Gruppe
von insgesamt *20* Personen für die Detailanalyse, die gemeinsam gut 80 Prozent aller im Verlauf der Unterrichtseinheit gesprochenen Wörter beigetragen hatten. Die
Detailanalyse erfolgt für *sechs Unterrichtsstunden im Kontext A*, für *drei im Kontext B*. Diese Angaben bilden den Ausgangspunkt für die Darstellung der Ergebnisse,
die in den Tabellen 1 und 2 wiedergegeben sind.

4. Zwischen Alltags- und Fachsprache: Interlanguage

Das Bild, das sich in Tabelle 1 zeigt, überrascht: Die Schülerinnen und Schüler werden mehrere Wochen lang mit einem erprobten Unterrichtskonzept in die Mechanik und das Kraftkonzept eingeführt. Die Schwierigkeiten in Zusammenhang mit
der Fachsprache, ihre Unterschiede zur Alltagssprache im Hinblick auf Form und
Bedeutung werden viele Male thematisiert. Dennoch zeigt sich bei keinem einzigen
Jugendlichen das, was man vielleicht erwarten würde – ein Sprachgebrauch, der
sich in die vom Unterricht intendierte Richtung entwickelte und stabilisierte. Die

Tab. 1: Überblick über den schriftlichen und mündlichen Sprachgebrauch der 20 Schülerinnen und Schüler, wenn sie aufgefordert sind, den Kraftbegriff fachsprachlich zu nutzen (Kontext A). Obwohl der Sprachgebrauch explizit thematisiert wird und die Lehrkraft als sprachliches Vorbild dient, zeigt sich ein sehr heterogenes Bild.

Schüler/innen, die sich	Schüler	Kontext A					
		Stunde 1	Stunde 2	Stunde 3	Stunde 4	Stunde 6	Stunde 8
I: vorrangig fachsprachlich äußern,	1	I	IV	I	I	V	I
	2	I	IV	IV	I	I	IV
	3	IV	IV	IV	I	IV	I
	4	V	V	IV	I	IV	I
II: fach- oder alltagssprach- lich äußern mit Vorrang Alltagssprache	5	V	V	II	I	IV	IV
	6	I	I	II	II	V	I
	7	IV	IV	I	I	II	I
	8	III	III	III	III	III	IV
	9	I	I	III	I	III	V
	10	I	IV	I	II	-	V
III: stets alltags- sprachlich äußern	11	I	III	III	II	IV	III
	12	I	I	III	II	III	II
IV: nie zum Kraftbegriff äu- ßern	13	III	IV	I	II	I	I
	14	V	V	IV	II	III	I
	15	V	IV	III	II	I	I
	16	I	III	III	I	III	III
V: in der gege- benen Stunde nicht äußern	17	II	I	II	II	III	II
	18	IV	I	III	II	III	II
	19	V	IV	III	I	IV	III
	20	V	II	I	I	III	IV

Überraschung wiegt umso stärker, wenn man sich bewusst macht, dass die Daten für Tabelle 1 nicht etwa aus beliebigen Unterrichtsphasen stammen. Es sind nicht die Einstiegsphasen der Stunden, in denen man sich behutsam einem Gegenstand nähert, die für die Kategorisierungen herangezogen wurden. Es sind ausschließlich solche Phasen, in denen ein Gegenstand bereits umfänglich beschrieben wurde und nun der Auftrag durch die Lehrkraft formuliert wird, das Gesagte und vermeintlich Verstandene mit fachsprachlichen Formulierungen zu wiederholen. An der Vielsprachigkeit der Schülerbeiträge scheint dies zunächst nichts zu ändern. Bei genauerem Hinsehen fällt auf, dass es in Stunde 4 überdurchschnittlich gut gelingt, den Kraftbegriff fachsprachlich angemessen zu nutzen – ganz im Gegenteil etwa zur Stunde 6. Wenn man die Themen dieser beiden Stunden untereinander vergleicht, legt sich eine Vermutung nahe: In Stunde 4 wird der Bewegungsablauf bei einem Stabhochsprung behandelt. Die Schülerinnen und Schüler sehen die Zeitlupenaufnahme eines solchen Sprungs, schließlich wird eine bestimmte Phase des Absprungs näher betrachtet. In Stunde 6 ist das methodische Vorgehen gleich, jedoch bilden hier ein Crashtest und das Risiko einer Halswirbelsäulenverletzung bei einem Frontalzusammenstoß im Straßenverkehr den Kontext für die Auseinandersetzung. Die Unterrichtsvideos vermitteln sehr deutlich den Eindruck, dass die Jugendlichen sich durch den Kontext Halswirbelsäulenverletzung sehr viel stärker persönlich involviert sehen. Sie wollen in erster Linie etwas mitteilen, nicht »richtig« sprechen. Entsprechend gerät das Thema Fachsprache aus dem Blick, auch wenn die Lehrkraft viele Male daran erinnert und deutliche Hilfen anbietet. Wäre die Studie mit Stunde 4 beendet gewesen, so wäre man nur allzu geneigt gewesen, das erfolgreiche Erlernen der Fachsprache und des damit verbundenen Konzepts zu bejubeln. In Stunde 6 erlebt die Lehrkraft dann aber das, was Fremdsprachenlehrkräfte nur all zu gut kennen: Sprachliche Fehler, die als beseitigt galten, treten mit Selbstverständlichkeit wieder auf. Selinker (1972) argumentiert, dass genau dieses Phänomen das Kennzeichen eines Sprachlernprozesses sei. Er vermutet, dass die korrigiert geglaubten Fehler dann zurück kehren, wenn der Lerner seine Konzentration vor allem auf den Inhalt des Gesagten richte. Für das sich ergebende Gesamtbild einer Lernersprache, die von der Herkunfts- wie von der Zielsprache beeinflusst ist, führt er den Terminus der *Interlanguage* ein (Selinker 1969), in anderen, ähnlichen Konzeptionen auch als *Interimsprache* bezeichnet.

Auf das vorliegende Beispiel übertragen tritt die Alltagssprache in die Rolle der Herkunftssprache, die Fachsprache in die der Zielsprache. Das Bild, das Tabelle 1 vermittelt, deutet die im Unterricht beobachteten Interlanguages der einzelnen Schülerinnen und Schüler an.

5. Richtig sprechen oder bedeutungshaltig kommunizieren: ein Dilemma

Für die Schülerinnen und Schüler stellt sich die Situation in Stunde 6 in gewisser Weise so dar, wie wir sie beim Gebrauch einer nur eingeschränkt beherrschten Fremdsprache kennen: Entweder konzentrieren wir uns auf die sprachliche Richtigkeit, dann wird unser kommunikatives Interesse zurückstehen müssen. Oder wir lassen Fragen der Korrektheit zu einem guten Teil unbeachtet, folgen dafür aber einem bestimmten Mitteilungsbedürfnis. Dieser Zwiespalt ist gut bekannt und auch für den Fremdsprachenunterricht bestimmend (Edmondson 2002, S. 62). Dabei stellen sich Spracherwerb und Kommunikation nicht als gleichberechtigte Alternativen dar, sondern die Lerner geben dem Inhalt Vorrang vor der formalen Richtigkeit (Van Patten 1996). Tabelle 1 zeigt, dass der Physikunterricht einer ähnlichen Spannung unterliegt.

Man könnte einwenden, dass dieses Spannungsverhältnis im Unterricht, der hier untersucht wurde, in besonderer Weise erzeugt wurde, indem die Sprache und damit Aspekte des Sprachlernens bewusst zum Gegenstand gemacht wurden. Man könnte also annehmen, dass ein solches Spannungsverhältnis in einem anderen, geeigneteren Arrangement vermeidbar sein sollte. Ein solches Arrangement haben zum Beispiel Brown / Ryoo (2008) für den Biologieunterricht untersucht. Sie zielten in der Anlage des Unterrichts darauf ab, zuerst Inhalte (möglichst in der Alltagssprache) zu klären, und erst anschließend Bestandteile der Fachsprache zu thematisieren. Ihre Ergebnisse sind vielversprechend. Im Fall der hier diskutierten Einführung in den Kraftbegriff zeigt sich allerdings eine Besonderheit, die in der Untersuchung Browns und Ryoos nicht aufgetreten zu sein scheint: Den Schülerinnen und Schülern gelingt es praktisch nie, in ihrer Alltagssprache die Wechselwirkung zwischen mehreren Körpern in angemessener Weise abzubilden. Etwas apodiktisch ausgedrückt bedeutet das, dass sie immer dann, wenn sie in die Ebene der Alltags-

Tab. 2: Überblick über den Sprachgebrauch der 20 Schülerinnen und Schüler, wenn sie über die Sprache sprechen oder schreiben. Auch wenn leider wegen fehlender Schüler einige Daten fehlen, zeigt sich, dass eine ausschließliche Orientierung an rein sprachlichen Oberflächenmerkmalen ebenso selten ist wie eine solche, die die äußere Gestalt der Sätze vollkommen vernachlässigt. In den Überlegungen der Schülerinnen und Schüler kommen typischerweise Elemente aus beiden Bereichen zum Zuge.

	Kontext **B**		
Schüler	Stunde 5	Stunde 7	Test nach 6 Monaten
1	iii	-	iiii
2	iii	-	iiii
3	ii	-	ii
4	iii	-	ii
5	iii	-	iii
6	iii	ii	iii
7	iii	-	iiii
8	ii	ii	ii
9	iii	-	iii
10	iii	-	iiii
11	iii	ii	iii
12	iii	ii	iii
13	i	i	iiii
14	iii	-	iiii
15	iii	ii	iii
16	iiii	-	ii
17	iiii	ii	iiii
18	iii	-	iiii
19	ii	-	iiii
20	iiii	-	i

Schüler/innen, die sich

i: häufiger an der sprachlichen Oberfläche orientieren

ii: häufiger an ihrer Anschauung des Inhalts orientieren

iii: die sich vergleichbar an der sprachlichen Oberfläche wie an ihrer Anschauung des Inhalts orientieren

iiii: nicht eindeutig zuordnen lassen

sprache wechseln, gleichzeitig auch in die alltäglichen Denkmuster verfallen, die mit dieser Sprache für sie verbunden sind, und die im Widerspruch zum fachlichen Konzept stehen. Eine Desaggregation von fachlichem Denken und fachlichem Sprechen kann im Falle des Kraftbegriffs in aller Regel nicht beobachtet werden. Gelingt das fachliche Sprechen von Zeit zu Zeit, dann, so stellt man fest, gehen die Äußerungen oft am inhaltlichen Schwerpunkt der Auseinandersetzung vorbei. Offenbar konzentrieren sich diese Sprecher oder Sprecherinnen auf die sprachliche Richtigkeit ihrer Äußerung und widmen dem Inhalt der Auseinandersetzung weniger Aufmerksamkeit. Da aber weder die alltagssprachlichen Beschreibungen mit ihren an der Alltagserfahrung orientierten Denkmustern noch fachsprachliche Beschreibungen, die am Kern der Auseinandersetzung vorbei gehen, einen Diskurs wirksam voran bringen, ist es für die Schülerinnen und Schüler nicht leicht, sich als erfolgreich zu erleben. Die Ergebnisse, die bisher diskutiert wurden, legen eine Antwort auf die im Titel dieses Beitrags gestellte Frage nahe: Für die Schülerinnen und Schüler stellt sich der Übergang von der Alltags- in die Fachsprache vermutlich eher als Bruch dar denn als schrittweiser Übergang, zumindest den Kraftbegriff betreffend. Sie lassen nicht erst – schrittweise – das alltägliche Denkmuster und später die Alltagssprache hinter sich, wie es der oben zitierten Untersuchung Browns und Ryoos entspräche. Sie nähern sich auch nicht kontinuierlich an das an, was der Unterricht intendiert. Ihre Sprache ist eher einem Taumeln zwischen zwei Welten vergleichbar, für das der Unterricht vermutlich lange Zeit und viel Raum geben muss, bis sich diese Welten auch im Denken der Schülerinnen und Schüler scheiden und sie einer bewussten Wahl der Sprache und des gedanklichen Konzepts fähig werden.

6. Der Metadiskurs als Steigbügel

Wenn sich wie im Falle des Kraftbegriffs der Übergang von der Alltags- in die Fachsprache eher wie ein Bruch vollzieht, ist nach Möglichkeiten gefragt, wie Schülerinnen und Schüler darin unterstützt werden können, die damit verbundene Hürde zu nehmen. In Tabelle 2 ist gezeigt, wie die Schülerinnen und Schüler angesichts von Aufgaben agieren, die zum Metadiskurs anregen, siehe das Aufgabenbeispiel in Abbildung 1.

Die Tabelle zeigt, dass auch hier kein einheitliches Verhalten vorliegt. Auffällig ist aber, dass die Mehrheit der Schülerinnen und Schüler in ihren Überlegungen sowohl inhaltsbezogene wie formbezogene Argumente kombinieren. Während in dem Fall, in dem die Schülerinnen und Schüler den Kraftbegriff selbst verwenden sollen, Aspekte der sprachlichen Oberfläche als nachrangig betrachtet werden, gelingt im Rahmen des Metadiskurses ein gewisser Ausgleich: Die Schülerinnen und Schüler beachten Merkmale, die an der sprachlichen Oberfläche liegen, und ebenso den Inhalt des Gesagten. Das ist bedeutsam, weil sprachliche Oberflächenmerkmale wie das Auftreten des Verbs *ausüben* mit der Präposition *auf* sehr deutlich auf den relationalen Aspekt des Kraftbegriffs und damit das intendierte fachliche Konzept verweist. Wenn Schülerinnen und Schüler sich im Rahmen des Metadiskurses mit gegebenen fachsprachlichen Beschreibungen auseinandersetzen und sowohl Elemente der sprachlichen Form wie des Inhalts wahrnehmen, darf daher davon ausgegangen werden, dass dies die erfolgreiche Auseinandersetzung mit dem fachlichen Konzepts begünstigt. Aufgaben, die die Auseinandersetzung mit der Sprache anregen, bieten sich daher als eine Steighilfe an, um die mit dem Wechsel in die fachsprachliche Ebene verbundenen Hürden zu überwinden.

»Muss ich jetzt auch noch Sprache unterrichten?« titelt Leisen (2005) und drückt aus, was angesichts der Lernschwierigkeiten, mit denen der Fachunterricht belastet ist, naheliegend ist. Soll noch mehr unterrichtet werden? Ich denke, dass es nicht um die Kategorien des Mehr oder Weniger geht. Ein Unterricht, der die Problematik der (Fach)sprache anerkennt, bietet nicht mehr, sondern besondere Lerngelegenheiten. Die Frage, was eine Äußerung zu einer alltags- oder fachsprachlichen macht, bleibt nie auf der sprachlichen Oberfläche stehen. Der oben erklärte Vorrang des Inhalts vor der Form, der sich in Manchem als hinderlich erweist, zeigt sich hier als Vorteil: Die Schülerinnen und Schüler heben stets sofort auf das ab, was ein Satz ihrer Meinung nach ausdrückt oder was ihm fehlt. Damit ist der Metadiskurs, der an Fragen der Sprache orientiert beginnt, schon im nächsten Moment auch ein fachlicher Diskurs, der explizit macht, was all zu oft implizit bleibt.

Anmerkung

1 Dass die Beziehung in Wahrheit doch grundsätzlich symmetrisch ist, dass also auch der Ball eine Kraft auf den Boden ausübt, ist nicht einfach einzusehen. Newton hat es erkannt und in seinem Satz niedergeschrieben, der heute oft als das dritte Newtonsche Axiom bezeichnet wird. Newtons Arbeit markiert einen Meilenstein in der Entwicklung der modernen Physik.

Literatur

BENNETT, JUDITH (2003): *Teaching and learning science*. London-New York: Continuum.

BLEYHL, WERNER; TIMM, JOHANNES-P. (1998): Wortschatz und Grammatik. In: Timm, Johannes-P. (Hrsg.): *Englisch lernen und lehren*. Berlin: Cornelsen, S. 259–271.

BROWN, BRYAN; RYOO, KIHYUN (2008): Teaching science as a language: A »content-first« approach to science teaching. In: *Journal of Research in Science Teaching* 45 (5), S. 529–553.

EDMONDSON, WILLIS (2002): Wissen, Können, Lernen – kognitive Verarbeitung und Grammatikentwicklung. In: Börner, Wolfgang; Vogel, Klaus (Hrsg.): *Grammatik und Fremdsprachenerwerb*. Tübingen: Gunter Narr, S. 51–70.

FISCHER, HANS ERNST (1998): Scientific Literacy und Physiklernen. In: *Zeitschrift für Didaktik der Naturwissenschaften* 2, S. 41–52.

GERDES, JÖRN; SCHECKER, HORST (1999): Der Force Concept Inventory. In: *Der mathematisch-naturwissenschaftliche Unterricht* 52 (5), S. 283–288.

GERSTENMAIER, JOCHEN; MANDL, HEINZ (1995): Wissenserwerb unter konstruktivistischer Perspektive. In: *Zeitschrift für Pädagogik* 41 (6), S. 867–888.

HESTENES, DAVID; WELLS, MALCOLM; SWACKHAMER, GREGG (1992): Force concept inventory. In: *The Physics Teacher* 30, S. 141–158.

JUNG, WALTER (1986): Alltagsvorstellungen und das Lernen von Physik und Chemie. In: *Naturwissenschaft im Unterricht – Physik/Chemie* 34 (13), S. 2–6.

JUNG, WALTER; WIESNER, HARTMUT; ENGELHARDT, PETER (1981): Vorstellungen von Schülern über Begriffe der Newtonschen Mechanik. In: Dies.: *Vorstellungen von Schülern über Begriffe der Newtonschen Mechanik*. Bad Salzdetfurth: Franzbecker, Kap. 1.1, 1.3, 6.

LEISEN, JOSEF (1999): *Methoden-Handbuch*. Bonn: Varus.

DERS.(2005): Muss ich jetzt auch noch Sprache unterrichten? In: *Naturwissenschaft im Unterricht Physik* 87, S. 4–9.

LEMKE, JAY (1990): *Talking science*. Westport-Connecticut-London: Ablex Publishing.

MERZYN, GOTTFRIED (1994): *Physikschulbücher, Physiklehrer und Physikunterricht*. Kiel: Institut für die Pädagogik der Naturwissenschaften.

RINCKE, KARSTEN (2007): *Sprachentwicklung und Fachlernen im Mechanikunterricht. Sprache und Kommunikation bei der Einführung in den Kraftbegriff*. Berlin: Logos (= Studien um Physik- und Chemielernen, Bd. 66). [Via Internet erhältlich mittels persistent identifier: urn:nbn:de:hebis:34-2007101519358 oder https://kobra.bibliothek.unikassel.de/handle/urn:nbn:de:hebis:34-2007101 519358]

SELINKER, LARRY (1969): Language transfer. In: *General Linguistics* 9, S. 67–92.

DERS. (1972): Interlanguage. In: *International Review of Applied Linguistics in Language Teaching (IRAL)* 10 (3), S. 31–54.

UR, PENNY (1996): *A course in language teaching*. Cambridge: Cambridge University Press.

VAN PATTEN, BILL (1996): *Input processing and grammar instruction in second language acquisition*. New York: Ablex Publishing.

VON SAVIGNY, EIKE (1998): Sprachspiele und Lebensformen: Woher kommt die Bedeutung? In: Von Savigny, Eike (Hrsg.): *Ludwig Wittgenstein: Philosophische Untersuchungen*. Berlin: Akademie-Verlag, S. 7–39

WIESNER, HARTMUT (1994a): Ein neuer Optikkurs für die Sekundarstufe 1, der sich an Lernschwierig-
keiten und Schülervorstellungen orientiert. In: *Naturwissenschaft im Unterricht* 5 (22), S. 7–15.
DERS. (1994b): Verbesserung des Lernerfolgs im Unterricht über Mechanik. In: *Physik in der Schule*
32, S. 122–127.
WODZINSKI, RITA (2004): Lernschwierigkeiten in der Mechanik. In: Müller, Rainer; Wodzinski, Rita;
Hopf, Martin (Hrsg.): *Schülervorstellungen in der Physik*. Köln: Aulis, S. 107–113.

Michael A. Anton

»Wie heißt das auf Chemisch?«
Sprachebenen der Kommunikation im und nach dem Chemieunterricht

1. »Das Chemische«

»Chemisch« ist international verständlich ... unter Fachleuten! Das hat unüberbietbare Vorteile. So müssen chemische Summenformeln nicht übersetzt werden, wenn sie das Labor verlassen und von ChemikerInnen von irgendwo auf der Welt gelesen werden sollen.

Gleiches gilt für Strukturformeln und in weiten Bereichen für die Nomenklatur der chemischen Reinstoffe. Die Namen von Elementarteilchen wie Elektron und Proton oder Neutron brauchen auch keine Dolmetscher, ebenso wie Beschreibungen für Eigenschaften (amphoter, azeotrop ... oder Racemat ...) und Prozesse (Protolyse, Sublimation ...).

Und genauso wie man sich in der Alltagssprache wie selbstverständlich ausdrücken kann, sich dies auch in einer gelernten Fremdsprache wie Englisch oder Italienisch in einer entsprechenden Umgebung traut, gelingt es im Zuge einer naturwissenschaftlichen Diskussion beispielsweise auch, eine Stoffartumwandlung »auf Chemisch« zu formulieren. Aber ist »Chemisch« auch für den Nichtfachmann und die Nichtfachfrau verständlich? Weiß die Hausfrau und der Schüler, der Autoverkäufer und die Juristin, was sich hinter Ethanol oder hinter C_2H_5OH verbirgt?

Man sieht, es können Missverständnisse auftreten, die nicht sofort erkannt werden. Welche Bedingungen müssen denn erfüllt sein, um Sprache sinnvoll, verständlich und eindeutig einzusetzen?

2. Kommunikation in der Fachsprache und in der Alltagssprache

Sprache dient dem Denken. Sie befördert es und erprobt es in der Kommunikation. Sie hat meist dialogischen[1] Charakter (Kasper/Mikelskis 2008), sie besitzt eine linguistische Dimension des »Was und Wie« und eine soziale Dimension des »Wer und Wem«. Eine dritte Dimension betrifft die Ursachen des Denk- bzw. Kommunikationsvorgangs, das »Warum«. Wenn wir die Wissenschaftssprache betrachten, dann bilden die Fachausdrücke die erste Dimension und die »Scientific Community« die zweite. Die dritte Dimension ist bereits mehrschichtig. Einmal geht es um die Verbreitung von Erkenntnissen zur Sicherstellung von Fortschritt und zur Nutzung von

Abb. 1:
Fachsprache und Alltagssprache
(nach Oksaar 1994)

Innovationen, zum anderen geht es aber vielfach auch um Isolierung, um eine Ab-
schottung gegenüber den Outsidern, um sich nicht in die Karten schauen zu lassen.
Die Fachsprache kann diesbezüglich auch als »Abstandhalter« zwischen ExpertInnen und LaiInnen eingesetzt werden, etwa um die Asymmetrie zwischen den beiden zu erhalten und Autorität bzw. Respekt vor dem Wissen der Fachleute per se zu
erzeugen: »Unsere Gesellschaft hat längst entschieden, daß ein wachsender Bereich
des technischen Wissens nicht für jedermann zugänglich sein soll« (Robert B. Laugh-
lin, Nobelpreis Physik 1998).

Kein Zweifel, dass gerade eine solche Einschränkung der Kommunikation einer
demokratischen Grundordnung nicht entsprechen kann und deshalb gefährlich ist.
»Die Wissenschaft ist kein Selbstzweck, keine intellektuelle Esoterik, kein Privileg
des Wissenschaftlers, um seine Neugierde befriedigen zu können. Sie dient ebenso
wie der Wissenschaftler selbst dem Menschen und seiner Orientierung.« (Schiedermair 1989) Die Wissenschaftsgüter müssen Verbreitung finden und vielseitiger Kritik ausgesetzt werden können. Das Verstehen der Fachsprachen, also von »Chemisch« oder »Physikalisch« etc. erlaubt eine demokratische Selektion dessen, was
Wissenschaften ermitteln, bezüglich dessen, was die Gesellschaft benötigt und was
sie weiterbringt.

3. Expertise als Verpflichtung

Je mehr die Allgemeinheit vom Expertisewissen abhängig ist und sie sich dessen bewusst wird, wie etwa bei der Nutzung von Elektronik, deren Funktionskontrolle
nicht mehr durchschaubar ist und wenigen ExpertInnen überantwortet werden
muss, desto größer wird der Argwohn und die Notwendigkeit von verstehbarer Informationen. Dieser Druck nimmt auch von der anderen Seite zu, denn die Arbeit
von ExpertInnen bedarf heute mehr denn je der finanziellen Mittel der Allgemeinheit. Um diese verfügbar zu machen, müssen die Laien von der Sinnhaftigkeit zu
entwickelnder Produkte überzeugt werden können und das gelingt wiederum nur

Abb. 2: Vom Kausalkreis »Selbstverständlichkeit/Aversion« zum Kausalkreis Herausforderung Qualifikation« (Anton 2008, S. 52)

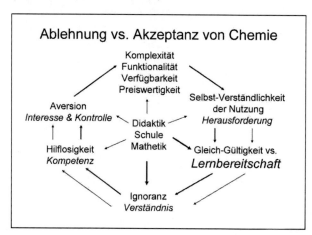

über die Öffnung der Informationsquellen. Das bezieht sich nicht nur auf industrielle Güter, sondern ebenso auf medizinische und Ernährungsfragen. Und weil die AdressatInnen die Fachsprache nicht nur vernehmen, sondern deren Aussagen auch verstehen und bewerten können sollen, da darauf ihre Entscheidungen beruhen, ist Verständlichkeit ein Hauptkriterium für den gelingenden Kontakt zwischen Alltags- und Fachsprache.

4. Schule und Bildungsstandards

Diese Verständlichkeit zu erzeugen und immer wieder von Neuem sicher zu stellen, ist Aufgabe der Schule, also der LehrerInnen. Sie müssen diese genuine Aufgabe ihrer Professionalität während ihrer universitären Ausbildung lernen, was wiederum einen der elementaren Aufträge der Fachdidaktiken darstellt. Neben dieser institutionalisierten Vorgehensweise einer modernen Aufklärung, gelingt es auch manchen Medien, Licht ins Wissensdunkel der Gesellschaft zu bringen, zwar unsortiert und mit vielfältigen Absichten, aber dennoch mit mancherlei erfreulichen Aha-Effekten. Diese Zufälligkeit ist jedoch auch verantwortlich für Skepsis und Ängste gegenüber Naturwissenschaften und Technik. In der Abbildung 2 wird dies durch die jeweils oberen Stichworte beschrieben. Die Schule hat hier die Aufgabe, die jeweils unteren Haltungen wahrscheinlicher zu machen.

Wie geht die Schule mit dieser Aufgabe der Vermittlung von Informationen, der Sachklärung, der Richtigstellung, der Aufdeckung von Zusammenhängen um? Wie schafft sie die Grundlagen eines Wissensgebietes, die sich zur Erweiterung, Vernetzung und flexiblen Nutzung bei Entscheidungsfindung besonders gut eignen?

Sie wählt aus, hierarchisiert, verknüpft und erprobt das aus Theorie und Praxis entstandene Domänenwissen. Hier lassen sich bereits deutliche Bezüge herstellen zu den beiden ersten Kompetenzbereichen der Bildungsstandards (BRD): Fachwissen und Erkenntnisgewinnung. Damit diese Kompetenzen fruchtbar angewendet werden können, bedarf es ihrer kriterienbezogenen Bewertung und Kommunikation, wodurch wiederum die beiden anderen Kompetenzbereiche eingefordert werden. Finden alle vier Kompetenzbereiche Berücksichtigung in der Unterrichtsführung, so kann von »kompetenzorientiertem Unterricht« (Ziener 2008, Tausch/Wambach-Laicher 2009) gesprochen werden, in dem Inhalts- und Handlungsdimensionen gleichermaßen verwirklicht werden und einen ganzheitlichen Erziehungs- und Bildungsprozess repräsentieren.

Fachwissen	Inhaltsdimension
Erkenntnisgewinnung	
Erkenntnisgewinnung	Handlungsdimensionen
Kommunikation	
Bewertung	

5. Kommunikation im Fach Chemie – Lernen am Modell!

Im hier thematisierten Zusammenhang soll die Sicherstellung der *Kommunikation* hervorgehoben werden, wonach die Lehrenden die Alltagssprache und die Fachsprache beherrschen und darüber hinaus die kindgemäßen Bilder und Wörter beachten müssen, in denen die Präkonzepte oder besser die Primärkonzepte mitgebracht werden. In den Naturwissenschaften ist dies besonders bedeutungsvoll, da hier die Erfahrungen mit der Geburt einsetzen und sich bis zum Beginn eines Unterrichtsfaches nachhaltig konsolidieren. Darüber hinaus ist es wichtig, dass Lehrkräfte komplexe Zusammenhänge vereinfachen und gleichzeitig von den wahren Schwierigkeiten nicht zu weit abweichen.

Das professionelle Arbeiten an den Inhalten einerseits und an den Primärkonzepten andererseits spiegelt sich im Prozess der Didaktischen Vereinfachung (Hering 1958), der Didaktischen Reduktion (Weber 1976, Grüner 1967), der Didaktischen Rekonstruktion (Kattmann 1997) bzw. der Didaktischen Transformation (Reiners 2000) wider. Ihre Ergebnisse manifestieren sich in der Unterrichtssprache, deren Gelingen bei der Abfolge von Lehr- und Lernakten wesentlichen Einfluss nimmt auf den Lehr- und Lernerfolg!

LehrerInnen müssen also die folgenden Fragen beantworten können, wenn sie sich im Rahmen von Planung und Analyse ihres Unterrichts (Anton 2008) mit der didaktischen und mathetischen[2] Aufbereitung von Fachinhalten für die SchülerInnen auf den unterschiedlichen Jahrgangsstufen auseinandersetzen und auf das Ziel einer erleichterten Kommunikation zusteuern wollen:

● Welche Primärkonzepte und welches adaptierfähiges Vorwissen bringen die SchülerInnen in den Unterricht mit?

Abb. 3: Kommunikationspsychologisches Modell einer Äußerung
(Schulz von Thun 1981, S. 22, ergänzt)

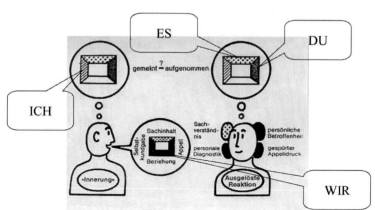

- Über welche Sprachqualität und über welches Frageverhalten verfügen die SchülerInnen?
- Mit welchen Anthropomorphismen gehen die SchülerInnen um?
- Welche Fachtermini müssen in der Inhaltsvermittlung verwendet und wie können sie begründet werden?
- Welche ergänzenden Veranschaulichungen können im Unterricht eingesetzt werden?
- Mit welchen Mitteln gelingt es, am Ende der Unterrichtseinheit aus allen Lehr- und Lernschritten das Wichtige zu extrahieren?
- Welche Übersichten können das Orientierungs- und Verfügungswissen flexibel gestalten und erhalten?
- Wie können die neuen Wissensinhalte in die Alltagsbewältigung integriert und wie kann mit ihnen persönlichkeitsbildend kommuniziert werden, wobei auch grundsätzliche und fachunabhängige Qualitäten der Kommunikation (Schulz von Thun 1981) Gültigkeit haben?

6. Primärkonzepte und Vorwissen

Hinsichtlich der Lerninhalte aus dem Fachbereich Chemie, wie sie im Rahmen der Vorschule, der Grundschule und der weiterführenden Schulen (Haupt-, Realschule und Gymnasium) vorkommen, dürfen wir heute davon ausgehen, dass zu den augenscheinlichen Stoffumwandlungen des Alltags (Verbrennung, Rosten, Bleichen, Verderben von Lebensmitteln, Verfärben u. a.) einfache Erklärversuche zur Verfügung stehen. Weniger sicher dürfen konsolidierte Faktenkenntnis und Begriffsverwendungen angenommen werden (Steffensky et al. 2005). Das bedeutet, dass »das Chemische« erst zu entwickeln ist und der Unterricht sehr gewissenhaft auf die Suche nach »Adaptern« für die jeweils neuen Informationen gehen muss. Welche Hilfen

angeboten werden können und zu welcher Zeit sie größtmögliche Effekte zeitigen
können, lehrt uns auch die kognitive Entwicklungspsychologie (Kirst 1999, Marohn
2008).

7. Sprachqualität, Sprechfreude und Frageverhalten

Auch die Sprachqualität, der Wortschatz, die Freude am eigenen Ausdruck, an einer
»erzählerischen Mündlichkeit«[3], die Fähigkeiten zur sinnvollen Formulierung, auch
mehrschichtiger Aussagen müssen gerade heute als sehr heterogen vorausgesetzt
werden. Hinzu kommen die nicht sehr vielfältigen Anlässe zum Sprechen über chemische Sachverhalte insbesondere außerhalb des Unterrichts, etwa in der Familie
und in der Peer-Gruppe. Daraus folgt, dass auch das Frageverhalten induziert werden muss, etwa über Staunen und persönliches Erleben, also über Primärerfahrun-
gen etwa beim Experimentieren (Czieslik 1997) und beim Argumentieren. Aktuell
leiten sich hieraus Forschungsfragen ab, deren Bearbeitung zu neuen und für die
Unterrichtsentwicklung sehr wichtigen Erkenntnissen führt (Rieder 1968, Neber/
Anton 2008a und 2008b, Niegemann 2001 und 2004, Hofstein et al. 2005). Durch die
Öffnung des Unterrichts für SchülerInnenfragen und durch die damit automatisch
einhergehende Aktivierung von Vorwissen treten Verunsicherungen auf. Sie müssen ihrerseits durch ein geeignetes Fragentraining neutralisiert und langfristig in
eine selbstsichere Instrumentalisierung des Fragens zum Erkenntnisgewinn umge-
wandelt werden (Neber 1999). Und es ist sinnvoll, damit möglichst früh zu beginnen.»In dem Bedürfnis der Kinder, sich über ein Phänomen sprachlich ausdrücken
zu können, liegt eines der großen Potenziale der Sprachförderung durch Naturwis-
senschaftsvermittlung und dies gilt nicht nur für Kindergarten und Grundschule,
sondern auch für den Anfangsunterricht in weiterführenden Schulen.« (Lück 2008)
    In Bezug auf die LehrerInnenausbildung kann festgestellt werden, dass sich die
Qualität der Fragen von Studierenden des Lehramts (GS/HS/RS/GY) auf einem vergleichsweise niedrigen Niveau befindet, was die LehrerInnenfrage nicht unmittelbar zum unterrichtlichen Vorbild für SchülerInnenfragen werden lässt.[4]

8. Anthropomorphismen

Die Frage, inwiefern es sinnvoll ist, die Anthropomorphismen der Kinder und nicht
nur bei ihnen in die neue Sprache zu integrieren oder zu eliminieren, ist auch unter
ExpertInnen nicht gelöst. Es erscheint jedoch weitgehend sinnvoll, die Verwendung
solcher Begrifflichkeiten nicht zu verbieten oder gar zu sanktionieren. Finden sie
doch auch auf Nobelpreisträger-Niveau noch Anwendung, wenn »die Natrium-Atome
gerne das Valenz-Elektron abgeben wollen«! (Bemerkung aus einem Vortrag von
Roald Hoffmann, Chemie-Nobelpreisträger 1981 im Deutschen Museum 1990).
    Anthropomorphismus und Animismus erscheinen im naturwissenschaftlichen
Unterricht häufig als Hemmnisse (Taber 1993 und 1997, Barker 1997). Sie »stören«
als Misconceptions die sachliche Darstellung und trennen schultypische Situationen der Wissensformatierung von den alltagstypischen der Wissensanwendung,

Abb. 4:
Übersicht zur Divergenz von prüfungsrelevantem und alltagstauglichem Wissen. Die Ovale markieren die jeweils ungünstige Situation der Unverbundenheit (eigene Darstellung).

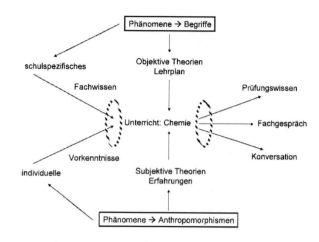

wodurch typische didaktische Konfliktzonen entstehen. Sie äußern sich häufig darin, dass zwischen Prüfungs- und Anwendungswissen unterschieden wird (Abb. 4). Sie generieren die klassische Problemlage der Nichtanwendung von schulischem Wissen, die besonders in den naturwissenschaftlichen Fächern schlimme Defizite verursacht und zementiert (Kubli 1987, Lehrke 1987). So verbleiben im ungünstigsten Fall schulische Informationen im Prüfungswissen und finden dann nicht den gewünschten Eingang in das fachrelevante Fachgespräch oder gar in die nachschulische Konversation.

Konstruktivistische Lerntheorien (Voß 2005) lassen jedoch neue Umgehensweisen mit diesem Problem zu. So muss davon ausgegangen werden, dass es weder sinnvoll noch möglich ist, »falsche«, kindgemäße Vorstellungen durch die wissenschaftliche Wahrheit zu ersetzen. Vielmehr ist es erstrebenswert, die Lernbedingungen so zu gestalten, dass die Vorkenntnisse, sozusagen als »Zwischensprache« (Kaper 1998) modifizierend ergänzt werden können (Girg 1994). Insofern ist Subjektivität Grundlage und Voraussetzung für Objektivität. Wenn wir also in unserem Unterricht Objektivität erzeugen wollen, müssen wir auch viel Subjektivität zulassen. Und das gelingt beispielsweise, wenn in einer Erklärung einer Kinderfrage »Warum ist Eis kalt? eine »vorwissenschaftliche Erklärung« angeboten wird, die noch nicht »wissenschaftliche Wahrheit« bedeutet, die sich aber in der Schule mit Fakten auffüllen und ergänzen lässt. So wurde in einer Tageszeitung[5] die Antwort auf die oben gestellte Frage wie folgt formuliert:

Die Kugel Speiseeis kommt aus dem Kühlschrank oder aus dem Eisbehälter in der Eisdiele. Dort ruht es und die kleinsten unsichtbaren Teilchen des Wassers oder der Milch, aus denen Eis ja unter anderem (Zucker, Farbstoffe, Aromastoffe) besteht, bewegen sich nur sehr langsam, kein Wunder bei Minus 4 bis 6 Grad. Das ist auch die Temperatur der Luftteilchen aus der Umgebung des Eises im Eisfach. Wenn Du Dir nun Deine Kugel Maracuja-Eis in die Waffel legen lässt, »wachen die Teilchen auf«. Sie beginnen sich schneller zu bewegen, sodass die Eismasse bei 20 bis 25 Grad Außentemperatur an der Oberfläche zu schmelzen beginnt. Jetzt aber schnell zum

Mund, vorbei an den Lippen und dann rasch auf die Zunge. Die hat aber jetzt eine Temperatur von 37 Grad. Das ist nämlich Deine Körpertemperatur – wenn Du kein Fieber hast! Jetzt berühren sich Eis und Zunge so, wie vorher Eis und Luft! Die viel schnelleren Teilchen des Speichels stoßen mit den langsamen »Eisteilchen« zusammen. Dadurch werden sie natürlich jetzt auch langsamer! Ganz im Gegenteil zu den angestoßenen Teilchen des Eises. Die legen an Tempo zu und werden sehr viel schneller. Du spürst dieses Langsamerwerden der »Speichelteilchen« als ganz tolle Abkühlung. Es findet also beim Zusammentreffen der beiden unterschiedlich temperierten Teilchensorten ein Temperaturausgleich statt. Die Zunge wird kalt und das Eis wird warm. Und das finden wir sehr angenehm, wenn es heiß ist! Wir haben allerdings nicht lange was davon. Denn im Mund findet wieder ein Temperaturausgleich statt zwischen der gekühlten Zunge und dem durch die Durchblutung wärmenden Gaumen. Nach wenigen Minuten ist alles wieder auf … eingestellt. Na, hast Du Dir die Temperatur gemerkt?

Anthropomorph getönte Vorkenntnisse entsprechen einer Organisationsform des Nicht-Wissens bzw. des Noch-Nicht-Wissen-Könnens, die verbunden ist mit der Herstellung affektiver Beziehungen zu ihnen (Gebhard 1990). Dabei handelt es sich um eine bedeutsame Form des Umgangs mit Welt, die einer rein fachlich-kognitiven Auseinandersetzung vorausgehen muss. Wir alle müssen uns darüber im Klaren sein, dass das Nicht-Wissen, die Summe der »weißen Flecken« in unserer kognitiven Landkarte, genauso organisiert werden muss wie das Wissen. Für das Interesse bzw. das Bedürfnis, dies zu tun, gelten unterschiedliche Bedingungen.

Im ersten Fall sind die Kriterien sach- und situationsimmanent, unreflektiert und von vitaler Zielsetzung. Im zweiten Fall bedarf es der Überzeugung durch Vermittlung von Bedeutungen (Prenzel 1994 und 1995). Im ersten Fall beherrscht die intrinsische Motivation, im zweiten die extrinsische das Gleichgewicht zwischen Interesse und Nicht-Interessiertheit. Finden diese Zusammenhänge im konkreten Unterricht keine oder zu geringe Beachtung, so kann Schulwissen nicht in Alltagswissen umgesetzt werden (Schulte-Kemper/Lindemann 1998).

Die wünschenswerte weil entwicklungsförderliche Relativierung von Anthropomorphismen gelingt aber nur durch die grundsätzliche Miteinbeziehung der Vorkenntnisse in die Behandlung von fachlichen Wissensinhalten. Das kann u. a. durch Analogiebildung zwischen Vorwissen und Lerninhalt unterstützt und systematisiert werden (Krämer/Reiners/Schumacher 2008).

Es ist ein entscheidendes didaktisches Anliegen, zwischen den Vorkenntnissen, dem kindlichen Weltbild und dem Fachwissen, dem zweckbestimmten Weltbild sinnstiftend zu vermitteln und hilfreiche Beziehungen herzustellen.

Hierzu ist es wiederum erforderlich, den Unterricht nicht ausschließlich für die SchülerInnen, sondern mehr als bisher mit ihnen zu organisieren (Tiemann 1998, Welzel 1998). Dies erfordert hinhörende, reflexive, konstruktive, bidirektionale Kommunikation sowohl über die Vorkenntnisse (etwa zur Thematik »Säuren und Basen«) als auch daran anschließend über die Grund- und Aufbaukenntnisse. Dies alles erhält Bedeutung durch das Ziel einer gemeinsamen Erkenntnisfindung.

Erst wenn es uns gelingt, die Vorkenntnisse der SchülerInnen einigermaßen zu erfassen, sie und ihre Quellen ernst zu nehmen, dürfen wir erwarten, dass sie (unsere SchülerInnen sowie StudentInnen) unsere Mitteilungen, Demonstrationen und Aufforderungen ernst nehmen, sich mit ihnen auseinandersetzen und ihre Vorkenntnisse durch ihr neues Fachwissen sinnvoll und flexibel umkonstruieren. Das alles geschieht mit der Erkenntnis, dass Nicht-Wissen und seine vornehmlich affektive Organisation (Ciompi 1993) mit kognitiv systematisiertem Wissen stets in einem dynamischen Spannungsverhältnis stehen.

9. Fachtermini

Bei der Einführung neuer Begriffe, wie Oxidation und Reduktion, wie exotherm und endotherm sollte immer auch versucht werden, den SchülerInnen die damit verbundenen Vorteile mit zu verdeutlichen. Denn mit Fachtermini erspart man sich jeweils die Umschreibung komplizierter Sachverhalte. Und das muss übend erprobt werden können. Welchen Belastungen Lehrkräfte wie Lernende im Rahmen der Begriffsverwendung ausgesetzt sind und wie kompakt Fachsprache schon in der Mittelstufe daherkommen kann, soll das folgende Beispiel verdeutlichen:

Zwei Wege der Salzgewinnung: Synthese von Natriumchlorid aus den Elementen versus Gewinnung von Kochsalz aus natürlichem Steinsalz!	
Synthese von Natriumchlorid aus den Elementen	**Gewinnung von Kochsalz aus natürlichem Steinsalz**
Synthesebeschreibung: Beobachtung!	
In einem eigens präparierten Reagensglas wird ein erbsengroßes Stück Natrium über der Bunsenbrennerflamme zum Schmelzen gebracht. Sofort wird beides in einen mit Chlorgas gefüllten Standzylinder gehalten. Das Natrium glüht hell leuchtend auf und die grüngelbe Chlorfarbe verschwindet. Um das Natriumstück entsteht eine weiße Kruste, die bald pulvrig zerbröselt. Es entsteht amorphes Natriumchlorid. Nach dem Umkristallisieren werden sich würfelförmige Kochsalzkristalle bilden. Derselbe Versuch gelingt auch bei Raumtemperatur, dauert jedoch dann ein bis zwei Tage.	Aus einem »Leckstein« wird ein Brocken Steinsalz herausgeschlagen. Dieser wird im Mörser zerkleinert, dann in destilliertem Wasser aufgenommen und dort anteilig gelöst. Der unlösliche Bodensatz wird durch einen einfachen Papierfilter von der Sole getrennt. Diese wird in einer Porzellanschale zum Kochen erhitzt bis sich weißes Kochsalz als Feststoff trocken abscheidet. Es entsteht amorphes Natriumchlorid. Nach dem Umkristallisieren werden sich würfelförmige Kochsalzkristalle bilden.
Was ist passiert? Deutung und Modellanwendung	
Prozess	
Natrium-Atome trennen sich aus ihrem Metallgitterverband. Zweiatomige Chlor-Moleküle werden in der Hitze angeregt und ihre kovalente homopolare Bindung wird gelockert.	Nach dem mechanischen Zerkleinern mit Mörser und Pistill verhalten sich die Reinstoffe im heterogenen Steinsalzgemenge unterschiedlich. Sie lösen sich im polaren Lösemittel Wasser oder nicht.

Natrium-Atome geben aufgrund ihrer Elektropositivität ihr einziges Valenz-Elektron der 3s-Schale ab und ein Chlor-Atom baut dieses aufgrund der hohen Elektronegativität in die 3p-Schale ein. Es entstehen einfach positiv geladene Natrium-Ionen (Kationen) und einfach negativ geladene Chlor-Ionen (Anionen). Sie lagern sich aufgrund der elektrostatischen Anziehung zu Clustern und Ionengittern zusammen.	Kochsalz-Gitter werden von Wassermolekülen aufgespaltet. Hierzu dringen die polaren Wassermoleküle in den Kristall ein und solvatisieren die beiden Ionenarten. Es entstehen unterschiedlich geladenen Hydrathüllen: Anionen haben positive und Kationen haben negative Hüllen, wodurch sicher gestellt ist, dass sich diese Hydratisierungskörper nicht wieder vereinigen.

Energetik	
Ionisierungsenergie und Elektronenaffinität bewirken die energetische Grundlage für die Befolgung der Oktett-Regel. Die Gesamtreaktion gehorcht dem Prinzip des Enthalpie-Minimums.	Die frei werdende Hydratisierungsenergie ermöglicht die Freiwilligkeit des Vorgangs.
	Nach dem Filtrieren verbleiben nur die hydratisierten Ionen im Filtrat.
	Der Wasserentzug beim Eindampfen bewirkt die Umkehrung der Hydratisierung. Es entstehen neue reine Natriumchlorid-Kristalle.
	Lässt man die Sole bei Zimmertemperatur stehen, so erfolgt der Wasserentzug durch Verdunsten sehr viel langsamer. Dies hat zur Folge, dass sich sehr große und reine Kristalle bilden können. So erfolgt auch die Kristallzüchtung!
Generalisierung!	**Generalisierung!**
Bei der Darstellung geht man von Atomen und Molekülen aus, welche über den Elektronentransfer, also über einen Redox-Prozess erst zu Ionen umgewandelt, damit in ihren Eigenschaften dramatisch verändert und dann zu einem neuen Bindungstyp vereinigt werden.	Bei der Gewinnung geht man von Ionen aus, die aus einem Gemenge unterschiedlicher Reinstoffe abgetrennt wurden. In einem bereinigten Milieu bilden sie unter Verlust des Lösemittels Wasser Kristalle. Deren Form wird bestimmt durch die Ionenradien und die elektrostatischen Kräfte.

Neue Fragen mit Vorwissensaktivierung
Kann man Salze in ihre Bestandteile zerlegen? Ist Natriumchlorid in Natrium und Chlor spaltbar? Wie kann man die Natriumchlorid-Synthese rückgängig machen? Leitet festes Salz den elektrischen Strom? In welcher Form liegt ein Salz in wässeriger Lösung vor? Welche Eigenschaften hat eine Salzschmelze? Wie funktioniert eine Elektrolyse und was benötigt man dazu? Bestehen Salze immer aus Ionen, im festen, gelösten und geschmolzenen Zustand? Benötigt man immer Ionen für einen geschlossenen Stromkreis?

Vorläufige Antworten; Vermutungen (Hypothesen) über Vorwissensaktivierung
Wenn man eine Gleichstromspannung an eine wässerige Kochsalzlösung anlegt, müssten sich Natrium und Chlor an den Elektroden abscheiden?!
Wenn man eine wässerige Kochsalzlösung elektrolysieren wollte, müsste man an der Kathode mit einer Simultanreaktion von sich entladenden Natrium-Kationen und dem daraus entstehendem Natrium mit Wasser rechnen. Es würden dann eher Oxonium-Ionen entladen werden, sodass an dieser Elektrode Wasserstoff aufsteigt und sich über die Knallgasreaktion nachweisen lassen müsste?!
An der Anode müsste dann Chlorgas entstehen, das sich jedoch auch in Wasser physikalisch löst (Identifizierung über den Geruch bzw. über die Reduktion von Iodid als Kaliumiodid-Lösung mit Stärkezusatz: Blaufärbung durch Iod-Stärke-Komplex: Inklusionsverbindung) und chemisch im Sinne der Bildung von Unterchloriger Säure (HOCl), welche in Salzsäure und atomaren Sauerstoff zerfällt?!
Übertragung (Deduktion)
Bei der Elektrolyse einer wässerigen Zinkiodid-Lösung ist mit den geschilderten Elektrodenreaktionen nicht zu rechnen?!
Zu erwarten sind vielmehr die Teilreaktionen an der Anode: Iodid-Entladung und Entstehen von braunen Iod-Schlieren sowie an der Kathode: Abscheidung von metallischem Zink (»Zinkbäumchen«)
Experimentdurchführung
Salze können unter geeigneten Bedingungen wie Löslichkeit oder Schmelzbarkeit, binäre Zusammensetzung, keine Begleitreaktionen mit dem Lösemittel an den Elektroden und eindeutige Nachweisbarkeit durch Gleichstrom (hier: ca. 15 V) in die Elemente zerlegt werden (Elektrolyse als Analyse)
Weiterführende Fragen mit neuerlicher Vorwissensaktvierung
Gilt das Erkannte für alle Salze? Was geschieht, wenn man Zink und Iod zusammen gibt?

Beim sorgfältigen Lesen wird deutlich, wie viele Fakten gewusst werden müssen, damit die Fachsprache eingesetzt werden kann, wie deutlich die Vorkenntnisse zu aktivieren sind und wie sehr es auf die richtige Kombination von Fakten ankommt, sodass die Bedingungen und Funktionen des angesprochenen chemischen Prozesses auch deutlich zum Vorschein kommen.

10. Definitionen

Die Neueinführung einer erweiterten Definition geschieht meist ad hoc. Um die Sinnhaftigkeit dieser Erweiterung als Argument für die Lernbereitschaft bei den

SchülerInnen wirksam werden zu lassen, sollte man die bis jetzt gültige Definition an ihre Grenzen führen. Dies gilt in eindrucksvoller Weise für die Erweiterung der Definitionen zur Verbrennung, ausgehend von der Vereinigung mit Sauerstoff, über die Abgabe von Elektronen bis zur Erhöhung der Oxidationszahl.

Konkret sieht das wie folgt aus.

a) Verbrennung von Magnesium in Sauerstoff

Man füllt einen Standzylinder, dessen Boden mit etwas Glaswolle bedeckt wurde, mit Sauerstoff und verschließt ihn mit einer Abdeckplatte. Man zündet ein Stück Magnesium-Band an und lässt es im Standzylinder abbrennen.

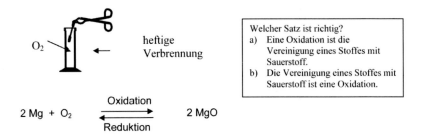

O_2 heftige
           Verbrennung

> Welcher Satz ist richtig?
> a) Eine Oxidation ist die Vereinigung eines Stoffes mit Sauerstoff.
> b) Die Vereinigung eines Stoffes mit Sauerstoff ist eine Oxidation.

$$2\,Mg + O_2 \xrightleftharpoons[\text{Reduktion}]{\text{Oxidation}} 2\,MgO$$

Oxidation als Sauerstoffaufnahme und Reduktion als Sauerstoffabgabe[6]

b) Verbrennung von Magnesium in Chlor

Man füllt einen Standzylinder, dessen Boden mit Glaswolle bedeckt wurde, mit Chlor und verschließt ihn mit einer Abdeckplatte. Man zündet ein Stück Magnesium-Band an und lässt es im Standzylinder abbrennen.

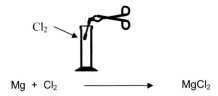

Cl_2

> Die beobachtbare Ähnlichkeit beider Reaktionen lässt darauf schließen, dass auch analoge Vorgänge im submikroskopischen Bereich vorliegen!
> →Erweiterung des Oxidationsbegriffes

$$Mg + Cl_2 \longrightarrow MgCl_2$$

Das Magnesiumatom gibt zwei Elektronen ab und beide Chloratome nehmen je ein Elektron auf. Oxidation als Elektronen-Abgabe, Reduktion als Elektronen-Aufnahme, Redoxreaktion als Elektronen-Übertragung

c) Oxidation von Kupferblech in heißer Schwefelsäure

In einem Reagenzglas erwärmt man ein kleines Stück Kupferblech *langsam* in wenig konzentrierter Schwefelsäure bis das Kupfer eine schwarze Farbe annimmt.

Der Schwefel liegt jetzt nicht als Ion vor, also tut man so als ob er doch als Ion vorläge und … erfindet(!) die Oxidationszahl
→ Erweiterung des Oxidationsbegriffes

feuchtes Indikatorpapier

Kupfer-Blech in heißer c. H_2SO_4

$$\overset{0}{Cu} + \overset{+6}{H_2SO_4} \longrightarrow \overset{+2}{CuO} + \overset{+4}{H_2SO_3}$$

Oxidation als Erhöhung der Oxidationszahl und Reduktion als Erniedrigung der Oxidationszahl

Analoges gilt für die Abgrenzung von scheinbar gleichen Begriffen, etwa in der Elektrochemie.

Heißt es Plus- und Minuspol oder muss man von Kathode und Anode reden?[7] Sind beide Antonyme gleichwertig oder versteckt sich hier ein meist unterschlagener Unterschied, der einer didaktischer Bedenkenlosigkeit geopfert wird? Ist sie dann Anlass zu einer mindestens vorsichtigen Kritik der irritierten SchülerInnen an der Exaktheit chemischer Beschreibungen und Erklärungen?

Es gibt ihn, diesen »kleinen Unterschied«. Er wird offensichtlich, wenn man explizit trennt zwischen den elektrochemischen, also den Redox-Vorgängen zwischen chemischen Halbzellen (z. B. Zink in Zinksulfat-Lösung, Kupfer in Kupfersulfat-Lösung u. v. a.), wenn sie einmal freiwillig (gepaart in galvanischen Elementen) und ein andermal erzwungen (in elektrolytischen Anordnungen) ablaufen. Nehmen wir das Daniell-Element aus den Halbzellen Zink/Zinksulfat (Zn/ZnSO₄) und Kupfer/Kupfersulfat (Cu/CuSO₄). Zink geht in Form von zweifach positiv geladenen Zinkionen (Zn²⁺) in Lösung, die metallische Zink-Elektrode lädt sich dabei negativ auf. Die Elektronen aus den Zinkatomen wandern über eine leitende Verbindung, meist über ein Messgerät, zur Kupferelektrode. Dort sorgen sie dafür, dass ein Überschuss an solvatisierten Kupfer-Kationen reduziert wird und sich diese als Kupferatome an der Elektrode abscheiden. Das Aufladen des Zinkstabes macht diesen zu einem Minuspol, im Gegensatz zum Kupferstab, der relativ dazu als Pluspol bezeichnet werden kann, da er unter permanentem Elektronenmangel leidet! Jetzt wechseln wir die Szene und schauen auf die Vorgänge, wie sie bei der Elektrolyse einer Zinkiodid-Lösung anfallen. Legt man hier Gleichstrom an, so scheidet sich an der Kathode das Zink elementar ab und an der Anode schliert eine braune Iod-Lösung. Wenn man nun den Begriff Kathode und Minuspol gleichsetzt, dann hieße das, man würde unterstellen, dass an der Kathode der Elektrolyse ein Überschuss an Elektronen abtransportiert und der Anode zur Verfügung gestellt wird. Da wir eine Elektrolyse aber nur unter Zuhilfenahme einer externen Spannungs- und Stromquelle durchführen können, müssen wir per definitionem davon ausgehen, dass in der Kathode der Elektronengehalt von außen her erhöht wird, dass diese Elektronen zur Reduktion der Zink-Kationen verwendet werden! Völlig analog muss an der Anode davon ausgegangen werden, dass hier die Elektronen abgezogen werden und gerade deshalb die Iodid-Anionen sich anlagern und ihre Elektronen verlieren, damit sie als Iod in physikalisch gelöster Form vorliegen können. Vergleicht man diese beiden Vorgänge, so muss man zugestehen, dass die beiden Prozesse nicht analogisierbar sind, dass die beiden Antonyme keine Synonyme für den gleichen chemischen Prozess sind. Wenn man diesen Unterschied nicht deutlichst vor den SchülerInnen erläutert und wenn man keine klare Definitionsgrenze zwischen galvanischen (freiwillig vom Minus zum Pluspol) und elektrolytischen (erzwungen von der Anode zur Kathode) Vorgängen zieht, dann gerät die weitere Diskussion zu dem bekannten Fiasko, welches sich schon so etabliert hat, dass auch Studierende der Chemie zum Verdrängen dieses Dilemmas gezwungen sind. Es darf nicht sein, dass unser Fach an solchen »didaktischen Kunstfehlern« Schaden leidet. Leider findet sich im aktuellen Glossarverzeichnis des Bayerischen Staatsinstitut für Schulqualität und Bildungsforschung (ISB) auf der Homepage[8] unter »Elektrik und Elektrochemie« zwar die Bezeichnung »Plus- und Minus-Pol«, allerdings für alle Elektroden und die Begriffe »Anode und Kathode« tauchen überhaupt nicht mehr auf, wohl aber »Kationen und Anionen«!?!?…

Die Eindeutigkeit von Begriffen[9] ist ein limitierender Faktor für deren konsequente Verwendung. Die gewissenhafte Unterscheidung zwischen Atom, Kation und Anion findet hier ihre konsequente Begründung. Das soll an den folgenden Textbeispielen verdeutlicht werden.

»Wenn man Kupferblech in eine Silbernitratlösung eintaucht, dann wird das Silber reduziert!«, »Chlor reduziert Iod in wässeriger Lösung!«, »Magnesium brennt in Chlor-Atmosphäre weiter; es wird oxidiert!«, »Mit Kupfer kann man die Auflösung von Zink in verdünnter Salzsäure deutlich beschleunigen, da dann das Zink leichter oxidiert wird!«, »Bei der anodischen Oxidation scheidet sich aus einer Zinkiodid-Lösung Iod ab!«, »Bei Zugabe von Calcium zu verdünnter Salzsäure wird Säurewasserstoff reduziert!« und »Bei der Reaktion von heißer konzentrierter Schwefelsäure mit Kupfer wirkt diese als Oxidationsmittel und es entsteht Kupfersulfat!«

Diese Zitateliste ließe sich fast beliebig weiterführen. Nie wird darin unterschieden, dass beispielsweise Silber nie reduziert werden kann, wohl aber das einfach positiv geladene Silber-Kation.

Alle Lehrenden der Chemie kennen solche vordergründig leicht verständlichen Formulierungen und ahnen die Probleme, die die SchülerInnen beim »Nachsagen« dieser Fachausdrücke haben. Jeder von uns weiß außerdem, dass er sich selbst immer wieder sehr auf das konzentrieren muss, was er hier so gewählt und fachlich unangreifbar zum Erklären von teilweise trivialen Beobachtungen zum Besten geben muss. Auch beim Korrigieren von mündlichen wie schriftlichen SchülerInnenantworten auf die Fragen der Lehrkraft ist hier besondere Aufmerksamkeit angesagt.

Gleichzeitig betonen wir gerne, dass die chemische Fachsprache vieles erleichtert, dass sie rationell verkürzt und gleichzeitig Ungenaues und Missverständnisse vermeidet. Wirklich? Warum müssen sich immer wieder ganze Schüler- und StudentInnengenerationen mit dem Verstehen dieser Formulierungen, wie sie oben vorgestellt worden sind, herumschlagen und dabei ihre Wut auf das Fach mit neuen Argumenten bereichern?

Nun, schauen wir uns die Sätze einmal genauer an. Lesen Sie sie nochmals durch und versuchen Sie selbst, das ihnen alle zugrunde liegende Manko zu entdecken! ... Haben Sie es? Die Antwort ist kurz: Es fehlt die Differenzierung zwischen Atom und Ion, evtl. auch die zwischen Kation und Anion oder Stoff und Teilchen. Allen Aussagen ist gemeinsam, dass sie eine Reihe von impliziten Annahmen enthalten, die die Newcomer, die SchülerInnen, die nicht die Absicht haben, sehr tief in die chemische Theorie einzusteigen, nicht haben können, zumindest in der vorgestellten Komprimiertheit auch nicht entdecken können. Der/die LeserIn wird zugestehen, dass auch er/sie nicht sofort und auf Anhieb die Korrektur des jeweiligen Satzes sicher vollziehen kann. Man braucht ebenfalls Zeit zum Überlegen. Wie müssten die Sätze denn lauten, wenn sie explizit die Herstellung von Bezügen erleichtern sollten? So wären sie fachlich korrekt:

»Wenn man Kupferblech in eine Silbernitratlösung eintaucht, dann wird das Silberkation reduziert!«, »Chlor oxidiert Iodid-Ionen in wässeriger Lösung!«, »Magnesium brennt in Chloratmosphäre weiter; es wird zu zweifach positiv geladenen Magnesium-Kationen oxidiert und es entsteht Magnesiumchlorid!«, »Mit der Zugabe von Kupfersulfat-Lösung, aus dem sich elementares Kupfer am Zink abscheidet, kann man die Auflösung von Zink in verdünnter Salzsäure deutlich beschleunigen, da durch das entstandene Lokalelement die Zinkatome leichter oxidiert werden!«, »Bei der anodischen Oxidation, bei der die Anode Elektronen aufnimmt, scheidet sich aus einer Zinkiodid-Lösung Iod ab!«, »Bei Zugabe von Calcium zu verdünnter Salzsäure wird Säurewasserstoff, das Oxonium-Ion reduziert!« und »Bei der Reaktion von heißer konzentrierter Schwefelsäure mit Kupfer wirkt diese als Oxidationsmittel, wobei Kupfer(II)-oxid entsteht und Schwefeldioxid entweicht. Durch das entstehende Wasser wird die Schwefelsäure zunehmend verdünnt, so dass sich das Oxid in ihr auflöst und es entsteht eine blaue Lösung von Kupfersulfat!«

Vielleicht fallen viele Lehr-Lern-Probleme in unserem Fach der Phänomene auch nur deshalb so sehr ins Gewicht, weil wir uns die Schwierigkeiten, die der Ersthörende unserer Botschaften naturgemäß hat, nicht mehr vorstellen können.

11. Kleinschrittigkeit und Veranschaulichungen

Die konstruktivistischen Lehr-Lern-Modelle lassen es als hilfreich erscheinen, wenn man die Gedankengänge kleinschrittig vorstrukturiert und zusätzlich visualisiert. Größere Schritte gelingen den Lernenden dann sowieso von ganz alleine, jedoch nur unter dieser besagten Voraussetzung!

Das hier gemeinte kleinschrittige, vornehmlich explizite Erklären hat mindestens drei Effekte. Einmal sorgt es dafür, dass der/die Erklärende das zu bearbeitende In-

Abb. 5: Experimentelle Demonstrationsschritte für eine sukzessive Abwandlung eines Daniell-Elements zu einem Leclanché-Element (eigene Darstellung)

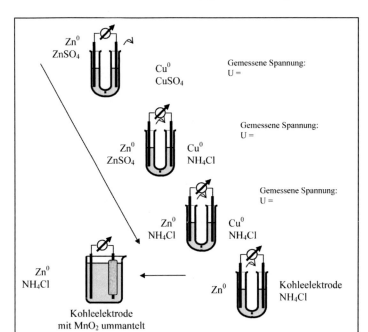

haltsfeld von einer definierten Stelle aus betritt, d. h. dass die Lehrkraft den Eingang nimmt, von dem aus es am ehesten sachlogisch und folgerichtig erschlossen werden kann. Zum Anderen wird damit eine dezidierte Aktivierung des Vorwissens unterstützt und zum Dritten erfolgt durch die damit einhergehende Induktion von Fehlern eine frühzeitige Klarstellung von dem, was fehlt.

All das sind nahezu ideale Voraussetzungen für das Einstellen einer erfolgversprechenden Lernsituation und damit für einen sicheren und soliden Start in die Neudurchnahme des Stoffes. Im Verlauf der Anspruchssteigerung des Unterrichts folgt dem expliziten Erklären, das meist mit impliziten Bezügen kombinierte Mitteilen und sodann die Erteilung von eigenständig zu erledigenden Aufträgen. Mit der Zunahme an Unterrichtserfahrung darf mit einer eher unkomplizierten Emanzipation von dieser vorgezeigten Vorgehensweise hin zu einer individualisierten Lernstrategie gerechnet werden.

Als Beispiel eignet sich der Weg vom Daniell-Element zum Leclanché-Element (Abb. 5). Dabei kann die Frage voran gestellt werden: Welche Maßnahmen sind zu ergreifen, damit ein elektrochemisches Prinzip zu einer wirtschaftlich rentablen Batterie »veredelt« werden kann?

Abb. 6:
Gradueller Übergang vom
Konkreten zum Abstrakten
(eigene Darstellung)

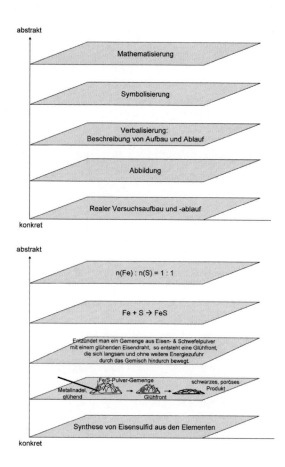

Die hier gewählte Form der Veranschaulichungen ist die Bildebene. Daneben gibt es jedoch weitere Formen, welche sich in ihrem Abstraktionsgrad voneinander unterscheiden, wie das die Darstellung in Abbildung 6 unterstreicht.

Es ist dabei wichtig, »daß der Lernende also Gelegenheit erhalten muß, die über die Sprache angebotenen Vorstellungen, inneren Modelle, Bilder, Auslegungen usw. des Lehrenden im Hinblick auf den Lerngegenstand für sich zu rekonstruieren. Nur wenn dieser ganz individuell bei jedem Schüler anders verlaufende Prozeß gelingt, kann von einem Lernerfolg gesprochen werden«. Die Lehrkunst besteht nun in der richtigen Auswahl der Abstraktion im Zusammenhang mit der Strukturierung der Gedankengänge und ihrer Vernetzung mit dem Vorwissen.

12. Das Wesentliche – Man muss sich ja nicht alles merken!

Der Wechsel zwischen Konkretem und Abstraktem, zwischen den wirklichkeitskongruenten Beschreibungen und den modellierten, an nicht primär sinnlich wahrnehmbaren Postulaten orientierten Erklärungen, also die virtuose Verwendung eines umfangreichen Fachwortschatzes, zählt nicht zu den selbstverständlichen und einfachen Fähigkeiten der SchülerInnen. Die vielen und vielschichtigen Eindrücke und Erkenntnisse aus den nicht immer schnell abgrenzbaren Unterrichtsfeldern von Theorie und Praxis in ihrer Bedeutung füreinander und für komplexe Alltagsprobleme zu bewerten, ist eine der großen Herausforderungen unseres Fachs und muss deshalb von den Lehrenden beispielhaft vorgemacht werden.

Allein nützt das nur, wenn gleichzeitig die Kriterien vermittelt werden, welche eine solche Differenzierung ermöglichen. Um das Wichtige zu finden können die folgenden Kriterien herangezogen werden, wobei sich diese nicht ausschließlich als objektiv bezeichnen lassen, sondern sich sowohl an den Auffassungen der Lehrenden (Beliefs) als auch an den Aktualitäten orientieren.

- Erfahrungsstärke der Unterrichtenden
- Gegenwartsbedeutung (unmittelbar erforderlich, wissenswerte Lebenskompetenz)
- Zukunftsbedeutung (Wissensgrundlage für Wissenserweiterung)
- Markante Glieder einer logischen Erarbeitungskette im Unterricht
- Schnittmenge zum Verknüpfen von sachlogischen Inhalten einer Sinneinheit (Unterrichtseinheit)
- Kollision von Schülervorstellung und Fachaussage, die zu einer eindeutigen Aussage zwingt (Barke 2006, Hammann et al. 2006)
- Häufige Nennungen von Fachaussagen beim Erarbeiten eines Sachverhalts
- Befriedigung von »elementaren Bedürfnissen« und Lösung von Entwicklungsaufgaben.

13. Orientierungs- und Verfügungswissen – horizontal und vertikal beweglich

Um erworbenes Wissen aus dem Unterricht aus seiner lernlogischen Chronologie zu befreien, es zu »entkapseln« um es in einen vom Lernprozess unabhängigen Zusammenhang zu stellen und damit leichter transferierbar und sprachlich vital werden zu lassen, sind didaktische Vorleistungen nötig, etwa in Form ausgesuchter Übersichten, beispielsweise in Form von Schemata oder kleinen Tabellen. Dies lässt sich eindrucksvoll an der Übersicht zum Verhalten von verdünnter und konzentrierter Schwefelsäure bzw. Salpetersäure gegenüber unedlen und edlen Metallen zeigen (Abb. 7).

Ebenfalls hilfreich ist eine solche Übersicht für das sehr unterschiedliche aber dennoch vergleichbare Verhalten von in Schulversuchen häufig eingesetzten Halogeniden (von Calcium*fluorid* aus über Natrium*chlorid* und Kalium*bromid* bis zum Kalium*iodid*) gegenüber konzentrierter Schwefelsäure. So entsteht im ersten Fall Fluorwasserstoff nur unter länger wirkender Hitze, im letzten Fall entwickelt sich bei Zimmertemperatur sofort nach Zusammengabe elementares Iod. Dazwischen erfolgt eine deutlich erkennbare Abstufung zwischen Halogenwasserstoff- bzw. Halogendarstellung.

Aber auch in der Organischen Chemie bietet es sich an, prägnante Zusammenfassungen und schematische Übersichten zu den Begrifflichkeiten anzufertigen,

Abb. 7: Schemata zur übersichtlichen Darstellung von sauren und oxidierenden Eigenschaften ausgewählter Säuren in Abhängigkeit von Konzentration und Reaktionspartner (eigene Darstellung)

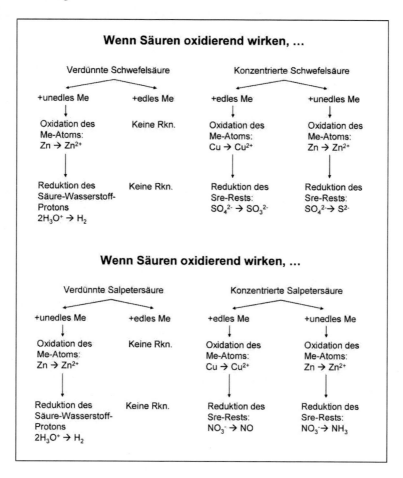

etwa zwischen den Oxidationsstufen vom Alkohol über den Aldehyd zur Carbonsäure und letztlich zum Kohlenstoffdioxid. So erhalten SchülerInnen die Chance, sich aus der Fülle von für sie zunächst gleichwertigen Einzelfakten die entscheidenden Relationen heraus zu destillieren (Wagner 2009). Anhand immer wieder angefertigter Schemata zur übersichtlichen Faktenordnung entsteht ein insbesondere auch innerhalb des Fachs wichtiges Verfügungswissen, welches zur Lösung komplexerer Problemstellungen besonders flexibel einsetzbar ist. In Bezug transdisziplinärer[10] Fragen, lässt es sich dann zu Expertenwissen veredeln.

14. Wissensnutzung zwischen Fachargumentation und Alltagskommunikation –
Die Bedeutung von Gesprächsanlässen

Wichtig ist nun, dass dieses Überblickswissen aktiv im Wortschatz verankert wird, dass es genutzt wird und damit Erfolge in Kommunikation und Argumentation sicher gestellt werden können. Denn mit der argumentativen und praktischen Nutzung chemischer Kenntnisse werden auch Selbstwertgefühl und Fähigkeitsselbstkonzepte befördert. »Der Besitz argumentativer Fähigkeiten ist im Rahmen demokratisch verfasster Gesellschaften ein unverzichtbarer Bestandteil kommunikativer Kompetenz.« (Pfeiffer 2003)

Diese Anwendungen und damit Erprobungen des Wissens gelingen primär über wiederholte Ausführungen etwa bei Kurzreferaten, bei Diskussionen benachbarter bzw. umfassenderer Themenbereiche, wie es im Projekt »Chemie im Kontext« (Huntemann et al. 1999, Di Fuccia et al. 2007) proklamiert wird. Zudem ist hier neben der Fachsystematik auch die Zuordnung des Gelernten zu den Basiskonzepten eine sinnvolle Möglichkeit, das Wissen mehrfach und flexibel vernetzt zu verankern. Nach einer Untersuchung von Hornsey/Hornfield (1982) führt Gruppenarbeit beim Experimentieren zur Kommunikation, die von höherer sprachlicher Qualität ist als im Klassengespräch. Demuth (1981) zeigte, dass die stärkere innere und äußere Unterrichtsbeteiligung beim Gruppenversuch u. a. zur Folge hat, dass die SchülerInnen auch zu Hause vermehrt über den naturwissenschaftlichen Inhalt sprechen.

Kommunikation, die aus dem Unterricht hinaus getragen werden kann, erhöht die Präsenz der gelernten Inhalte und verändert die Aufmerksamkeit gegenüber dem Gelernten im Alltag zugunsten einer Perspektivenerweiterung.

Gesprächsanlässe zu konzipieren, die sich auch innerhalb des Unterrichts dazu eignen, jenseits der »Stoffdurchnahme« alltagsrelevante Themen auf der Ebene des gerade erworbenen Wissens auf ihre argumentative Tauglichkeit hin zu erproben, finden sich auch in der fachdidaktischen Literatur. So versucht Becker (1995) so genannte Verbraucherdialoge, wie sie sich zwischen LaiInnen und BeraterInnen abspielen können zum Gegenstand einer fachorientierten Diskussion zu erheben. Barke[11] verwendet im selben Sinne »Concept cartoons«. Dabei werden gezeichneten Personen Texte in Sprechblasen unterlegt, welche unterschiedliche Stellungnahmen zu einem vorher aufgeworfenen Problem darstellen. Die/Der LeserIn muss sich argumentativ für eine oder mehrere richtige Statements entscheiden.

Abschließend zeigt sich, dass die Errungenschaften eines guten Deutsch- und Sprachenunterrichts sich sehr wohl auch und besonders in den naturwissenschaftlichen Fächern anwenden, problematisieren und optimieren lassen. Es bleibt aber ebenso unbestreitbar, dass die Fachsprachen der Naturwissenschaften auch Gesprächsanlässe für den Deutsch- und Fremdsprachenunterricht bieten. Im Zuge der weiteren Entwicklung kann auch die Beobachtung von Phänomen und darüber hinaus von konsequent herbei geführten Beobachtungen bei einem Experiment einen Schreibanlass bieten (Krämer 2009). Mit dem Verfassen eines Protokolls und einer Niederschrift zu einer Veröffentlichung (im kleinsten Maßstab z. B. einer Geschichte) lässt sich dann nicht nur im Fach Chemie, sondern auch im Fach Deutsch die

Entwicklung fachübergreifender Qualifikationen unterstützen (Nieswandt 1997, Kehren 2008). Aber auch andere mathetische Schwerpunktsetzungen, wie etwa ausführliche Präsentationen von beliebigen theoretischen wie praktischen Unterrichtsergebnissen lassen deren Werte und Bedeutungen hörbar und sichtbar werden und verdeutlichen so ihre Bildungsrelevanz.

Mit der Nutzung solcher Chancen erfüllt sich letztlich demokratisches Mitsprache-Recht!

Anmerkungen

1 Definition von »Dialog«: »A process of communication in which two or more participants engage in an open exploration of issues and relationships on an equitable basis« / »An exchange of ideas, opinions, beliefs, and feelings between participants – both speakers and audience. It is listening with respect to others and being able to express one´s own views with confidence.« (*www.danacentre.org.uk*)

2 Mathetik: Lehre vom Lernen (grch. mathein = etwas lernen), ars discendi = Kunst zu lernen: W. Ratke (1571–1635).
Didaktik: Lehre vom Lehren (grch. didaskein = etwas lehren), ars docendi = Kunst zu lehren: J. A. Comenius (1592–1670).

3 Ausdruck aus einem Vortragsthema des professionellen Erzähler Dr. Norbert Kober (1.7.2009).

4 Michael A. Anton (2009): Untersuchung zur Qualität von 485 Fragen zur Fachdidaktik nach dem Wissensmodell von Neber bei 59 Studierenden der Lehrämter mit dem Fach Chemie im Sommersemester 2008 an der Ludwig-Maximilians-Universität München (unveröffentlicht).

5 Deister- und Weserzeitung Hameln: Rubrik »Kleine Seite« (Februar 2009).

6 Von den beiden erfragten Sätzen ist b) richtig, da mit dieser Formulierung eine Erweiterung ermöglicht wird. Im Fall a) müsste man diese Definition ersetzen durch die »richtige«.

7 Ein Blick zurück zu den Ursprüngen der »Experimental-Untersuchungen über Elektricität von Michael Faraday« aus dem Jahre 1834 zeigt, wie weit sich die heutigen Erklärungen von den ersten Definitionen entfernt haben. »Um Verwirrung und Umschreibung zu vermeiden ..., habe ich die Sache mit zwei Freunden reiflich überlegt ... . Die Pole, wie sie gewöhnlich genannt werden, sind bloß die Thore oder Wege, durch welche die Elektricität zum zersetzt werdenden Körper hinein- und heraustritt, sind also, wenn sie mit jenem Körper in Berührung stehen, die Grenzen seiner Erstreckung in Richtung des Stromes. ... Satt des Namens Pol schlage ich den: Elektrode ... vor, und verstehe darunter diejenige Substanz oder vielmehr Fläche, sei sie von Luft, Wasser, Metall oder sonst einem Körper gebildet, welche in Richtung des elektrischen Stromes an den zersetzt werdenden Körper grenzt. ... Die Anode (grch. »Der Weg zum Sonnenaufgang«, »die östliche Fläche«) ist daher die Oberfläche, durch welche der elektrische Strom eintritt; sie ist das negative Ende des zersetzt werdenden Körpers ... und steht der negativen Elektrode gegenüber. Die Kathode (grch. »Der Weg zum Sonnenuntergang«, »die westliche Fläche«) ist die Fläche, durch welche der Strom den zersetzt werdenden Körper verlässt, ist dessen positives Ende ... und sie steht mit der negativen Elektrode in Berührung. ... Endlich habe ich einen Namen nöthig, um diejenigen Körper zu bezeichnen, welche zu den Elektroden oder, wie man sie gewöhnlich nennt, zu den Polen zu gehen vermögen. ... Zur Unterscheidung dieser Körper schlage ich vor, diejenigen, welche zu der Anode des zersetzt werdenden Körpers gehen, Anionen (... das Hinaufgehende) und die, welche zu der Kathode gehen, Kationen (..., das Hinabgehende) zu nennen, und wenn ich Gelegenheit habe, gemeinschaftlich von beiden zu sprechen, werde ich sie Ionen nennen.« (Aus den *Philosophycal Transactions 1834* von Faraday, M.: Experimentaluntersuchungen über Elektricität. VI. bis VIII. Reihe. Ostwalds Klassiker der exakten Wissenschaften. Leipzig 1903/2004, S. 36–39).

8 *http://www.isb.bayern.de/isb/index.asp?MNav=6&QNav=12&TNav=1&INav=0&Pub=1122* [Zugriff: 18.2.2009].

9 Der Terminus »Begriff« stellt die »gedankliche Widerspiegelung der invarianten Merkmale eines Objekts« dar und umfasst zwei Komponenten: Die »Definition« im engeren Sinne und den »Bedeutungshintergrund« (semantischer Background). Definitionen sind in der Regel kurz, prägnant und besitzen Merksatzcharakter. Sie allein ermöglichen jedoch nicht die umfassende Begriffsverwendung. Hierzu muss der Bedeutungshintergrund auf vielseitigste Weise verfügbar sein (Hauschild 2001, Mrowiec 1996). So lässt sich das »Chemische Reaktionsgleichgewicht« unkompliziert definieren; der Umgang mit ihm, das vielfältige Vorkommen, die Zusammenhänge bei der Betrachtung der Einflüsse von Reaktionsbedingungen sind dagegen notwendige Inhalte des Bedeutungshintergrunds (vgl. hierzu auch Fritsch/Ehlert 1992).

10 »Wissenschaft ist transdisziplinär, wenn Menschen außerhalb der Wissenschaft und Alltagswissen in die Forschungsarbeit einbezogen werden« (Faltblatt zu *Forschung zum Mitmachen* des Österreichischen Bundesministeriums für Bildung, Wissenschaft und Kultur, Wien 2006).

11 Hans-Dieter Barke (persönliche Mitteilung mit unveröffentlichten Unterlagen).

Literatur

ANTON, MICHAEL (2008): *Kompendium Chemiedidaktik.* Bad Heilbrunn: Klinkhardt, S. 109 ff.

ANTON, MICHAEL; NEBER, HEINZ (2008): Implementierung von »Forschungszyklen« in den Chemieunterricht. In: *PdN-ChiS* 57, 3, S. 35–337.

BARKE, HANS-DIETER (2006): *Chemiedidaktik – Diagnose und Korrektur von Schülervorstellungen.* Berlin: Springer.

BARKER, VANESSA (1997): *Beyond Appearances: Students' misconceptions about basic chemical ideas. A report for the Royal Society of Chemistry.* Online: www.chemsoc.org/learnnet/miscon.htm

BECKER, HANS-JÜRGEN (1995): Ein Alltagsdialog über »Joghurt« – Chance für fachaufweitenden Chemieunterricht. In: *PdN-Ch.* 44, 6, S. 17–20.

CIOMPI, LUC (1993): Die Hypothese der Affektlogik. In: *Spektrum der Wissenschaft* 2, S. 76–87.

CZIESLIK, WOLFGANG (1997): Kann man 9-12jährigen Kindern Chemie beibringen? In: *Chemkon* 4, 2, S. 95–96.

DEMUTH, REINHARD (1981): Schülerexperimente im Chemieunterricht (I). In: *NiU-Ph/Ch* 29, S. 256.

DI FUCCIA, DAVID; SCHELLENBACH, JUDITH; RALLE, BERND (2007): Chemie im Kontext. In: *MNU* 60, 5, S. 274–282.

FRITSCH, LOTHAR; EHLERT, MARIANNE (1992): Verstehen sich Lehrer und Schüler, wenn sie von der Zusammensetzung der Stoffe sprechen? In: *Chemie in der Schule* 39, 6, S. 222–226.

GEBHARD, ULRICH (1990): *Bildungsprozesse zwischen Wissenschaft und kindlichem Weltbild.* Handout zum Vortrag am 2.12.1997 im Institut für die Didaktik der Biologie, LMU-Mchn; und: Gebhard, Ulrich: *Anthropomorphismen im Biologieunterricht abbauen, geduldet oder erwünscht* (Kurzfassung).

GIRG, RALF (1994): *Die Bedeutung des Vorverständnisses der Schüler für den Unterricht.* Bad Heilbrunn: Klinkhardt.

GROFE, THEODOR (1989): *Anfangsunterricht Chemie – Sekundarbereich I – Unterrichtsbeispiele für das erste Jahr.* Köln: Aulis.

GRÜNER, GUSTAV (1967): Die didaktische Reduktion als Kernstück der Didaktik. In: *Die deutsche Schule* 59, 7 + 8, S. 414.

HAMMANN, MARCUS; HOI PHAN, THI THANH; EHMER, MAIKE; BAYRHUBER, HORST (2006): Fehlerfrei Experimentieren. In: *MNU* 59, 5, S. 292–299.

HAUSCHILD, GÜNTER (2001): »… sicher ein Begriff?« In: *PdN-ChiS* 50, 2, S. 2.

HERING, DIETRICH (1958): *Didaktische Vereinfachung.* Habilitationsschrift, Dresden.

HOFSTEIN, AVI et al. (2005): Developing Students' Ability to Ask More and Better Questions Resulting from Inquiry-Type Chemistry Laboratories. In: *Journal of Research in Science Teaching* 42, 7, S. 791–806.

HORNSEY, MICHAEL; HORSFIELD, JOSEF (1982): Pupil's discussion in science: a strategem to enhance quantity and quality. In: *School Science Review* 63, S. 763.

HUNTEMANN, HEIKE; PASCHMANN, ANTJE; PARCHMANN, ILKA; RALLE, BERND (1999): Chemie im Kontext – ein neues Konzept für den Chemieunterricht? In: *Chemkon* 6, 4, S. 191–196.

KAPER, WOLTER (1998): Drei Bedeutungswechsel des Wortes »Wärme« auf dem Weg von der Laiensprache zur Thermodynamik. In: Behrendt, Helga (Hrsg.): *GDCP-Tagungsband Essen: Zur Didaktik der Physik und Chemie – Probleme und Perspektiven.* Alsbach: Leuchtturm, S. 256–258.

KASPER, LUTZ; MIKELSKIS, HELMUT (2008): Lernen aus Dialogen und Geschichten im Physikunterricht – Ergebnisse einer Evaluationsstudie zum Thema Erdmagnetismus. In: *ZfDN* 14, S. 7–25.

KATTMANN, ULRICH et al. (1997): Das Modell der didaktischen Rekonstruktion. In: *ZfDN* 3, S. 3.

KEHREN, WOLFGANG (2008): Chemische Experimente als Schreibanlass. In: *PdN-ChiS* 57, 5, S. 11–15.

KIRST, HORST (1999): Die Integration intuitiven Wissens beim schulischen Lernen. In: *ZfPP* 13, 4, S. 91–206.

KRÄMER, VOLKER; REINERS, CHRISTIANE; SCHUMACHER, ELKE (2008): Zur Bedeutung von Analogien in Lernprozessen. In: *PdN-ChiS* 57, 7, S. 36–39.

KUBLI, FRITZ (1987): *Interesse und Verstehen in Physik und Chemie.* Köln: Aulis.

LEHRKE, MANFRED (1987): *Interesse und Desinteresse am naturwissenschaftlichen Unterricht.* Kiel: IPN.

LEISEN, JOSEF (1998): Förderung des Sprachlernens. In: *PdN-Ph* 47, S. 29–13.

LÜCK, GISELA (2008): Naturphänomene sprachlich erfassen. In: *NiU-Ch* 19, 106/107, S. 84–87.

MAROHN, ANNETTE (2008): »Choice2learn«. eine Konzeption zur Exploration und Veränderung von Lernervorstellungen im naturwissenschaftlichen Unterricht. In: *ZfDN* 14, S. 57–83.

MROWIEC, HENRYK (1996): Diagnose des Begriffswissens der Schüler. In: Behrendt, Helga (Hrsg.): *GDCP-Tagungsband Bremen: Zur Didaktik der Physik und Chemie – Probleme und Perspektiven.* Alsbach: Leuchtturm, S. 243–244.

NEBER, HEINZ (1999): Aktives Lernen durch epistemisches Fragen: Generieren versus Kontrollieren im Kontext des Geschichtsunterrichts. In: *Zeitschrift für Pädagogische Psychologie* 13, 4, S. 212–222.

NEBER, HEINZ; ANTON, MICHAEL (2008a): Förderung präexperimenteller epistemischer Aktivitäten im Chemieunterricht. In: *Zeitschrift für Pädagogische Psychologie* 22, 2, S. 143–150.

DIES. (2008b): Promoting Pre-experimental Activities in High-School Chemistry: Focusing on the role of students' epistemic questions. In: *International Journal of Science Education* 30, 3, S. 1801–1821.

NIEGEMANN, HELMUT (2001): Hat noch jemand eine Frage? Systematische Unterrichtsbeobachtung zu Häufigkeit und kognitivem Niveau von Fragen im Unterricht. In: *Unterrichtswissenschaft* 29, 2, S. 171–192.

DERS. (2004): Lernen und ragen: Bilanz und Perspektiven der Forschung. In: *Unterrichtswissenschaft* 32, 4, S. 345–356.

NIESWANDT, MARTINA (1997): Verstehendes Lernen im Chemieunterricht: Schreiben als Mittel. Kiel: IPN.

OKSAAR, ELS (1994): Wissenschaftssprache und Muttersprache. In: *ChiuZ* 28, 6, S. 301–308.

PFEIFFER, VOLKER (2003): *Didaktik des Ethikunterrichts. Wie lässt sich Moral lehren und lernen?* Stuttgart: Kohlhammer.

PRENZEL, MANFRED (1994): Mit Interesse in das dritte Jahrtausend! Pädagogische Überlegungen. In: Seibert, Norbert; Serve, Helmut (Hrsg.): *Bildung und Erziehung an der Schwelle zum dritten Jahrtausend.* München, S. 1314–1339.

PRENZEL, MANFRED (1995): *Zum Lernen bewegen – Unterstützung von Lernmotivation durch Lehre.* In: *Blick in die Wissenschaft.* Forschungsmagazin der Universität Regensburg 4, 7, S. 58–71.

REINERS, CHRISTIANE (2000): Chemiedidaktik – Quo vadis? In: *Chemkon* 7, 2, S. 91–92

RIEDER, OSKAR (1968): *Die Entwicklung des kindlichen Fragens.* München: E. Reinhardt.

SANGER, MICHAEL (2000): Using Particulate Drawings to Determine and Improve Students' Conceptions of Pure Substances and Mixtures. In: *Journal of Chemical Education* 77, 6, S. 762–766.

SCHIEDERMAIR, HARTMUT (1989): Kultur der Zukunft. Die Universität auf der Schwelle zum 21. Jahrhundert. In: *Forum* 48, S. 14.

SCHULTE-KEMPER, G.; LINDEMANN, H. (1998): Waschen, ein alltäglicher Prozess. In: *NiU-Ch* 47, 9, S. 46–49.

SCHULZ VON THUN, FRIEDEMANN (1981): *Miteinander reden 2 – Stile, Werte und Persönlichkeitsentwicklung.* Hamburg: Rowohlt.

STEFFENSKY, MIRJAM et al. (2005): Alltagsvorstellungen und chemische Erklärungskonzepte. In: *ChiuZ* 39, S. 274–278.

TABER, KEITH (1993): *Student conceptions of chemical bonding: using interviews to follow the development of A level students' thinking.* Paper presented to the Conference on Ongoing Research, Facets of Education – Dimensions of Research, June 1993, Institute of Educational Research and Development, University of Surrey, http://wwww.leeds.ac.uk/educol/

TABER, KEITH (1997): *Understanding Chemical Bonding – the development of A level students' understanding of the concept of chemical bonding,* Ph. D. thesis, University of Surrey.

TIEMANN, RÜDIGER (1998): Neue Wege zum Erfassen individueller Wissensstrukturen beim Lernen chemischer Inhalte. In: Behrendt, Helga (Hrsg.): G*DCP-Tagungsband Essen: Zur Didaktik der Physik und Chemie – Probleme und Perspektiven.* Alsbach: Leuchtturm, S. 208–210.

VOSS, REINHARD (2005; Hg.): *Unterricht aus konstruktivistischer Sicht – Die Welten in den Köpfen der Kinder.* Weinheim: Beltz.

WAGNER, WALTER (2009): Isomerie für die Schule. In: *PdN-ChiS* 58 1, S. 36–40.

WEBER, HEINRICH (1976): Das Problem der didaktischen Reduktion im Biologieunterricht. In: *BU,* S. 3–4.

WELZEL, MANUELA (1998): Interaktionen und ihr Einfluß auf das Lernen von Physik. Beobachtungen, Analysen und Ergebnisse. In: Behrendt, Helga (Hrsg.): *GDCP-Tagungsband Essen: Zur Didaktik der Physik und Chemie – Probleme und Perspektiven.* Alsbach: Leuchtturm, S. 79–96.

ZIENER, GERHARD (2008): *Bildungsstandards in der Praxis – Kompetenzorientiert unterrichten.* Stuttgart: Kallmeyer, Klett

2
Zweit- und Fremdsprache im Fachunterricht

Spracherwerb im mehrsprachigen Klassenzimmer

Elisabeth Langer*

Spracherwerb im Naturwissenschaftsunterricht in Klassen mit Migrationshintergrund

1. Einleitung

Sprache ist das wichtigste Medium des Lernens und Lehrens. Die Beschreibung und Vermittlung von Fachinhalten erfolgt jedoch in Diskursformen, die sich von der Alltagssprache unterscheiden, und die sich einem unmittelbaren Verständnis durch die Lernenden vielfach entziehen. Dies gilt besonders für die Naturwissenschaften und den Naturwissenschaftsunterricht (Lemke 1990). Den Lehrpersonen ist dieser Umstand oft nur unzureichend bewusst. Dies trägt erheblich dazu bei, dass Gegenstände wie Physik, Chemie und (in der Sekundarstufe II) auch Biologie als kompliziert und unverständlich empfunden werden.

Eine besondere Situation liegt in Klassen mit einem hohen Anteil an Schülerinnen und Schülern mit Migrationshintergrund vor. Diese haben oft gute oder sogar ausgezeichnete Sprachkenntnisse im Bereich der Alltagssprache, sind jedoch den komplexen Sprachmustern naturwissenschaftlicher Texte nicht gewachsen. Werden sie vor die Aufgabe gestellt, solche Texte zu verstehen, zu interpretieren oder gar selbst zu verfassen, ist ein Scheitern meist unvermeidlich (Hanser 1999, S. 237–241; Gogolin 2004). NaturwissenschaftslehrerInnen sehen es andererseits häufig nicht als ihre Aufgabe an, fachsprachige Kompetenz zu vermitteln und meinen, dies den Deutsch-Lehrerinnen und Lehrern überlassen zu können. Damit wird nicht nur von den Germanistinnen und Germanisten eine Leistung verlangt, die sie alleine nicht erbringen können, sondern auch eine wesentliche Erkenntnis der Neurodidaktik übersehen: Fach- und Sprachen-Lernen erfolgt simultan in beständiger Interaktion (Roth, zit. nach Herrmann 2006). Gute Unterrichtsmaterialien sind daher sowohl in inhaltlicher als auch in sprachlicher Hinsicht an das altersgemäße kognitive Niveau der SchülerInnen angepasst.

Will man jedoch die FachlehrerInnen ermuntern, in ihrem Unterricht gleichzeitig fachliches und sprachliches Wissen und Können zu fördern, muss man ihnen einerseits die Entwicklung der erforderlichen Professionalität ermöglichen und andererseits geeignete Konzepte und Materialien zur Verfügung stellen. In beiden Bereichen ist das Angebot bisher unzureichend. Eine verstärkte Wahrnehmung des Problems

Abb. 1: Morphologische Besonderheiten der naturwissenschaftlichen Fachsprache
(Langer 2008, S. 7)

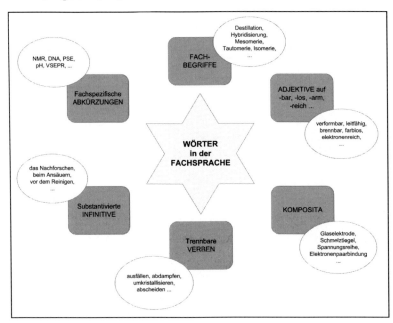

im LehrerInnenaus- und -fortbildungsbereich hat immerhin in jüngerer Vergangenheit zu einer Reihe von Initiativen geführt, die mittelfristig eine Verbesserung der Situation erwarten lassen.

2. Sprache und sprachbezogene Probleme im Naturwissenschaftsunterricht

Diese Arbeit beschreibt den Einsatz der Literalen Didaktik und des 3-Phasen-Modells (Schmölzer-Eibinger 2008 und 2008a) im Naturwissenschaftsunterricht. Für eine sinnvolle Anwendung dieses Konzepts ist eine vorherige Analyse der Besonderheiten der naturwissenschaftlichen Fachsprache erforderlich. Ferner muss geklärt werden, welche Textsorten im Naturwissenschaftsunterricht zum Einsatz kommen, um sie gezielt im Rahmen der Arbeitsaufträge im 3-Phasen-Modell zu bearbeiten. Ebenso ist für die Gestaltung dieser Aufgaben wichtig zu erheben, mit welchen sprachlichen Schwierigkeiten und Problemen SchülerInnen – insbesondere solche mit anderen Erstsprachen als Deutsch – im Naturwissenschaftsunterricht kämpfen.

Die Abbildungen 1 und 2 geben einen Überblick über die morphologischen und syntaktischen Besonderheiten der naturwissenschaftlich-technischen Fachsprachen.[1] Obwohl häufig davon ausgegangen wird, dass es die Fachausdrücke sind, die den Schülerinnen und Schülern Verständnisschwierigkeiten bereiten, zeigen Untersuchungen, dass Fachtermini im Allgemeinen das kleinere Problem darstellen.

Abb. 2: Syntaktische Besonderheiten der naturwissenschaftlichen Fachsprache (Langer 2008, S. 9)

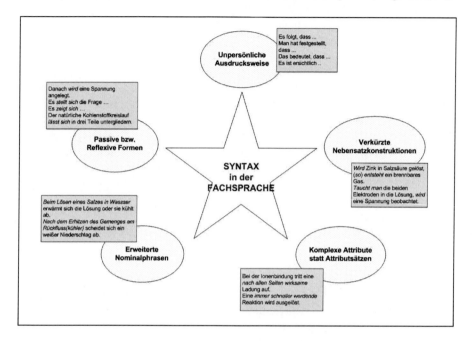

Trennbare Verben, komplexe Attribute, wenig geläufige Partikel, unpersönliche Formulierungen und komplexe syntaktische Konstruktionen sind demgegenüber ein wesentliches Hemmnis für die Entwicklung fachsprachiger Kompetenz in den naturwissenschaftlichen Fächern (Hanser 1999, S. 115–166; Vollmer 2009). Für SchülerInnen der Sekundarstufe I gilt, dass Fachtexte (auch solche in Lehrbüchern für diese Jahrgangsstufen) häufig über ihre altersgemäße Sprachentwicklung hinaus gehen (Bauer, zit. nach Olechowski 1995).

Eine typische Ergänzung naturwissenschaftlicher Texte sind graphische Darstellungen wie Diagramme, Funktionsgraphen und schematische Darstellungen sowie Formeln und Gleichungen. Während solche Darstellungen für ExpertInnen die Verständlichkeit und Prägnanz von Fachtexten unterstützen, darf keineswegs angenommen werden, dass dies auch für SchülerInnen gilt. Eine Schwierigkeit im Umgang mit der diskontinuierlichen Struktur von Fachtexten besteht etwa im Wechsel oft mehrerer Darstellungsebenen (Stäudel/Franke-Braun/Parchmann 2008). Es bedarf daher der Anleitung und Übung, damit SchülerInnen einerseits die Fähigkeit erlangen, den Inhalt bzw. die Aussage graphischer Darstellungen zu verbalisieren bzw. andererseits auch lernen, eine in einem Text enthaltene Information in Form einer Grafik wiederzugeben.

Die im Naturwissenschaftsunterricht zum Einsatz kommenden Textsorten lassen sich grob danach einteilen, ob sie rezeptive bzw. produktive Verarbeitungspro zesse verlangen: (Eher) rezeptiv ist der Umgang der SchülerInnen mit Lehrbüchern, Tafelbildern/Mitschriften, Arbeitsblättern und Informationstexten. Von den Schülerinnen und Schülern selbst erstellt werden Präsentationen, Portfolios, Prüfungstexte und Fachbereichsarbeiten.

Eine Besonderheit eines Tafelbilds bzw. einer Mitschrift ist, dass es sich dabei meist nicht um kohärente Texte, sondern um stichwortartige Notizen handelt. Dies bereitet den Schülerinnen und Schülern erhebliche Schwierigkeiten bei der Wiedergabe der Inhalte, besonders im Rahmen mündlicher Prüfungen. Wenn die Kohäsionsmittel fehlen, gelingt es besonders Lernenden mit Deutsch als Zweitsprache oft nicht, den logischen Zusammenhang der Aussagen zu rekonstruieren. Doch selbst wenn der Sinn der Mitschrift erfasst wird, fehlt Migrantinnen und Migranten häufig das sprachliche Repertoire, um die verkürzten Texte angemessen zu vervollständigen. Die hier aufgezeigten Probleme machen deutlich, dass der Rolle der Sprache im Naturwissenschaftsunterricht erhöhte Beachtung geschenkt werden muss.

3. Literale Didaktik und 3-Phasen-Modell

Hinsichtlich geeigneter Konzepte und Materialien zur Sprachförderung in Sachfächern sind einem größeren Kreis von Naturwissenschaftslehrerinnen und -lehrern bisher vor allem die Arbeiten von Josef Leisen geläufig (Leisen 1999, 2005 und 2006). Leisens Wechsel der Darstellungsform (z. B. Leisen 2005, S. 4–11) und seine zehn Strategien (Leisen 2006, S. 12–23) sind grundsätzlich leicht für verschiedene Unterrichtsanlässe adaptierbar. Dabei ist die erreichbare fachsprachige Kompetenz der SchülerInnen in erster Linie eine rezeptive. Nun hat Leisen in neueren Publikationen (Leisen 2008) dem Umstand Rechnung getragen, dass Scientific Literacy (Eckebrecht/Schneeweiß 2003) eigenständiges mündliches und schriftliches Argumentieren im jeweiligen Fach einschließt, und sein Konzept auch für das Schreiben von Texten adaptiert. Leisens sehr praxistaugliche Rezepte greifen nur dort zu kurz, wo es um eine intensive, nachhaltige Auseinandersetzung mit der Sprachstruktur naturwissenschaftlicher Texte geht, die SchülerInnen auch befähigen soll, die Fachsprache eigenständig und gezielt einzusetzen, wie etwa in Schularbeiten, bei Präsentationen, öffentlichen Veranstaltungen oder beim Verfassen von Fachbereichsarbeiten. Obwohl Leisen die Probleme von Schülerinnen und Schülern mit von Deutsch verschiedenen Erstsprachen anerkennt und thematisiert, basieren seine Arbeiten nicht vornehmlich auf der Zweitsprachendidaktik.

Darüber hinaus gibt es eine Fülle an Einzelarbeiten, die sich mit speziellen Aspekten fachsprachiger Kompetenz im Naturwissenschaftsunterricht auseinander setzen (siehe z. B. Vollmer 1980, Stäudel/Parchmann 2008 und dort zitierte Literatur).

Ein für alle Sachfächer einsetzbares Konzept zum Erwerb von Textkompetenz in rezeptiver und produktiver Hinsicht ist die Literale Didaktik und das 3-Phasen Modell zur Förderung von Textkompetenz (Schmölzer-Eibinger 2008 und 2008a). Das Konzept inkludiert eine umfangreiche Aufgabentypologie, die es der Anwenderin/ dem Anwender erleichtert, es im Unterricht einzusetzen.

Abb. 3: Prinzipien der Literalen Didaktik[2]

Obwohl die Literale Didaktik sich besonders eignet, Lernende mit Deutsch als Zweitsprache beim Erwerb von fachsprachlicher Textkompetenz zu unterstützen, ist das Modell ebenso für muttersprachige SchülerInnen einsetzbar. Die intensive Auseinandersetzung mit der Fachsprache ist vor allem auch einem Verständnis für die »Natur der Naturwissenschaften« (Höttecke 2001) förderlich.

Da das Konzept unter Naturwissenschaftslehrerinnen und -lehrern erst wenig bekannt sein dürfte, wird dieses Modell zur Sprachförderung im Folgenden kurz beschrieben. Detaillierte Information ist den zitierten Arbeiten zu entnehmen.

3.1 Literale Didaktik

Zentrales Element der Literalen Didaktik ist der simultane Erwerb von fachlichem und sprachlichem Wissen und Können. Fachliche Inhalte dienen in diesem Konzept nicht als Vehikel zum Erwerb von Sprachkompetenz (wie etwa in manchen Ansätzen von bilingualem Unterricht). Vielmehr geht es darum, dass SchülerInnen lernen, die Sprache (gegebenenfalls ihre Zweitsprache) gezielt zur Bewältigung (mündlicher und schriftlicher) fachbezogener schriftsprachiger Aufgaben einzusetzen (Abb. 3).

Das Modell geht über andere Ansätze hinaus, indem ein mehrstufiger Prozess durchlaufen wird, bei dem durch Aufgabenstellungen, die im Schwierigkeitsgrad zunehmen, ein konstruktivistisches Erarbeiten fachsprachiger Textkompetenz erfolgt. Es ist nicht bloß rezeptiv, sondern gleichzeitig produktiv, da die SchülerInnen in allen Phasen eigene Texte oder Textpassagen erstellen. Dabei verfolgt das Konzept eine aufbauende Strategie, sodass man die besten Resultate erzielt, wenn alle Abschnitte durchlaufen werden und die Abfolge der Abschnitte nicht durchbrochen wird.

Die didaktischen Prinzipien der Literalen Didaktik sind:

- *Integriertes Sprach- und Sachlernen*: Dies wurde schon weiter oben ausgeführt. Das Modell wurde zwar für SchülerInnen mit anderen Erstsprachen als Deutsch entwickelt, eignet sich aber ebenso zur Förderung von »Scientific Literacy« von autochthonen Schülerinnen und Schülern.

- *Authentische Sprachpraxis:* Das bedeutet, dass sprachliche Aktivitäten durch problemhaltige Aufgaben angeregt werden, deren Lösung themen- und situationsbezogene Interaktion erfordert. Den Schreibanlässen kommt eine praktische Bedeutung zu, das heißt zum Beispiel, dass vorgegebene Texte aus lebensweltlichen Zusammenhängen für einen anderen Leserkreis umgearbeitet werden müssen.

- *Sprachaufmerksamkeit und -reflexion:* Da konkret auftretende sprachliche Probleme und deren Lösung von den Lernenden analysiert und diskutiert werden, erfolgt eine Aufmerksamkeitslenkung hinsichtlich der korrekten Verwendung der Fachsprache.

- *Integrierte Fertigkeiten:* Die Literale Didaktik zielt auf die gleichzeitige Förderung mündlicher und schriftlicher fachsprachiger Kompetenz ab; obwohl das Schreiben von Texten im Mittelpunkt des 3-Phasen-Modells steht, ist auch das sinnerfassende Lesen von Texten ein wichtiger Bestandteil der Textarbeit.

- *Kooperation:* Ein besonders wesentliches Prinzip der Literalen Didaktik ist, dass soziale Aspekte des Spracherwerbs und der Kognition Berücksichtigung finden (Vygotsky 2002). Ein Aushandeln von Ergebnissen soll daher stets in einem interaktiven Prozess in der Gruppe und/oder im Plenum einer gesamten Klasse erfolgen. Die Lehrkraft hat eine unterstützende Rolle. Auch hier verfolgt das Konzept eine aufbauende Strategie: Das heißt, dass zunächst von einzelnen Lernenden oder SchülerInnen-Paaren erarbeitete Texte in der Folge in größeren Gruppen den Ergebnissen der anderen gegenübergestellt werden. Dies steht gleichzeitig im Einklang mit dem Ziel einer integrierten Förderung mündlicher und schriftlicher Sprachkompetenz.

- *Fokus auf Schreiben:* Ziel der Arbeit mit der Literalen Didaktik sind immer geschriebene Textbearbeitungen oder eigene SchülerInnen-Texte, die durch »kooperatives Schreiben« entstehen. Im Prozess des gemeinsamen Bearbeitens wird das Produkt sowohl inhaltlich als auch sprachlich ausgefeilt.

3.2 Das 3-Phasen-Modell

Das auf den Prinzipien der Literalen Didaktik aufbauende 3-Phasen-Modell gliedert sich in die Phasen:

- Phase 1: *Wissensaktivierung*
- Phase 2: *Arbeit an Texten* und
- Phase 3: *Texttransformation* (Schmölzer-Eibinger 2008, S. 192).

In der Phase der Wissensaktivierung werden das Vorwissen und die Präkonzepte der SchülerInnen wachgerufen. Die Öffnung für das Thema soll in kognitiver und emotionaler Hinsicht erfolgen.

Die zweite Phase widmet sich der Arbeit an ganz oder teilweise vorgegebenen Texten und umfasst drei Abschnitte. In diesen Abschnitten werden rezeptive und produktive Strategien beim Lesen und Schreiben von Texten entwickelt und erprobt. Die drei Abschnitte *Textkonstruktion, Textrekonstruktion* und *Textfokussierung & Textexpansion* rücken jeweils andere Aspekte der Textarbeit in den Brennpunkt.

Bei der Textkonstruktion sind Textfragmente zu erweitern bzw. zu vervollständigen. Die Textrekonstruktion widmet sich dem Erstellen gelesener oder gehörter Texte aus dem Gedächtnis und dem Zusammensetzen von Textbruchstücken. Gerade für den Naturwissenschaftsunterricht besonders wichtig ist der Abschnitt der Textfokussierung und -expansion, da die SchülerInnen häufig mit besonders komplexen und komprimierten Informationstexten konfrontiert sind. Um das Verstehen solcher Texte zu üben, sollen die SchülerInnen einerseits selbst ausführliche Texte verdichten bzw. deren Kernaussagen extrahieren und andererseits stark komprimierte Texte ausgestalten und lesbarer machen.

In der Phase der Texttransformation dienen vorgegebene Texte nur noch als Impuls zur Neukonzeption eigener SchülerInnen-Texte im Rahmen geänderter Zusammenhänge. Die in den Vorabschnitten erworbene Textkompetenz soll nun dazu eingesetzt werden, fachliche Inhalte in einen situationsbezogenen Text einzubauen.

3.3 Aufgabentypologie

Zum 3-Phasen-Modell hat die Autorin (Schmölzer-Eibinger 2008) eine umfangreiche Aufgabentypologie erstellt (ebd., S. 204), die nicht nur den Einsatz des Modells in der Praxis erleichtert, sondern auch die Intention der einzelnen Abschnitte für AnwenderInnen noch verdeutlicht.

Bei Phase 1 (*Wissensaktivierung*) kommt es vor allem darauf an, die spontanen Assoziationen der SchülerInnen zum Thema einzufangen. Es werden Aufgaben zum assoziativen Schreiben oder Sprechen vorgeschlagen, die durch Bild- oder Hörimpulse aktiviert werden. Das Sammeln, Vergleichen und Interpretieren der Ergebnisse fördert die Interaktion in der Gruppe.

Für Abschnitt 1 von Phase 2 (*Textkonstruktion*) eignen sich Textergänzungsaufgaben. Zu vorgegebenen Textteilen sind Anfänge und/oder Abschlüsse hinzuzufügen, oder es sind fehlende Worte, Sätze oder Absätze in einen Text einzufügen. Die fehlenden Worte können Fachbegriffe sein, jedoch handelt es sich typischerweise eher um Bindewörter, deren korrekter Einsatz besonders Lernenden mit nichtdeutscher Muttersprache Schwierigkeiten bereitet.

In Abschnitt 2 der zweiten Phase (*Textrekonstruktion*) wird unter anderem die Aufgabenstellung des Dictogloss (Tedick 2001) eingesetzt. Diese Methode ist aus der Fremdsprachendidaktik übernommen. SchülerInnen rekonstruieren einen Text, der (meist mehrmals) vorgelesen wurde, zunächst einzeln, dann in Gruppenarbeit. Wieder wird das soziale Lernen durch das Aushandeln des Ergebnisses in der Gruppe gefördert. Eine andere Aufgabe der Textrekonstruktion ist das Absatzpuzzle, bei dem die Absätze eines zerschnittenen Textes in die richtige Reihenfolge gebracht werden sollen.

Die Aufgaben des letzte Abschnitts der zweiten Phase sind der *Textfokussierung und Textexpansion* gewidmet. Die SchülerInnen erhalten vollständige Texte, die sie zusammenfassen oder erweitern sollen. Dies kann auch sukzessive geschehen, d. h., dass ein Text zunächst auf seine wesentlichsten Aussagen komprimiert wird, und dass das Ergebnis dann in einem nächsten Schritt von den Schülerinnen und Schülern eigenständig erweitert wird. Der Vergleich mit dem Ursprungstext wird in der Gruppe durchgeführt. Ein anderer Arbeitsauftrag ist so gestaltet, dass zunächst Schlüsselwörter aus einem Text entnommen werden, anhand derer ein zum ursprünglichen analoger Text oder ein Glossar erstellt wird.

In der dritten Phase der *Texttransformation* sehen alle Aufgabenstellungen das Schreiben eigener Texte durch die SchülerInnen vor. Vorgegebene Texte müssen durch Recherchen ergänzt werden und an andere Zusammenhänge (z. B. für einen Zeitungsartikel) angepasst werden. Oft geht es auch darum, aus fachlichen Inhalten persönliche Standpunkte für praxisrelevante Situationen zu entwickeln und zu argumentieren. Dieser Abschnitt kann und soll in eine von den Schülerinnen und Schülern selbst gestaltete Projektarbeit münden.

4. Anwendung des 3-Phasen-Modells im Naturwissenschaftsunterricht

4.1 Anwendungsbeispiel: Klimawandel

Die Anwendung des 3-Phasen-Modells wird im Folgenden anhand des Themas »Klimawandel« diskutiert. Zu diesem Thema wurde eine Didaktisierung für das Unterrichtsfach Chemie in der Sekundarstufe II erstellt und im Unterricht erprobt. Eine Beschreibung des Einsatzes des Konzepts zum Thema »Atommodelle« findet sich bei Schmölzer-Eibinger und Langer 2009.

Die hier behandelte Didaktisierung wurde in einer siebenten Klasse des wirtschaftskundlichen Realgymnasiums eingesetzt. Die zu den Arbeitsaufträgen gehörigen Texte sind selbst erstellt.

4.2 Übersicht über die Aufgabenstellungen[3]

PHASE 1: Wissensaktivierung

Akrostichon: Die SchülerInnen bilden zuerst allein und dann paarweise Akrosticha wahlweise zu den Begriffen »Klimawandel« oder »Treibhauseffekt«. Die Ergebnisse werden untereinander verglichen und die besten Resultate auf Plakate geschrieben und aufgehängt.
Sozialform: Einzelarbeit – Partnerarbeit – Plenum

PHASE 2: Arbeit an Texten

2/1 *Textkonstruktion:* Text über die Ursachen der Erderwärmung mit fehlenden Adjektiven und Adverbien. Die SchülerInnen müssen außerdem Diagramme und Abbildungen einfügen.
Sozialform: Partnerarbeit – Plenum

2/2 *Textrekonstruktion*:
  a) Ein mehrteiliger Text über »Global Dimming« wird vorgelesen und muss gruppenweise aus dem Gedächtnis rekonstruiert werden. Die Teile werden zusammen gefügt und mit dem Originaltext verglichen.
  Sozialform: Gruppenarbeit (je 3 SchülerInnen)
  b) Ein Text über Klimamodelle ist durcheinander geraten. Er muss geordnet werden und wird mit passenden Abbildungen versehen.
  Sozialform: Partnerarbeit

2/3 *Textfokussierung und Expansion*:
  a) Glossar: Aus den Originaltexten 2/2a und 2/2b werden Schlüsselworte heraus gesucht und erklärt.
  Sozialform: Einzelarbeit
  b) Das Anthropozän: Zu einem von den SchülerInnen (im Rahmen der Junior Academy) gehörten Vortrag von Paul Crutzen wird auf Basis der Zusammenfassung dieses Vortrags und der SchülerInnen-Notizen ein Bericht erstellt.
  Sozialform: Partnerarbeit, dann Plenum

PHASE 3: Texttransformation

a) Zu drei Versuchen zum Thema Treibhauseffekt gibt es übersichtsartige Kurzbeschreibungen. Die SchülerInnen entwickeln daraus vollständige Arbeitsvorschriften und führen im Anschluss die Versuche durch.
Sozialform: Partnerarbeit, dann Gruppenarbeit (4 SchülerInnen)
b) Die SchülerInnen erstellen eine schriftliche Planung einer Podiumsdiskussion über Aufgaben und Ziele des Klimaschutzes. Sie verfassen Einladungsschreiben an ExpertInnen.
Sozialform: Partnerarbeit – Gruppenarbeit – Plenum
(Wurde nicht durchgeführt.)

4.3 Aufgabenbeispiele und SchülerInnen-Arbeiten

Die im Folgenden eingefügten SchülerInnen-Texte wurden großteils von einzelnen Schülerinnen oder Schülern bzw. von SchülerInnen-Teams als Textdateien auf einer Lernplattform[4] abgegeben und sind daher überwiegend nicht handschriftlich. Abgesehen vom ersten Akrostichon wurden alle in den vorliegenden Aufsatz aufgenommenen Texte von Schülerinnen und Schülern mit Migrationshintergrund verfasst. Die Arbeiten sind nicht korrigiert.

4.3.1 Akrostichon

Tragisch ist die Situation in unserer Welt
Realistisch betrachtet können wir so nicht mehr lange weiterleben
Ein großes Problem ist der Temperaturanstieg
Immer mehr Abgase werden in die Luft abgegeben
Bald wird es keinen Schnee mehr geben
Heißer werden die Sommer
Aber die Winter werden immer kälter
Unwetter werden häufiger

Stürme werden heftiger
Eis schmilzt
Feinstaub verpestet die Luft
Flüsse versieden
Einige Ozonlöcher entstehen
Kohlendioxidgehalt in der Luft steigt weiter an
Tatsache ist, dass wir endlich etwas Wirksames dagegen unternehmen müssen!!!

Kürzer werden die Tage
Länger die Sommernächte
Irgendwann wird es für die
Menschen zu heiß auf der Erde sein, weil sich
Alle nicht daran beteiligt fühlen
Wasser wird es nicht mehr geben und
Austrocknung wird auf der Erde herrschen
Nebenbei werden alle Menschen an
Durst leiden, aber vielleicht können alle
Ewig
Leben …

4.3.2 Textpuzzle: Klimamodelle

Arbeitsauftrag:
Arbeite mit einer Partnerin/einem Partner!
Du erhältst einen Text über Klimamodelle. Er ist aber zerschnitten und in Unordnung geraten. Zusammen mit deiner Partnerin bzw. deinem Partner sollst du die richtige Reihenfolge der Absätze herausfinden. Sucht dabei nach gemeinsamen Begriffen in den einzelnen Abschnitten. Probiert euch passend erscheinende Varianten aus, indem ihr den Text auflegt und sorgfältig durchlest: Könnt ihr den roten Faden erkennen?
Bittet eure Lehrkraft um Kontrolle, ehe ihr euer Ergebnis aufklebt.
Wenn alle fertig sind, wird der Text laut gelesen, und offene Fragen werden besprochen.

Text: Klimamodelle

In den vergangenen 20 Jahren haben sich die Hinweise darauf, dass durch den Einfluss des Menschen ein merklicher Klimawandel bevorsteht verdichtet. Heute kann niemand mehr leugnen, was Klimaforscher seit Jahren vorhersagen: Die globale Durchschnittstemperatur steigt und weltweit befindet sich das Klima im Umbruch. Dabei ist offensichtlich, dass die Folgen des Klimawandels in den verschiedenen Regionen der Erde sehr unterschiedlich sein werden.

--------------------------------------- ✂ ---------------------------------------

Nicht nur für Politiker und Versicherungsmakler ist es wichtig, eine genauere Vorstellung davon zu haben, was auf uns zukommt. Prognosen über die künftige Entwicklung des Klimas liefern uns von Meteorologen erstellte *Klimamodelle*.

--------------------------------------- ✂ ---------------------------------------

Ein *Klimamodell* ist ein am Computer erstelltes Netz von Daten und mit Hilfe dieser Daten durchgeführten Rechnungen. Die Daten basieren einerseits auf Messergebnissen und andererseits auf Laborsimulationen. Sie werden so miteinander verknüpft, dass eine *Klimaprognose* – entweder für ein begrenztes Gebiet oder für die gesamte Erde – entsteht.

--------------------------------------- ✂ ---------------------------------------

Die *Klimaprognose* ergibt sich aus der Lösung eines Satzes von Differentialgleichungen, die meteorologische Größen wie Windgeschwindigkeiten, Luftfeuchtigkeit, Niederschlagsmenge usw. miteinander verknüpfen. Die Güte der verwendeten Daten und des Rechenprogramms überprüft man, indem man das Modell das Klima vergangener Zeiten simulieren lässt. Wie geht man nun im Einzelnen vor?

.... ✂ ....

Die Faktoren, die das Klima beeinflussen, sind in verschiedenen Regionen der Erde verschieden. Um möglichst genaue Resultate zu erzielen wird über die Weltkugel ein Gitter gelegt und die Atmosphäre in Länge, Breite und Höhe in gleichmäßige Zellen unterteilt, für deren jede spezielle Daten in das Simulationsprogramm eingegeben werden. Die Größe dieser Zellen hängt von der Güte des Modells und der Menge der verfügbaren Daten ab.

.... ✂ ....

Jedenfalls ist die Atmosphäre in der Höhe so in etwa 20 übereinander liegende Schichten unterteilt. Diese reichen bis in eine Höhe von30 km. Auch die Ozeane müssen in die Simulation mit einbezogen werden. Derzeit werden mehrere Schichten bis zu einer Tiefe von ca. 5.000 m berücksichtigt.

.... ✂ ....

Prozesse wie die Wolkenbildung in der Luft und Strömungswirbel in den Ozeanen zeigen keine stetige Entwicklung und können nicht durch Variable in die Gleichungssysteme einbezogen werden, ihr Einfluss wird aber abgeschätzt und in die Berechnung eingebunden.

.... ✂ ....

Mathematisch kompliziert wird die Berechnung ferner dadurch, dass Ozeane und Atmosphäre ein dynamisches System bilden und alle physikalischen und chemischen Prozesse miteinander in vielfältige Wechselwirkungen treten. Man darf sich deshalb nicht wundern, dass nur Großrechner mit hoher Rechenleistung im Stande sind die geschilderten Berechnungen durchzuführen und Klimaprognosen zu erstellen. Ein solcher Rechner ist der riesige Earth Simulator in Yokohama. Aber wie verlässlich sind die Ergebnisse?

.... ✂ ....

Klimaforscher sind ja keine Propheten, sie können die globale politische, wirtschaftliche und gesellschaftliche Entwicklung nicht vorhersagen. Um zu brauchbaren Ergebnissen zu kommen, müssen sie diesbezüglich Annahmen machen und dabei verschiedene Möglichkeiten durchspielen.

.... ✂ ....

Man spricht von Szenarien und entwickelt einen »Best Case«, indem man annimmt, dass der Erdöl-Verbrauch stagniert und Klimaschutzmaßnahmen greifen und andererseits einen »Worst Case«, bei dem davon ausgegangen wird, dass CO2 und die anderen Treibhausgase aufgrund einer ungesteuerten Entwicklung mit steigendem Ölkonsum weiter stark zunehmen.

.... ✂ ....

Man erhält so eine Bandbreite möglicher Szenarien und kann davon ausgehen, dass die tatsächliche Entwicklung des Klimas innerhalb dieser Bandbreite liegt.

4.3.3 Dictogloss

Die nachfolgend wiedergegebenen Textabschnitte 1 und 2 wurden den Schülerinnen und Schülern (zusammen mit einem dritten Abschnitt) dreimal vorgelesen. Dabei hatte je eine fünf- bis sechsköpfige SchülerInnen-Gruppe den Auftrag, jeweils einen der drei Abschnitte zu rekonstruieren. Während des Vorlesens machten die SchülerInnen Notizen, im Anschluss daran durften sie Verständnisfragen stellen. Die Abschnitte der Gruppen mussten dann wieder zu einem Gesamttext zusammengesetzt werden.

Textabschnitt 1

Jeder hat schon vom Klimawandel und der globalen Erwärmung gehört – aber was ist Global Dimming?
Klimamodelle dienen dazu, die Entwicklung des Klimas vorherzusagen. Sie werden von Klimaforschern entwickelt und sollen helfen, den künftigen Einfluss anthropogener Emissionen abzuschätzen. Diese Berechnungen liefern umso verlässlichere Ergebnisse, je mehr Faktoren sie berücksichtigen. So muss z. B. eine Klimaprognose für Europa die Änderung der Meeresströmungen, der sogenannten »thermohalinen Zirkulation« einbeziehen, sonst liefert sie keine brauchbaren Ergebnisse. Globale Klimamodelle sollen vor allem das Ausmaß des Treibhauseffekts, das heißt den erwarteten Temperaturanstieg möglichst verlässlich vorhersagen. Nun haben diese Prognosen in jüngster Vergangenheit eine stärkere Erwärmung vorhergesagt, als tatsächlich eintrat, und so hoffte man, dass der Treibhauseffekt in Wahrheit nicht so schlimm ausfallen würde wie befürchtet.
Es dauerte jedoch nicht lange bis die Ursache für diese Diskrepanz erkannt wurde: Offenbar hatte sich der globalen Erwärmung ein zweiter Effekt überlagert, der insgesamt eine Abkühlung der Erdatmosphäre bewirkte. Wissenschaftler hatten festgestellt, dass die Menge des Sonnenlichts, das den Erdboden erreicht, in den letzten Jahrzehnten deutlich geringer geworden ist. Das bedeutet, dass auch an wolkenlosen Tagen weniger Sonnenstrahlen die Atmosphäre durchdringen, als dies bei sonst gleichen Bedingungen früher der Fall war. Gleichzeitig reflektieren die Wolken größere Anteile der Sonnenstrahlung zurück ins All. Die so ausgelöste Intensitätsabnahme der Sonnenstrahlung beträgt weltweit 10 – 20 Prozent! Dieses Phänomen wird Global Dimming oder globale Verdunklung genannt. Wodurch wird es ausgelöst?
Die Verunreinigungen, die diesen Effekt bewirken sind vom Menschen verursachte kleinste feste oder flüssige Partikel – sogenannte Aerosole.
Zwar gibt es auch Aerosole natürlichen Ursprungs, die zu lokalen Wetter- und Klimaschwankungen führen. So werden z. B. bei Vulkanausbrüchen so große Mengen Staub in die Atmosphäre geschleudert, dass eine längerfristige Beeinflussung von Wetter und Klima die Folge sein kann. Vom Menschen verursachte Aerosole kommen jedoch zu diesen natürlichen dazu. Sie stammen aus verschiedenen Quellen, gehen aber hauptsächlich (ebenso wie die globale Erwärmung) auf das Verbrennen fossiler Brennstoffe zurück, und den bedeutendsten Beitrag zur Emission von Aerosolen liefert heute wohl der Verkehr. Eine Jahrzehnte andauernde weltweite Belastung der bodennahen Atmosphäre hat diese deutliche Minderung der Sonneneinstrahlung auf der Erde ausgelöst. (Einen solchen Effekt hatten die Wissenschaftler zwar erwartet, sein Ausmaß jedoch deutlich unterschätzt.)

SchülerInnen-Text

Global Dimming
Klimamodelle dienen zur Vorhersage der Entwicklung des Klimas, die von Klimaforschern entwickelt wird. Sie helfen ihnen den künftigen Einfluss anthropogene Emission abzuschätzen. Diese Berechnung ist verlässlicher, je mehr Faktoren mit einbezogen werden. In Europa muss die Änderung der Meeresströmungen – die termohaline Zirkulation – mit berücksichtigt werden. Globale Klimamodelle sollen den Ausmaß des Klimaeffekts und damit auch den Temperaturanstieg möglichst genau vorhersagen.
Man hoffte, dass das Treibhauseffekt nicht so schlimm ausfallen würde als befürchtet. Die Ursache war die Überlagerung zweier Effekte. Neben der globalen Erwärmung gibt es auch die Erdabkühlung. Wissenschaftler hatten festgestellt, dass in den letzten Jahrzehnten die Menge des Sonnenlichts, das die Erdoberfläche erreichte, abnahm. (10–20%)
Die Auslöser sind die von Menschen verursachte Verunreinigungen – kleinste, flüssige Partikel – so genannte Aerosole. Es gibt jedoch auch natürliche Aerosole. Dies ist der Fall bei Vulkanausbrüchen. Es wird so viel Staub ausgeschüttet, dass es eine längerfristige Zeit Einwirkung auf das Klima und das Wetter hat. Der bedeutendste Beitrag zur Erzeugung der Aerosole HEUTE ist der Verkehr.

Textabschnitt 2

Woraus bestehen nun diese Aerosole und wie wirken sie?
Es handelt sich um mikroskopisch kleine Partikel von Asche, Ruß und Schwefeldioxid. Für ihre Wirkung ist besonders die Größe der Teilchen entscheidend. Dabei gilt, dass die kleineren Teilchen (sie sind nur wenige Mikrometer groß) in vieler Hinsicht gefährlicher sind. Ihr Effekt ist besonders dramatisch bei der Wolkenbildung, denn sie bewirken eine vermehrte Entstehung von kleinsten Tröpfchen, und diese Tröpfchen reflektieren das Sonnenlicht ins All.
Von besonderer Bedeutung sind in diesem Zusammenhang die Kondensstreifen der Flugzeuge: Als nach den Terroranschlägen vom 11. September 2001 in den gesamten USA ein dreitägiges Flugverbot herrschte, wurden plötzlich um 1,1° höhere Temperaturdifferenzen zwischen Tag und Nacht gemessen, weil unter Tags eine stärkere Erwärmung statt fand. Nun könnte man doch meinen, dass das günstig sei, da durch die Änderung der Strahlungsbilanz die Wirkung des Treibhauseffekts reduziert wird? – Aber man kann den Teufel nicht mit dem Beelzebub austreiben! – Was das heißt? Der Ausdruck Beelzebub bedeutet nichts anderes als Satan oder Teufel, und »den Teufel mit dem Beelzebub austreiben« heißt demnach, dass man versucht, eine schlimme Sache mit einer anderen, ebenso schlimmen zu bekämpfen.
Die Aerosole, die die globale Verdunklung verursachen, sind allesamt gesundheitsschädlich, giftig und/oder krebserregend, und es muss daher unser Anliegen sein ihren Ausstoß zu verringern. Die nachteiligen Effekte solcher Teilchen hat man schon in den 50er Jahren des 20. Jahrhunderts erkannt. Damals haben sich infolge der dort üblichen Kohleheizung die Fälle von Erkrankungen der Atemwege in London stark gehäuft und viele Menschen sind an den Folgen gestorben. Heute sind Aerosole besonders in rasch wachsenden Großstädten wie Peking ein Problem.
Daneben haben Aerosole auch einen zweiten, womöglich noch dramatischeren Effekt: Die Aerosol-Partikel bilden – wie schon weiter oben erwähnt – sogenannte Kondensations keime, das heißt, dass sich an ihnen Tröpfchen bilden. Auf diese Weise entstehen sehr viele

winzige Tröpfchen, die zu klein und zu leicht sind, um zu Regentropfen zu werden. Damit könnten Aerosole für Dürre-Perioden verantwortlich sein und so zu Missernten und Hunger führen. Man geht davon aus, dass der Rückgang des Monsunregens in der Sahelzone, der 1980 eine große Hungersnot in Äthiopien nach sich zog, zumindest teilweise durch Aerosole verursacht war. Will man verhindern, dass auch in anderen subtropischen Regionen der Erde die Regenfälle ausbleiben, so muss man die Luftverschmutzung durch Aerosole wirksam bekämpfen.

SchülerInnen-Text

Global Dimming (Teil 2)
Woraus bestehen die Aerosole und wie wirkt sie?
Aerosole beinhaltet Rus, Schwefeldioxid und Asche.
Die Größe der Teilchen entscheidet den Effekt. Kleinere Teilchen sind gefährlicher und diese führen zu Wolkenbildung.
Wegen dem Terroranschlag am 9. September 2001, in Amerika, gab es ein 3-tägiges Flugverbot. Dadurch wurde bewiesen, dass durch die Differenzierung der Kondensstreifen unter Tag um 1,1 % stärkere Erwärmung ergab.
»Teufel mit Belzepupp austreiben«, das heißt, dass man eine schlimme Sache mit einer anderen schlimmen Sache bekämpft. Dieses Sprichwort trifft zur Globalen Verdunkelung. Aerosole verursacht globale Verdunkelung, die wiederum giftig, gesundheitsschädlich und krebsfördernd sind. In den 50er Jahren wurde die Gefahr, durch die Kohlenheizung, erkannt. In London gab es viele Tote, Peking bekam Probleme unter Erkrankungen der Atemwege.
Aerosole sollte man wirksam bekämpfen. Ansonsten kann man Hungersnoten, Hungerperioden oder den Rückgang von Monsunregen auch nicht bekämpfen. Den Rückgang von Monsunregen in Äthiopien haben wir den Aerosolen zu bedanken. Durch die Aerosolpartikell entstehen Kondensationskeime, die wiederum sehr viele kleine und leichte Tröpchen entstehen lassen und diese bilden Regentropfen, die führen zu Dürreperioden.
In den Südtropen lässt sich die Luftverschmutzung durch Aerosole wirksam bekämpfen.

4.3.4 Texttransformation

Die folgenden Bearbeitungen wurden handschriftlich abgegeben und eingescannt.

Modellversuch Strahlungsbilanz

Mit diesem Versuch sollte das Wesen eines Fließgleichgewichts demonstriert werden. Der Versuch wurde zu Beginn der Lerneinheit von der Lehrerin vorgeführt, die SchülerInnen machten Notizen und wurden zu Ende der Einheit aufgefordert, eine Vorschrift oder Beschreibung des Versuchs zu verfassen. Ob die Schülerin, von der die folgende Einzelarbeit stammt, den Analogieschluss zum Strahlungshaushalt der Erde gezogen hat, geht aus ihrem Text nicht hervor, scheint jedoch plausibel und wurde auf Befragen von der Schülerin bejaht (*SchülerInnen-Text* siehe Abbildung 4).

Abb. 4: Texttransformation, Beispiel 1

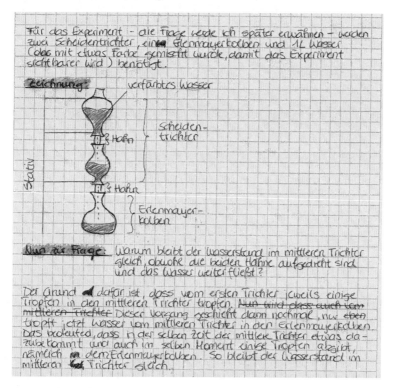

Versuch: Treibhauseffekt

Diesen Versuch führten die SchülerInnen nach Anleitung eigenständig durch und sollten im Anschluss daran ein Protokoll verfassen. Es geht darum zu zeigen, dass Kohlendioxid und Wasserdampf in der Atmosphäre Strahlungswärme zurück halten.[5] Die folgende Lösung der Aufgabe ist eine Gruppenarbeit dreier SchülerInnen (*SchülerInnen-Text* siehe Abbildung 5).

5. Vorläufige Evaluation

5.1 Bewertung der durchgeführten Unterrichtseinheit

Die Klasse, in der die geschilderte Didaktisierung erstmals eingesetzt wurde, besteht aus 17 überwiegend weiblichen Schülerinnen und Schülern. Für etwas mehr als 50 Prozent von ihnen ist Deutsch Zweitsprache.

Bei der Aufgabe der Wissensaktivierung zeigte die Klasse hohe Kreativität. Der Auftrag machte Spaß, die erwartete Öffnung für das Thema gelang.

Abb. 5: Texttransformation, Beispiel 2

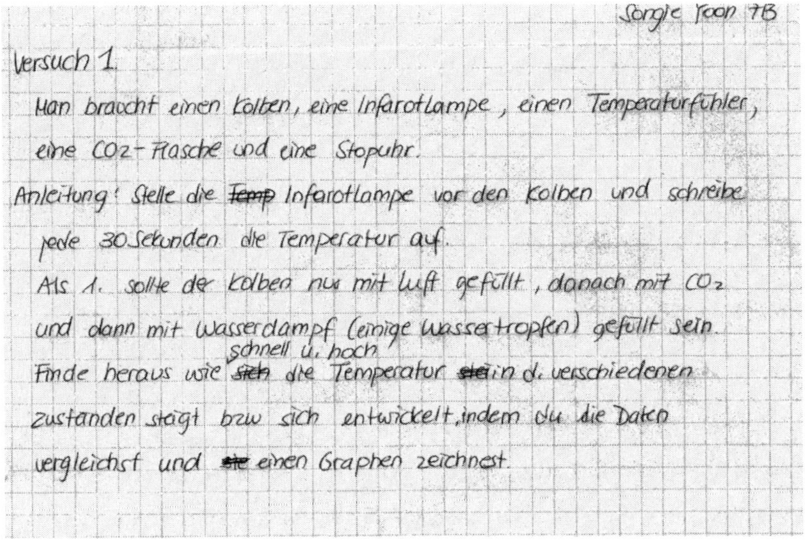
Sangie Yoon 7B

Versuch 1.

Man braucht einen Kolben, eine Infarotlampe, einen Temperaturfühler, eine CO_2-Flasche und eine Stopuhr.

Anleitung: Stelle die ~~Temp~~ Infarotlampe vor den Kolben und schreibe jede 30 Sekunden die Temperatur auf.

Als 1. sollte der Kolben nur mit Luft gefüllt, danach mit CO_2 und dann mit Wasserdampf (einige Wassertropfen) gefüllt sein.

Finde heraus wie ~~sich~~ schnell u. hoch die Temperatur ~~st~~ in d. verschiedenen Zustanden steigt bzw sich entwickelt, indem du die Daten vergleichst und ~~sie~~ einen Graphen zeichnest.

Die Textergänzungsaufgabe (Phase 2/1) konnten die SchülerInnen in der vorgesehenen Zeit lösen, sie schien adäquat und für die Auseinadersetzung mit dem Thema zielführend. Für das Absatzpuzzle (Phase 2/2b; siehe Kapitel 4.3.2) wurde eine Unterrichtsstunde eingeplant. Die SchülerInnen empfanden die Aufgabe als schwierig, arbeiteten jedoch konzentriert und auch erfolgreich. Das Niveau der Aufgabe war hier genau angemessen, die Herausforderung konnte bewältigt werden.

Demgegenüber zeigen die SchülerInnen-Arbeiten zu Phase 2/2a (Dictogloss; siehe Kapitel 4.3.3), dass die Textabschnitte trotz mehrmaligen Vorlesens nicht vollständig erfasst wurden. Hier liegt der Schluss nahe, dass der vorgegebene Text sowohl sprachlich als auch inhaltlich zu komplex war. Er scheint im Nachhinein betrachtet für die Phase 2/3 (Textfokussierung und Expansion) besser geeignet. Die in dieser Phase gegebenen Arbeitsaufträge wurden von den SchülerInnen ebenfalls weniger zufriedenstellend gelöst. Dies hatte jedoch vornehmlich organisatorische Gründe, da in dieser Phase einige Unterrichtsstunden entfielen. Der für die Durchführung aller Schritte des Modells erforderliche Zeitaufwand macht eine sorgfältige Planung erforderlich, ist aber durch den erzielbaren fachsprachigen Kompetenzzuwachs gerechtfertigt.

Das Erstellen von Arbeitsvorschriften in der abschließenden Phase der Texttransformation wurde von den SchülerInnen wieder zufriedenstellend gelöst. Eine Einsicht in die Struktur dieser Textsorte ist für das Verständnis der Arbeitsweise der Naturwissenschaft Chemie von besonderer Bedeutung. Dem trägt die gewählte Aufgabenstellung Rechnung.

5.2 Leistungsfähigkeit des 3-Phasen-Modells im Naturwissenschaftsunterricht

Über den Erfolg des Einsatzes des 3-Phasen-Modells im Naturwissenschaftsunterricht liegt noch keine systematische Studie vor. Eine solche Untersuchung ist für die nahe Zukunft geplant. Erste Ergebnisse erlauben es jedoch, Rückschlüsse über die Praxistauglichkeit des Modells zu ziehen. Die hier getroffenen Aussagen beruhen auf mündlichen und schriftlichen Rückmeldungen der SchülerInnen, protokollierten Unterrichtsbeobachtungen, einer Auswertung der abgegebenen Textarbeiten und einer Beurteilung der Ergebnisse bei schriftlichen und mündlichen Überprüfungen.

Bei der Umsetzung einer anderen Didaktisierung (Thema »Agrotreibstoffe«) in einer achten Klasse wurde ein Unterrichtsvideo angefertigt. Die Methode der Video-Aufzeichnung von Unterrichtsstunden soll fortgesetzt werden.

Die dokumentierten Rückmeldungen der SchülerInnen belegen, dass das Modell geeignet ist, SchülerInnen zur sprachlichen Auseinandersetzung mit Fachtexten zu motivieren, und dass sie selbst ihren durch das Modell erworbenen Kompetenzzuwachs positiv einschätzen. Aus den Journalaufzeichnungen geht auch hervor, dass das textbasierte Arbeiten besonders Mädchen entgegen kommt und daher dazu führen kann, deren oft geringes Interesse für naturwissenschaftliche Fächer zu erhöhen. Dies steht im Einklang mit Ergebnissen zum Einsatz von CLIL (»Content and Language Integrated Learning«) im Naturwissenschaftsunterricht, die ebenfalls zeigen, dass weibliche Schülerinnen Aufgaben mit sprachlichem Schwerpunkt bevorzugen (Langer 2007, S. 23).

Aus Unterrichtsbeobachtungen und der Analyse der abgegebenen Textarbeiten wird unmittelbar deutlich, dass SchülerInnen mit Deutsch als Zweitsprache größere Schwierigkeiten haben als autochthone, die Arbeitsaufträge sprachlich adäquat zu bewältigen. Allgemein demonstrieren die SchülerInnen-Arbeiten durch ihre anfänglichen Mängel die Notwendigkeit einer intensiven Auseinandersetzung mit Fachtexten im Unterricht.

Die von den Schülerinnen und Schülern produzierten Texte sowie schriftliche und mündliche Wiederholungen und Überprüfungen zeigen einen langsamen aber stetigen Lernfortschritt der SchülerInnen. Grundsätzlich sind SchülerInnen aus Klassen, in denen das 3-Phasen-Modell zum Einsatz kommt, rasch bereit, den Lehr- und Lernstoff zusammenhängend zu formulieren. Bei wiederholtem Einsatz des Modells steigt nicht nur ihr Selbstvertrauen, sondern auch ihre Kompetenz. Die Aussage scheint zulässig, dass die Literale Didaktik und das 3-Phasen-Modell sich eignen, die Scientific Literacy (Eckebrecht/Schneeweiß 2003) der SchülerInnen im Naturwissenschaftsunterricht zu fördern.

Anmerkungen

* Ich danke Sabine Schmölzer-Eibinger für die kritische Durchsicht des Manuskripts und viele wertvolle Anregungen.
1 Detaillierte Informationen finden sich z. B. bei Fluck 1997.

2   Die Abbildung wurde von der Autorin für einen Poster, der beim Europäischen ChemielehrerInnen-Kongress 2009 in Salzburg präsentiert wurde, erstellt.

3   Die vollständige Aufgabensammlung ist bei der Autorin erhältlich. Eine Entwicklung und Veröffentlichung von auf dem 3-Phasen-Modell basierenden Unterrichtsmaterialien für zahlreiche Sachfächer wird ab dem Schuljahr 2009/2010 von einer Wiener Arbeitsgruppe unter Mitarbeit von Sabine Schmölzer-Eibinger durchgeführt.

4   *http://learn.ice-vienna.at* [Zugriff: 21.6.2009].

5   Eine Versuchsvorschrift findet sich bei: *http://www.atmosphere.mpg.de/enid/3b8a4aac5bf4c70b f1412a856a4a5d3a,0/2__Treibhaus-Effekt__Licht___Biosphaere/__Arbeitsblatt_2_2sd.html* [Zugriff: 21.6.2009].

6   Die zitierten Hefte enthalten überwiegend Arbeiten des Herausgebers.

Literatur

BAUER, LUCIA (1995): Zur Adressatenbezogenheit des Schulbuches – für wen werden die Schulbücher eigentlich wirklich geschrieben? In: Olechowski, Richard: *Schulbuchforschung. Schule – Wissenschaft – Politik*, Bd. 10. Frankfurt: Peter Lang, S. 228–334.

ECKEBRECHT, DETLEF; SCHNEEWEISS, Horst (2003): *Gedanken und Beispiele zur Umsetzung von Scientific Literacy.* Stuttgart: Klett.

FLUCK, HANS-RÜDIGER (1997): *Fachdeutsch in Naturwissenschaft und Technik.* Heidelberg: Julius Groos.

GOGOLIN, INGRID (2004): *Mathematiklernen im Kontext sprachlich-kultureller Diversität.* Hamburg: Forschungsbericht an die DFG.

HANSER, CLAUDIA (1999): *Schreiben im naturwissenschaftlichen Unterricht. Eine Untersuchung von Physik- und Biologietexten und deren Entstehungsbedingungen auf der Sekundarstufe II.* Bern: Haupt.

HELTEN-PACHER, MARIA-RITA; LANGER, ELISABETH; LASSELSBERGER, ANNA (2008): *Sprachsensibilisierung im deutschsprachigen Sachfachunterricht.* IMST-MNI Projektbericht. Online: http://imst.uni-klu.ac.at/ imst-wiki/images/e/ef/932_Langfassung_Langer.pdf [Zugriff: 21.6.2009].

HERRMANN, ULRICH (Hrsg., 2006): *Neurodidaktik.* Weinheim: Beltz, S. 49–59.

HÖTTECKE, DIETMAR (2001): Die Vorstellungen von Schülern und Schülerinnen von der »Natur der Naturwissenschaften«. In: *Zeitschrift für Didaktik der Naturwissenschaften*, Jg. 7, S. 7–23. Online: http://www.physik.uni-regensburg.de/didaktik/Vorl/Schuelervorst/ SchVorst_Natur_ d_Naturwissenschaften.pdf [Zugriff: 21.6.2009].

LANGER, ELISABETH (2007): http://imst.uniklu.ac.at/programme_prinzipien/fonds/projektberichte 05-07/2006-07/s5/200607/564_Langfassung_Langer.pdf [Zugriff: 21.6.2009].

DIES. (2008): *Die Rolle der Sprache im Naturwissenschaftsunterricht.* Reflective Paper im Rahmen des Universitätslehrgangs »Fachbezogenes Bildungsmanagement«. Klagenfurt: Universität Klagenfurt.

LEISEN, JOSEF (⁶1999): *Methoden-Handbuch. Deutschsprachiger Fachunterricht.* Bonn: Varus.

DERS. (Hrsg., 2005): *Sprache. Unterricht Physik*, Jg. 16, Nr. 87.

DERS. (Hrsg., 2006): Physiktexte lesen und verstehen. In: *Unterricht Physik*, Jg. 17, Nr. 95.

DERS. (Hrsg., 2008): Physiktexte verfassen. In: *Unterricht Physik*, Jg. 19, Nr. 104, S. 11–13, 26–27 und S. 38–40.

LEMKE, JAY (1990): *Talking Science – Language, Learning and Values.* Westport: Ablex Publishing.

SCHMÖLZER-EIBINGER, SABINE (2008): *Lernen in der Zweitsprache. Grundlagen und Verfahren zur Förderung von Textkompetenz in mehrsprachigen Klassen.* Tübingen: Narr.

DIES. (2008a): Ein 3-Phasen-Modell zur Förderung der Textkompetenz. In: *Fremdsprache Deutsch* 39/2008. Ismaning: Hueber, S. 28–33.

SCHMÖLZER-EIBINGER, SABINE; LANGER, ELISABETH (2009): Sprachförderung im naturwissenschaftlichen Unterricht in mehrsprachigen Klassen – ein Modell für das Fach Chemie: In: Ahrenholz, Bernt (Hrsg.): *Fachunterricht und Deutsch als Zweitsprache.* Tübingen: Narr (im Druck).

STÄUDEL, LUTZ; FRANKE-BRAUN, GUDRUN; PARCHMANN, ILKA (2008): Sprache, Kommunikation und Wissenserwerb im Chemieunterricht. In: *Naturwissenschaften im Unterricht – Chemie*, 19. Jg., H. 106, S. 4–9.

STÄUDEL, LUTZ; PARCHMANN, ILKA (Hrsg., 2008): *Naturwissenschaften im Unterricht – Chemie*, 19. Jg., H. 106.

TEDICK, DIANE (2001): http://www.carla.umn.edu/cobaltt/modules/strategies/Dictogloss.pdf [Zugriff: 21.6.2009].

VOLLMER, GÜNTHER (1980): *Sprache und Begriffsbildung im Chemieunterricht*. Frankfurt: Diesterweg/Sauerländer.

VOLLMER, HELMUT JOHANNES (2009): Diskursfunktionen und fachliche Diskurskompetenz bei bilingualen und monolingualen Geographielehrern. In: Dietze, Stephan; Halbach, Ana (Hrsg.): *Bilingualer Sachfachunterricht (CLIL) im Kontext von Multilingualität, Plurikulturalität und Multiliteralität*. Frankfurt/M: Lang, S. 168–185. Online: www.home.uos.de/hvollmer/Bremen3-final.pdf [Zugriff: 2.11.2009].

VYGOTSKY, LEV (2002): *Denken und Sprechen*. Weinheim: Beltz, S. 251–386.

Christa Rittersbacher

Wie Sprachenvergleich zum (naturwissenschaftlichen) Verstehen beitragen kann

Zweierlei verstehen – die Sache und die Sprache im bifokalen Unterricht

Ausgangspunkt des Beitrags ist die Beobachtung, dass sich durch die Verwendung einer Fremdsprache die Sichtweise von Lernenden auf einen Sachverhalt ändern und damit letztendlich ein tieferes Verständnis des Unterrichtsgegenstands ermöglicht werden kann. Zunächst wird das dem Konzept zugrunde liegende Verständnis von Verstehen kurz vorgestellt (Verstehen ist als selbstständige naturwissenschaftliche Kompetenz anzusehen), dann die Bedeutung der Sprache für das Verstehen sachfachlicher Inhalte im Bilingualen Unterricht erörtert (die den Sprachen eigenen Systeme von Homonymien und Synonymien werden genutzt, um den Fokus auf unterschiedliche Sichtweisen ein und derselben Sache zu lenken und so die Sache selbst besser zu verstehen). Die *awareness* für sprachliche Phänomene spielt im dargelegten Konzept eine Schlüsselrolle; die katalytische Wirkung ihrer Beachtung wird anhand von Beispielen aus dem Biologieunterricht illustriert, für ihre Schulung werden Übungsphasen im Unterricht vorgeschlagen.

1. Horizont des Beitrags: Anknüpfungspunkte und Zielsetzungen

In den Lehr- und Bildungsplänen zeigen sich seit der Jahrtausendwende zwei Tendenzen: die verstärkte Einführung von Fächerverbünden und die Orientierung an Kompetenzen. In den baden-württembergischen Fächerverbünden»Mensch, Natur und Kultur« und »Naturwissenschaftliches Arbeiten« (MKJS 2004, vgl. auch Haas et al. 2006) geht es weniger um Akkumulation von Wissen als um *Verstehen* und um die Präsentation des Verstandenen. Der Bilinguale Unterricht knüpft an diesen Entwicklungen in doppelter Weise an. Zum einen ist diese Unterrichtsform von ihrer Idee her bereits Fächer verbindend, zum anderen wandelt sich die Bedeutung des individuellen Sprachgebrauchs der Lernenden, weil diese stärker aufgefordert sind, das im Unterricht Verstandene selbst zu artikulieren. Auf diese Weise tritt das Verstehen der Sache ebenso wie das der Sprache im Unterricht stärker in den Vordergrund (vgl. Rittersbacher 2007). Lässt sich aus dieser neuen Situation ein Mehrwert Bilingualen Unterrichts ableiten, indem sich durch die Verwendung einer Fremdsprache die Sichtweise von Lernenden auf einen Sachverhalt ändert und damit ein tieferes Verständnis des Unterrichtsgegenstands ermöglicht wird?

In Kapitel 2 führt obige Frage zu einer Präzisierung des Unterrichtskonzepts – aus Bilingualem wird Bifokaler Unterricht. Anschließend (Kapitel 3) wird kurz das zugrunde liegende Verständnis von Verstehen skizziert, welches als selbständige naturwissenschaftliche Kompetenz angesehen wird. Kapitel 4 behandelt die Bedeutung der Sprache für das Verstehen sachfachlicher Inhalte im Bifokalen Unterricht. Die *awareness* für sprachliche Phänomene spielt im dargelegten Konzept eine Schlüsselrolle – dem wird in doppelter Weise Rechnung getragen: für ihre Gewahrwerdung (Schulung der *awareness*) werden konkrete Übungsphasen im Unterricht vorgeschlagen (Kapitel 5), ihre katalytische Wirkung für das Verstehen wird anhand von Beispielen aus dem Biologieunterricht illustriert (Kapitel 6).

2. Das Konzept Bifokalen Unterrichts

Der Gedanke, dass nicht nur die Auseinandersetzung mit Sachfachinhalten in der Fremdsprache das Fremdsprachenlernen unterstützen kann, sondern dass umgekehrt auch die »fremde« Sprache das sachfachliche Lernen erleichtern kann, ist an anderer Stelle als Kernidee Bifokalen Unterrichts dargelegt worden (vgl. Rittersbacher 2007, S. 119–123). Das Wort »bilingual«, das zunächst nur den sprachlichen Aspekt greift, ist dabei durch das Wort »bifokal« ersetzt, um eine Unterrichtskonzeption zu beschreiben, in der sich wechselseitig bedingende Sprach- und Sachzusammenhang-Betrachtungen ergänzen.[1]

»Bilingualer Unterricht« bezeichnet meist den »Sachfachunterricht [...] an allgemeinbildenden Schulen, der aus Sicht der LernerInnen in einer Schulfremdsprache geführt wird, die nicht deutsch ist« (Bonnet 2004, S. 34). Im Bifokalen Unterricht liegt der Fokus der Aufmerksamkeit gleichrangig auf der Sache wie auf der Sprache, auf dem sachfachlichen Verstehensinhalt ebenso wie seiner sprachlichen Fassung. Traditionellerweise geht es im (bilingualen) Unterricht in erster Linie um die Vermittlung von Sachfachwissen und die dazugehörige Terminologie. Die Akzentverschiebung im Bifokalen Unterricht, hin zu Verstehen, berücksichtigt, dass Individuen dieselbe Sache unterschiedlich verstehen und ihre Verständnisse auch unterschiedlich formulieren können. Die Kontrastierung unterschiedlicher Sprachen im Bifokalen Unterricht erleichtert die Thematisierung dieses Zusammenhangs; sie schafft eine erweiterte Wahrnehmung sowohl für Deutungs- als auch für Ausdrucksmöglichkeiten.

3. Zugrunde liegendes Verständnis von Verstehen

Die oben genannte Akzentverschiebung schlägt sich nieder im Verweis auf subjektorientierte[2] Unterrichtsansätze[3], die genuines, vom Lernenden selbst geleistetes Verstehen zum Ziel haben. Fundament bildet die Husserl'sche Phänomenologie (vgl. Husserl 1962), die David Woodruff Smith charakterisiert als »a study of con-

Abb. 1: Verstehen als Beziehung zwischen Naturphänomen und Subjekt

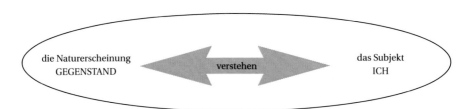

sciousness as experienced from the first-person point of view« (Smith 2007, S. 188). Weil die Inhalte des Verstehens im naturwissenschaftlichen Unterricht nicht losgelöst von der vorfindlichen, erfahrbaren Welt sind (wie etwa die *mentalen* Konstrukte für die Konstruktivisten[4]), sondern, im Gegenteil, diese Welt *konstituieren*, wird Verstehen als Beziehung[5] zwischen dem Ich (dem Subjekt des Verstehens) und einem Gegenstand der vorfindlichen Welt gedacht (Abb. 1) (vgl. auch Buck 2006).

Der Verstehensprozess kann nur vom Individuum selbst geleistet werden; im hier vertretenen Unterrichtsansatz ist zudem von Bedeutung, dass das Verstandene auch der sozialen Umwelt (Mitlernende, Eltern) präsentiert (vor ihr vertreten) werden muss – mit Verstehen ist also untrennbar auch eine Förderung von Selbstkompetenz und sozialer Kompetenz verbunden, sofern es um »WIRKLICHES«, selbst geleistetes Verstehen geht (Rumpf 2002, vgl. auch Rehm 2006).

4. Die Bedeutung der Sprache für das Verstehen

Die Herausforderungen in einer auf derartiges Verstehen zielenden Verständigung illustriert Gadamer (vgl. 1960, S. 361–367) am Gespräch in zwei verschiedenen Sprachen, das erst durch Übersetzung und Übertragung möglich wird.[6] Dabei macht er deutlich, dass jede Übersetzung Auslegung ist. Was Gadamer an der Übersetzung festmacht, gilt für jedes Gespräch im Klassenzimmer: Man muss »den zu verstehenden Sinn in den Zusammenhang hinübertragen, in dem der Partner des Gespräches lebt« (ebd., S. 361). Die »Kluft der Sprachen« (ebd., S. 364), die in Gadamers Text der Übersetzer überwinden muss, ist eng verwandt mit ten Voordes »Kluft-des-nicht-verstehen-Könnens«, die sich bereits im einsprachigen Unterricht auftut (vgl. ten Voorde 1983). Die Kluft-des-nicht-Verstehen-könnens kann sich dann ergeben, wenn zwei Menschen über ein und dieselbe Sache sprechen, jedoch mit Begrifflichkeiten verschiedener Ebenen oder in verschiedenen Fachkontexten jonglieren (vgl. zu diesbezüglichen Ausführungen zum Säurebegriff Rittersbacher 2007, Kapitel 3).

In Aushandlungsprozessen des Verstehens – etwa in sokratischen Gesprächen im naturwissenschaftlichen Unterricht (vgl. Wagenschein 1991) oder im »thought contact« (Marton/Booth 1997, S. 175) – gilt es also, eine gemeinsame Sprache zu erarbeiten: »Die Sprache [ist] das universale Medium, in dem sich das Verstehen selber vollzieht«, erklärt Gadamer, und die »Erarbeitung einer gemeinsamen Sprache […]

[fällt] mit dem Vollzug des Verstehens und der Verständigung selbst zusammen« (Gadamer 1960, S. 365 f.).

Welchen Mehrwert können Gespräche im Bifokalen Unterricht haben? Im Vergleich der Ausdrucksweisen in verschiedenen Sprachen kann sich das zuspitzen, was Gadamer theoretisch erklärt und was im einsprachigen Unterricht übersehen werden kann. Weil verschiedene Sprachen Sachverhalte unterschiedlich transportieren, sie in unterschiedlichen Systemen von Homonymien und Synonymien ordnen, unterschiedliche Wörter und eine unterschiedliche Grammatik verwenden, kann sich der Blick für verschiedene Auslegungs- und Verstehensweisen öffnen. Dabei wird unweigerlich die Horizonthaftigkeit der Sprache deutlich: Sprache liefert nicht schlicht »Etiketten« zur Benennung von Sachverhalten, sondern ist Mittel und Medium zur Kommunikation verschiedener Sicht- und Verstehensweisen dieser Sachverhalte. Der direkte Fokus auf die Sprache(n) kann es uns ermöglichen, unterschiedliche Sichtweisen ein und derselben Sache zu erkennen und damit Unterschiede nicht nur zu bemerken, sondern sie auch genauer zu benennen.

Sprachlichen Phänomenen, wie sie hier in den Blick genommen werden, wurde bislang wenig Aufmerksamkeit geschenkt. In der Naturwissenschaftsdidaktik wird das unerschlossene Deutungspotential der Sprachen für das naturwissenschaftliche Verstehen selten thematisiert[7], und auch in der Fremdsprachendidaktik (vgl. zu »Geschichte und Sprache« im bilingualen Unterricht Lamsfuß-Schenk 2007) scheint das Potential bislang noch unterschätzt zu werden. So argumentiert Wolfgang Hallet (2007), dass beispielsweise das Thema AIDS, das auch im vorliegenden Beitrag in den Blick genommen wird (Kapitel 6), im monolingualen Unterricht kaum adäquat erfassbar sei:

Forschung, Therapie und vorbeugende Bekämpfung haben, ebenso wie die Erforschung sozialer und kultureller Ursachen, längst eine globale Dimension gewonnen, die in einem rein deutschsprachigen Fachunterricht nur mühsam transportiert werden kann (vgl. Oetter 2005). An diesem Beispiel wird auch deutlich, dass der Bilinguale Unterricht über die Erfassung der globalen Relevanz von Phänomenen eine reflexive und ethische Dimension gewinnt, die die wissenschaftliche mit einer sozialen und politischen Problematik zusammenführt. (Hallet 2007, S. 28)

Dass sich jedoch zusätzlich auch die »rein wissenschaftliche Sicht« eines Phänomens wegen der unterschiedlichen Herangehensweisen der Sprachen an die Sache ändern kann, wird häufig nicht beachtet.[8] Der Bifokale Unterricht nutzt Differenzen zwischen nationalen Fachsprachen oder Differenzen zur Alltagssprache, um über die Sprachdifferenzen Verstehensdifferenzen gewahrwerden zu lassen, d. h. *awareness* zu erzeugen.

5. Bifokale *awareness* schulen – Sache versus Sprache

Sprach-Sach-Phänomene lassen sich in kreativer Weise darstellen, ohne dass sie explizit artikuliert werden müssten – Homonyme können im Sinne von »Teekesselchen« als Rätsel vertextet, zu einem Verwechselbild gezeichnet oder photographiert werden. Abbildung 2 liefert Photographien zum deutschen Homonym »Farbe«, das

Abb. 2: Das Homonym »Farbe«

in allen Naturwissenschaftsdomänen (und sicher auch in anderen Fächern) Ursache für eine »Kluft des Nicht-verstehen-Könnens« (ten Voorde 1983) sein kann. Wenn SchülerInnen nach einer Erklärung dazu gefragt werden, dass plötzlich eine Farbe auftritt (etwa im Chemieunterricht bei der Reaktion von Bleinitrat und Kaliumiodid in wässriger Lösung, oder im Physikunterricht, wenn ein Schatten farbig ist), so muss ihnen nicht klar sein, was mit »Farbe« gemeint ist.

Die »Farb«-Photographien [sic!] verdeutlichen, worin die Schwierigkeit liegt, indem das Wort »Farbe« in jeweils unterschiedlichen Kontexten mit unterschiedlichen Bedeutungen abgelichtet ist:
a) Farbe als charakteristische Stoffeigenschaft (engl. *colour*),
b) Farbe als Mittel zum Anmalen von Gegenständen, Leinwänden usw. (engl. *paint*),
c) Farbe als der Stoff, der für *paint* benötigt wird (engl. *pigment*),
d) Farbe als ein Stoff, der einen Farbeffekt auf einem anderen Stoff erzielen soll (engl. *dye*),
e) »Farbe« als Lichtart (engl. *colour*).

Während im Deutschen ein Wort für diese fünf »Farben« verwendet wird, tragen im Englischen zumindest vier von ihnen eigene Bezeichnungen. Die Photographien in Abbildung 2 stammen von Studentinnen der Pädagogischen Hochschule Karlsruhe, die in gemeinsamer Arbeit ein Homonymenarchiv aus Zeichnungen und Photographien erstellen.[9] In einem zweiten Schritt werden aus den Abbildungen Unterrichtsmaterialien zur *awareness*-Schulung gestaltet. Die Bilder werden für Memorykarten, Dominosteine oder als Bildkärtchen genutzt. Auf einem Tisch ausgebreitet und betrachtet liefern die Bilder – auch im Sinne eines »stillen Impulses« – vielseitige Gesprächsanlässe. Wenn die Idee aufkommt, Struktur und Ordnung in die Bilder zu bringen, können Stapel aus Homonymen entstehen. Irgendwann kann dabei in einen echten *bi*lingualen Unterricht gewechselt werden – jetzt können die Bilder in zwei Sprachen betrachtet und beschrieben werden. Es geht in einer solchen Unterrichtsphase nicht darum, dass die SchülerInnen lernen, dass »Farbe« als Farbeigenschaft im Englischen mit *colour* bezeichnet ist und »Farbe« als Wandfarbe mit *paint*. Es geht viel grundlegender um die Erkenntnis, dass ein und dasselbe Wort verschiedene Dinge bezeichnen kann. Wenn einmal erkannt ist, dass zwei Menschen mit demselben Wort auf Unterschiedliches verweisen können, kann selbstverständlicher werden, dass Wörter Ausdrucksmöglichkeiten für (vielleicht) unterschiedliche Sachen und vor allem für unterschiedliche Sicht- und Verstehensweisen sind. So kann sich die *awareness* für sprachliche Phänomene ausbilden und sich gleichzeitig der Horizont öffnen für das Erkennen unterschiedlichen Verstehens.

Dem Sprachwissenschaftler mögen diese Zusammenhänge trivial sein; in der Kommunikation im Naturwissenschaftsunterricht werden sie jedoch meist vernachlässigt. Im Bifokalen Unterricht werden sie ausdrücklich thematisiert.

6. Eine Sprachanalyse als Vorarbeit für eine wissenschaftsorientierte Unterrichtsplanung und exemplarische Ergebnisse

Der in diesem Kapitel vorgenommenen Beachtung sprachlicher Phänomene ging eine methodisch geleitete Sprachanalyse voraus, die als Vorarbeit für eine wissenschaftsorientierte Unterrichtsplanung dient. In einem iterativen Verfahren wurden englische und deutsche Texte (Schulbuchtexte und »lebensweltliche« Texte, beispielsweise Aufklärungsbroschüren öffentlicher Einrichtungen – keine rein fachwissenschaftlichen Texte und keine Übersetzungen), die sich auf gleiche Themen beziehen, miteinander verglichen. Aus den gefundenen sprachlichen Differenzen kristallisierten sich Kategorien heraus, die intersubjektiv abgeglichen wurden. Mit diesem Vorgehen wurde das international anerkannte Forschungsverfahren der phänomenographischen Untersuchung (Marton 1981) zu einem sprachanalytischen Verfahren adaptiert.[10]

Statt einer Varietät von Verständnissen einzelner Probanden wird die Varietät sprachlicher Ausdrucksweisen in muttersprachlichen Texten ermittelt; der Satz der gefundenen Kategorien entspricht dem Marton'schen »Ergebnisraum« (vgl. Marton/Booth 1997, S. 124–128). Der Unterricht, in dem die Ergebnisse der sprachanalytischen Untersuchung zum Tragen kommen sollen, müsste dem Konzept der *pedagogy of awareness* von Marton/ Booth (1997) entsprechen, um die Subjektorientierung zu gewährleisten, derentwegen eine solche Analyse überhaupt durchgeführt wird.

In den folgenden Unterpunkten sind Beispiele zu den folgenden vier der in der Untersuchung etablierten Kategorien beschrieben:
- Homonyme (Beispiele a, b),
- Analogien auf der Wortebene (c),
- Treffendere Formulierungen (d),
- Metaphern (e).

Die Beispiele sprachlicher Phänomene sind den Themengebieten »Ernährung und Verdauung« und »AIDS« entnommen, Themen, die in keinem Naturwissenschafts-curriculum der Sekundarstufen I und II fehlen. Die Sprachbetrachtung zeigt, dass jeweils eine Sprache entweder Synonyme statt Homonyme anbietet oder andere Bezeichnungen bereitstellt, die das Gemeinte präziser treffen (vgl. ausführlich Rittersbacher/Schmidt 2008).

a) Das Homonym »Stoff«

Eine genaue Untersuchung des Themas »Ernährung und Verdauung« liefert ein Wortfeld von 15 »Stoffen«: Stoffwechsel *(metabolism)*, Baustoff *(building block/materials for repairs and growth)*, Betriebsstoff *(energy nutrient)*, Wirk- und Regelstoff *(active substance/[active] agent)*, Brennstoff *(metabolic fuel)*, Schadstoff *(harmful substance/contaminant)*, Zusatzstoff *(food additive)*, Konservierungsstoff *(preservative)*, Nährstoff *(nutrient)*, Mineralstoff *(mineral)*, Ballaststoff *(fibre)*, Kohlenstoff *(carbon)*, Sauerstoff *(oxygen)*, Wasserstoff *(hydrogen)*, Harnstoff *(urea)*. Diese Stoffe verweisen sämtlich auf grundlegend unterschiedliche »Sachen« – mal ist »Stoff« ein Oberbegriff, mal bezieht er sich auf im Körper ablaufende Prozesse (z. B. »Stoffwechsel«), auf Funktionen (»Baustoff«), auf Bestandteile des Bezeichneten (z. B. »Mineralstoff«), auf Dinge, die der Mensch braucht und auf Dinge, die er meiden sollte (vgl. Rittersbacher/Schmidt 2008).

Im Englischen werden diese unterschiedlichen »Stoffe« durch jeweils unterschiedliche Wörter bezeichnet, die nur zum kleinsten Teil den Wortfeldern *substance, matter* oder *material* angehören. Aufgrund der Tatsache, dass sich die Begriffe in den beiden Sprachen auf unterschiedliche Zusammenhänge beziehen und im einen Fall gerade *nicht* miteinander in Verbindung gebracht werden, können sie ein Licht auf die Denk- und Argumentationslinien der anderen Sprache werfen, denn in ihrer Art der Wortbildung und Wortverwendung liegt ja nichts Willkürliches, sondern sie bezieht sich, im Deutschen, auf eine Art »materieller«, wenn nicht gar »chemischer« Betrachtungsweise – das Wägbare und das Greifbare rücken in die großen Sprachhorizont –, während der englische Zugriff viel kleinere und spezifischere Sprachhorizonte in den Blick nimmt, aber dafür das Funktionale betont. Während der Sprachgebrauch des originär Deutsch Sprechenden zeigt, dass er stofflich, »materiell« denkt, verrät der Sprachgebrauch des originär Englisch Sprechenden, dass seine »Intention« (Husserl) auf je spezifische Funktionen oder »Sachen« gerichtet ist.

b) Die Homonyme »Krankheit« und »ansteckend«

Im Biologieunterricht zum Thema AIDS kann die Unterscheidung von »HIV positiv« und »AIDS« Schwierigkeiten bereiten (vgl. dazu die Aussage, »sie ist HIV-positiv, aber sie ist nicht krank!«). Die Ursache liegt im deutschen Homonym »Krankheit«, das drei unterschiedliche Phänomene bezeichnen kann: die Krankheit per Definition, die Krankheit als Zustand und die Krankheit als Gefühl des Unwohlseins. Das

Englische macht die Unterscheidung von HIV-positiv und AIDS einfacher durch die strikte Unterscheidung von *disease* und *illness* (vgl. *you can carry a disease for many years before you become ill*). Zum Biologieunterricht erklärt Schmidt (2007, S. 45) in dieser Sache: »Erst wenn diese Unterscheidung verinnerlicht ist, können darauf aufbauend weitere Themen, wie zum Beispiel das Verhalten der Mitmenschen gegenüber Personen, die HIV-positiv sind, sinnvoll besprochen werden.« Auch hier zeigt sich das Englische als präziser, indem es anstelle des einen Wortes »ansteckend« die beiden Wörter *infectious* und *contagious* anbietet – HIV ist *infectious*, nicht aber *contagious*, kann also durch Berührung nicht übertragen werden.

Die unterrichtsgestaltende Idee hinter dem Vergleich der englischen und deutschen Sprechweisen liegt darin, dass Differenzierungen von Sachverhalten, die notwendig sind, um Verstehen der Sache anzubahnen, leichter gelingen können, wenn *beide* Sprachen zusammen ein Ausdrucksinventar für die differenzierte Erklärung bereit halten – das Englische befreit dabei aus der deutschen »Sprachnot« (»taalnood«, ten Voorde 1977, S. 24)

c) Der Verdauungsvorgang: Analogien über Wortstamm und Präfixe

Im Deutschen wird der Verdauungsvorgang mit den Wörtern »Nahrungsaufnahme«, »Verdauung« und »Ausscheidung« bezeichnet (vgl. Schmidt 2007, S. 38). Im Gegensatz dazu vermittelt das Englische mit den Wörtern *ingestion, digestion, egestion/ excretion,* deren Bedeutung ableitbar ist, einen zusammengehörigen Prozess, in dem, dem Wortstamm *gestion* (von lat. *gerere*) entsprechend, etwas durch den Körper getragen wird. Die Präfixe *-in, -di* und *-e/ex* spezifizieren die einzelnen Phasen (etwas wird »hinein« getragen, »auseinander« getragen und »hinaus« getragen). (Einige der genannten englischen Lexeme und Wortbildungselemente, beispielsweise »Digestiv« und »Exkretion«, sind auch in der deutschen (Fach-)Sprache präsent, in den untersuchten Schulbüchern für die Sekundarstufe kommen sie jedoch nicht vor.)

d) Der Darm: Treffendere Benennung

Der Darm bietet ein Beispiel dafür, dass bisweilen auch das Deutsche die Dinge treffender beim Namen nennt. Ein Vergleich der Begriffe »Dünndarm« und »Dickdarm« mit *small intestine* und *large intestine* zeigt, dass der *large intestine* zwar dicker, aber keinesfalls länger ist, der Dünndarm zwar tatsächlich dünn ist, aber in keinem Falle small, »klein«, sondern deutlich länger als der Dickdarm (vgl. Rittersbacher/ Schmidt 2008, Kapitel 3). Der Fokus auf beide Sprachen könnte hier im Bifokalen Unterricht zu einer regelrechten Eselsbrücke bezüglich der Charakteristika führen.

e) Die Metaphern »Tröpfcheninfektion« und *airborne infection*

Abschließend soll die Beachtung sprachlicher Phänomene ein Beispiel, für dessen vollständiges Verständnis der Fokus auf beide Sprachen gerichtet werden muss. Die

»Tröpfcheninfektion« heißt im Englischen *airborne infection*. Während das Deutsche darauf abzielt, wie die Krankheitserreger transportiert werden (über kleine Tröpfchen), beschreibt das Englische den Weg der Krankheitserreger, die buchstäblich »durch die Luft getragen« werden – erst die *bi*linguale Betrachtung, die in zwei Sprachen, erfasst das Phänomen vollständig (vgl. Schmidt 2007, S. 47).

7. Zusammenfassung

Ausgangspunkt für den vorliegenden Beitrag ist ein subjektorientierter Unterrichtsansatz, bei dem genuines, selbstgeleistetes Verstehen Ziel des naturwissenschaftlichen Unterrichts ist. In einem solchen, am Subjekt des Verstehens orientierten Unterricht, kommt der Sprache eine vom Inhaltsverstehen untrennbare Bedeutung zu. Daher werden im hier dargelegten Konzept Bifokalen Unterrichts die Sache und die zum Ausdruck verwendete Sprache gleichrangig thematisiert. Verschiedene Sprachen präsentieren Sachverhalte in einer jeweils spezifischen Weise und transportieren damit eine bestimmte Sichtweise eben dieser Sachverhalte.

Es wurden Verfahren gezeigt, die *awareness* für diese Zusammenhänge zu schulen: erstens mit Hilfe von Bilderserien im Unterricht, zweitens mit der genauen Betrachtung (Sprachanalyse) dessen, wie Unterrichtsinhalte (AIDS, Ernährung) in originären Texten ausgedrückt werden. Die Ergebnisse dieser Arbeiten können als Ausgangspunkt für Unterrichtsplanungen dienen.

Anmerkungen

1   In dem erweiterten Konzept des Multifokalen Unterrichts stehen die Inhalte auf dem Weg zum Verstehen im Brennpunkt von Sprache, Sachfach und Kunst (Ästhetik); vgl. dazu Rittersbacher 2009 sowie Rittersbacher/Buck 2009.

2   Subjektorientierung ist dabei mehr als bloße »Schülerorientierung«, bei der das Konstrukt einer abstrakten SchülerIn vorausgesetzt wird. Die Subjektorientierung geht dagegen *expressis verbis* davon aus, dass Lernen und Verstehen individuell unterschiedlich verlaufen (vgl. Buck 2008).

3   Die Länge des Beitrags erlaubt an dieser Stelle keine ausführlichen Erläuterungen; es sei auf die *pedagogy of awareness* (Marton/Booth 1997, chapter 8), auf konstruktivistische Unterrichtsansätze (im Bereich der Fremdsprachendidaktik z.B. Wolff 2002) oder Wagenschein 1991 verwiesen.

4   Der (radikale) Konstruktivist v. Glasersfeld (1996, S. 127f.) sagt etwa, »Das denkende Subjekt [...] kann Elemente der sensorischen und motorischen Erfahrung koordinieren. Wenn sich dann die begrifflichen Strukturen, die aus derartigen Koordinationen hervorgehen, in weiteren Erfahrungssituationen als viabel erweisen, kann das Subjekt aus seinen eigenen Operationen Regelmäßigkeiten und Regeln abstrahieren, die ihm helfen können, zukünftige Erfahrungen zu bewältigen. Die Elemente, die das denkende Subjekt koordiniert, sind definitionsgemäß im System des Subjekts vorhanden, denn sie stammen aus seiner Erfahrung«. Mit anderen Worten: die »Inhalte unseres Verstehens«, d.h. die Konstrukte unseres jeweiligen »Systems«, sind zwar angeregt worden durch das, was vor uns auf dem Labortisch passierte, aber wir können unsere Vorstellungen (= »Konstrukte«) allenfalls als »viabel« empfinden, während »Evidenz« eine Selbsttäuschung ist.

5   Für den Phänomenologen sind die »Inhalte des Verstehens« die »Phänomene«, d. h. das, was dem verstehenden Menschen (z. B. als evident) erscheint. Erscheinungen sind dabei stets Erscheinungen von Etwas für Jemanden. Diese *Beziehung* »von Etwas für Mich« ist nicht hintergehbar. »Wenn man verstehen möchte, wie körperliche Gegenstände, mathematische Modelle, chemische Prozesse, soziale Verhältnisse, kulturelle Produkte, als das erscheinen können, was sie sind, und zwar mit der Bedeutung, die sie haben, dann muss man zwangsläufig das Subjekt oder die Subjekte mit einbeziehen, denen sie erscheinen« (Zahavi 2007, S. 18).

6   Vgl. zur Bedeutung, der Rolle und den Geltungsbezügen der Sprache Buber 1962, S. 7 ff.

7   Vgl. zu Ausnahmen z. B. Buck 1990, Busemann 1996, Janich/Psarros 1996 und allen voran Wagenschein, der in seiner Physikdidaktik betont: »Sachunterricht und Sprachunterricht sind überhaupt nicht zu trennen, weil Denken und Sprechen nicht zu trennen sind« (Wagenschein 1971, S. 133).

8   Dabei wird die Funktion der Sprache für die naturwissenschaftlichen Fächer grundlegend anders bewertet als für die gesellschaftswissenschaftlichen Fächer. Vom Englischen als *lingua franca* der Naturwissenschaften wird ein vermeintlich »kulturunabhängiger« Charakter der Naturwissenschaften abgeleitet (vgl. Gnutzmann 2006, S. 179), entsprechend wird von einer »direkten Vergleichbarkeit und der Übersetzbarkeit von Termini« ausgegangen (ebd.). Die Realität, der Wissenschaftsdiskurs folgt den Regeln des »global English« (vgl. Eisenberg 2005), zeigt jedoch, dass Fachbegriffe national unterschiedliche Bedeutungswandel durchgemacht haben und dass die nationalen Fachsprachen durchweg mit Jargon durchzogen sind und eine beträchtliche terminologische Verworrenheit aufweisen (vgl. zur Bewertung der Naturwissenschaften in Bezug auf Kultur und internationale Kommunikation Rittersbacher 2007, S. 115 f.).

9   Vgl. deutsch »Kern« mit englisch *nucleus, pip, seed, stone, kernel, core, centre* oder deutsch »Ausschnitt« mit *neck, clip, cutting* als zwei weitere Beispiele der vielen bereits archivierten Homonyme; Dank für die verwendeten Photographien geht an dieser Stelle insbesondere an Miriam Pfeiffer, Maria Henschel, Judith Merkle und Silvia Schmidt.

10 Phänomenographie heißt die von Marton entwickelte Untersuchungsmethode zur Erhebung vorfindlicher Verständnisse von Schlüsselbegriffen, z. B. »Lernen« (Säljö 1979), »Verstehen« (Helmstad 1999), »Zahl« (Neuman 1987).

Literatur

BONNET, ANDREAS (2004): *Chemie im bilingualen Unterricht. Kompetenzerwerb durch Interaktion.* Opladen: Leske+Budrich (= Studien zur Bildungsforschung, Bd. 4).

BUBER, MARTIN (1962): *Logos – zwei Reden.* Heidelberg: Lambert Schneider.

BUCK, PETER (1990): Präzise und exakte Begriffsbildung – oder Was die Chemiker mit ihrer Formel- und Fachsprache ausblenden. In: Janich, Peter; Psarros, Nikolaos (Hrsg.): *Die Sprache der Chemie.* Würzburg: Königshausen und Neumann, S. 3–12.

DERS. (2006): Auf dem Weg zu einer phänomenologisch fundamentierten Naturwissenschaftsdidaktik. In: Höttecke, Dietmar (Hrsg.): *Naturwissenschaftlicher Unterricht im internationalen Vergleich.* Berlin: LIT-Verlag (= GDCP Tagungsband 27), S. 266–268.

DERS. (2008): Verstehen kann jeder nur für sich selbst (Wagenschein). Wie wird aus einem Phänomen vor mir ein wissenschaftlicher Begriff in mir? In: Kruse, Norbert, Messner, Rudolf; Wollring, Bernd (Hrsg.): *Martin Wagenschein – die Aktualität des Genetischen.* Hohengehren: Schneider.

BUSEMANN, JOCHEN (1996): Betrachtungen über das Wort »Stoff« und seinen Gebrauch in der chemischen Fachsprache. In: Janich, Peter; Psarros, Nikolaos (Hrsg.): *Die Sprache der Chemie.* Würzburg: Königshausen und Neumann, S. 47–54.

EISENBERG, PETER (2005): Deutsch, Englisch und die Lingua Franca als Wissenschaftssprache. In: Pörksen, Uwe (Hrsg.): *Die Wissenschaft spricht Englisch? Versuch einer Standortbestimmung.* Göttingen: Wallstein, S. 47–54.

GADAMER, HANS-GEORG ([3]1960): *Wahrheit und Methode. Grundzüge einer philosophischen Hermeneutik.* Tübingen: Paul Siebeck.

GLASERSFELD, ERNST VON (1996): *Radikaler Konstruktivismus – Ideen, Ergebnisse, Probleme.* Frankfurt/M.: Suhrkamp.

GNUTZMANN, CLAUS (2006): Zu den Funktionen des Englischen im bilingualen Sachfachunterricht. In: Timm, Johannes-Peter (Hrsg.): *Fremdsprachenlernen und Fremdsprachenforschung: Kompetenzen, Standards, Lernformen, Evaluation.* Festschrift für Helmut Johannes Vollmer. Tübingen: Gunter Narr, S. 179–196.

HAAS, TILMANN; REHM, MARKUS; BUCK, PETER; GEÖRG, JUDITH; SVOBODA, GREGOR; EGGERT, TORSTEN; BRATZEL, HANS-MARTIN; RITTERSBACHER, CHRISTA (2006): Naturwissenschaftliches Arbeiten (NWA). Ein Hauptfach der Realschule in Baden-Württemberg – Konzeptionelle Antworten auf Missverständnisse und Widerstände gegen einen exemplarischen naturwissenschaftlichen Unterricht. In: *chimica etc. didacticae* 32, S. 6–31.

HALLET, WOLFGANG (2007): Zwischen Bildungsstandards und Mehrsprachigkeit: Kompetenzerwerb im Bilingualen Unterricht. In: Bosenius, Petra; Donnerstag, Jürgen; Rohde, Andreas (Hrsg.): *Der bilinguale Unterricht Englisch aus der Sicht der Fremdsprachendidaktiken.* Trier: WVT Wissenschaftlicher Verlag.

HELMSTAD, GLEN (1999): *Understandings of understanding.* Göteborg: Göteborg Studies in Educational Sciences, Bd. 134.

HUSSERL, EDMUND (1962): *Die Krisis der Europäischen Wissenschaften und die Transzendentale Phänomenologie.* Den Haag: Martinus Nijhoff.

JANICH, PETER; PSARROS, NIKOLAOS (Hrsg., 1996): *Die Sprache der Chemie.* Würzburg: Königshausen und Neumann.

LAMSFUSS-SCHENK, STEFANIE (2002): Geschichte und Sprache – Ist der bilinguale Geschichtsunterricht der Königsweg zum Geschichtsbewusstsein? In: Breidbach, Stephan; Bach, Gerhard; Wolff, Dieter (Hrsg.): *Bilingualer Sachfachunterricht. Didaktik, Lehrer-/Lernerforschung und Bildungspolitik zwischen Theorie und Empirie.* Frankfurt u. a.: Peter Lang.

MARTON, FERENCE (1981): Phenomenography – describing conceptions of the world around us. In: *Instructional Science* 10, S. 177–200.

MARTON, FERENCE; BOOTH, SHIRLEY (1997): *Learning and Awareness.* Mahwah, N.J.: Lawrence Earlbaum Ass.

MKJS [MINISTERIUM FÜR KULTUS, JUGEND UND SPORT BADEN-WÜRTTEMBERG] (2004): *Bildungsplan für die Realschule. Kultus und Unterricht. Amtsblatt des Ministeriums für Kultus und Sport Baden-Württemberg.* Stuttgart: Neckar-Verlag (= Lehrplanheft 3/2004).

NEUMAN, DAGMAR (1987): *The Origin of arithmetic skills. A phenomenographic approach.* Göteborg: Göteborg Studies in Educational Sciences, Bd. 62.

OETTER, PETRA (2005): Viruses – Their Mission is Transmission. Thema AIDS im bilingualen Biologieunterricht. In: *Der fremdsprachliche Unterricht Englisch* 39, S. 26–29.

REHM, MARKUS (2006): Allgemeine naturwissenschaftliche Bildung – Entwicklung eines vom Begriff »Verstehen« ausgehendes Kompetenzmodells. In: *Zeitschrift für Didaktik der Naturwissenschaften*, S. 23–44.

RITTERSBACHER, CHRISTA (2007): Zur Eignung der Naturwissenschaften – insbesondere der Chemie – für den bilingualen Unterricht: Die Synergetik sprachlicher und sachfachlicher Phänomene. In: Gnutzmann, Claus (Hrsg.): *Fremdsprache als Arbeitssprache in Schule und Studium.* Tübingen: Gunter Narr (= Reihe Fremdsprachen Lernen und Lehren, FluL 36), S. 111–125.

DIES. (2009): Literalität im multifokalen Unterricht: Die Beachtung sprachlicher Phänomene als Katalysator beim sachfachlichen Lernen. In: Ditze, Stephan-Alexander; Halbach, Ana (Hrsg.): *Bilingualer Sachfachunterricht (CLIL) im Kontext von Sprache, Kultur und Multiliteralität.* Frankfurt u. a.: Peter Lang (= Reihe MSU, Bd. 9), S. 75–90.

RITTERSBACHER, CHRISTA; BUCK, PETER (2009): »Kunst als Instrument der Erkenntnis im multifokalen Unterricht.« In: Buschkühle, Carl-Peter; Kettel, Joachim; Urlaß, Mario (Hrsg.): *horizonte. internationale kunstpädagogik.* Oberhausen: Athena, S. 79–97.

RITTERSBACHER, CHRISTA; SCHMIDT, SILVIA (2008): Eine Sprachanalyse (Englisch-Deutsch) biologischer Themen als Vorarbeit für eine Pedagogy of Awareness. In: *chimica etc. didacticae* 101, S. 72–99.

RUMPF, HORST (2002): »Die Verstopfung der Köpfe und das wirkliche Verstehen.« In: Wagenschein, Martin (Hrsg.): »... *zäh am Staunen*« – *Pädagogische Texte zum Bestehen der Wissensgesellschaft*. Seelze-Velber: Kallmeyer, S. 8–23.

SÄLJÖ, ROGER (1979): Learning in the Learner's perspective. In: *Reports from the Institute of Education, University of Göteborg*, Nr. 76, S. 76–79.

SCHMIDT, SILVIA (2007): *Zum Mehrwert bilingualen Sachfachunterrichts. Eine sprachanalytische Untersuchung ausgewählter biologischer Themen.* Unveröffentlichte Wissenschaftliche Hausarbeit. Karlsruhe: Pädagogische Hochschule Karlsruhe.

SMITH, DAVID WOODRUFF (2007): *Husserl*. London-New York: Routledge.

TEN VOORDE, HENK (1977): *Verwoorden en verstaan*. s'Gravenhage: Staatsuitgeverij.

DERS. (1983): Die Kluft des Nicht-verstehen-könnens: Ein Problem des Unterrichtens. In: *chimica didactica* 9, S. 138–175.

WAGENSCHEIN, MARTIN (³1971): *Die Pädagogische Dimension der Physik*. Braunschweig: Westermann.

DERS. (⁹1991): *Verstehen Lehren*. Weinheim: Beltz.

WOLFF, DIETER (2002): *Fremdsprachenlernen als Konstruktion: Grundlagen für eine kostruktivistische Fremdsprachendidaktik*. Frankfurt: Peter Lang.

ZAHAVI, DAN (2007): *Phänomenologie für Einsteiger*. Paderborn: Wilhelm Fink (= UTB, Bd. 2935).

Maria-Rita Helten-Pacher

Sprachförderung in allen Fächern
Überlegungen zur LehrerInnenaus- und -fortbildung

1. Ausgangssituation

Erfolgreiche Teilnahme am schulischen Unterricht erfordert von den SchülerInnen ein hohes Maß an Sprach- und Textkompetenz in allen Fächern. Dem Deutschunterricht kommt dabei nach wie vor eine Schlüsselposition zu, doch auch das Sprachlernpotenzial aller anderen Fächer findet in der wissenschaftlichen und didaktischen Literatur immer mehr Beachtung, was die unterschiedlichen Beiträge dieser Publikation belegen. Paul R. Portmann-Tselikas, Professor für Linguistik und Deutsch als Fremdsprache an der Universität Graz, sieht in jedem schulischen Unterricht ein Lernfeld für Sprache:

Sprache [...] wird vor allem im praktischen Sprachgebrauch gelernt, in der Auseinandersetzung mit den schulischen Lerngegenständen in jedem Fach. Das Sprechen über Grammatik im Rahmen des Deutschunterrichts hat in diesem Zusammenhang eine wichtige Orientierungsfunktion, ist aber nicht der Motor der Sprachentwicklung. (Portmann-Tselikas 1998, S. 13)

Folglich liegt die Verantwortung für die Sprachentwicklung der SchülerInnen beim gesamten LehrerInnenkollegium einer Schule und kann nicht alleine von den DeutschlehrerInnen getragen werden. Die Bedeutung der Sprachförderung wächst noch, wenn der Unterricht in sprachlich heterogenen Gruppen stattfindet.

Zusätzlich zum herkömmlichen Deutschunterricht (Deutsch als Muttersprache/DaM) wird deshalb in vielen Schulen das Fach Deutsch als Zweitsprache (DaZ) bzw. Deutsch als Fremdsprache (DaF) angeboten.

Mehrsprachigkeit und Multikulturalität in den Klassen sind in städtischen Ballungszentren seit langem Schulalltag, stellen für viele Lehrkräfte jedoch nach wie vor eine große Herausforderung dar. LehrerInnen unterschiedlicher Sachfächer kämpfen zunehmend gegen die Probleme ihrer SchülerInnen beim Lesen, Verstehen und Verfassen von fachspezifischen Texten. Auch der mündliche Diskurs im Fachunterricht ist von ähnlichen Schwierigkeiten gezeichnet.

In der LehrerInnenausbildung finden diese Probleme bisher zu wenig Beachtung. Vereinzelte Angebote im Bereich der Fort- und Weiterbildung an den Pädagogischen Hochschulen gibt es bereits, doch sind sie nicht aufeinander abgestimmt und ihre Reichweite ist noch gering. Ein übergeordnetes Aus- und Fortbildungskonzept oder gar Curriculum, das die Verbindung von Fach- und Sprachlernen kontinuierlich von der Grundschule bis in weiterführende Schulen berücksichtigt, existiert noch nicht. Die Erstellung eines solchen übersteigt vom Aufwand her auch das, was engagierte EinzelkämpferInnen im Schulsystem durch innovative Projekte leisten können.

Von sprachenpolitischen Initiativen auf europäischer Ebene kann man sich erfahrungsgemäß mehr an Entwicklungspotenzial erhoffen. Der Europarat thematisiert die zentrale Bedeutung der Sprachlichkeit des Lernens im Fachunterricht im Projekt »Languages of Schooling/Languages of Education« (2006–2009), das sich mit den vielen Funktionen der Schul- bzw. Unterrichtssprachen in den Mitgliedsländern befasst. Die »Sprache in allen Unterrichtsfächern« (»Language Across the Curriculum«, LAC) erfährt in diesem Projekt besondere Aufmerksamkeit. Eine Arbeitsgruppe beschäftigt sich mit den spezifischen Ansprüchen, die diese an die Lernenden stellt und die über Anforderungen des herkömmlichen Unterrichts in der Unterrichtssprache (z. B. des Deutschunterrichts in Österreich) hinausgehen, sich aber auch mit diesen überschneiden – unter anderem in Terminologie, Formen vorwissenschaftlichen Kommunizierens, logischer Strukturierung von Aussagen, Argumentationsstrukturen etc. (vgl. Vollmer 2006).[1] Es bleibt zu hoffen, dass die Ergebnisse dieser Forschungsarbeiten und des wissenschaftlichen Austauschs über kurz oder lang neue Impulse für verstärktes fachspezifisches Sprachbewusstsein in der Aus- und Fortbildung von LehrerInnen aller Schultypen setzen. Eine Neukonzeption von Lehrbüchern und anderen Unterrichtsmaterialien, aber vor allem eine Neuorientierung im tatsächlichen Unterrichtsgeschehen im Erst- und Zweitsprachenunterricht sollten im Anschluss daran folgen. Obwohl der »große Wurf« – zum Beispiel in Form eines Sprachfördercurriculums oder eines Referenzrahmens für Schulsprachen – noch aussteht, ist es vielleicht trotzdem lohnend, sich inzwischen mit kleineren Lösungen zu befassen, die aus der schulischen Praxis als Antwort auf die alltäglichen Herausforderungen entstanden sind.

Im Rahmen dieses Artikels möchte ich Pläne für ein Ausbildungs- sowie ein Fortbildungskonzept erörtern, die einerseits im Rahmen meiner Mitarbeit am Sokrates-Projekt CLILiG (»Content and Language Integrated Learning in German«)[2] (2005–2007) und andererseits im Rahmen des Universitätslehrgangs »Fachbezogenes Bildungsmanagement« der Universität Klagenfurt (2006–2008) entstanden sind. Den anderen Projektmitarbeiterinnen – Dr. Barbara Haider, Dr. Elisabeth Langer und Mag. Anna Lasselsberger – danke ich für ihre Zustimmung, die gemeinsamen Projektergebnisse und Publikationen hier vorstellen zu dürfen.

Ausgangspunkt für beide Konzepte ist jeweils der Fachunterricht in der Sekundarstufe I und II; das Zielpublikum für Aus- und Fortbildung sind angehende bzw. ausgebildete LehrerInnen dieser Schulstufen. Die Anliegen von SchülerInnen mit anderen Erstsprachen als Deutsch, für die eine systematische Sprachförderung in jedem Fach eine schulische Existenzfrage sein kann, werden in meinen Ausführungen besonders berücksichtigt. Die Projektmitglieder sind allerdings der Überzeugung, dass von einem bewusst geplanten sprachsensiblen Unterricht alle SchülerInnen profitieren. Dies gilt besonders für naturwissenschaftliche Fächer in der Sekundarstufe II, häufig auch für geisteswissenschaftliche Fächer. Die hochkomplexe Fachsprache stellt hier auch für Lernende mit Deutsch als Erstsprache eine Hürde beim Verstehen der Fachinhalte dar.

2. Hintergrund: SchülerInnen mit anderen Erstsprachen als Deutsch

Der Anteil der SchülerInnen mit Migrationshintergrund stieg seit 1998/99 kontinuierlich an. Der Durchschnitt an Wiener Hauptschulen (HS) lag im Schuljahr 2008/09 bei 59,1 Prozent; an Wiener Allgemein bildenden Höheren Schulen (AHS) immerhin bei ca. 26,4 Prozent. Dieser Trend zeichnet sich auch an den Berufsbildenden Höheren Schulen (BHS) ab (*Informationsblätter*, Nr. 2/2009). Die SchülerInnenpopulation in Wien unterscheidet sich erheblich von jener in den Bundesländern, wo die Anzahl der SchülerInnen mit anderen Erstsprachen als Deutsch deutlich unter dem Wiener Schnitt liegt. In städtischen Ballungsräumen wie zum Beispiel Wels oder Linz sind – zumindest für die Hauptschulen und die berufsbildenden mittleren Schulen (BMS) – allerdings ähnliche Tendenzen wie in Wien erkennbar.

Die Gruppe der SchülerInnen mit anderen Erstsprachen ist sehr heterogen und umfasst Kinder, die ihre gesamte Schullaufbahn in Österreich verbracht haben ebenso wie SeiteneinsteigerInnen mit sehr individuellen Sprachbiographien. Die damit verbundenen unterschiedlichen Sprachniveaus in der Unterrichtssprache Deutsch machen Zusatzangebote für DaF/DaZ bis in die Sekundarstufe II notwendig.

Sprachförderung ist mittlerweile ein wichtiges schulpolitisches Anliegen und doch ist ihre Wirkungsweise leider oft begrenzt. Herkömmliche Lernangebote reichen für Kinder mit Migrationshintergrund offensichtlich nicht aus, was unter anderem durch die PISA-Studien gezeigt wurde. Die Gründe dafür sind vielfältig und können nicht im Rahmen dieses Aufsatzes behandelt werden. Die Sprachkompetenz der SchülerInnen in ihrer Erstsprache, das Prestige dieser Sprache im Zielland, familiäre Situation, Bildungshintergrund, Angebote für muttersprachlichen Unterricht sowie Häufigkeit von Sprachkontakten in der Zielsprache sind nur einige Faktoren, die berücksichtigt werden müssen.[3]

Obwohl viele SchülerInnen mit anderen Erstsprachen in der Alltagskommunikation sprachlich versiert sind, zeigen sich häufig auf höheren Schulstufen sprachliche Defizite dort, wo der Fachunterricht verstärkt die so genannte »kognitiv-akademische« Sprachfähigkeit verlangt[4], die auf einer umfassenden Entwicklung der Erstsprache basiert. Die Förderung der Erstsprache, die den Aufbau dieser Sprachfähigkeit nachhaltig unterstützt, erfolgt im »Muttersprachlichen Unterricht«. Dieser wird meist als »Unverbindliche Übung« am Nachmittag angeboten und ist nur selten in den Vormittagsunterricht integriert. Mangels flächendeckender Angebote erfolgt oft eine schulübergreifende Zusammenfassung aller interessierten SchülerInnen an einem Schulstandort. Aufgrund dieser Zusatzbelastung wird der muttersprachliche Unterricht von den SchülerInnen häufig als unattraktiv empfunden und deshalb nicht in vollem Unfang genützt.[5]

3. Rolle der Fachsprachen im Unterricht

Das Unterrichtsgeschehen ist in fast jedem Fach durch eine starke Orientierung an
(Fach-)Texten gekennzeichnet (vgl. Portmann-Tselikas/Schmölzer-Eibinger 2002)
Selbst im mündlichen Diskurs geht die Lehrperson häufig von Texten aus (Schulbuch, Fachartikel ...), reflektiert Gelesenes, erarbeitet Zusammenfassungen des
neuen Lehrstoffes, fasst Inhalte in Merksätzen oder Formeln zusammen, fixiert
schlussendlich schriftlich, erwartet (eigenständige) Mitschriften und überprüft Wissen auch in schriftlicher Form. Diese Bindung an schriftliche Fachtexte erfordert ein
hohes Maß an fachspezifischer Textkompetenz, das auch Lernenden mit deutscher
Muttersprache oft fehlt.

Bei der Durchsicht beliebiger Schulbuchtexte erkennt man rasch, dass der Begriff
Fachsprache(n) auch auf schulischer Ebene durchaus angebracht ist. Dieser schwer
zu definierende Begriff wird auch kontrastierend zum ebenso wenig definierten Begriff *(All-)Gemeinsprache* verwendet (vgl. Fluck 1996, S. 11). Fachsprache(n) sind
nicht isoliert von der Allgemeinsprache und bilden kein eigenes Sprachsystem. Sie
sind jedoch auf der Wort-, Satz- und Textebene von strukturellen Elementen geprägt, die das Lesen und Verstehen erschweren. Kennzeichen ist eine Häufung komplexer Formen, die in der Allgemeinsprache wesentlich seltener vorkommen. Auf
morphologischer Ebene erzeugen in naturwissenschaftlichen Texten vor allem der
umfangreiche Fachwortschatz, mehrgliedrige Komposita, komplexe Zusammenset-
zungen mit Ziffern, Buchstaben und Sonderzeichen oder Abkürzungen Verstehensprobleme. Auf syntaktischer Ebene verschleiern Funktionsverbgefüge, Nominalisie-
rungsgruppen, komplexe Attribute, unpersönliche Ausdrucksweise, eine Dichte an
Passivkonstruktionen und unübersichtliche Nebensätze für die SchülerInnen den
zu erlernenden Sachverhalt (vgl. dazu Leisen in diesem Buch). Dazu kommen diskontinuierliche Textelemente wie Grafiken, Tabellen, Statistiken usw., die im Lernprozess verbalisiert werden müssen. Umfassende Darstellungen der Charakteristika
von Fachsprachen findet man unter anderem bei Hans Rüdiger Fluck (1996), Rosemarie Buhlmann und Anneliese Fearns (2000).

Verstehensdefizite bei der Rezeption und Produktion von anspruchsvollen Fachtexten können auch bei SchülerInnen mit deutscher Muttersprache massiv auftreten, bei vielen Zweitsprachenlernenden sind sie in das Unterrichtsgeschehen einzu-
kalkulieren. Diesen Sprachproblemen muss mit offensiver und vorausplanender
Spracharbeit kontinuierlich entgegengewirkt werden. Das Wissen um Schwierigkeitsgrade von Fachtexten, Funktionsweise der Fachsprache, sprachsensibles Unterrichten und angemessene Materialerstellung müssten in die LehrerInnenaus-
und -fortbildung einfließen.

Es lohnt dazu durchaus ein Blick über die (Fach-)Grenzen, um sich auch Modelle
aus dem Bereich des Fremdsprachenunterrichts genauer anzuschauen, wo die Beschäftigung mit diesem Thema schon eine längere Tradition hat.

4. Impulse aus dem Forschungsbereich *Deutsch als Fremdsprache/Zweitsprache*

Fach- und Sprachlernen sind untrennbar miteinander verbunden. Wie also kann man SchülerInnen beim komplexen Prozess der Entwicklung fachspezifischer Textkompetenz unterstützen? Diese Fragestellung findet auch in Österreich in der wissenschaftlichen Literatur wachsende Beachtung, wobei viele Impulse vom Bereich *Deutsch als Fremdsprache/Deutsch als Zweitsprache* ausgehen (siehe u. a. Schmölzer-Eibinger 2008). In deutschsprachigen Auslandsschulen findet das Konzept »Deutschsprachiger Fachunterricht« (DFU) als Ergänzung zum traditionellen Sprachunterricht großes Interesse. Heute wird dafür häufig auch die Bezeichnung CLILiG (»Content and Language Integrated Learning in German«) verwendet. Es handelt sich dabei um eine Variante von »Fremdsprache als Arbeitssprache«, in der ein »Sachfach« in der Fremd- oder Zweitsprache Deutsch unterrichtet wird. Je nach Schulprofil kann DFU/CLILiG in einem einzelnen Fach, in mehreren Fächern eines Jahrgangs oder in einem eigenständigen bilingualen Zweig durchgeführt werden. Obwohl ursprünglich vorwiegend die naturwissenschaftlichen Fächer im deutschsprachigen Fachunterricht angeboten wurden, wird dieses Unterrichtsmodell mittlerweile in fast jedem Fach realisiert.

Josef Leisen, ein »Pionier« des Deutschsprachigen Fachunterrichts, spricht über seinen Zugang zu diesem Thema:

Wer im Ausland unterrichtet hat [...], reagiert wie ein besonders sensibles Lackmuspapier auf sprachliche Probleme. Ich musste erst den Umweg machen über eine Auslandsschule [...], um die Erfordernisse eines sprachsensiblen Fachunterrichts zu erkennen, mir bewusst zu machen und daran zu arbeiten. Und die Not ist zunehmend groß, egal wo Sie in Deutschland oder Österreich unterrichten. (Haider/Helten-Pacher 2009, S. 56)

Das *Methoden-Handbuch. Deutschsprachiger Fachunterricht* (Leisen 2003) bietet eine Fülle von Unterrichtsvorschlägen, die in adaptierter Form auch Eingang in Fortbildungsveranstaltungen für den Unterricht in multilingualen Klassen in Deutschland oder Österreich gefunden haben. Das in Kürze erscheinende Handbuch *Sprachförderung im Fach. Sprachsensibler Fachunterricht in der Praxis* (Leisen 2009) ist speziell auf den Fachunterricht mit sprachschwachen SchülerInnen mit Migrationshintergrund ausgerichtet.

5. Die aktuellen Lehrplanbestimmungen

Nach den allgemeinen Lehrplanbestimmungen sind die Lehrenden jedes Unterrichtsgegenstandes dazu verpflichtet, im Rahmen ihres Faches einen Beitrag zur Sprachförderung ihrer SchülerInnen zu leisten:[6]

Ausdrucks-, Denk-, Kommunikations- und Handlungsfähigkeit sind in hohem Maße von der Sprachkompetenz abhängig. In jedem Unterrichtsgegenstand sind die Schülerinnen und Schüler mit und über Sprache – z. B. auch in Form von Bildsprache – zu befähigen, ihre kognitiven, emotionalen, sozialen und kreativen Kapazitäten zu nutzen und zu erweitern. *(Lehrplan der Hauptschule bzw. AHS, Allgemeiner Teil)*

Auch in den Fachlehrplänen wird der Beitrag der einzelnen Nicht-Sprachfächer zur sprachlichen Bildung der SchülerInnen festgeschrieben. In der Folge eine kleine Auswahl:

[...] Unterschied zwischen Alltags- und Fachsprache bzw. Symbolsprache, präziser Sprachgebrauch und Argumentationsverhalten bei Planung, Beobachtung, Beschreibung und Protokollierung chemischer Vorgänge. *(Lehrplan Chemie, AHS Unterstufe)*

Erwerb von Sprachkompetenz durch Auswertung von Texten, Bildern und grafischen Darstellungsformen; Einbeziehung aktueller Massenmedien; Entwicklung einer Diskussionskultur. *(Lehrplan Geschichte, AHS Unterstufe)*

Beiträge zu den Bildungsbereichen: Sprache und Kommunikation: Anwenden von Sprache in verschiedenen Kommunikationssituationen. Förderung kritischer Reflexion durch Auseinandersetzung mit und Interpretation von Quellen (Texte, Bilder, Diagramme, Statistiken und Karten u.a.) unter Einbeziehung der modernen Medien. Aufbau einer demokratischen Kommunikationskultur. *(Lehrplan Geschichte, AHS Oberstufe)*

Ein Grundvokabular physikalischer Begriffe als zusätzliche Form der Kommunikation innerhalb und außerhalb des fachwissenschaftlichen Bereiches erwerben; zwischen Alltagssprache und Fachsprache differenzieren können: Einsicht in die Notwendigkeit und Mächtigkeit symbolischer Beschreibungen gewinnen; physikalische Sachverhalte beschreiben, protokollieren, argumentieren und präsentieren können; das Ringen um naturwissenschaftliche Erkenntnisse auch im Spiegel künstlerischer Auseinandersetzungen, etwa in Romanen und Dramen, einsehen. *(Lehrplan Physik, AHS Oberstufe)*

Alltagserfahrungen zeigen allerdings, dass der Auftrag zur Sprachförderung der SchülerInnen von den LehrerInnen in höchst unterschiedlicher Form und Intensität wahrgenommen wird (vgl. dazu Fenkart in diesem Buch). Sprachorientiertes Unterrichten in allen Fächern erfordert viel (fach-)sprachliches und didaktisches Wissen, das nicht stillschweigend vorausgesetzt werden darf, sondern mittels geeigneter Methoden erst schrittweise aufgebaut werden muss.

6. LehrerInnenausbildung

6.1 Ausgangssituation

Ein wichtiger Grund für das häufig noch fehlende Bewusstsein von Lehrkräften, wie sie neben der Vermittlung der Fachinhalte auch die fachspezifische Sprachkompetenz fördern können, liegt an den nur spärlich vorhandenen Angeboten in der LehrerInnenaus- und -fortbildung. Im Rahmen der Ausbildung spielen Fragen wie »Sprache und Fach«/»Sprachsensibler Unterricht« eine untergeordnete Rolle. Ein Chemielehrer fasste diesen Mangel bei einer Fortbildungsveranstaltung 2007 folgendermaßen zusammen:»Ich habe eine Lehrveranstaltung zur ›Geschichte der Chemie‹ besucht, die mir für den schulischen Alltag wenig genützt hat. Warum gab es keine Veranstaltung zur ›Sprache im Chemieunterricht‹?«

Im Bereich der LehrerInnenausbildung müsste ein flächendeckendes Angebot für LehramtskandidatInnen aller Fächer geschaffen werden, in dem die Grundlagen

von Erst- und Zweitspracherwerb, von (mehrsprachiger) Sprachentwicklung sowie
Kenntnisse über Fachsprachen und Sprachfördermodelle etc. vermittelt werden
sollten. Ein Curriculumsentwurf für ein so genanntes »Service-Modul« für die uni-
versitäre LehrerInnenausbildung entstand 2007 als Projektbeitrag der österreichischen CLILiG-Mitarbeiterinnen.

Dieses könnte nun zum Beispiel am Institut für Germanistk als Angebot für Lehr-
amtsstudierende verschiedener Fächer im Rahmen des Lehramtsstudiums besucht
werden und enthält neben Anregungen zur Sprachsensibilisierung von FachlehrerInnen auch Realisierungsvorschläge für Sprachfördermodelle in allen Unterrichtsfächern sowie Kooperationsangebote zwischen dem Sprachen- und dem
Sachunterricht, um Sprachbarrieren im Fachunterricht zu überwinden. Dieses Angebot sollte idealerweise im Sinne des lebenslangen Lernens durch Fortbildungsangebote an den Pädagogischen Hochschulen ergänzt und vertieft werden. Das Konzept wurde bei der Abschlusskonferenz des Sokrates-Projektes CLIliG »Curriculum
Linguae 2007« in Finnland bereits im Rahmen einer Posterpräsentation vorgestellt.

Im folgenden Abschnitt werden die wichtigsten Punkte kurz dargestellt.

6.2 Das Service-Modul bzw. Erweiterungscurriculum »Sprachförderung in allen Unterrichtsfächern« und seine Zielsetzungen

Die Hauptzielgruppe dieser als einsemestrig geplanten Lehrveranstaltung sind
LehramtskandidatInnen aller (Sach-)Fächer für die Sekundarstufe I und II (Service-
modul mit 3 ECTS; als Erweiterungscurriculum entsprechend mehr ECTS).

Themenschwerpunkte des Servicemoduls (erweiterbar)

1. **Bildungssprache/Literalität:** Einführung und Sensibilisierung für das Thema
   - Spracherwerb und Kognition
   - Sprachlernen im Kontext von Migration
   - Grundlagen des schulischen (Fremd-) Sprachenlernens
   - Fächerübergreifende Merkmale des schulischen Sprachgebrauchs

2. **Bildungssprache und Schulerfolg:** Beschreibung und Analyse
   - Bildungsstandards und curriculare Vorgaben
   - Möglichkeiten der Sprachstandsanalyse
   - Bedeutung von Textkompetenz für schulischen Erfolg
   - Analyse (sach-)fachlicher Sprachstrukturen und fachrelevanter Texte

3. **Förderung von Sprache in allen Fächern**
   - Rolle der rezeptiven und produktiven sprachlichen Fertigkeiten im jeweiligen Fach
   - Sensibilisierung für fachspezifische Sprech-, Lese- und Schreibprozesse
   - Kombination Fach- und Sprachlernen: Methoden zur Förderung von sprachlichen und fachlichen Fertigkeiten
   - Sprachlernförderliche und -hemmende Unterrichtsprozesse
   - Möglichkeiten der Fehlerkorrektur
   - Leistungsbeurteilung: Testen und Prüfen

4. Unterrichtspraxis
- Qualitätskriterien für »sprachsensible« Unterrichtsmaterialien
- Aufbau von Materialienbörsen, Materialiennetzwerken
- Kooperationsformen zwischen den Sprachfächern (vor allem Deutsch als Muttersprache/Zweitsprache/Fremdsprache) und dem Fachunterricht: Projektunterricht, Team-Teaching, Erstellung von Schulübereinkommen etc.

Obwohl mehrfach von verschiedenen universitären Stellen mündlich Interesse an einem derartigen Angebot geäußert wurde, konnte das Projekt aufgrund fehlender Ressourcen bis jetzt noch nicht realisiert werden.

7. LehrerInnenfort- und -weiterbildung

7.1 Ausgangssituation

Im Bereich der Fort- und Weiterbildung für LehrerInnen der Sekundarstufe I und II gibt es bereits einige Initiativen zur Sprachförderung in allen Fächern, die jedoch nicht koordiniert sind und keine einheitlichen Ziele verfolgen. Im Fach Mathematik wird der Sprache schon seit längerem eine große Bedeutung beigemessen, was eine Fülle von Diplomarbeiten, Dissertationen und anderen Publikationen belegt. Dass die Bedeutung der Sprache in allen Unterrichtsfächern auch in die naturwissenschaftliche Fachdidaktik Einzug gefunden hat, zeigt die Entwicklung der Bildungsstandards für die Naturwissenschaften. Im Kompetenzmodell für die Naturwissenschaften für die achte Schulstufe der HS/AHS sind unter den Handlungskompetenzen eindeutig sprachliche Kompetenzen festgeschrieben (vgl. Endbericht 2007, S. 5).

Die geplante Sammlung von Aufgabenbeispielen soll LehrerInnen zeigen, wie Sprache im Naturwissenschaftsunterricht gefördert werden kann.

7.2 Erfolgreiche Initiativen

Erwähnenswert sind im Bereich Naturwissenschaften außerdem zwei Projekte: PROMISE und MINA:
- Das Projekt *PROMISE – Promotion of Migrants in Science Education*[7] (2005–2007), von der Europäischen Kommission gefördert, setzte sich die Förderung von MigrantInnen im Naturwissenschaftsunterricht zum Ziel. Wesentliche Maßnahmen sind u. a. sprachliche Sensibilisierung der LehrerInnen, Aufmerksammachen der Schulbehörden auf schulische Probleme in diesem Bereich und die Entwicklung neuer Unterrichtskonzepte und -materialien.
- *MINA – MigrantInnen im Naturwissenschaftsunterricht*[8] – stellte ein Folgeprojekt dar. Wie PROMISE zielte auch MINA darauf ab, SchülerInnen mit anderen Erstsprachen als Deutsch im Naturwissenschaftsunterricht zu fördern. Das Projekt wurde von der österreichischen PROMISE-Arbeitsgruppe durchgeführt und brachte an einem Aktionstag ForscherInnen, LehrerInnenaus- und -fortbild-

nerInnen, LehrerInnen, Angehörige der Schulverwaltung und PolitikerInnen für einen fachlichen und bildungspolitischen Diskurs zusammen. Leider wird die Projektarbeit zurzeit nicht fortgesetzt.

Eine aktuelle österreichische Initiative ist das Projekt MARILLE (2008–2011) am Europäischen Fremdsprachenzentrum des Europarats in Graz (EFSZ). MARILLE steht dabei für »Mehrheitssprachenunterricht als Basis für plurilinguale Erziehung«. Ziel dieses europäischen Projektes ist es, Strategien und Methoden herauszufinden, zu dokumentieren und zu vergleichen, die Lehrende im »Muttersprachenunterricht« (= Unterrichtssprache als Unterrichtsgegenstand, also zum Beispiel Deutsch in Österreich) an Sekundarschulen entwickelt haben, um mit der Multilingualität der Schülerschaft und den curricularen Anforderungen an Plurilingualität umzugehen.[9] Dieses Projekt knüpft eng an die aktuellste sprachenpolitische Initiative des Europarats, das bereits erwähnte Projekt »Languages of Schooling/ Languages of Education« an.

An den österreichischen Pädagogischen Hochschulen[10] gab es in den vergangenen Jahren bereits diverse Angebote, die sich unter anderem mit den Themen »Lesen in allen Fächern« oder »Lesekompetenz in Naturwissenschaften und Mathematik« befassten. Daneben wurden auch SCHILF-Veranstaltungen (schulinterne LehrerInnenfortbildung) zum Thema »Sprachförderung in allen Fächern« oder »Sprachsensibler Fachunterricht« entwickelt und in einzelnen Wiener Schulen mit überwiegend positiver Bewertung durch die Lehrkräfte durchgeführt.

Ein weiteres gelungenes Angebot für den Raum Wien ist der Lehrgang »Deutsch als Zweitsprache/Fremdsprache (Sekundarstufe I und II)«, ein Kooperationsprojekt der Universität Wien (Univ.Prof. Dr. Hans-Jürgen Krumm, Lehrstuhl Deutsch als Fremdsprache/Zweitsprache, Institut für Germanistik) und der Arbeitsgemeinschaft der DeutschlehrerInnen an den Wiener AHS, der an der Pädagogischen Hochschule Wien läuft und der ein Modul »Fachsprache« enthält. Darin werden neben fachsprachlichen Besonderheiten einzelner Unterrichtsfächer schwerpunktmäßig fächerübergreifende Kooperationsformen zwischen DaF/DaZ-Unterricht und schulischem Fachunterricht vorgestellt. KursabsolventInnen können somit in ihren Schulen als MultiplikatorInnen auch einen Beitrag zur Bewusstseinsbildung für sprachsensiblen Fachunterricht leisten. Der Lehrgang wurde 2006 mit dem »Europasiegel für innovative Sprachprojekte« (ESIS) ausgezeichnet. Im nächsten Durchgang (Start Februar 2010) wird die TeilnehmerInnengruppe erstmals auch LehrerInnen von Sachfächern umfassen, die eine Aufnahme in den Lehrgang ausdrücklich gewünscht haben.

7.3 Fortbildungsmodul »Sprachförderung in allen Fächern«[11]

Im Rahmen des Universitätslehrganges »Fachbezogenes Bildungsmanagement« entwickelte eine kleine Gruppe (Helten-Pacher, Langer, Lasselsberger) das Konzept für ein Fortbildungsmodul »Sprachförderung in allen Unterrichtsfächern«, das an Pädagogischen Hochschulen angeboten werden soll. Es entstand auf der Basis verschiedener – von den Projektteilnehmerinnen bereits erfolgreich durchgeführter – Fortbildungsveranstaltungen, in denen Teile des späteren Gesamtprojektes bereits erprobt wurden. Modulbausteine, die durch das berufliche Umfeld der jeweiligen Teammitglieder geprägt sind und aus der Perspektive ihrer Unterrichtsfächer entstanden, wurden in ein stimmiges und viele unterschiedliche Ansätze verbindendes Gesamtkonzept zusammengeführt.

　Ziel ist es, ein passendes Fort- und Weiterbildungsangebot zum Thema »Sprachförderung in allen Unterrichtsfächern« für LehrerInnen aller »Sach«-Fächer zu schaffen (schwerpunktmäßig für die Sekundarstufe I, Ausdehnung auf Sekundarstufe II möglich), in dem über mehrere Phasen verteilt ein bewussteres Sprachhandeln der Unterrichtenden mit größerer Verantwortung für die Sprachförderung der SchülerInnen in ihrem Fach erreicht werden soll. Derzeit wird für dieses Projekt durch einzelne Lehrveranstaltungen, die das Interesse der FachlehrerInnen wecken sollen, der Boden aufbereitet.

7.3.1 Zielvorgaben des Projekts

- Entwicklung eines qualitätsvollen Fortbildungsangebotes für FachlehrerInnen (eventuell auch SprachlehrerInnen) verschiedener Fächer mit dem Ziel, bei den TeilnehmerInnen ein Verantwortungsbewusstsein für die (Fach-)Sprachenentwicklung ihrer SchülerInnen zu schaffen und sprachfördernde Methoden aus unterschiedlichen Bereichen vorzustellen und zu erproben
- Berücksichtigung unterschiedlicher schulischer Anforderungen und Ausbildungsvoraussetzungen der Zielgruppen APS- und AHS-LehrerInnen
- Orientierung an den Bedürfnissen und Herausforderungen der Lehrkräfte an Schulstandorten mit hohem Anteil an SchülerInnen mit anderen Erstsprachen als Deutsch
- Entwicklung eines Fortbildungsangebotes, das in zeit- und arbeitstechnischer Hinsicht die besonderen Bedürfnisse von Vollzeitbeschäftigten im Lehrberuf berücksichtigt
- Ansprechen von LehrerInnen*teams*, die in ihren Schulen als MultiplikatorInnen wirken können
- Vielfalt und breite Fächerung des Lehrangebots durch Kooperation von ReferentInnen aus verschiedenen Unterrichtsfächern
- Berücksichtigung von aktuellen Forschungsergebnissen durch das Studium einschlägiger Fachliteratur und durch fachlichen Austausch mit ExpertInnen aus dem Wissenschaftsbereich
- Einsatz abwechslungsreicher Lehrmethoden zur Motivationssteigerung
- Einbindung der Erfahrungen der TeilnehmerInnen und Nutzung von Synergien durch praxisbezogene Projektaufgaben
- Vernetzung der TeilnehmerInnen für die Entwicklung eigener Projekte bzw. zur Kooperation zwischen verschiedenen Schulen
- Entwicklung eigener Materialsammlungen und Erstellung eines Materialienpools, der allen TeilnehmerInnen zugänglich ist

- Erreichen und Bewahren des hohen Qualitätsstandards dieser LehrerInnenfortbildung durch laufende Evaluation
- Enge Zusammenarbeit mit allen für das Gelingen des Fortbildungsangebotes relevanten Institutionen/Personen, um den Interessierten die Teilnahme zu ermöglichen bzw. zu erleichtern (Schnittstellen: TeilnehmerInnen, DirektorInnen, Stadtschulrat, Landesschulräte, Pädagogische Hochschulen, ReferentInnen)
- Längerfristig: Kommunikation mit den Schulbehörden über Möglichkeiten der Schaffung geeigneter Rahmenbedingungen, um auf Dauer Sprachfördermethoden in verschiedenen Fächern durchführen zu können (»Nachhaltigkeit«). Dies bedeutet zum Beispiel:
  - Unterrichtsstunden von Sprach- und FachlehrerInnen so aufeinander abzustimmen, dass fachlicher Austausch und fächerübergreifendes Arbeiten dauerhaft ermöglicht wird
  - Verbindliche Einplanung von dafür notwendigen zeitlichen und finanziellen Ressourcen
  - Sprachfördernde Maßnahmen zur Steigerung von Unterrichtsqualität als Gewinn für alle am Unterrichtsprozess Beteiligten betrachten und fest ins Schulprofil einplanen
  - LehrerInnenarbeit in diesem Zusammenhang angemessen honorieren. Unentgeltliche Dauermehrleistungen von Lehrkräften vermeiden!

7.3.2 Erhebung der Bedürfnisse von FachlehrerInnen mittels Fragebögen

Um einen Überblick darüber zu gewinnen, welche Bedeutung das Thema der geplanten Fortbildung für LehrerInnen der Sekundarstufe I hat und welche Erwartungen diese an ein derartiges Angebot stellen, wurde im Rahmen des Universitätslehrgangs »Fachbezogenes Bildungsmanagement« im Juli 2007 eine Fragebogenerhebung durchgeführt.

Das Projektteam ging dabei von der Annahme aus, dass jene LehrerInnen der Fächer Deutsch, Mathematik und Naturwissenschaften (Biologie und Umweltkunde, Chemie, Physik), die den Universitätslehrgang absolvierten, aufgrund ihrer didaktischen Kompetenz und ihrer Motivation ein ideales Zielpublikum für die Pilotphase der geplanten Fortbildung darstellen.

Die Einzelergebnisse sind ebenso wie der Fragebogen selbst im MNI-Bericht (Langer et al. 2008) nachzulesen und erbrachten folgende Erkenntnisse:

- Die besondere Situation von SchülerInnen mit Migrationshintergrund und die daraus resultierenden Probleme in multilingualen Klassen sind für einen Teil der Befragten nicht relevant bzw. nicht besonders wichtig, was auch für den Umgang mit sprachlicher und kultureller Heterogenität gilt.
- Hospitationsmöglichkeiten in multilingualen Klassen werden nur von wenigen Befragten gewünscht.
- Das Wissen um die Rolle und die Besonderheiten der Fachsprache(n) im Unterricht ist für einen Teil der Befragten sehr wichtig, für die Mehrheit jedoch nur von mittlerer Bedeutung.

• Die Textkompetenz in allen Fächern wird von der überwiegenden Zahl der LehrerInnen als besonders wichtig eingeschätzt.

Insgesamt lässt sich erkennen, dass Fortbildung zum Umgang mit Sprache im Sachfachunterricht als wichtig erachtet wird, wobei insbesondere die Förderung von Textkompetenz erwünscht ist. Gleichzeitig ist auch feststellbar, dass das Problembewusstsein vieler LehrerInnen für sprachliche Hürden im Fachunterricht noch wenig ausgeprägt ist. Inwieweit auch die Herkunft der Befragten, die aus allen Bundesländern kommen, eine Rolle spielt, lässt sich leider nicht ermitteln. In einigen Bundesländern hat das Thema »sprachliche Heterogenität im Klassenzimmer« aufgrund des geringen Anteils von Kindern mit Migrationshintergrund eine untergeordnete Bedeutung, was das mangelnde Interesse an dieser Thematik erklären könnte.

7.3.3 Fortbildungsdesign

Am Beginn des Projektes stand die Idee, einen umfassenden, qualitativ hochwertigen und auf die besonderen Bedürfnisse von SachfachlehrerInnen zugeschnittenen *Lehrgang* zu konzipieren, der berufsbegleitenden Charakter hat.

Zentrale Fragen an diesem Punkt der Projektkonzeption waren jene nach der Bereitschaft der LehrerInnen, die geplante Fortbildung anzunehmen bzw. welche Form und welcher Umfang dafür am ansprechendsten wären.

Die Auswertung der im vorhergehenden Abschnitt erwähnten Fragebögen sowie Rückmeldungen in informellen Gespächen während des ULG »Fachbezogenes Bildungsmanagement« ließen uns in Hinblick auf die knappen Zeitressourcen der Zielgruppe von der *Lehrgang*sidee wieder abkommen.

Unsere Planung zielte dennoch darauf ab, Unterrichtende in einem längerfristigen Prozess zu begleiten. Da die Entwicklung von didaktischer Kompetenz im Hinblick auf den Einsatz der Sprache im jeweiligen Unterrichtsfach auch ausreichend Zeit benötigt, sollte anstatt eines *Lehrganges* ein *berufsbegleitendes Fortbildungsmodell* entwickelt werden, das durch die Teilnahme von – im besten Fall – LehrerInnen-*Teams* aus einer Schule zu einer nachhaltigen Veränderung im Umgang mit Sprache in den Sachfächern führen sollte. Über ein Schuljahr hinweg würde eine Gruppe von SachfachlehrerInnen im Ausmaß von mehreren Ganztagen am Thema »Sprachförderung in Nicht-Sprachfächern« arbeiten und zugleich sprachsensible Methoden bzw. Unterrichtsmaterialien in der Praxis erproben (vgl. dazu auch Langer et al. 2008, S. 10). Dieses Fortbildungsmodell kann nach Bedarf durch Follow-up-Veranstaltungen ergänzt und vertieft werden.

7.3.4 Inhalte

Inhaltlich orientiert sich das Fortbildungsangebot zur Sprachförderung in allen Fächern stark an den im Service-Modul zur »Sprachförderung in allen Unterrichtsfächern« (Kapitel 6.2, LehrerInnenausbildung) angegebenen thematischen Schwerpunkten.

Details dazu verbunden mit ersten didaktischen Überlegungen finden sich bei
Langer et al. (2008).

8. Abschließende Bemerkungen

Bisher wurde von allen Beteiligten an den hier angeführten Projekten zur »Sprachförderung im Fachunterricht« bzw. zur »Sprachsensibilisierung im Fachunterricht«
im Rahmen der LehrerInnenaus- und -fortbildung viel Energie und Freizeit eingebracht. Natürlich bleiben diese Initiativen trotz des Engagements und der planeri-
schen Kreativität weit hinter den Entwicklungsmöglichkeiten zurück, die die in Kapitel 1 angeführten geförderten Projekte auf europäischer Ebene haben. Aber trotz
des großen zeitlichen und organisatorischen Aufwandes ist und war es für alle Beteiligten spannend und inspirierend, in Prozesse gestaltend einzugreifen, die im
schulischen Alltag als problematisch empfunden werden.

Wenn die Konzepte ganz oder wenigstens teilweise aufgehen, können sich Unterrichtende über kontinuierliche Lernfortschritte und zunehmende Erfolge ihrer
SchülerInnen freuen. Vollmer (2009) formuliert es so:

Nur wer diese (Fach-) Sprachlichkeit vermittelt bekommt, sie handhaben oder sie zumindest
entschlüsseln kann und sie selbst (einigermaßen) meistert, wird in der Lage sein, die Relevanz
des Faches für sein eigenes Leben, für die Berufswelt sowie für die anstehenden gesellschaftlichen Auseinandersetzungen und Diskussionen zu erkennen und sich entsprechend
daran beteiligen können [...].

Anmerkungen

1 Auf der Seite der »Language Policy Division« des Europarates werden alle relevanten Studien, die
   im bisherigen Projektverlauf erarbeitet wurden, sowie die Ergebnisse der beiden Intergovern-
   mental Conferences (Oktober 2006 bzw. November 2007) zum Download bereitgestellt:
   http://www.coe.int/t/dg4/linguistic/schoollang_EN.asp [Zugriff: 2.6.2009].
2 Projekt zur Erhebung und Förderung des integrierten Sprach- und Fachlernens (CLIL) auf
   Deutsch. Förderungsprogramm der EU-Kommission: Allgemeine Aktionen zur Beobachtung,
   Analyse und Innovation (Sokrates, Aktion 6.1.2.) 2005–2007.
3 Einen ausführlichen Überblick über die Einflussfaktoren auf den Spracherwerb bietet Brizić 2007.
4 Eine übersichtliche Zusammenfassung der Unterscheidung von »Basic Interpersonal Commu-
   nicative Skills« (BICS) und »Cognitive Academic Language Proficiency« (CALP) findet sich unter
   http://www.iteachilearn.com/cummins/bicscalp.html [Zugriff: 2.6.2009].
5 Grundlegende Informationen über die Situation des Muttersprachlichen Unterrichts in Österreich findet man bei Fleck 2002 bzw. bm:ukk 2009a.
6 Die aktuellen Lehrpläne siehe unter: *http://www.bmukk.gv.at/schulen/unterricht/index.xml* [Zu-
   griff: 2.6.2009].
7 *http://www.promise.at/cms/index.php?id=545* [Zugriff: 2.6.2009].
8 *http://www.univie.ac.at/mina/* [Zugriff: 2.6.2009].
9 Vgl. dazu *http://homepage.univie.ac.at/klaus-boerge.boeckmann/bilder/MARILLE.pdf* [Zugriff:
   2.6.2009].
10 Dieser Aufsatz beschreibt vorwiegend die Situation in Wien und erhebt nicht den Anspruch, die
   Aus- und Fortbildungsangebote in ganz Österreich überprüft zu haben.

11 Die Ausführungen über das Fortbildungsmodul sind eine Zusammenfassung der Abschlussarbeit zum Universitätslehrgang »Fachbezogenes Bildungsmanagement« an der Universität Klagenfurt (Helten-Pacher/Lasselsberger 2008).

Literatur

BM:UKK (Hrsg., 2009): *Informationsblätter des Referats für Migration und Schule*, Nr. 2: SchülerInnen mit anderen Erstsprachen als Deutsch: Statistische Übersicht. Schuljahre 2000/01–2007/08. Wien, 10., aktualisierte Aufl.

BM:UKK (Hrsg., 2009a): *Informationsblätter des Referats für Migration und Schule*, Nr. 5: Muttersprachlicher Unterricht in Österreich. Statistische Auswertung für das Schuljahr 2007/08. Wien, 10., aktualisierte Aufl.

BRIZIĆ, KATHARINA (2007): *Das geheime Leben der Sprachen. Gesprochene und verschwiegene Sprachen und ihr Einfluss auf den Spracherwerb in der Migration.* Münster: Waxmann, S. 45–71.

BUHLMANN, ROSEMARIE; FEARNS, ANNELIESE (2000): *Handbuch des Fachsprachenunterrichts. Unter besonderer Berücksichtigung naturwissenschaftlich-technischer Fachsprachen.* Tübingen: Gunter Narr, 6., überarb. und erw. Aufl.

FLECK, ELFIE (2002): Der muttersprachliche Unterricht. In: *Erziehung und Unterricht*, November/Dezember, 9–10, S. 1110–1124.

FLUCK, HANS RÜDIGER (1996): *Fachsprachen. Einführung und Bibliographie.* Tübingen-Basel: A. Francke, 5., überarb. und erw. Aufl.

HAIDER, BARBARA; HELTEN-PACHER, MARIA-RITA (2009): CLILiG in Österreich? Erfahrungen und Konsequenzen aus der Teilnahme Österreichs am Projekt CLILiG. In: *Fremdsprache Deutsch*, H. 40, S. 54–59.

HELTEN-PACHER, MARIA-RITA; LASSELSBERGER, ANNA (2008): *Sprachförderung in allen Unterrichtsfächern – ein Modell zur LehrerInnenfortbildung.* Reflective Paper zum Modul Fachdidaktik Deutsch im Rahmen des Universitätslehrgangs »Fachbezogenes Bildungsmanagement« der Universität Klagenfurt (unveröffentlicht).

LANGER, ELISABETH et al. (2008): *Sprachsensibilisierung im Deutschsprachigen Sachfachunterricht.* Projekt im Rahmen des MNI-Fonds für Unterrichts- und Schulentwicklung. S2 »Grundbildung und Standards« (2007/08).

DIES.: *Projektbericht:* http://imst.uni-klu.ac.at/imst-wiki/images/e/ef/932_Langfassung_Langer.pdf [Zugriff: 2.6.2009].

LEISEN, JOSEF (Hrsg., 2003): *Methoden-Handbuch. Deutschsprachiger Fachunterricht (DFU).* Bonn: Varus.

DERS. (Hrsg., 2009): *Handbuch. Sprachförderung im Fach. Sprachsensibler Fachunterricht in der Praxis.* Bonn: Varus [in Vorbereitung].

PORTMANN-TSELIKAS, PAUL R. (1998): *Sprachförderung im Unterricht. Handbuch für den Sach- und Sprachunterricht in mehrsprachigen Klassen.* Zürich: Orell Füssli.

DERS. (2002): Textkompetenz und Unterricht. In: Portmann-Tselikas, Paul R.; Schmölzer-Eibinger, Sabine (Hrsg.): *Textkompetenz. Neue Perspektiven für das Lernen und Lehren.* Innsbruck-Wien-München: StudienVerlag, S. 13–43 (= Theorie und Praxis – Österreichische Beiträge zu Deutsch als Fremdsprache, Serie B, 7).

SCHMÖLZER-EIBINGER, SABINE (2008): *Lernen in der Zweitsprache. Grundlagen und Verfahren der Förderung von Textkompetenz in mehrsprachigen Klassen.* Tübingen: Narr.

VOLLMER, HELMUT JOHANNES (2006): *Language Across the Curriculum. Expertise für den Europarat, Language Policy Division.* Strasbourg: Council of Europe. Online: http://www.coe.int/t/dg4/linguistic/Conference06_Docs_rev_EN.asp#TopOfPage) [Zugriff: 2.6.2009].

DERS. (2009): Diskursfunktionen und fachliche Diskurskompetenz bei bilingualen und monolingualen Geographielernern. In: Ditze, Stephan-A.; Halbach, Ana (Hrsg.): *Bilingualer Sachfachunterricht (CLIL) im Kontext von Multilingualität, Plurikulturalität und Multiliteralität.* Frankfurt: Lang [in Vorbereitung].

Vormayr, Günther et al (Hrsg., 2007): *Endbericht. Entwicklung von Standards Naturwissenschaften. 8. Schulstufe*. Im Auftrag des Bifie Salzburg. Linz. Online: http://www.brgkepler.at/~rath/pl_an/standards/standards_nawi_8.doc [Zugriff: 2.6.2009].

Projekte

MARILLE – Mehrheitssprachenunterricht als Basis für plurilinguale Erziehung. Ein Projekt des Europäischen Fremdsprachenzentrums des Europarats in Graz (EFSZ). Online: http://homepage.univie.ac.at/klaus-boerge.boeckmann/bilder/MARILLE.pdf [Zugriff: 2.6.2009].

MINA – MigrantInnen im Naturwissenschaftlichen Unterricht (2005–2007). Kooperation des Regionalen Fachdidaktischen Zentrums der Fakultät für Physik der Universität Wien und den Regionalen Netzwerken Wien. Online: http://www.univie.ac.at/mina/ [Zugriff: 2.6.2009].

PROMISE – Promotion of Migrants in Science Education (2005–2007). Gefördert von der Europäischen Kommission. Online: http://www.promise.at/cms/index.php?id=545 [Zugriff: 2.6.2009].

Projektmitarbeit

CLILiG (Content and Language Integrated Learning in German) – »State of the Art« und Entwicklungspotential in Europa. Projekt zur Erhebung und Förderung des integrierten Sprach- und Fachlernens (CLIL) auf Deutsch. Förderungsprogramm der EU-Kommission: Allgemeine Aktionen zur Beobachtung, Analyse und Innovation
(Sokrates 6.1.2.) 2005–2007
Projektleitung: Opeko. Staatliches Fortbildungsinstitut für Bildungswesen, Tampere/Finnland
Projektleitung Wien: Univ. Prof. Dr. Hans-Jürgen Krumm
Projektmitarbeiterinnen: Dr. Barbara Haider, Mag. Maria-Rita Helten-Pacher
Projekt CLILiG: http://www.opeko.fi/clilig [Zugriff: 2.6.2009]
Abschlusskonferenz Curriculum Linguae 2007 (20.-22.9.2007):
http://www.opeko.fi/clilig/konferenz.htm [Zugriff: 2.6.2009]

Sprachsensibilisierung im Deutschsprachigen Sachfachunterricht. Projekt im Rahmen des MNI-Fonds für Unterrichts- und Schulentwicklung
S2 »Grundbildung und Standards« (2007/08)
Mitarbeiterinnen: Dr. Elisabeth Langer, Mag. Maria-Rita Helten-Pacher, Mag. Anna Lasselsberger
Projektbericht: http://imst.uni-klu.ac.at/imst-wiki/images/e/ef/932_Langfassung_Langer.pdf [Zugriff: 2.6.2009]

3
Fächerübergreifend Lesen, Schreiben und Reflektieren

Gemeinsam Unterrichten in Deutsch, Mathematik und den Naturwissenschaften

Angela Schuster

Aktionsforschung und schreibende Reflexion als Mittel zur Veränderung der Denkweisen von Lehrerinnen und Lehrern naturwissenschaftlicher Fächer

Was veranlasst Lehrerinnen und Lehrer ihre Arbeitsweisen zu überdenken und darüber zu schreiben? Wie können sie angeregt werden, ihren Unterricht zu reflektieren? Welche Hilfestellungen brauchen sie dazu? Was ist notwendig, damit sich Denkweisen wirklich verändern?

Das sind viele Fragen, die in diesem Beitrag nicht erschöpfend beantwortet werden können. Es soll aber ein Ansatz von LehrerInnenfortbildung und -forschung vorgestellt werden, der dazu führt, dass Lehrerinnen und Lehrer nach eigenen Aussagen »dazulernen und sich weiter entwickeln«. Dabei handelt es sich um das Durchlaufen eines Aktionsforschungsprozesses und die schriftliche Dokumentation dieses Prozesses. Dazu sind unterstützende Rahmenbedingungen nötig, die im Kontext der Universitätslehrgänge »Pädagogik und Fachdidaktik für Lehrer/innen« (PFL) und des IMST-Fonds vorhanden sind.

Es soll daher zuerst eine kurze Einführung in die Aktionsforschung gegeben werden, wobei auf ihre Wurzeln, ihre Charakteristika und die Bedeutung der Reflexion eingegangen wird. Der zweite Teil des Artikels beschäftigt sich mit dem Schreiben als Reflexionsinstrument und der Frage »Warum schreiben?«, die in der Literatur viel seltener gestellt wird als die Frage »Wie schreiben?«. Anschließend werden die PFL-Lehrgänge und IMST kurz vorgestellt, um einen Eindruck zu vermitteln, unter welchen Bedingungen Lehrkräfte ihre Aktionsforschungsvorhaben durchführen. Im Hauptteil werden die Ergebnisse einer empirischen Untersuchung vorgestellt, in der Lehrerinnen und Lehrer naturwissenschaftlicher Fächer nach den Anreizen gefragt wurden, die sie zum Schreiben bewegen, und die eindeutig zeigt, dass sich die Sichtweisen – zumindest im Bezug auf das Schreiben – nach einem Aktionsforschungsprozess stark verändern.

1. Der Aktionsforschungsansatz

Der Aktionsforschungsansatz, der in den PFL-Lehrgängen und im IMST-Fonds (siehe 3.2) gepflegt wird, orientiert sich weniger an den Handlungsforschungsansätzen der deutschsprachigen Länder als an Konzepten des anglo-amerikanischen Raums. Laut Noffke und Kemmis (Altrichter 1990, S. 43) geht Aktionsforschung auf zwei Wurzeln zurück:

- auf *John Collier*, der von 1933 bis 1945 in den Vereinigten Staaten Beauftragter für Indianerfragen war und der versuchte, »eine sozial bewusste, praxisbezogene Form einer angewandten Anthropologie zu betreiben, um die Lebensumstände der Indianer zu verbessern« (zit. nach Altrichter 1990, S. 43) und
- auf *Kurt Lewin*, der auch Vater der Aktionsforschung genannt wird, »die für ihn eine vergleichende Erforschung der Bedingungen und Wirkungen verschiedener Formen des sozialen Handelns und eine zu sozialem Handeln führende Forschung ist« (Lewin 1953, zit. nach Altrichter 1990, S. 43).

Darüber hinaus hebt Herbert Altrichter in seinem Buch *Ist das noch Wissenschaft?* vier Personen besonders heraus, deren Denken die Entwicklung und Ausprägung von Aktionsforschung nachhaltig geprägt hat:

- *Lawrence Stenhouse*: Für ihn ist Wissen, das in der Schule weitergegeben wird, immer etwas Vorläufiges und daher überprüfenswürdig. Lehren soll zur Reflexion von Wissen anleiten. Dabei soll durch die Gestaltung des Unterrichts verhindert werden, dass Wissen als Autorität angesehen und unhinterfragt akzeptiert wird (vgl. Altrichter 1990, S. 46).
- *John Elliot*: Auf ihn gehen viele Elemente des in Österreich praktizierten Aktionsforschungsansatzes zurück, von denen einige weiter unten noch genauer beschrieben werden. Er definiert Aktionsforschung als »the study of a social situation with a view to improving the quality of action within it« (Elliot 1981, zit. nach Altrichter 1999, S. 51) und formuliert das vorrangige Ziel von Aktionsforschung als »to improve practice rather than to produce knowledge« (Elliot 1991, S. 49). Seiner Ansicht nach sind die Handlungen von Lehrerinnen und Lehrern Ausdruck ihrer »praktischen Theorien«, der sogenannten »theory in action«. Diese praktischen Theorien werden in Aktionsforschungsprozessen reflektiert und weiterentwickelt, was in der Folge zu einer Weiterentwicklung der Praxis führt.
- *Joseph Schwab* vertritt die Ansicht, dass es im Praxiskontext nicht möglich ist, sich an einzelne wissenschaftliche Theorien zu binden, weil diese aus ihrer Entstehungsgeschichte heraus vielfach zu idealisierend und vereinfachend sowie disziplinär und einseitig sind, um die Vielschichtigkeit praktischen Handelns abdecken zu können. Wenn es um das Handeln in der Praxis geht, müsse man aus verschiedenen Möglichkeiten einzelne Elemente herausnehmen und diese zu einem neuen Ganzen zusammenfügen. Dadurch kann man auf das praktische Problem fokussiert bleiben »und dabei in eklektischer Weise Gebrauch von den disziplinären Theorien machen, die dabei mit dem praktischen Problem verglichen, in ihrer partiellen Relevanz beurteilt, der konkreten Situation entsprechend modifiziert und angereichert werden müssen.« (Altrichter 1990, S. 67)
- *Donald Schön* unterscheidet drei Phasen professionellen Wissens: Das »unausgesprochene Wissen-in-der-Handlung« (»tacit-knowing-in-action«) ist der »normale Aggregatzustand« des Wissens von Praktikern. Außergewöhnlich, aber nicht

selten vorkommend, ist die »Reflexion-in-der-Handlung« (»reflection-in-action«), die bei Handlungsproblemen notwendig wird, während Reflexion-über-die-Handlung ein wichtiges Merkmal professioneller Kompetenz ist (Altrichter 1990, S. 68 ff.).

Was sind aber nun charakteristische Merkmale und Prinzipien von Aktionsforschung? Im Folgenden ein Versuch, wichtige Eckpunkte herauszugreifen, da eine erschöpfende Darstellung in diesem Rahmen nicht möglich ist:

- Aktionsforschung vereinigt *Forschung und Entwicklung*. Es geht um Veränderungsprozesse, die von den betroffenen Lehrkräften selber geplant, durchgeführt und evaluiert werden. Auch wenn es externe BeraterInnen gibt, bleibt die Kontrolle bei den Lehrerinnen und Lehrern. Ausgangspunkt der Aktionsforschung ist daher immer die Praxis, und die Betroffenen sind Subjekte und ForscherInnen zugleich (vgl. Altrichter 2009, Altrichter/Posch 2007).
- Aktionsforschung bezieht immer *mehrere Perspektiven* ein. Im schulischen Kontext werden zum Beispiel die Ansichten der Lehrkräfte mit denen der Schülerinnen und Schüler bzw. von externen Beobachtern verglichen (vgl. Altrichter/Posch 2007, S. 18).
- Aktionsforschung ist *kollaborative Forschung*. Lehrkräfte bringen die Ergebnisse ihrer individuellen Forschungsprojekte in eine größere Gemeinschaft – in der Regel eine Gruppe – ein, stellen sie zur Diskussion und bekommen Rückmeldungen. In diesem Zusammenhang hat sich der Begriff der »kritischen Freundinnen und Freunde« etabliert, die wohlwollend, aber bestimmt Fragen stellen und Feedback geben (vgl. Altrichter 1990, Altrichter/Posch 2007).
- Aktionsforschung berücksichtigt sogenannte »*ethische Codes*«. Das sind Regeln für die Zusammenarbeit, die drei Prinzipen enthalten: das der Kontrolle, das des Aushandelns und das der Vertraulichkeit. Die Lehrkräfte haben, wie oben schon erwähnt, die Kontrolle über den ganzen Prozess. Sie bestimmen Beginn, Ende und Richtung. Sie handeln mit anderen Beteiligten Bedingungen für die Zusammenarbeit aus, und die Ergebnisse des Forschungsprozesses können nur mit Zustimmung der Betroffenen weitergegeben werden (vgl. Altrichter 1990, Altrichter/Posch 2007).
- Die von den forschenden Lehrerinnen und Lehrern gemachten Erfahrungen werden, wann immer möglich, *öffentlich gemacht*, um anderen Anregungen für die eigene Praxis zu geben. Nach John Elliot können nach einem Diskurs in der »professional community« auch aus Aussagen von Fallstudien verallgemeinernde Schlüsse gezogen werden (Altrichter 1990, S. 167). Das Mittel der Wahl um Erfahrungen anderen zugänglich zu machen, ist das Verschriftlichen, das weiter unten noch ausführlich behandelt wird.

Aktionsforschung erstreckt sich zumeist über einen längeren Zeitraum und ist häufig zyklisch, weil Phasen von professionellem Handeln sich mit Reflexionsphasen abwechseln und sich dadurch iterative Prozesse ergeben, da Reflexion nicht selten neue Handlungsoptionen aufwirft, die wieder erprobt und evaluiert werden müssen.

Abb. 1: Der Kreislauf von Aktion und Reaktion (Altrichter/Posch 2007, S. 16)

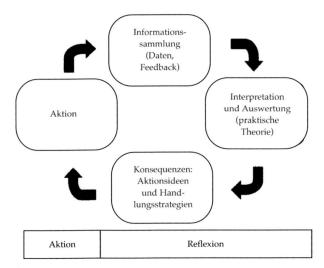

1.1 Die Bedeutung der Reflexion

Die Reflexion der eigenen Arbeit soll als zentrales Element der Aktionsforschung nun nochmals gesondert und ausführlicher betrachtet werden. Genauer gesagt geht es eigentlich um ein Wechselspiel von Aktion und Reflexion. Abbildung 1 zeigt eine Darstellung des Zusammenhangs von Handlung und Reflexion (Altrichter/Posch 2007, S. 16). Aus der jeweiligen Handlung werden Daten gewonnen bzw. Feedback eingeholt. Diese Daten müssen ausgewertet und interpretiert werden und münden in einer praktischen Theorie, die der vorher vorhandenen sehr ähnlich sein, sich von ihr aber auch stark unterscheiden kann. Aus der neuen Theorie heraus ergeben sich Konsequenzen und Strategien für neue Handlungen, und in der Regel werden diese neuen Handlungsoptionen wieder in die Praxis umgesetzt, so dass sich ein zyklischer Prozess ergibt, den man allerdings auch als Spirale betrachten kann, die sich immer weiter nach oben schraubt. Das professionelle Handlungswissen der Forscher/innen entwickelt sich ständig weiter.

Eine etwas andere Darstellung zeigt Abbildung 2. Hier sind noch zwei Aspekte ergänzt, nämlich Einstieg und Verbreitung. In den Zyklus wird in der Praxis häufig mit der Sammlung von Daten zu einem Thema, das aus irgendeinem Grund für die Lehrperson Aktualität erlangt hat, eingestiegen. Das kann Unzufriedenheit mit einer bestimmten Situation sein, aber auch Neugier bzw. Erkenntnisinteresse, das sich aus früheren Beobachtungen ergeben hat. Werden die Ergebnisse der Datensammlung veröffentlicht und verbreitet, so bricht man damit aus dem bestehenden Aktionsforschungszyklus aus. Rückmeldungen und Reaktionen darauf können zu neuen Ideen führen, die entweder die Planung weiterer Schritte beeinflussen oder überhaupt einen neuen Einstieg bedingen.

Abb. 1:
Der Zyklus der Aktionsforschung
(Altrichter/Posch 2007, S. 16)

Der Zyklus der Aktionsforschung

Einstieg

Beobachtung und
Datensammlung ← Aktion

Datenanalyse und → Planung
Interpretation

Verbreitung

1.2 Schreiben in der Aktionsforschung

Lehrkräfte, die in einem Aktionsforschungsprozess Erkenntnisse gewonnen haben, fragen sich häufig, warum sie das alles auch noch verschriftlichen sollen. Es stellt sich daher die Frage, ob die schriftlichen Endprodukte nicht nur deshalb eine so wichtige Rolle spielen, weil man sich an die Standards des Wissenschaftssystems anpassen wolle. Herbert Altrichter gibt einige Argumente an, die für Verschriftlichung sprechen (vgl. Altrichter 1990):

Reflexion findet in der Aktionsforschung nicht nur bei den einzelnen Lehrerinnen und Lehrern statt, sondern auch in Gruppen, was laut Elliot zu einer Entwicklung der Profession führt. Dazu braucht es allerdings das schriftliche Dokument als Trägermedium. Erst so wird professioneller Erfahrungsaustausch möglich. Andererseits ermöglicht das Schreiben eine andere Art der Betrachtung der eigenen Arbeit: »Durch das Beschreiben von Prozessen, in die man involviert ist, tritt man sozusagen aus der Situation heraus und wird zum Beobachter. Dadurch können neue Aspekte und Zusammenhänge erkennbar werden.« Bei der Verschriftlichung wird eine erfahrene Situation in kognitive Strukturen gelegt. »Durch das Niederschreiben wird nach der Wahrnehmung gleichsam ein weiterer Reduktionsfilter über eine erlebte Situation gelegt.« (Rauch 1996, S. 70)

Trotzdem ist der Widerstand gegen das Schreiben bei den naturwissenschaftlichen Lehrkräften am Anfang eines Aktionsforschungsprozesses erfahrungsgemäß sehr groß, weil es für die meisten eine Tätigkeit ist, die sie selten bis gar nicht ausüben und die Zeit und Energie erfordert. Wenn sie sich allerdings einmal auf diesen Prozess eingelassen haben, sehen sie die Vorteile im Sinne einer Vertiefung und Präzisierung. Dieser Sachverhalt sollte in der nachstehend beschriebenen Untersuchung genauer unter die Lupe genommen werden.

2. Warum schreiben?

Ist es erforderlich, von Lehrkräften zu verlangen, dass sie die Erkenntnisse aus ihren Aktionsforschungsprozessen niederschreiben? Ist dieser sehr aufwändige Schritt notwendig? Ändern die Lehrkräfte wirklich nach dem Schreiben ihre Meinung? Diese Fragen standen am Anfang einer Untersuchung über die Anreize, die Lehrerinnen und Lehrer zum Schreiben bewegen? Zu ihrer Beantwortung ist es zuerst notwendig, einen Blick in die Literatur zu werfen. Es ist jedoch gar nicht leicht, Aussagen zu finden, die die Warum-Frage beantworten. Da ist es schon wesentlich einfacher Beiträge zur Schreibpädagogik oder zur Frage »Wie schreiben?« aufzutreiben. Aus diesem Fundus sollen nun einige Beispiele herausgegriffen werden.

Otto Kruse und Daniel Perrin schreiben in ihrem Artikel »Intuition und professionelles Schreiben« (2003), dass in unserer auf Schrift ausgerichteten Gesellschaft hohe Erwartungen an Schreibkompetenzen gestellt werden, dass der Wettbewerbsdruck in Kultur, Wissenschaft, Wirtschaft sowie im Sozial- und Bildungsbereich eine ausgefeilte und adressatensichere Textkommunikation erfordere und dass im deutschen Sprachraum eine Professionalisierung des Schreibens zu beobachten sei.

Das Schreiben wandelt sich also von einem Feld weitgehend intuitiver Sprachgestaltung zu einer Sprachtechnologie, die sich ihrer Kompositionsprinzipien bewusst wird und gezielt ihre Mittel, Werkzeuge und Strategien einsetzt. Das Schreiben muss auf einer reflektierten Ebene neu begründet und neu gelernt werden, damit es problemorientiert, adressatengerecht, stilsicher und zielbezogen eingesetzt werden kann. (Kruse/Perrin 2003, S. 8)

Im zweiten Einleitungsartikel des Buches *Schreiben: Von intuitiven zu professionellen Schreibstrategien* mit dem Titel »Schreiben erforschen, überdenken, verbessern«, behauptet Daniel Perrin (2003, S. 15) weiters: »Profis schreiben bewusster, und Schreiben bewusst zu machen professionalisiert.« Im Zusammenhang mit der beruflichen Weiterentwicklung von Lehrerinnen und Lehrern sind das wichtige Aspekte. Es geht darum, das »Werkzeug« Schreiben als Mittel zu entdecken, das hilft, die eigene Situation zu reflektieren und neue Möglichkeiten der Aktion/Reaktion oder Problemlösung zu finden (vgl. Schuster 2008, S. 18).

Für Lev Vygotskij ist Schreiben ein Sprechen im Denken ohne materiellen Laut, ohne Gesprächspartner, daher abstrakter als mündliches. »Es ist ein Sprechen, das auf maximale Verständlichkeit für einen anderen orientiert ist. Man muss alles voll aussprechen.« (Vygotskij 2002, S. 318)

»Schriftliches Sprechen ist im Hinblick auf die psychische Natur seiner Funktion ein völlig anderer Prozess als das mündliche Sprechen. Es ist die schwierigste und komplizierteste Form der absichtlichen und bewussten Sprechtätigkeit.« (Ebd.)

Vygotskij betont auch, dass beim schriftlichen Sprechen jede Gelegenheit des Ausdrucks durch Intonation, Mimik und Gestik entfällt. Die Möglichkeit einer Verkürzung, indem zusätzliche Informationen mit Hilfe von Körpersprache gegeben werden, ist von vornherein ausgeschlossen. Jede Mitteilung muss verbalisiert werden.

Interessant ist auch die Aussage von Carl Bereiter, der betont, dass sich der kognitive Nutzen des Schreibens erst dann einstellen kann, wenn ein bestimmtes

Niveau an Schreibkompetenz vorhanden ist (vgl. Molitor-Lübbert 2003, S. 37).
Die Psychologin Silvie Molitor-Lübbert gibt fünf Funktionen des Schreibens an
(vgl. Molitor-Lübbert 2003, S. 33 f.):

- Kommunikative Funktion
- Mittel zur »Verdauerung« – Funktion als externer Speicher
- Objektivieren von eigenem Wissen und eigenen Gefühlen oder Meinungen, um
  sich damit auseinander zu setzen
- Entwurf von Texten, die einen Sinn intendieren und auf einen Zusammenhang
  hin ausgelegt sind – Entwicklung des Schreibens von einer reinen Merkhilfe zu ei-
  nem Denkwerkzeug oder einer Kreativitätstechnik
- Teil eines Lösungsprozesses

Gerd Bräuer, der sich hauptsächlich mit der Frage »Wie schreiben?« beschäftigt,
meint:

> Beim genauen Beschreiben dessen, was beim Umgang mit und in den verschiedenen Aus-
> drucksmedien geschieht, erscheint mir die vollzogene Tätigkeit in einer Vielfalt und Kom-
> plexität, deren ich mir beim eigentlichen Tun nicht oft bewusst bin. Beim Dokumentieren und
> Reflektieren meines Tuns werden plötzlich Details von Tätigkeiten sichtbar, Motive für Hand-
> lungen einsichtig und Konsequenzen deutlich. (Bräuer 1998, S. 90)

Dieser Satz bezieht sich zwar auf Ausdrucksmöglichkeiten wie Bildlichkeit, Mündlichkeit, Musikalität und Theatralität, trifft aber auch auf das Schreiben zu.

Otto Kruse bedauert den Mangel an empirischen Untersuchungen zum Schreiben und meint: »Die Bedeutung des Schreibens für jede Art von Bildung ist so
selbst-evident, dass im deutschsprachigen Raum niemand auf die Idee gekommen
ist, zu untersuchen, wie man das Schreiben erlernt und was man lernt, wenn man
schreibt.« (Kruse 2006, S. 47)

Auch wenn es das eine oder andere Forschungsergebnis gibt, kann diese Aussage
als Ermunterung gesehen werden, das Schreiben genauer wissenschaftlich zu untersuchen.

Herbert Altrichter und Peter Posch führen in ihrem Buch *Lehrer erforschen ihren
Unterricht* einige Gründe dafür an, warum das Schreiben den Lehrerinnen und Lehrern so schwer fällt, wollen diese aber gleichzeitig als Plädoyer für das Schreiben
nutzen (vgl. Altrichter/Posch 2007, S. 277 f.) Hier sei nur eine Aussage wiedergegeben, die zeigt, wie wichtig es ist, das professionelle Selbstbewusstsein von Lehrerinnen und Lehrern zu stärken:

> Viele LehrerInnen glauben, dass ihre täglichen Erfahrungen und das Wissen, das sie sich bei
> ihrer Berufstätigkeit erarbeiten, für niemand anderen als für sie selbst wichtig sein könnten. Sie
> sind dann regelmäßig überrascht, wenn sie bei Aktionsforschungsprojekten und -tagungen auf
> großes Interesse bei KollegInnen stoßen. In der Aktionsforschung wird viel Mühe auf die För-
> derung der – auch schriftlichen – Verbreitung von Lehrerwissen gelegt, weil ein wichtiges Ziel
> gerade darin besteht, das professionelle Selbstbewusstsein der Lehrerschaft zu stärken sowie
> Lehrerfortbildung und praxisbezogene Forschung und Entwicklung nicht vollständig einer pro-
> fessionsexternen Expertenschicht zu überlassen. (Altrichter/Posch,2007, S. 277)

Der Untertitel von Sandra Holingsworths Artikel »Teachers as Researchers« lautet »Writing to Learn about Ourselves – and Others«. Sie beschreibt ihre Zusammenarbeit mit LehrerInnen, die Aktionsforschung betreiben. Sie ist davon überzeugt, dass das Schreiben und die Diskussionen über die so entstandenen Produkte die zentralen Punkte der gemeinsamen Arbeit sind. Sie bezeichnet »writing as a means of claryfing learning« (Hollingsworth 1990, S. 18).

Volker Dybbert, der mit seiner Firma Führungskräfte und Change-Manager in ihrem Tun unterstützt, sieht schriftliche Selbstreflexion als Kulturtechnik und Methode der Zukunft, also eine Technik, die unsere Kultur geprägt hat und prägt und die auch in Zukunft Bedeutung haben wird. Er gibt drei Haupteigenschaften schriftlicher Reflexion an:

1. »Schriftliche Selbstreflexion ist Auseinandersetzung mit mir selbst und mich in Beziehung setzen zu mir selbst.«
2. »Schriftliche Selbstreflexion wendet sich an ein Gegenüber.«
3. »Schriftliche Selbstreflexion hat ein Thema und bildet einen Fokus.« (Dybbert 2007, S. 62)

Das sind nur einige Beiträge, die die positiven Seiten des reflexiven Schreibens hervorheben. Die im nächsten Kapitel beschriebene Befragung von Lehrkräften, die schon Erfahrung mit dem Schreiben gemacht hatten, sollte ans Licht bringen, ob diese die Ansichten der Autorinnen und Autoren teilen oder gegenteilige Erfahrungen gemacht haben.

3. Warum Lehrerinnen und Lehrer schreiben

Zur Beantwortung der Frage »Warum Lehrerinnen und Lehrer schreiben« wurden 115 Lehrkräfte naturwissenschaftlicher Fächer, die entweder einen Universitätslehrgang »Pädagogik und Fachdidaktik« absolviert oder im Rahmen des IMST-Fonds Projekte durchgeführt und dokumentiert hatten, befragt. Es wurde erhoben, warum Lehrkräfte schreiben bzw. welche Anreize sie im Schreiben sehen und ob sich diese Anreize nach Durchlaufen des Schreibprozesses verändern.

3.1 Fragestellung und Vorgangsweise

Konkret wurden in erster Linie zwei Fragen untersucht:
● Welche Anreize bewegen Lehrerinnen und Lehrer zum Schreiben über ihre Praxis?
● Wie ändern sich die Anreize im Laufe des Schreibprozesses? Welche Unterschiede gibt es zwischen »vorher« und »nachher«?

Die Vorgehensweise orientierte sich an einem Dreischritt, den *Falko Rheinberg* in seiner Habilitationsschrift *Zweck und Tätigkeit* (1989) zur Erforschung von Anreizen angibt:
1. Selbst-Ausführen der Tätigkeit durch die untersuchende Person, um bei Verbalisierungsschwierigkeiten eher zu erahnen, was gemeint ist.

2. Erstellen eines vorläufigen Anreizkataloges aus folgenden Informationsquellen:
   a) Experten der fraglichen Tätigkeit
   b) Fachzeitschriften/-bücher
   c) Spezifische Werbung
3. Bewertung des Anreizkataloges durch eine größere Anzahl von Personen (vgl. Rheinberg, 1989, S. 147).

In Anlehnung an diesen Dreischritt wurde aus den Literaturzitaten, aus offenen Interviews mit Lehrkräften bei Seminaren und Parolen aus der Werbung ein vorläufiger Anreizkatalog für das Schreiben erstellt, der mit Kolleginnen und Kollegen mehrmals diskutiert wurde. Danach wurde der Fragebogen für die Online-Befragung erstellt. Es wurden 298 Lehrkräfte angeschrieben und gebeten den Fragebogen auszufüllen. Nach der Auswertung der Fragebögen wurden mit sechs Personen, die sich zur Verfügung gestellt hatten, ergänzende Interviews geführt (siehe auch Schuster 2008, S. 52).

3.2 Die Kontexte PFL und IMST

Für das Verständnis der Untersuchungsergebnisse ist es günstig, die Kontexte, in denen die befragten Lehrkräfte über ihre Praxis schreiben, zu kennen.

Die Personen, die an der Untersuchung teilnahmen, hatten entweder einen Universitätslehrgang »Pädagogik und Fachdidaktik für Lehrer/innen« der Naturwissenschaften oder der Mathematik absolviert, oder sie hatten im Rahmen des IMST-Fonds ein Projekt durchgeführt, das zumindest ein Jahr lang von einem Team begleitet wurde.

Die vom IUS (Institut für Unterrichts- und Schulentwicklung der Universität Klagenfurt) veranstalteten Lehrgänge »Pädagogik und Fachdidaktik für Lehrer/innen« (PFL) sind ein Beispiel für eine spezielle Art von Lehrerfortbildung, die darauf abzielt Reflexion und Austausch zwischen Lehrkräften zu fördern und Zusammenarbeit über einen längeren Zeitraum zu ermöglichen (nach Krainz-Dürr u. a. 2002, S. 335). In der Zeitschrift *Plus Lucis* des »Vereins zur Förderung des physikalischen und chemischen Unterrichts« erschien im Frühjahr 2005 eine Ankündigung für den Lehrgang »PFL-Naturwissenschaften«, die die wichtigsten Aspekte des Lehrgangs beleuchtet und ein wenig Einblick gibt in das, was dort passiert:

PFL-NW bedeutet »Pädagogik und Fachdidaktik für Lehrer/innen der Naturwissenschaften«. Es handelt sich hier um einen Hochschullehrgang, der vom Institut für Unterrichts- und Schulentwicklung der Universität Klagenfurt angeboten wird und sich an alle Lehrerinnen und Lehrer richtet, die Biologie, Chemie oder Physik ab der 5. Schulstufe unterrichten, die ihre Unterrichtspraxis überdenken und Neues ausprobieren wollen, die sich gezielt mit den Denkweisen der Schüler/innen auseinandersetzen möchten, die Interesse an aktuellen didaktischen Fragen haben, denen der Austausch mit Kolleg/innen wichtig ist, [...] kurz gesagt an alle, die sich mit einer »Vitaminspritze« für ihren Beruf etwas Gutes tun wollen. Denn wer möchte nicht gerne seine persönlichen Stärken weiterentwickeln, fachliche und methodische Impulse bekommen und sich der Unterstützung einer kollegialen Gruppe »kritischer Freunde« sicher sein? (Schuster 2005, S. 26)

Der Lehrgang möchte:

- der Freude am Unterrichten neue Impulse geben,
- Kompetenzen der LehrerInnen zur Vermittlung naturwissenschaftlicher Konzepte erweitern,
- neue fachdidaktische Erkenntnisse vermitteln und diskutieren,
- Reflexionsprozesse über Unterricht in den Fächern Biologie, Chemie, Physik anregen,
- konstruktivistisch orientiertes Lernen (vom Vorwissen ausgehend) fördern,
- gemeinsam mit LehrerInnen und WissenschaftlerInnen Unterrichtsmodelle im eigenen Fach und fächerübergreifend entwickeln und erproben,
- den Lernertrag im Hinblick auf naturwissenschaftliche Bildungsziele evaluieren,
- die Rolle von Naturwissenschaft und Technik in der Gesellschaft analysieren,
- Weiterarbeit über den Lehrgang hinaus und die Professionalisierung des Lehrberufs insgesamt fördern. (Schuster 2005, S. 26)

Die PFL-TeilnehmerInnen sind Lehrerinnen und Lehrer aller Schultypen und kommen aus ganz Österreich. Sie absolvieren im Laufe von vier Semestern drei einwöchige Seminare und treffen einander fünf Mal für eineinhalb Tage in Regionalgruppen an den Schulstandorten. Dazwischen führen sie in ihren Schulen Aktionsforschungsvorhaben durch und dokumentieren diese in zwei schriftlichen Arbeiten.

Die Lehrkräfte werden vom Team und von der Gruppe bei der Strukturierung und Datensammlung unterstützt und haben die Möglichkeit, das Geschriebene in den Regionalgruppen gegenseitig zu lesen und zu kommentieren.

Das Besondere dieser Lehrgänge fasst das folgende Zitat nochmals zusammen:

In ihrem Anspruch, die Unterrichtspraxis von Lehrer/innen nicht nur zum Gegenstand von Reflexion, sondern auch von Forschung zu machen und die Ergebnisse dieser Prozesse auch zu veröffentlichen, unterscheidet sich diese Form der Lehrerfortbildung von anderen Angeboten. In den PFL-Lehrgängen steht also nicht das Vermitteln fertiger Rezepte oder Forschungsergebnisse im Vordergrund, sondern es geht vielmehr darum, die Teilnehmer/innen anzuregen, selbst zu forschen. Der Wissenschaft kommt dabei vor allem die Rolle der Unterstützung von systematischen Reflexionsprozessen von Praktiker/innen zu. (Krainz-Dürr u. a. 2002, S. 336)

Der »Fonds für Unterrichts- und Schulentwicklung« ist ein Teilprogramm von IMST (vgl. Krainer 2007). Der Fonds unterstützt finanziell, organisatorisch und fachlich bzw. fachdidaktisch Innovationen im Unterricht und in der Schulentwicklung sowie Entwicklungsinitiativen an österreichischen Schulen und schulbezogene fachdidaktische Forschung. Die Projektanträge werden von zwei Personen unabhängig voneinander begutachtet. Im Falle einer Genehmigung erhalten die Lehrkräfte finanzielle Mittel zur Materialbeschaffung, aber auch für Reisekosten und Beratung durch Expert/innen (vor allem für fachdidaktische Fragen und Evaluation). Die Projekte werden in acht Schwerpunkten von Teams aus jeweils drei Personen betreut. Es werden Workshops angeboten, von denen mindestens zwei verpflichtend sind, es wird persönlich, per Mail oder telefonisch beraten, vor allem bei der Strukturierung der Projekte. Ziele, Ablauf und Evaluation müssen klar formuliert und während des gesamten Prozesses im Auge behalten werden. Zum Schluss erfolgt die Dokumentation in einem Projektbericht. Zur Erleichterung des Berichtschreibens und um Austausch zwischen den Lehrerinnen und Lehrern zu ermöglichen, gibt es meist im

Tab. 1: Liste der Anreize für das Schreiben

1	*Druck von außen* Ich schreibe, weil es verlangt wird.
2	*Ergebnis/Produkt* Ich schreibe, weil mir das Produkt, das dabei entsteht, wichtig ist.
3	*Ordnung der Gedanken* Ich schreibe, weil es mir hilft, meine Gedanken zu ordnen.
4	*Abschluss einer Tätigkeit* Ich schreibe, weil ich dadurch meine Arbeit vervollständigen bzw. einen Prozess zum Abschluss bringen kann.
5	*Sichtbarmachen der Arbeit* Ich schreibe, weil ich damit meine Arbeit als Lehrer/in sichtbar mache.
6	*Überzeugung anderer* Ich schreibe, weil ich andere dazu veranlassen möchte, meine Ideen und Überlgungen zu übernehmen.
7	*Bestand/Verfügbarkeit* Ich schreibe, weil das, was ich geschrieben habe nicht in Vergessenheit gerät und immer wieder verfügbar ist.
8	*Lernen/Professionalisierung* Ich schreibe, weil ich durch das Verschriftlichen von Ideen und Erfahrungen dazu lerne und mich weiter entwickle.
9	*Klarheit gewinnen* Ich schreibe, weil es mir hilft, Klarheit zu gewinnen. Nach dem Schreiben sehe ich die Dinge für mich deutlicher fassbar.
10	*Distanz/Objektivierung* Ich schreibe, weil ich dadurch meine Arbeit aus einer gewissen Distanz betrachte und sie objektiver sehen kann.
11	*Veröffentlichung/Kommunikation* Ich schreibe, weil ich anderen meine Ideen und Erfahrungen zugänglich machen oder Rückmeldungen bekommen möchte.
12	*Freude an der Tätigkeit selbst* Ich schreibe, weil es schön ist. Wenn ich schreibe, geht es mir gut.
13	*Denkprozess/Erkenntnis* Ich schreibe, weil ich manches nur erkenne, wenn ich es niederschreibe.
14	*Intensive Auseinandersetzung* Ich schreibe, weil ich durch das Verschriftlichen genötigt bin, mich intensiver mit einer Situation auseinander zu setzen, so dass ich nicht an der Oberfläche bleibe.
15	*Reflexion* Ich schreibe, weil Schreiben mir ermöglicht, Ereignisse bewusst nochmals zu überdenken.
16	*Präzisierung* Ich schreibe, weil ich dabei genauer formulieren muss und mich nicht so leicht über Unklarheiten hinwegschwindeln kann.

Abb. 3: Ausschnitt aus dem Online-Fragebgogen

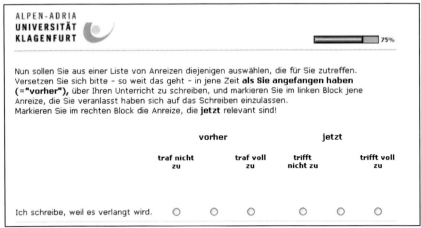

April eine Schreibwerkstatt, wo einerseits die Ergebnisse der Arbeit vorgestellt werden und andererseits schon Geschriebenes gegengelesen und kommentiert wird.

3.3 Der Anreizkatalog

Tabelle 1 zeigt den Anreizkatalog, dessen Entstehung oben beschrieben wurde. Er enthält 16 Oberbegriffe mit jeweils einem Satz zur Verdeutlichung dieser Begriffe. Im Online-Fragebogen wurden allerdings die Oberbegriffe weggelassen. Um die Aufgabenstellung für die Bewertung der Anreize besser zu illustrieren, ist in Abbildung 3 ein Screenshot aus dem Online-Fragebogen dargestellt.

So wie im Beispiel »Druck von außen« sollten auch alle anderen Anreize bewertet werden. Zusätzlich wurden die Lehrkräfte aufgefordert, die drei Anreize, die für sie am wichtigsten waren, anzugeben.

Die drei Stufen der Anreizliste im Fragebogen wurden mit Hilfe einer Einteilung von 0 bis 2 ausgewertet (0 = trifft gar nicht zu, 2 = trifft genau zu). Daher liegen auch die Mittelwerte in diesem Bereich, und alle Werte größer als 1 sind positiv zu sehen.

3.4 Untersuchungsergebnisse

Das vielleicht wichtigste Ergebnis der Untersuchung sieht man in den nachfolgenden beiden Abbildungen. Abbildung 4 zeigt, dass alle Anreize mit Ausnahme des Drucks von außen nach dem Schreiben höher bewertet wurden als vorher. Die Annahme, dass sich durch den Schreibprozess die Sichtweise verändert und das Schreiben positiver gesehen wird, bestätigt sich damit. Der Druck schreiben zu müssen steht nicht mehr im Vordergrund, sondern die Lehrerinnen und Lehrer sehen eine ganze Reihe von Vorteilen, die ihnen das Schreiben bietet.

Abb. 4:
Bewertung der
Anreize »vorher«
und »nachher«

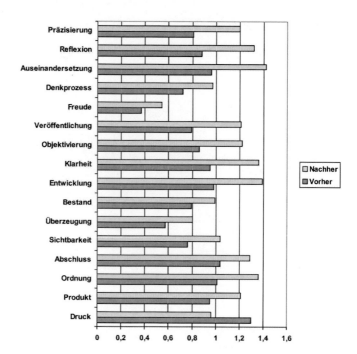

In Abbildung 5 kann man deutlicher sehen, welche Anreize sich am meisten verändert haben. Die Bewertung der Aussage »Ich schreibe, weil ich durch das Verschriftlichen genötigt bin, mich intensiver mit einer Situation auseinander zu setzen.« verändert sich während des Schreibprozesses am stärksten, gefolgt von »Ich schreibe, weil Schreiben mir ermöglicht, Ereignisse bewusst nochmals zu überdenken.« Wie schon oben sichtbar, ist »Ich schreibe, weil es verlangt wird.« die einzige Aussage, die nach dem Schreibprozess geringer bewertet wird als vorher. Das bedeutet vermutlich, dass Lehrkräfte zuerst »gezwungen« werden müssen, sich auf so einen Prozess einzulassen, damit sie die Vorteile erkennen.

Wie schon erwähnt, waren die Lehrkräfte gebeten worden, die drei ihnen *am wichtigsten erscheinenden Anreize* anzugeben. Auf dem ersten Rang wurden am häufigsten die Weiterentwicklung der Persönlichkeit und das Gewinnen von Klarheit genannt, aber auch der Druck von außen. Auf dem zweiten Rang wurde am häufigsten genannt, dass das, was geschrieben wird, nicht in Vergessenheit gerät. Auf dem dritten Rang steht die Weiterentwicklung der Persönlichkeit an erster Stelle, dann folgen Veröffentlichung bzw. Kommunikation und das Gewinnen von Klarheit. Es gab allerdings Personen, die nur einen Favoriten oder zwei Anreize anführten und für den zweiten oder dritten Platz keine Nennung mehr abgaben.

Summiert man die Nennungen der ersten drei Plätze, so ergibt sich die Verteilung von Abbildung 6. Weiterentwicklung der Persönlichkeit wird am häufigsten genannt, Freude am Schreiben am seltensten. Es gibt keinen Anreiz, der nie an einer

Abb. 5: Unterschiede der Bewertung der Anreize vor und nach dem Schreiben

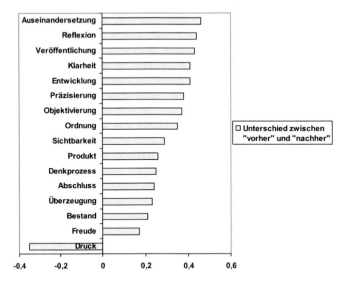

Abb. 6: Summe der Nennungen in den ersten drei Rängen

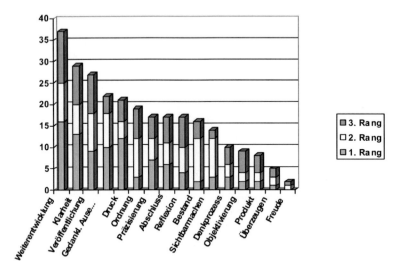

der ersten drei Stellen genannt wurde. Das bedeutet, dass es eine breite Streuung in der Wichtigkeit der Anreize gibt und dass alle Anreize wirkliche Anreize sind, die auch als solche gesehen werden. Das ist allerdings nicht weiter verwunderlich, weil die Anreizliste ja unter anderem dadurch entstanden ist, dass Beteiligte gefragt wurden (Schuster 2008, S. 127).

Abb. 7: Beliebtheit der Tätigkeit Schreiben (Quartilen)

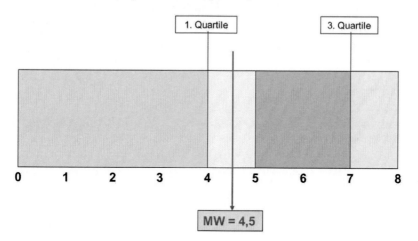

Die Lehrkräfte wurden auch gefragt, wie sie die *Beliebtheit der Tätigkeit Schreiben* auf einer Skala von 0 (= widerwärtig) bis 8 (= Lieblingstätigkeit) einordnen würden. Dabei ergab sich ein Mittelwert von 4,5, also etwas über der Hälfte. Abbildung 7 zeigt, dass 75 Prozent der Befragten die Tätigkeit zwischen »mittel« = 4 und »am liebsten« = 8 einordnen. Das bedeutet, dass Schreiben im Mittel eine ganz gut akzeptierte und nicht ganz widerwärtige Tätigkeit ist, wobei hier auf die Art des Schreibens nicht Bezug genommen wurde und Schreiben im Lehrberuf sehr vielschichtig sein kann.

Festgestellt wurde weiters, dass die (selbst eingeschätzte) Schreibkompetenz der Lehrerinnen und Lehrer mit fast allen Anreizen korreliert. Nur beim Druck schreiben zu müssen, gibt es keine Korrelation. Das deckt sich mit der Aussage von Carl Bereiter, der, wie schon oben erwähnt, meint, dass sich der kognitive Nutzen des Schreibens erst dann einstellen kann, wenn ein bestimmtes Niveau an Schreibkompetenz vorhanden ist.

Die vertiefenden Interviews, die im Anschluss an die Fragebogenerhebung geführt wurden, gaben die Möglichkeit, manche Unklarheiten zu beseitigen und lieferten auch einige sehr aufschlussreiche Zitate, die den Wert des reflektierenden Schreibens für die Lehrpersonen nochmals bestätigen. Nachfolgend zwei Aussagen zur Illustration (Schuster 2008, S. 135 ff.):

Nachdem ich die ersten Hürden überwunden hatte, habe ich festgestellt, dass ich Antwort auf meine Fragen bekommen habe und zwar teilweise unerwartete. [...] und als Zweites habe ich festgestellt, dass während ich das schreibe mir Ideen kommen, die ich jetzt gar nicht für das Schreiben brauche, sondern Ideen, wie ich ganz andere Dinge besser machen kann. Und das war eine interessante Erkenntnis [...] Wenn mir ursprünglich drei Sachen aufgefallen sind, sind mir beim Schreiben mindestens doppelt so viele Sachen aufgefallen.

Persönliche Weiterentwicklung ist, wenn ich im Unterricht etwas ausprobiere und dann reflektieren kann und sehe dann, dass etwas schlecht gelaufen ist. Ich muss dann überlegen und für mich selber festlegen, wie ich das verbessern kann. [...] Das Schreiben trägt dazu bei, indem ich in der Phase des Schreibens reflektieren kann. [...] und mir schon über Verbesserungen Gedanken machen kann. Das ist irgendwie miteinander verwoben.

3.5 Schlussbemerkung

Vor allem die letzten beiden Zitate, aber auch die beschriebenen Untersuchungsergebnisse lassen keinen Zweifel daran, dass reflektives Schreiben in Verbindung mit Aktionsforschung ein geeignetes Mittel ist, um Denkweisen zu verändern und die Professionalität von Lehrerinnen und Lehrern weiter zu entwickeln. Es ist allerdings notwendig einen unterstützenden Rahmen zu schaffen, innerhalb dessen einmal so ein Prozess durchlaufen werden kann, um Vorteile und Nutzen der schreibenden Reflexion zu erkennen.

Literatur

ALTRICHTER, HERBERT (1990): *Ist das noch Wissenschaft? Darstellung und wissenschaftstheoretische Diskussion einer von Lehrern betriebenen Aktionsforschung.* München: Profil-Verlag.

DERS. (2009): Praxisforschung als akzeptiertes Element der Erziehungswissenschaft? In: Hollerbach, Nicole; Tillmann, Klaus-Jürgen (Hrsg.): *Die Schule forschend verändern. Praxisforschung aus nationaler und internationaler Perspektive.* Bad Heilbrunn: Klinkhardt.

ALTRICHTER, HERBERT; POSCH, PETER (⁴2007): *Lehrerinnen und Lehrer erforschen ihren Unterricht.* Bad Heilbrunn: Klinkhardt.

BRÄUER, GERD (1998): *Schreibend lernen. Grundlagen einer theoretischen und praktischen Schreibpädagogik.* Innsbruck: Studienverlag.

DYBBERT, VOLKER (2007): »Ich singe, weil ich ein Lied hab'...«. Schreiben als Königsweg der professionellen Selbstreflexion. In: *Journal für Schulentwicklung* 1, S. 60–65.

ELLIOT, JOHN (1991): *Action Research for Educational Change.* Philadelphia: Open University Press – Milton Keynes.

HOLLINGSWORTH, SANDRA (1990): Teachers as Researchers: Writing to learn about Ourselves – and Others. In: *The Quarterly of the National Writing Project & The Center for the Study of Writing* 12 (4), p. 10–18.

KRAINER, KONRAD (2007): Die Programme IMST und SINUS: Reflexionen über Ansatz, Wirkungen und Weiterentwicklungen. In Höttecke, Dietmar (Hrsg.): *Naturwissenschaftlicher Unterricht im internationalen Vergleich.* Berlin: Lit Verlag, S. 20–48 (= Gesellschaft für die Didaktik der Physik, 27).

KRAINZ-DÜRR, MARLIES; KRÖPFL, BERNHARD; PIBER, CHRISTA; STERN, THOMAS; KRAINER, KONRAD; RAUCH, FRANZ (2002): Universitätslehrgänge »Pädagogik und Fachdidaktik für Lehrer/innen (PFL)«. In: Knapp, Gerald (Hrsg.): *Wissenschaftliche Weiterbildung im Aufbruch? Entwicklungen und Perspektiven.* Wien-Laibach-Klagenfurt: Hermagoras/Mohorjeva.

KRUSE, OTTO (2006): Schreiben lernen: Konzeptentwicklung und Etappen empirischer Forschung. In: *Journal für Lehrerinnen- und Lehrerbildung* 3/2006, S. 46–53.

KRUSE, OTTO; PERRIN, DANIEL (2003): Intuition und professionelles Schreiben. In: Perrin, Daniel; Böttcher, Ingrid; Kruse, Otto; Wrobel, Arne (Hrsg.): *Schreiben. Von intuitiven zu professionellen Schreibstrategien.* Wiesbaden: Westdeutscher Verlag, S. 7–13.

MOLITOR-LÜBBERT, SILVIE (2003): Schreiben und Denken. Kognitive Grundlagen des Schreibens. In: Perrin, Daniel; Böttcher, Ingrid; Kruse, Otto; Wrobel, Arne (Hrsg.): *Schreiben. Von intuitiven zu professionellen Schreibstrategien*. Wiesbaden: Westdeutscher Verlag, S. 33–46.

PERRIN, DANIEL (2003): Schreiben erforschen, überdenken, verbessern. Ein exemplarischer Einstieg. In: Perrin, Daniel; Böttcher, Ingrid; Kruse, Otto; Wrobel, Arne (Hrsg.): *Schreiben. Von intuitiven zu professionellen Schreibstrategien*. Wiesbaden: Westdeutscher Verlag, S. 33–46.

RAUCH, FRANZ (1996): Über den Wert des Schreibens von Tagebüchern und Fallstudien für die Unterrichts- und Schulentwicklung. In: *Erziehung und Unterricht* 146/2, S. 70–78.

RHEINBERG, FALKO (1989): *Zweck und Tätigkeit. Motivationspsychologische Analysen zur Handlungsveranlassung*. Göttingen: Hogrefe.

SCHUSTER, ANGELA (2005): PFL-NW – Was ist denn das? In: *Plus Lucis. Mitteilungsblatt des Vereins zur Förderung des physikalischen und chemischen Unterrichts und des Fachausschusses LHS der Österreichischen Physikalischen Gesellschaft* 1–2, S. 26–27.

DIES. (2008): *Ich schreibe, also lerne ich. Welche Anreize bewegen Lehrkräfte zum Schreiben über ihre Praxis?* Regensburg: Roderer [Publikation der Dissertation: »Warum Lehrer/innen schreiben« an der Universität Klagenfurt, 2008].

VYGOTSKIJ, LEV (2002): *Denken und Sprechen. Psychologische Untersuchungen*. Weinheim-Basel: Beltz.

Astrid Beckmann

Fächerübergreifend unterrichten in Mathematik und Deutsch
Arbeiten mit Gemeinsamkeiten und Differenzen

1. Mathematik und Deutsch

Es gibt viele Beispiele für fächerübergreifenden Mathematikunterricht. Ein sehr bekannter Ansatz ist die Kooperation mit dem Fach Physik oder auch mit Biologie und Chemie (vgl. Themenheft *MU 1/2*, 2007). Naturwissenschaftliche Kontexte können zu einem aktuellen und realistischen Bild von Mathematik beitragen; sie können helfen, die Kluft zwischen Formalem und Alltag zu schließen und authentische Erfahrungen ermöglichen (vgl. z. B. ScienceMath-Projekt 2009). Durch die Naturwissenschaften können mathematische Begriffe sogar aspektreicher gelernt und ein vernetztes Denken gefördert werden (Beckmann 2006).

Eine Kooperation mit dem Fach Deutsch findet eher selten statt. Zu verschieden wirken diese Fächer (Gallin/Ruf/Sitta 1985). Ein Vergleich zeigt auch entscheidende Unterschiede, die sich aus den Hintergrundwissenschaften ergeben. Während sich der Mathematikunterricht auf die Mathematik bezieht, bezieht sich der Deutschunterricht auf die Germanistik, die sich methodisch eindeutig von der Mathematik unterscheidet: Mathematik ist eine deduktive Wissenschaft, Germanistik eine hermeneutische. In der Hermeneutik geht es darum, »einen Sinnzusammenhang aus einer anderen »Welt« in die eigene zu übertragen« (Gadamer, zit. nach Jung 1997, S. 59). Das scheinbar Trennende zwischen Deutsch und Mathematik sind die hermeneutischen Methoden und Inhalte, die zum Beispiel durch die Literaturdidaktik (literarische Hermeneutik) für die Schule aufbereitet wurden. Gerade aber dieser hermeneutische Hintergrund des Deutschunterrichts, die Literatur, bietet interessante Kooperationsmöglichkeiten. Dies wird in Abschnitt 4 gezeigt.

Darüber hinaus ist beachtenswert, dass Germanistik auch deduktive Anteile enthält, nämlich die Grammatik. Interessanterweise ist Grammatik auch ein Teilgebiet der Mathematik (nicht des Mathematikunterrichts), so dass sich auf wissenschaftlicher Ebene Gemeinsamkeiten ergeben, die ebenfalls Anregung für fächerübergreifenden Unterricht sein können. In 3.5 gehe ich kurz darauf ein.

Neben dem Umgang mit Literatur ist das schriftliche Arbeiten ein wesentlicher Bestandteil des Deutschunterrichts. Dabei tritt Schreiben als eigener, speziell thematisierter Lerngegenstand auf, aber auch als Medium, indem es der Kommunikation, der Reflexion und dem Ausdruck dient (vgl. Fritzsche 2000a, S. 23). Schreiben kann sehr unterschiedlich sein und unterschiedliche Funktionen und Adressaten haben. Beispielsweise kann es klärend, poetisch oder kommunikativ sein; es kann der Veröffentlichung dienen oder dem geselligen Vergnügen; es kann an einen oder mehrere AdressatInnen gerichtet sein oder an den Schreiber/die Schreiberin selbst; letztlich kann das Schreiben spontan und natürlich sein oder sich eines bestimmten Schreibstils bedienen (Beckmann 2003b). Schreiben als Medium ist durchaus nicht nur deutschspezifisch, sondern betrifft (fast) alle Fächer, auch den Mathematikunterricht. Das Fördern der sprachlichen Fähigkeiten ist auch ein Bildungsziel des Mathematikunterrichts und spielt insbesondere beim mathematischen Begriffsaufbau und beim Problemlösen eine wichtige Rolle.

Mathematik- und Deutschunterricht haben Unterschiede, aber auch Gemeinsames. Beides kann fruchtbare Kooperationen anregen.

2. Unterschiede als Ansatz für eine Kooperation

2.1 Vorgedanken

In dem von der Autorin entwickelten Modell des fächerübergreifenden/fächerverbindenden Unterrichts (Beckmann 2003) wird insbesondere in den Unterschieden, in der»Fremdheit« von Fächern, eine besondere Chance für die Kooperation gesehen. Denn das Einbeziehen, Nutzen und Integrieren von »Fremdaspekten« (Mudroch 1995, Beckmann 2003) verspricht zusätzlich neue und andere Perspektiven und damit eine besondere Bereicherung für das Lernen in jedem beteiligten Fach.

In den folgenden Abschnitten dieses Kapitels werden konkrete Unterschiede zwischen Deutsch- und Mathematikunterricht benannt und *Fremdheit* als viel versprechender Kooperationsansatz zwischen den Fächern diskutiert. In Kapitel 3 ist *Gemeinsamkeit* der Ausgangspunkt.

2.2 Literatur

Der hermeneutische Hintergrund des Deutschunterrichts zeigt sich besonders darin, dass ein Lerngegenstand die Literatur ist. In der (heutigen) Relativität des Literaturkanons liegt eine Chance für die Kooperation. Denn es eröffnet die Möglichkeit, Texte auszuwählen, die auch mathematisch interessant sind.

Mathematik kann in Literatur in unterschiedlicher Ausprägung und in unterschiedlichen Zusammenhängen auftreten (Beckmann 1995, 2003b; Beckmann/Annen 2008). Die Absichten, die mit dem in der Literatur anzutreffenden mathematischen Bezug verfolgt werden, unterscheiden sich. Radbruch zeigte, dass sie zum Teil auch für die betreffende Epoche typisch sind (Radbruch 1997).

Ein Stöbern in literarischen Texten führt darauf, dass es zahlreiche Werke gibt, in denen Mathematik auftritt. In der Regel ist das Auftreten beiläufig, kurz und betrifft nur einen kleinen Ausschnitt. Meist spielt die Mathematik für den Fortgang der Handlung kaum eine Rolle (vgl. Beckmann/Sriraman 2007, S. 76): In Thomas Manns

Der kleine Herr Friedemann findet sich zum Beispiel folgendes Nebenthema:

Auch ein Student der Mathematik war anwesend, ein Neffe des Oberleutnants, der bei seinen Verwandten zu Besuch war […] Gleich rechts von der Tür saß um einen kleinen Tisch ein Kreis, dessen Mittelpunkt von dem Studenten gebildet ward, der mit Eifer sprach. Er hatte die Behauptung aufgestellt, dass man durch einen Punkt mehr als eine Parallele zu einer Geraden ziehen könne. Frau Rechtsanwalt Hagenström hatte gerufen: »Dies ist unmöglich!« und nun bewies er es so schlagend, dass alle taten, als hätten sie es verstanden. (Nach Radbruch 1997, S. 165 f.)

Hermann Hesse schreibt in *Peter Camenzind*:

»Peter Camenzind«, sprach der Mathematiklehrer, »du bist ein Genie im Faulenzen, und ich bedaure, dass es kein niedrigeres Zeugnis gibt als Null. Ich schätze deine heutige Leistung auf minus zweieinhalb.« (Vgl. Radbruch 1997)

In Jules Vernes *Fünf Wochen im Ballon* findet sich folgende Aufgabe:

Wenn die Zahl der vom Doktor auf seinen Reisen um die Welt zurückgelegten Meilen gegeben ist, einen wie viel weiteren Weg hat dann – in Anbetracht des größeren Radius – sein Kopf zurückgelegt als seine Füße? Und weiter: Wenn die Zahl der von den Füßen und dem Kopf des Doktors hinter sich gebrachten Meilen bekannt ist, möge man daraus seine Körpergröße bis auf den Zentimeter genau berechnen.« (Vgl. Lehmann 1993, S. 74)

Seltener sind literarische Stücke, in denen die Mathematik das Stück trägt und sogar hermeneutisch von Bedeutung ist. Ein Beispiel ist Theodor Storms Novelle *Der Schimmelreiter*. Darin wird der tragische Kampf des Deichgrafen Hauke Haien geschildert, der versucht gegen den Widerstand seiner Umgebung dem Deichbau eine theoretische, fachwissenschaftlich abgesicherte Basis zu geben. Er scheitert, da er seine mathematische Begabung und Fähigkeit nicht in das soziale Umfeld integrieren kann. Die Mathematik wird hier literarisch genutzt, um besonders deutlich auf das Problem individualistischer Vereinzelung hinführen zu können (Radbruch 1997; Beckmann 1994, 1995).

Andererseits kann Mathematik aber auch selbst Grundlage und Ausgangspunkt für ein literarisches Stück sein, das bewusst um das mathematische Thema herum konstruiert wird. Beispiele sind Stücke für Kinder wie »What comes in 2s, 3s, 4s« (Fraser 1993, hier zum Thema Zahlentwicklung), die bekannten Geschichtsammlungen von Martin Gardner und Ian Stewart in *Scientific American* (z. B. Stewart 1995, 1997 usw.) sowie das speziell in der englischsprachigen Welt immer populärer werdende Genre des »mathematischen Romans« (Sriraman 2007). Typisch für diese Bücher ist, dass sie den historischen, biografischen oder kulturellen Kontext eines mathematischen Problems (wie Riemanns Hypothese) oder eines mathematischen Inhalts (wie in Hans Magnus Enzensbergers *Zahlenteufel*, 1997) beschreiben, einschließlich völlig erdachter Geschichten wie zum Beispiel *Das Theorem des Papagei* (Guedj 1999). Ein bekanntes Beispiel ist *Flatland* von Edwin Abbott (Abbott 1994, Sriraman 2007).

Aus Sicht des Mathematikunterrichts gestattet die unterschiedliche Literatur verschiedene Ansätze für ihren Einsatz. Zusammengefasst sind dies (Beckmann/Annen 2008, S. 152):

- Literatur als Anstoß für mathematische Inhalte und Aktivitäten
  - Literatur als Motivation von mathematischen Inhalten. Beispiel: Gedichte (vgl. Kap. 4 und Gedichtsammlung unter *www.matex.net.tc*).
  - Der literarische Text als Ausgangspunkt für ein lebendiges mathematisches Verständnis. Beispiele: Lewis Carrols' *Alice im Wunderland* (Gallin/Ruf 1995 und 1999, Kliman 1993), Theodor Storms *Von Katzen* (Beckmann 1999, 2003 und mehr).
  - Der mathematische Roman als Ausgangspunkt für vertiefte mathematische Gespräche. Beispiel: Stewarts *Flatterland* bzw. Abbotts *Flächenland – Ein Märchen mit vielerlei Dimensionen* (Abbott et al. 2009, vgl. auch Beckmann/Sriraman 2007, Sriraman 2007).
- Literaturdidaktische (ästhetische/emotionale und kritische) Auseinandersetzung mit (mathematischer) Literatur. Beispiel: Der mathematische Roman, der mathematische Fragen in einem außermathematischen Zusammenhang behandelt (vgl. Kap. 4).
- Die Auseinandersetzung mit literarischen Texten mit einem »verhängnisvollen Umgang« mit Mathematik (vgl. Kap. 4).

In Kapitel 4 werden einige der Ansätze konkret ausgeführt und erprobte Unterrichtsbeispiele vorgestellt. Es sei aber schon jetzt betont, dass sich der Einsatz von literarischen Texten im fächerübergreifenden Mathematikunterricht nicht immer und automatisch empfiehlt, sondern einer gewissenhaften Literaturauswahl und Planung bedarf. Zum Beispiel ist Abstand zu nehmen, wenn das Einbeziehen zu einem falschen Bild von Mathematik führt oder die Kooperation zu wenige Aspekte der Fächer einbezieht. So kann zum Beispiel die Mathematisierung eines literarischen Texts der Absicht des Texts deutlich widersprechen oder die Interpretation eines Texts zu lange nicht-mathematische Abschnitte enthalten.

Literaturdidaktische Einwände gegen einen entsprechenden Literatureinsatz können auch durch die historische Diskussion um die kritisch-theoretische Analyse von Texten (der 1970er Jahre) versus ästhetisch-rezeptionstheoretischer Richtung begründet werden. Im Unterschied zur kritisch-theoretischen Richtung, bei der der politisch-soziologische Hintergrund für die Analysearbeit als Material beigefügt wurde, findet bei der mathematischen Analyse von Literatur die »Materialsammlung« (hier im Sinne des mathematischen Hintergrunds) im Text jedoch nicht von Vornherein oder als Beigabe durch die Lehrerinnen und Lehrer statt, sondern erst durch die Schülerinnen und Schüler selbst. Insbesondere aber geschieht dies nicht allein im Literaturunterricht, sondern in Kooperation mit dem Mathematikunterricht, so dass die Mathematik die literarische Rezeption nicht stören muss, sondern sich eine gegenseitige Bereicherung ergeben kann. Ein entscheidender Unterschied zur kritisch-theoretischen Richtung ist aber, dass die Mathematik nicht als alleiniger Hintergrund des Texts verstanden wird und zum Teil sogar als zusätzliches Phantasiekonstrukt kenntlich gemacht wird (Beckmann 1995). Vor dem Hintergrund der ästhetisch-rezeptionstheoretischen Richtungen muss die mathematische Behandlung von Literatur so erfolgen, dass vor der mathematischen Analyse stets das individuelle, gefühlsmäßige Herangehen des Texts im Sinne der aktuellen Literaturdidaktik stattfindet.

2.3 Ästhetische Kommunikation und Emotionen

Neben der Literatur ist insbesondere die ästhetische Kommunikation (zwischen Leser/in und Lektüre) mit ihren emotionalen Anteilen ein kennzeichnender Aspekt des Literaturunterrichts (vgl. Kreft 1977; Beckmann/Annen 2007, S. 153). Ästhetik ist hier im Sinne des griechischen Ursprungs *Äisthesis* als Wahrnehmung, Empfindung, Gefühl, Mitgefühl oder Sensibilität zu verstehen. In der ästhetischen Kommunikation stehen emotionale Empfindungen im Vordergrund. Aus Sicht des Mathematikunterrichts eröffnet die Beachtung der emotionalen Seite scheinbar einen neuen Aspekt. Elisabeth Paefgen schreibt:»Der emotionale Faktor unterscheidet das Fach Literatur vom sprachlichen Teil des Deutschunterrichts, wahrscheinlich auch von den fremdsprachlichen Philologien und Geschichte, ganz sicher von den mathematisch-naturwissenschaftlichen Fächern.« (Paefgen 1999, S. 148) In der Tat ist es ein verbreitetes Vorurteil, dass Mathematik emotionslos sei. Ursache dafür ist wohl, dass die typisch mathematischen Arbeitsweisen zu emotionslosen Ergebnissen führen. Ein mathematischer Beweis darf keine gefühlsmäßigen, sondern nur sachlogisch begründete Argumente enthalten. Allerdings ist das Ergebnis nur die eine Seite der Mathematik. Der Weg zum Ergebnis, das Aufsuchen des Beweises ist die andere Seite. Nach Martin Wagenschein gibt es »keine wissenschaftliche Erkenntnis von Format, die nicht von Emotionen begleitet ist« (Wagenschein 1982, S. 67). Und Henri Poincaré hielt sogar das Ästhetische eher als das Logische für das dominierende Element der mathematischen Kreativität (Davis/Hersh 1994). In der Mathematikdidaktik ist der angesprochene Ansatz längst didaktisches Prinzip. Das genetische Vorgehen, bei dem die Schülerinnen und Schüler selbst die Mathematik über emotionale und rationale (Um-)Wege (wieder-)entdecken, enspricht dem ebenso wie die Forderung, Problemlösen, heuristisches Arbeiten und verbales Argumentieren im Mathematikunterricht zu betonen (vgl. Beckmann 2003, S. 23). Auch im Mathematikunterricht ist der spontane individuelle Zugang zu einem Thema durchaus erwünscht. In seiner Begründung für Geometrie in der Schule nennt Günter Graumann u. a. den Aspekt »Geometrie als Betätigungsfeld zur Entfaltung bestimmter Spieltriebe und zur Entwicklung von Freude an Mathematik« (Graumann 1997) und weiter: »Zwischen Mathematik und Ästhetik gibt es eine ganze Reihe von Beziehungen […] Durch die Berücksichtigung der Beziehungen von Mathematik und Ästhetik gewinnt der Lehrer neue Zugänge zur Mathematik und methodische Varianten und der Schüler erhält ein vielseitigeres Bild von der Mathematik, eine andere Einstellung zur Mathematik und eine andere Sichtweise der Welt.« (Graumann 1981, S. 32)

Für die Kooperation von Deutsch- und Mathematikunterricht bedeuten diese Überlegungen eine Chance. Der Mathematikunterricht wird an seine emotionale und ästhetische Seite erinnert (vgl. auch Gallin/Ruf/Sitta 1985); der Deutschunterricht kann – wenn er will – die Verbindung von Emotion und Sachlichkeit übernehmen; mindestens aber kann er seine Skepsis gegenüber dem Fach Mathematik als gefühlloses Gegenüber und damit (im negativsten Fall) als indiskutabler Kooperationspartner ablegen.

2.4 Interpretation

Eines der traditionellen Felder des Deutschunterrichts ist die *Interpretation*. Interpretation ist die (schriftliche) Auseinandersetzung des Verständnisses eines Texts; es ist die Rekonstruktion oder Konstruktion seiner Logik. Interpretation ist *die* hermeneutische Tätigkeit schlechthin: Sie will den Text verstehen. Joachim Fritzsche unterscheidet die Interpretation von der *Analyse*: »Der Analysator ist der Wissenschaftler, der das Zusammenwirken einzelner Teile, Schichten und Aspekte des Textes aufzeigt und ihr Funktionieren erklärt, der Interpret ist der Dolmetscher, der die unverständliche Sprache des Textes in die verständliche des Lesers übersetzt.« (Fritzsche 2000b, S. 229) Vor dem Hintergrund einer Kooperation zwischen Mathematik- und Deutschunterricht ist eine Literaturdidaktik förderlich, die sowohl eine ästhetische Rezeption, als auch eine interpretative Analyse gestattet. Erst eine solche Offenheit erlaubt auch eine mathematische Interpretation von literarischen Texten und die Wahl von Stücken, deren mathematischer Anteil auch den literarischen Gehalt beeinflusst. Möglicherweise kann das Entdecken von Mathematik sogar dazu beitragen, die Begrenztheit der Interpretation zu verdeutlichen (vgl. oben *Der Schimmelreiter*).

Der Vollständigkeit halber sei erwähnt, dass die Interpretation (im Sinne von Rückübersetzung) auch eine wesentliche Tätigkeit im mathematischen Modellierungsprozess ist. Die Interpretation der mathematischen Lösung des realen Ausgangsproblems gestattet erst die kritische Bewertung des mathematischen Modells und führt gegebenenfalls sogar zu seiner Modifizierung.

2.5 Schreiben und Sprache

Neben dem Umgang mit Literatur ist das schriftliche Arbeiten ein wesentlicher Bestandteil des Deutschunterrichts. Dabei tritt Schreiben als eigener, speziell thematisierter Lerngegenstand auf, aber auch als Medium, wobei Letzteres auch für andere Fächer, auch den Mathematikunterricht relevant ist.

Im Zusammenhang mit dem *Begriffsaufbau* dient Sprache außer zur Begriffsbezeichnung »auch als Strukturierungshilfe für begriffliche Erfahrungen sowie als Instrument der Darstellung und Übermittlung von Begriffsbedeutungen« (Maier 1986, S. 137). Ein Beispiel, bei dem die Bedeutung sprachlicher Aktivitäten immer wieder betont, aber unterrichtlich vernachlässigt ist, ist der Funktionsbegriff. Voraussetzung für den Funktionsbegriff – wie auch für andere mathematische Begriffe – ist eine vielseitige Erfahrung, wozu inhaltliche und darstellerische einschließlich *verbaler* Aspekte gehören (Beckmann 2006).

Im Zusammenhang mit dem *Problemlösen* kann Sprache helfen, »beim genauen und aktiven Erfassen des Problems, beim Generieren und Reflektieren von Lösungsansätzen und beim Darstellen des Lösungsverfahrens wie des Lösungsergebnisses« (Maier 1986, S. 137).

Bei fächerübergreifendem Interesse fragt sich, inwieweit in Bezug auf das aktive und passive Schreib- und Sprachvermögen eine Kooperation zwischen Deutsch und Mathematik interessant ist.

Wagenschein sowie Gallin und Ruf haben in diesem Zusammenhang die Unterschiede der verwendeten Sprache in Deutsch- und Mathematikunterricht herausgestellt und zu einer Annäherung geraten. Im Mathematikunterricht dominiert danach die »Sprache des Verstandenen«, die rückschauende, auf ein Publikum gerichtete Sprache; während im Deutschunterricht »die Sprache des Verstehens«, eine singuläre, nicht perfekte Sprache vorherrscht (Wagenschein 1980, Ruf/Gallin 1998). Da aber auch im Mathematikunterricht dem Verstandenen ein Verstehungsprozess vorausgehen sollte, liegt es nahe, die sprachliche Methode des Deutschunterrichts auch für den Mathematikunterricht zu nutzen. Das setzt aber voraus, dass der Deutschunterricht Sprache als Medium des Erkennens und Entdeckens deutlich und so für den Mathematikunterricht (und andere Fächer) nutzbar macht.

Bruno D'Amore und Patrizia Sandri wiesen in ihrer Untersuchung darauf hin, dass Sprache im Mathematikunterricht bevorzugt symbolisch und formal genutzt wird. Speziell beobachteten sie den »mathematischen Jargon« in Schülerlösungen, das heißt das sinnlose Nutzen von Formeln zur Lösungsdarstellung (D'Amore/Sandri 1996). Eine Überbetonung formalisierter Beschreibungen im Mathematikunterricht kann dazu führen, dass dem Formalismus mehr Gewicht gegeben wird als dem Inhalt. Entsprechende Beobachtungen wurden auch im Zusammenhang mit dem geometrischen Beweisenlernen gemacht. Eine von der Autorin in den 1990er Jahren durchgeführten Untersuchung mit fast 1.000 deutschen Schülerinnen und Schülern ergab, dass sich viele von ihnen erfolglos um eine formale Beweisdarstellung bemühten und dass die meisten Schülerbeweise handelnd-bildlich (untere Beweisstufe) oder formal-symbolisch (obere Beweisstufe) geführt waren, es aber kaum Schülerinnen und Schüler mit verbalen Beweisdarstellungen (mittlere Beweisstufe) gab (Beckmann 1997). Das Scheitern vieler Schülerinnen und Schüler wurde auf das unterrichtliche Überspringen der mittleren Beweisstufe und damit speziell auf den fehlenden sprachlichen Austausch über Beweise zurückgeführt.

Formalisierung ist auch nur eine mögliche Darstellungsweise und erreicht oft nicht das »Ich-Zentrum« der Schülerinnen und Schüler (Gallin/Ruf 1993). Aus lernpsychologischen Erkenntnissen hat sich in den letzten Jahrzehnten die didaktische Forderung entwickelt, Schülerinnen und Schülern auch im Mathematikunterricht Gelegenheit zu singulärer Sprache und nicht-formalisierter Darstellung zu geben. Die Reisetagebücher und die textlichen Eigenproduktionen sind Folge dieser Überlegungen. In der schriftlichen Auseinandersetzung mit dem Thema wird die Möglichkeit der individuellen Wissenskonstruktion, der intensiven Beschäftigung mit dem Thema gesehen und damit mehr Chancen für das Lernen erwartet. Der Deutschunterricht kann profitieren, indem das Schreiben als Denkhilfe erfahren wird.

Textliche Eigenproduktionen bedeuten eine Annäherung zwischen Deutsch- und Mathematikunterricht. Kennzeichen ist, dass die Schülerinnen und Schüler den Weg und die Darstellungsweise selbst bestimmen. Erst mit fortschreitendem Lernen und in der Diskussion sollen sich die Texte (dem Tempo der Schülerinnen und Schüler entsprechend) der regulären Norm nähern. Maier weist aber darauf hin, dass die *Fachsprache* dort, wo sie zur Verständigung *nötig* ist, eingeführt werden sollte.

Der Deutschunterricht bietet ein großes Repertoire an Schreibformen und vor dem diskutierten Hintergrund zahlreiche Anregungen für eine Nutzung im Mathematikunterricht (vgl. Tabelle 1). Die Entsprechungen zum Deutschunterricht bieten ein Potential für eine fächerübergreifende Kooperation.

Neben den Anregungen zum Schreiben liegt eine weitere Chance der Kooperation zwischen Deutsch- und Mathematikunterricht in einer Verbesserung des Kommunikationsverhaltens. Untersuchungen zeigen, dass im Mathematikunterricht zusammen hängende Sprachäußerungen oder das spontane Formulieren von Beobachtungen oder Gedanken eher selten sind (vgl. Maier/Schweiger 1999). Vielleicht könnte ein Teil des Sprachverhaltens im Deutschunterrichts durch den Einsatz deutschdidaktischer (Mathematik haltiger) Inhalte auf den Mathematikunterricht übertragen werden.

Darüber hinaus ist das Thema *Kommunikation* selbst ein viel versprechendes Kooperationsthema, das außer Deutsch- und Mathematikunterricht noch viele weitere Fächer einbeziehen kann (Beckmann 2003a und 2005, vgl. auch Kap. 3.5). Aus Sicht des Mathematikunterrichts ist Sprache aber auch ein eigenständiges mathematisches Thema, nämlich wenn es um die *Fachsprache* geht. Fachsprache dient der eindeutigen Verständigung und ist besonders dann bedeutsam, wenn es darum geht, den Wahrheitswert mathematischer Aussagen zu entscheiden bzw. entscheidbar zu machen (Meier/Schweiger 1999). Zur Fachsprache gehören *Fachausdrücke* und fachliche *Symbole*. Vor dem Hintergrund einer Kooperation zwischen Deutsch- und Mathematikunterricht ist interessant, dass mathematische Fachsprache gelegentlich als literarisches Stilmittel verwendet wird. In seinem wohl bedeutendsten Werk *Exercises de style* (*Stilübungen*) tut der französische Literat Raymond Queneau (1903–1976) genau dies, indem einige seiner Variationen seines vorgegebenen Thema »Fahrt im Pariser Bus ...« »mathematisch« fomuliert sind (Queneau 1990, S. 109, 249):

Mengenmathematisch. Im Autobus S unterscheiden wir die Menge S' und S'' der stehenden Fahrgäste. An einer gewissen Haltestelle befindet sich die Menge P der wartenden Personen. C sei die Menge der einsteigenden Fahrgäste; es ist einerseits eine Teilmenge von P und andererseits die Vereinigung von C', der Menge der Fahrgäste, die auf der Plattform zurückbleiben, und C'' , der Menge derer, die sich hinsetzten. Beweise, dass die Menge C'' die Nullmenge ist [...].

Geometrisch. In einem rechtwinkligen Parallelepiped, das sich längs einer geraden Linie der Gleichung 84x + S = y verschiebt, weist ein Homoid A, der oberhalb eines zylindrischen Teils der Länge 1 > n einen kugelförmigen, von zwei Sinuskurven umgebenen Kugelabschnitt vorweist, einen Berührungspüunkt mit einem trivialen Homoiden B auf. Beweise, dass dieser Berührpunkt ein Umkehrpunkt ist [...].

Aus mathematikdidaktischer Sicht sind solche Versuche allerdings kritisch zu sehen. Denn mathematische Fachsprache hat einen Sinn, der in Queneaus Stücken nicht

Tab. 1: Entsprechende Schreibformen in Mathematik- und Deutschunterricht
(nach Beckmann 2003b, Maier 2000)

Klassifizierung	Beispiele	Mathematikunterricht	Entsprechung im Deutschunterricht
Klärendes Schreiben	Rekonstruktion von Gehörtem, Gesehenem und Gelesenem	Schriftliche Darstellung von Unterrichtsabläufen, Erfahrenen Sätzen und Beweisen; Darstellung von Konstruktionen oder Beschreibung eines Gegenstandes	Sachverhaltsdarstellung, Nacherzählung, evtl. Erlebniserzählung
	Problemlöseberichte	Darstellung eigener Lösungsversuche einschließlich Irrungen, Einsichten und Beobachtungen	Erörterung, bei Betonung der Irrwege auch Erzählung und kreatives Schreiben.
	Untersuchungsberichte	Längere Beschäftigung mit einem Themenkomplex in selbstbestimmtem Arbeiten, »Beschreiben und Begründen von Auffälligkeiten« (Selter 1994, S. 46)	Auf Grund der langen Beschäftigung mit einem Thema können zahlreiche Schreibformen einbezogen werden wie kreatives Schreiben, Erörterungen, Protokolle usw.
	Begriffs- und Verfahrenbeschreibungen, Definitionen	Schriftliche Beschreibung von Begriffen bis zu Definitionen.	
	Hypothesen formulieren, Argumentieren und Beweisen	Textliche Eigenproduktionen, die einen sachlichen Überblick voraussetzen	Argumentieren mit Sonderform des Erörterns (Vermeiden des »mathematischen Jargons«)
Poetisches (expressives, kreatives) Schreiben	Erfinden von Aufgaben	Freies und gelenktes Erfinden von Aufgaben für andere und für sich selbst	Entwickeln einer eigenen Sprache.
	Geschichten, Märchen schreiben	Schreiben von Geschichten, die eine mathematische Idee enthalten	Phantasieerzählung, kreative Erzählung (mit klärenden Elementen)
Kommunikatives Schreiben	Mathematischer Brief	Texte mit Hinwendung auf einen Adressaten und der Erwartung auf eine Antwort	Kommunikative Schreibformen

unbedingt erkennbar ist. Insofern – und um kein falsches Bild von Mathematik zu vermitteln – erscheint das Nutzen von mathematischer Fachsprache im Deutschunterricht nur dann angebracht, wenn bereits ein tiefes Verständnis für die Fachausdrücke und die Bedeutung der Fachsprache vorhanden ist. Denn für den Mathematikunterricht gilt (und sollte insofern auch für andere, die Mathematik nutzende Fächer gelten):

> Das Auswendiglernen von »toten« Definitionen und ihr blindes, kochrezeptartiges Anwenden (wenn überhaupt!) ohne je ihren Geist bzw. »Kern« kennengelernt zu haben, kann nicht das Ziel eines anwendungsorientierten Unterrichts sein. Es ist daher besonders wichtig, Definitionen, Sätze und Begriffe in eigene Worte fassen zu können, sie evtl. umzuformulieren, Sonderfälle oder »extreme Fälle« zu betrachten, andere Begriffe (Definitionen, Sätze) zu nennen, speziell auf die jeweiligen Voraussetzungen einzugehen, Plausibiliätsbetrachtungen anzustellen u.v.a.m [...]. Ohne dieses »Durchdringen«, »Erarbeiten« bzw. »Begreifen« läuft man Gefahr, sie rein meachanisch anzuwenden oder sie nur zu »betrachten«, was sich natürlich nicht gerade förderlich auf Motivation, Erkenntnis und Sinnfindung auswirkt! (Humenberger/Reichel 1995, S. 71)

Zur mathematischen Fachsprache gehören Fachausdrücke und mathematische *Symbole*, womit oft ein Formalismus einhergeht. Symbole können einen komplizierten Sachverhalt übersichtlich darstellen. In dem Ansatz von Lutz Kaltschmidt und Hartmut Köhler sollen diese Vorteile auch im Deutschunterricht genutzt werden (Kaltschmidt/Köhler 1993). Die Formalisierung soll beim Verstehen grammatikalischer Fragen helfen, indem durch die symbolische Fassung von Satzformen das Umstellen vereinfacht werden soll. So erhält bei ihnen ein deutscher Hauptsatz die Darstellung $1 - V_{fin} - x - (V_{fin})$. Hintergrund dieser Idee ist die mathematische Linguistik, ein spezieller Zweig der Algorithmentheorie bzw. Algebra. Die Linguistik versucht, Sprache als Regelsystem zu fassen bei gleichzeitiger Beschreibung ihrer Eigenschaften (Ein Teilgebiet ist die bereits oben erwähnte Grammatik). Es fragt sich allerdings, inwieweit dieser wissenschaftlich durchaus interessante Ansatz auch schulisch relevant ist.

Beachtenswerter erscheint die Eigenschaft der Mathematik *Variablen* zu nutzen. Es ist eine grundlegende Idee des Mathematisierens, betroffene Größen durch Variable zu benennen. Variablen sind Symbole, die Leerstellen freihalten, damit diese mit Namen von Elementen einer Menge besetzt werden können. Das Verwenden von Variablen ermöglicht das Gespräch auf einer allgemeinen Ebene, wodurch auch spontan und unkompliziert zum Spezialfall, etwa durch Einsetzen, gewechselt werden kann. Die Bedeutung allgemeiner Auseinandersetzungen wird insbesondere bei mathematischen Problemen sichtbar; denn die Besprechung eines Lösungswegs ist nur allgemein interessant. »Variable sind keine Erfindung der Mathematik« (Fischer/Malle 1985, S. 40; vgl. auch Freudenthal 1985).

Auch in der Umgangssprache wird ständig mit Variablen operiert. Begriffe wie *Sache* oder *irgendwelche* zeigen direkt einen Variablencharakter und in dem Satz »Jedes Tier im Zoo erhält Futter« ist »Jedes Tier« eine Variable für Affe, Vogel, Elefant usw. und »Futter« eine Variable zum Beispiel für Bananen, Körner und Brot, wobei natürlich Affe, Vogel usw. auch wieder Variablen sind. Um Fehlvorstellungen in Bezug auf Variable abzubauen, schlagen Hans Humenberger und Hans-Christian Reichel das Arbeiten mit Wortvariablen und Übersetzungsübungen der Form *verbale Sprache* ↔ *Gleichung mit Variablen* vor (Humenberger/Reichel 1995). Hilfreich erscheint auch in deutschdidaktischen Zusammenhängen sich der Variablenschreibweise bewusst zu sein.

2.6 Mathematische Methoden

Aus Sicht des Deutschunterrichts sind insbesondere die mathematischen Methoden ein fremder Aspekt. Es gibt einige Vorschläge für Vernetzungen zwischen den mathematischen Methoden und Aspekten des Deutschunterrichts (vgl. Zusammenfassung in Beckmann 2003). So wird zum Beispiel angeregt, komplizierte textliche Zusammenhänge algorithmisch in einem Flussdiagramm darzustellen, und insbesondere mathematische Verfahren wie Transformationen, Iterationen und Kombinatorik als literarische Stilmittel zu verwenden (vgl. zum Beispiel die visuellen Gedichte von Ernst Jandl [1995] und weitere Beispiele in Schreiber 1994).

Eine aus philosophischer Sicht interessante typische mathematische Methode ist das Strukturieren. Mathematik besteht aus mehr als 3.000 Einzeldisziplinen; dennoch lassen sich alle ihre Gedanken und Inhalte auf drei Grundstrukturen zurückführen, nämlich auf die Ordnungsstruktur, die algebraische Struktur und die topologische Struktur. Strukturierung ist ein wesentliches Merkmal der Mathematik und eine wesentliche Methode. Ziel ist die Vereinheitlichung. Die Idee, die Mathematik nach bestimmten zentralen Konzepten, so genannten Leitideen zu strukturieren, wurde speziell von Bourbaki verfolgt (vgl. dazu Roubaud 1998). Das Ziel der Bourbakisten war eine hierarchische Ordnung der gesamten Mathematik nach Leitideen. Dies sollte der Ordnung und Integration von Wissen dienen. Eine entsprechende Idee in Bezug auf die Literatur hatte Queneau, der die Strukturierung von Literatur als Anregung für das literarische Wirken nutzte. Mit *Oulipo* initiierte er einen entsprechenden mathematisch-literarischen Arbeitskreis, sozusagen eine literarische Entsprechung zum *Bourbakismus*.

3. Gemeinsamkeit als Ansatz für eine Kooperation

3.1 Vorgedanken

Fächerübergreifender Unterricht, der auf Gemeinsamkeit beruht, erfordert das Vorhandensein gemeinsamer Inhalte und Methoden, die jahrgangsstufengleich in den beteiligten Fächern behandelt werden können. Ein Vergleich zwischen Deutsch- und Mathematikunterricht zeigt, dass es dies hier kaum gibt. Selbst wenn im Deutschunterricht ein Text mit mathematischen Inhalten gelesen wird, interessiert nicht die Mathematik, sondern die Literaturform mit ihrer speziellen Struktur oder auch die emotionale Bedeutung des Textes. Allerdings kann der beide Fächer interessierende Text eine Kooperation etwa in Form einer parallelen Behandlung in den Fächern motivieren. Ähnliches gilt für Sachverhaltsdarstellungen (soweit sie überhaupt im Deutschunterricht berücksichtigt werden sollen, vgl. Fritzsche 2000a). In den nächsten Abschnitten werden die wenigen gemeinsamen Inhalte und Methoden von Deutsch- und Mathematikunterricht kurz vorgestellt und diskutiert.

3.2 Gemeinsame Begriffe

Gemeinsame Begriffe in Deutsch- und Mathematikunterricht sind die *Parabel*, die *Hyperbel* und die *Ellipse*. Das Interesse einer Kooperation könnte sich auf die Frage richten, warum die in Deutsch und Mathematik so unterschiedlich erscheinende Formen einen gemeinsamen Namen haben. Dies kann durch den Namensursprung erklärt werden: Zum Beispiel kommt der Begriff *Parabel* aus dem Griechischen παραβολη und setzt sich aus para (= entlang) und ballein (= werfen) bzw. παραβαγγειν (= entlang werfen/aneinanderhalten) zusammen. *Literarisch* ist die Parabel eine geschlossene Vergleichserzählung, die einen interessanten, prägnanten Einzelfall erzählt, der eine Entsprechung zu dem gemeinten Sachverhalt darstellt. *Mathematisch* bedeutet Parabel so viel wie »Anlegung eines flächeninhaltsgleichen Quadrats an ein gegebenes Rechteck« (vgl. Parabelkonstruktion über den Höhensatz im rechtwinkligen Dreieck). Mit einiger Phantasie lassen sich Parallelen zwischen den Eigenschaften der literarischen und der mathematischen Form (Parabel als Graph) finden: Der Analogieschluss zwischen Bildhälfte und Sachhälfte der Parabel könnte zum Beispiel der Achsensymmetrie entsprechen, die literarische »Konzentration des Ereignisses auf den Brennpunkt« erinnert an den mathematischen Brennpunkt (Beckmann 2000).

3.3 Argumentieren

Ein gemeinsames Thema von Deutsch- und Mathematikunterricht ist das Argumentieren (schriftlich: Erörterung). Argumentieren ist das Herstellen von rationalen, logischen Begründungszusammenhängen. Dabei dient das Argumentieren auch der Klärung von Meinungen über Sachverhalte und Probleme, aber auch der Überzeugung eines Gegenübers. Argumentiert wird, wenn strittige oder bestreitbare Behauptungen vorliegen (vgl. Beckmann 2003b, S. 52).

Aus Sicht des Mathematikunterrichts lässt sich Argumentieren (im beschriebenen Sinne) auch als »Beweisen« auf einer frühen Beweisstufe verstehen. Beim Beweisen im Sinne von Argumentieren erfolgt der Beweis vorwiegend aus der Anschauung heraus (im Deutschunterricht stehen persönliche Meinungen). Anschauliche (im Deutschunterricht »selbstverständliche«, Fritzsche 2000a) Sachverhalte oder zu Grunde liegende Sätze müssen nicht unbedingt erwähnt werden. Die Begründungsschritte sind aber schlüssig. Entscheidend ist die *verbale* Darstellung, die auch umgangssprachliche Elemente enthalten darf.

Mathematik- und Deutschunterricht können hier voneinander profitieren. Mathematikunterricht profitiert, indem Deutschunterricht an das verbale Argumentieren erinnert, eine wichtige Stufe auf dem komplizierten Weg des Beweisenlernens (vgl. 2.4). Deutschunterricht profitiert durch die im Mathematikunterricht übliche *Klarheit* der Argumentation. Denn Argumentieren im Mathematikunterricht geschieht mit dem Ziel des lokalen Ordnens. Das heißt, dass sich in der Mathematik die Argumente logisch auf bekannte Voraussetzungen oder Sätze stützen. Dadurch ist auch ein gestuftes Präzisieren der Argumente eher möglich. Im Deutschunterricht ist der methodische Rahmen oft nicht so klar (vgl. Beckmann 2003b).

3.4 Kreatives Tun

Entwicklungspsychologisch spielt die Kreativität eine wichtige Rolle – sowohl im Mathematik-, als auch im Deutschunterricht. Während allerdings im Deutschunterricht mit dem Kreativen Schreiben kreatives Tun explizit als Lerngegenstand in den Bildungsplänen aufgeführt ist, findet sich im Mathematikunterricht kein entsprechendes Gebiet, sondern eher die allgemeine, zum Teil konkretisierte Forderung, Kreativität zuzulassen und zu fördern. Kreatives Schreiben im Deutschunterricht (von »Creative writing«) dient dem Selbstausdruck in gestalteter Sprache zur Förderung des produktiven Denkens. Vorschläge für kreatives Tun im Mathematikunterricht beziehen sich vorwiegend auf Problemlöseaktivitäten angeregt durch offene Aufgabenstellungen, aber auch auf Begriffsbildung (Weth 1999). Die Vorschläge zu textlichen Eigenproduktionen und Reisetagebüchern unterstützen die Idee kreativer Aktivitäten im Mathematikunterricht. Eine Kooperation zwischen Deutsch- und Mathematikunterricht könnte sich auf die Begriffsbildung beziehen, wobei das kreative Schreiben eine vorbereitende und nachbereitende Funktion hat, während das mathematische Definieren und Reflektieren über die Definition durch andere Schreibformen unterstützt werden könnte (Beckmann 2003b).

3.5 Grammatik

Auf schulischer Ebene ist Grammatik eher ein Aspekt des Deutschunterrichts als ein gemeinsames Thema. Auf wissenschaftlicher Ebene ist die Grammatik allerdings eine gemeinsame Hintergrunddisziplin. Das regt dazu an, über eine Kooperation nachzudenken.

In Beckmann (2005) liegt ein solcher Vorschlag vor. Darin werden mathematische und informatische Aspekte zum Thema *Sprache/Grammatik* mit Aspekten aus Deutsch- und Physikunterricht vernetzt. Konkret enthält der Vorschlag folgende Inhalte:
1. Reflexion über natürliche Sprache
2. Modellierung, formale Sprache/ Grammatik
3. Erzeugen von Sprache mit Kodierung, Zahldarstellung und Boolesche Algebra
4. Grammatik-Hierarchien
5. Reflexion über das Modell, Grenzen
6. Aussagen-, Prädikatenlogik.

In der Unterrichtsdurchführung können als Vertiefung vorgegebene Grammatiken bzw. Sprachen auf ihren Typ untersucht werden. In der Kooperation mit Informatik bietet sich die Beachtung von endlichen Automaten an, wodurch auch die überraschende Parallele zwischen einem Getränkeautomaten und Grammatik entdeckt werden kann (Beckmann 2003a).

4. Literatur im fächerübergreifenden Mathematikunterricht – Beispiele

4.1 Literatur zur Motivation von mathematischen Inhalten

Von den genannten Möglichkeiten zur Kooperation zwischen Mathematik- und Deutschunterricht wurden in der Arbeitsgruppe der Autorin insbesondere der Einsatz von Literatur, das heißt literarische Texte, Gedichte und Balladen, schulisch erprobt (Beckmann 1994, 1999, 2000; Beckmann/Annen 2008). Es gibt zahlreiche Gedichte, in denen ein mathematischer Begriff zentral ist oder das Gedicht mathematische Kenntnisse zum Verständnis anspricht (vgl. auch Gedichtsammlung unter *www.matex.net.tc*). Beispielsweise kann Erich Kästners Gedicht *Ansichten eines Baumes* gelesen werden, ohne dass man sich mit Mathematik beschäftigen muss:

Mitleid und Perspektive oder *Die Ansichten eines Baumes*
Hier, wo ich stehe, sind wir Bäume,
die Straße und die Zwischenräume
so unvergleichlich groß und breit.
Mein Gott, mir tun die kleinen Bäume
am Ende der Allee entsetzlich leid!
(Zit. nach Beckmann 1995)

Um es zu verstehen, wird allerdings die Kenntnis der Perspektive benötigt, wonach gleich große, aber unterschiedlich weit entfernte Gegenstände unterschiedlich groß erscheinen. Im Mathematikunterricht könnte das Gedicht zur Darstellung einer Baumreihe gleich hoher Bäume in Zentralprojektion anregen.

Folgende Fragen können entsprechende Aktivitäten motivieren (Beckmann/Sriraman 2007, S. 78):
● Das Gedicht beschreibt die Ansicht eines Baumes. Welche Ansicht ist das?
● Inwieweit hat der Baum Recht bzw. warum irrt er?
● Kannst du die beschriebene Situation
   – skizzieren
   – konstruktiv darstellen? Welches Verfahren benötigst du?
● Welches allgemein menschliche Problem wird durch das Gedicht angesprochen?

Das Gedicht *Das Quadrat* von Johannes Trojan behandelt den Begriff Quadrat. In einer unterrichtlichen Erprobung mit Schülerinnen und Schülern einer siebten Realschulklasse wurde es genutzt, um die systematische Ordnung von Vierecken (gemäß dem »Haus der Vierecke«) anzuregen. In der Reflexion über die durchgeführte Doppelstunde kann dies als gelungen angesehen werden (vgl. Beckmann/Annen 2008, S. 157 ff.): Die Schülerinnen und Schüler veränderten jeweils einzelne oder mehrere der im Gedicht angesprochenen Eigenschaften und systematisierten ihr Vorgehen im späteren Unterrichtsgespräch. Das Gedicht wirkte dabei zweifelsfrei motivierend.

Das Quadrat

Laßt uns das Quadrat betrachten,
denn es ist dem Geist gesund.
Höher müssen wir es achten,
als den Kreis, der gar zu rund.

Niemand kann es ihm bestreiten,
dass es ist an Tugend reich.
Denn es hat vier gute Seiten,
und sie sind einander gleich.

Ohne jeden falschen Dünkel
Steht es da auf dem Papier.
Denn es hat nur rechte Winkel
und besitzt derselben vier.

Manchen Vorzug hat's unstreitig,
den beim Dreieck man vermisst,
und erfreut auch anderseitig,
weil es so symmetrisch ist.

Ja, zur Lust der Weltbewohner
ist's geschaffen in der That.
Reinlicher und zweifelsohner
ist wohl nichts als das Quadrat.
(Trojan 1979)

Die Erprobung des Gedichts fand in einem Mathematikunterricht statt. Die Lehrperson erfüllte hier die Doppelqualifikation für Mathematik und Deutsch. Zu Beginn der Doppelstunde wurde das Gedicht den Schülerinnen und Schülern als »stiller Impuls« auf einer Folie präsentiert. Die Worte »Quadrat« waren zuvor im Text gelöscht worden. Nach einem Austausch über Textform und Thema (das Thema Quadrat war sofort erkannt worden) erhielten die Schülerinnen und Schüler den Text auf Papier und die Aufgabe, die im Text genannten Eigenschaften des Quadrats zu unterstreichen und sodann daraus ein Quadrat zu konstruieren.

Anschließend bearbeiteten die Schülerinnen und Schüler in Gruppen die Frage, welche Flächen sich ergeben, wenn einzelne Eigenschaften des Quadrats verändert bzw. nicht gefordert werden. Diese offene Aufgabe führte auf zahlreiche Ideen. Beispielsweise wurde auf die Eigenschaften der gleich langen Seiten oder auf die Achsensymmetrie verzichtet, aber auch – auf Grund der offenen Aufgabenstellung – die Anzahl der vier Ecken verändert (vgl. Schülerpräsentationsblatt in Abb. 1) oder durch Konstruktion unter Beibehaltung der Seitenlängen eine Raute konstruiert (Abb. 2).

Zum Abschluss der Doppelstunde präsentierte jede Gruppe einen Vorschlag. Dabei wurden die Eigenschaften der neuen Figuren noch einmal im Vergleich zum Quadrat diskutiert, so auch, welche Wirkung eine einzelne Änderung zum Beispiel bezüglich der Seitenlängen auf die Symmetrieeigenschaften hat usw. Oft wurde die dabei entstehende Figur durch die Schülerinnen und Schüler mit einem Namen benannt (Raute, Rechteck, Parallelogramm usw.), wodurch die Präsentationen Fragen

Abb. 1:
Beispiel aus einem Schülerpräsen-
tationsblatt:
»Keine rechten Winkel; keine
Symmetrieachsen; 5-Eck mit einer
Symmetrieachse; Rechteck; keine vier
gleich langen Seiten«

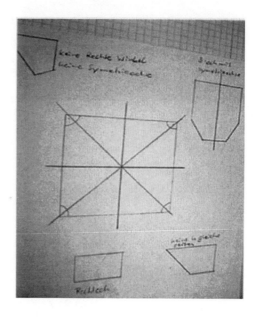

anregten, die zum (präformalen) Beweisen und zur Ordnung der Vierecke im »Haus
der Vierecke« führen.

Beispiel:

Schülerpräsentation: »Man verändert die Winkelgrößen auf 135° und 45°. Dann wird es eine
Raute.«
Fragen: »Welche Eigenschaften hat eine Raute? Warum ist dies eine Raute? Ist das Quadrat
keine Raute? Warum bzw. warum nicht? Ist jedes Quadrat eine Raute oder jede Raute ein
Quadrat? Welche Eigenschaften hat ein Quadrat mehr als eine Raute, die kein Quadrat ist?«

Die Kooperation von Deutsch- und Mathematikunterricht motiviert darüber hinaus
aber auch weitergehende Diskussionen. Beispielsweise kann die Ordnung der Vierecke in einem Haus nach unterschiedlichen Kriterien erfolgen. So kann die Anzahl
der Symmetrien genauso wie die Anzahl der gleichen Seitenlängen ein Ordnungs-
kriterium sein. Dies wiederum verbindet mit dem Deutschunterricht und motiviert
eine literaturdidaktische Kritik des Gedichts: Welche Eigenschaften entscheiden
über den »Wert« einer geometrischen Figur, einer Sache, eines Menschen usw.?

4.2 Der mathematische Roman als Ausgangspunkt für vertiefte mathematische
Gespräche

Während literarische Werke, in denen Mathematik auftritt, sich nicht immer oder
nicht immer unkompliziert für eine mathematische Beschäftigung eignen, ist dies
beim mathematischen Roman eher unproblematisch. Mathematische Inhalte sind

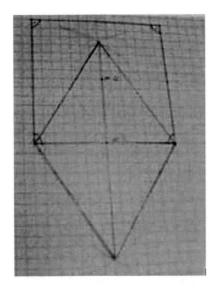

Abb. 2:
Konstruktive Veränderung des Quadrats

hier bewusst integriert und werden mathematisch angemessen präsentiert. Ein Beispiel ist der Roman *Flatterland* von Stewart (2001), der als Fortsetzung von *Flatland* (Abbott 1984, reprint von 1884) gesehen werden kann. In den 18 Kapitels werden Themenbereiche aus *Flatland* angesprochen wie Willkür der Dimensionen in Mathematik und fraktale Geometrie; und es werden moderne neue Ideen entwickelt wie Verschlüsselungen im Internet, eine neue Metrik (die »Taxi-cab-Metrik«) und fraktale Dimensionen. Durch einen zeitgemäßen Handlungsrahmen sind die Ideen einfach zugänglich dargestellt: In der Geschichte wird die Heldin Vikki, die Ururenkelin der Hauptfigur aus *Flatland*, A. Square (»A-Quadrat«), mit einem »Space-hopper« durch das mathematische Universum geführt. Sriraman hat den Roman *Flatterland* in einer Highschool in den USA unterrichtlich erprobt (Sriraman 2004), wo er als Gerüst diente, um

- nicht-intuitive mathematische Probleme zu erforschen,
- das Verständnis der Schülerinnen und Schüler von Dimensionen zu erweitern,
- Schülerinnen und Schülern zu einem vertieften Verständnis von fraktaler Geometrie zu verhelfen,
- die »Taxi-cab-Geometrie« zu entwickeln (vgl. Beschreibung in Beckmann/Sriraman 2007, S. 82 ff. bzw. ausführlichere Dokumentation in Sriraman 2004).

4.3 Die literaturdidaktische Auseinandersetzung mit mathematischer Literatur

Die Entwicklung der Fähigkeit zum kritischen Denken ist traditionell eines der Ziele der geisteswissenschaftlichen Fächer, insbesondere des Deutschunterrichts. Der Ausdruck von kritischem Denken hat seinen historischen Ursprung allerdings in der Mathematik, und zwar in der Verbindung ontologischer Fragen zur Natur der Mathematik mit Fragen der Theologie. Eine Möglichkeit zur Förderung des kritischen Denkens ist die Auseinandersetzung mit Literatur. Im Zusammenhang mit dem Mathematikunterricht bietet der mathematische bzw. naturwissenschaftliche Roman eine besondere Chance. Typisch für diese Literaturgattung ist, dass sie den historischen, biografischen und kulturellen Kontext eines ausgewählten mathematischen Problems oder Inhalts beschreibt (Abbott 1984, Enzensberger 1997 usw.).

Ein beachtenswertes Beispiel ist der in Abschnitt 4.2 bereits erwähnte Roman *Flächenland* eine »alternative« Publikation des 19. Jahrhunderts und eine Satire auf die Viktorianische Gesellschaft in England. Der Autor Edwin Abbott schafft darin eine isomorphe Welt namens Flatland, deren Einwohner eine Hierarchie der geometrischen Figuren bilden, womit er die vielen Eigentümlichkeiten des 19. Jahrhunderts in England vorführt, die aber Analogien zu Problemen der modernen Gesellschaft zulassen.

Ein Unterricht, der sich literaturdidaktisch (kritisch, ästhetisch) mit dem mathematischen Roman auseinandersetzt, verwendet die mathematischen Ideen nicht nur zum Lernen von Mathematik, sondern auch zur ästhetischen Kommunikation, insbesondere aber zur Anregung zum kritischen Denken. In Sriraman (2007) kann die Diskussion, die die Schülerinnen und Schüler zu dem Roman *Flächenland* über vier Wochen führten, nachvollzogen werden. Im Unterricht zeigten sie ihre Fähigkeit zum kritischen Denken:

In verschiedenen Dialogen schlossen sie auf »Wahrheiten« der Gesellschaft und des Lebens. Das Buch (der mathematische Roman) wurde zum didaktischen Werkzeug und stellte den idealen Rahmen für die Schülerinnen und Schüler dar, um die Normen und Vorurteile der heutigen Gesellschaft zu untersuchen. Die Schülerinnen und Schüler argumentierten über Analogien sowie mit Hilfe ihrer Vorstellung. Obwohl das Buch auch fortgeschrittene mathematische Ideen wie das Thema Dimension enthält, lockte der literarische Aspekt doch mehr als der mathematische. Die Schülerinnen und Schüler waren offen für andere Meinungen und waren aber auch bereit, ihre eigenen Schieflagen und Vorurteile zu untersuchen. (Sriraman 2007, S. 92).

4.4 Die Auseinandersetzung mit literarischen Texten mit einem »verhängnisvollen Umgang« mit Mathematik

In seinem Buch *Mathematische Spuren in der Literatur* unterscheidet Knut Radbruch vier Möglichkeiten für eine Verwendung von Mathematik in der Literatur: den *humorigen* Umgang mit Mathematik (Heinrich Heine, Wilhelm Busch), den *besonnenen* Umgang mit Mathematik (Adalbert Stifter), den *problematischen* Umgang mit Mathematik (Theodor Storm) und den *verhängnisvollen* Umgang mit Mathematik (vgl. Radbruch 1997). Während alle Richtungen Motivation für mathematische Inhalte gemäß der oben genannten Ansätze sein können, sollte die vierte Richtung, also der *verhängnisvolle* Umgang mit Mathematik, noch unter einer anderen Perspektive Beachtung finden. Ein verhängnisvoller Umgang mit Mathematik liegt dann vor, wenn literarische Kritik am Mathematikunterricht bzw. an der Mathematik geübt wird und wenn Mathematik, der Mathematikunterricht oder der Mathematiklehrer negativ, unverständlich, abgehoben oder sinnlos erscheint.

Die Lehrer der verschiedenen mathematischen Übungen begannen ihren Kurs, mit wenigen Ausnahmen, durch einige magere Worte über den Sinn des Titels und begannen dann unaufhaltsam die Sache selbst, vorwärts schreitend ohne umzusehen, ob einer mit dem Verständnis zurückbleibe oder nicht. Daher gab es unter vierzig Schülern vielleicht höchstens drei, welche von dem Gegenstande am Schlusse eine wirkliche Rechenschaft geben konnten, solche, deren Neigungen und Fähigkeiten er entsprach. Die übrigen schleppten sich entweder mit mühseliger Aufmerksamkeit und angstvollem Fleiße von Stunde zu Stunde, ohne je recht klar zu sein, oder sie ließen gleich im Anfange die Hoffnung sinken und sich regelmäßig bestrafen. (Gottfried Keller: *Der grüne Heinrich*; zit. nach Radbruch 1997, S. 125)

Da viele Literaten offensichtlich ein gestörtes Verhältnis zur Mathematik hatten/haben und sich mathematisch Begeisterte wohl eher nicht-literarischen Gebieten zuwenden, besteht ein gravierendes Übergewicht an Texten, die Mathematik und Mathematikunterricht negativ belegen. In der *Schüler Gerber* von Friedrich Torberg wird die Mathematik (und ihre betonte Sinnlosigkeit) bewusst eingesetzt, um das tragische Scheitern des Schülers Knut Gerber zu schildern. Die Mathematik erscheint bedrohend, beziehungslos und in Form eines selbstgefälligen, erbarmungslos autoritären Mathematikprofessors Kupfer. Die Mathematik selbst spielt für die Geschichte keine Rolle. Es sind eher die vielen mathematischen Schlagworte, die eben gerade *ohne* ein zugehöriges Verständnis die Geschichte dramatisch steigern (Beckmann 2003b). Auszüge:

[...] ja, dann können sie noch immer hingehen und aus einem kleinen schwarzen Gegenstand, der aussieht wie ein Trapez mit einer halben Ellipse daran, eine Patrone in ihre Schläfe schießen, oder sie können aus einem zylinderförmigen Gefäß irgendeine rasch wirkende Flüssigkeit trinken, oder sie können sich einen Strick um den Hals knüpfen und das andere Ende an einem rechtwinkligen Fensterkreuz befestigen, oder sie können sich auf zwei vorbildlich parallele Eisenstränge werfen und etliche massive Räder mit dem Umfang 2π r über sich herfahren lassen [...] Kein einziges Beispiel stammte aus einem jeder Gebiete, in denen er halbwegs bewandert war. (Torberg 1999, S. 89 f.)

Eine Aufgabe des Mathematikunterrichts ist es, die Bedeutung von Mathematik und ein aktuelles und realistisches Bild von Mathematik zu vermitteln. Vor dem Hintergrund der allgemeinbildenden Aufgabe von Schule darf aber auch der Deutschunterricht kein falsches Bild aufzeigen. Die Behandlung derartiger Stücke kann dazu beitragen, indem der Missbrauch der Mathematik und ihre verzerrte Darstellung darin thematisiert werden. Durch die Besprechung der in *Der Schüler Gerber* angeschnittenen Mathematik und ihrer Einbettung zum Beispiel in einen anwendungsorientierten Rahmen kann gezeigt werden, dass die Themen einfach, interessant und durchaus beziehungsvoll sind.

Literatur

ABBOTT, EDWIN, PEYN, GITTA; KAEHLER, ANTJE (2009): *Flächenland – ein Märchen mit vielerlei Dimensionen* (1984). Neuenkirchen: RaBaKa-Publishing. Übersetzung des Originaltitels von Edwin Abbott: Flatland. Signet Classic Books (reprint der 1884-Edition).

D'AMORE, BRUNO; SANDRI, PATRIZIA (1996): Schülersprache beim Lösen mathematischer Probleme. In: *Journal für Mathematik-Didaktik* (JMD) 17/2, S. 81–97.

DAVIS, PHILIP; HERSH, REUBEN (1994): *Erfahrung Mathematik.* Basel-Boston-Berlin: Birkhäuser.

ENZENSBERGER, HANS MAGNUS (1997): *Der Zahlenteufel.* München-Wien: Carl Hanser.

FISCHER, ROLAND; MALLE, GÜNTHER (1985): *Mensch und Mathematik.* Manhheim-Wien-Zürich: Bibliographisches Institut.

FRASER, D. (1993): Maths plus literature. Why link the two? Olwen Twelfe Pockets Meets The Mathemagician. In: *The New Zealand Magazine*, 30/2, S. 8–12.

FREUDENTHAL, HANS (1985): Muttersprache und Mathematiksprache. In: *mathematiklehren* 9, April, S. 3–7.

FRITZSCHE, JOACHIM (2000a): *Zur Didaktik und Methodik des Deutschunterrichts.* Band 2: Schriftliches Arbeiten. Stuttgart: Klett.

DERS. (2000b): *Zur Didaktik und Methodik des Deutschunterrichts.* Band 3: Umgang mit Literatur. Stuttgart: Klett.

GALLIN, PETER; RUF, URS; SITTA, HORST (1985): Verbindung von Deutsch und Mathematik – ein Angebot für entdeckendes Lernen. In: *mathematiklehren* 9, April, S. 17–27.

GALLIN, PETER; RUF, URS (1993): Sprache und Mathematik in der Schule. Ein Bericht aus der Praxis. In: *Journal für Mathematik-Didaktik* (JMD) 14/1, S. 3–33.

DIES. (1995–1999): *ich du wir* 123/456. Lehrmittelverlag des Kantons Zürich.

GRAUMANN, GÜNTER (1981): Ästhetik – ein oft vergessener Aspekt des Mathematikunterrichts. In: *Beiträge zum Mathematikunterricht.* Hildesheim-Berlin: Franzbecker.

DERS. (1997): Geometrie im Alltag – Konzeption, Themenübersicht, Praxisberichte. In: Blum, Werner; Henn, Hans-Wolfgang; Klika, Manfred; Maaß, Katja (Hrsg.): *Materialien für einen realitätsbezogenen Mathematikunterricht.* Hildesheim-Berlin: Franzbecker, S. 31–59.

GUEDJ, DENIS (1999): *Das Theorem des Papagei.* Bergisch-Gladbach: Bastei Lübbe [Originaltitel: *Le Thèoreme du Perroquet*].

HUMENBERGER, HANS; REICHEL, HANS-CHRISTIAN (1995): *Fundamentale Ideen der Angewandten Mathematik.* Mannheim-Leipzig-Wien-Zürich: BI Wissenschaftsverlag.

JANDL, ERNST (1995): *Die schöne Kunst des Schreibens.* München: Luchterhand.

JUNG, WERNER (1997): Neuere Hermeneutikkonzepte. Methodische Verfahren oder geniale Anschauung? In: Bogdal, Klaus-Michael (Hrsg.): *Neue Literaturtheorien.* Opladen: Westdeutscher Verlag GmbH, S. 159–180.

KALTSCHMIDT, LUTZ; KÖHLER, HARTMUT (1993): Sprache – mathematisch im Deutschunterricht, deutsch im Mathematikunterricht. In: *Lehren und Lernen* 4, S. 63–69.

KLIMAN, MARLENE (1993): Integrating Mathematics and Literature in the Elementary Classroom. In: *Arithmetik Teacher*, February, S. 318–321.

KREFT, JÜRGEN (1977): *Grundprobleme der Literaturdidaktik.* Heidelberg: Quelle & Meyer.

LEHMANN, J. (1993): Schriftsteller machen Mathematik. In: *Praxis der Mathematik* 35/2, S. 72–77.

MAIER, HERMANN (1986): Empirische Arbeiten zum Problemfeld Sprache im Mathematikunterricht. In: *Zentralblatt für Didaktik der Mathematik* (ZDM) 18/4, S. 137–147.

DERS. (2000): Schreiben im Mathematikunterricht. In: *mathematiklehren* 99, April, S. 10–13.

MAIER, HERMANN; SCHWEIGER, FRITZ (1999): *Mathematik und Sprache.* Wien: övp & htp.

MUDROCH, V. (1993): Studie über Interdisziplinarität an Schweizer Hochschulen. In: Arber, Werner (Hrsg.): *Inter- et transdiscplinarité – pourquoi? – comment?* Sion-Valais: Institut Kurt Bösch, S. 147–158.

PAEFGEN, ELISABETH (1999): *Einführung in die Literaturdidaktik.* Stuttgart-Weimar: Metzler.

RADBRUCH, KNUT (1997): *Mathematische Spuren in der Literatur.* Darmstadt: Wissenschaftliche Buchgesellschaft.

ROUBAUD, JACQUES (1998): *L'Oulipo et les lumières – Oulipo und die Aufklärung*. Paris-Tübingen: Le divan.

RUF, URS; GALLIN, PETER (1998): *Dialogisches Lernen in Sprache und Mathematik*. Bd. 1: Austausch unter Ungleichen, Grundzüge einer interaktiven und fächerübergreifenden Didaktik. Seelze-Velber: Kallmeyer.

QUENEAU, RAYMOND (1990): *Stilübungen*. Frankfurt/M.: Suhrkamp.

SCHREIBER, ALFRED (1994): Queneau, Mathematik und »Potentielle Literatur«. In: *mathematica didactica* 17/2, S. 72–92.

SELTER, CHRISTIAN (1994): *Eigenproduktionen im Arithmetikunterricht der Primarstufe*. Wiebaden: Deutscher Universitätsverlag.

SRIRAMAN, BHARATH (2004): Mathematics and Literature (the sequel): Imagination as a pathway to advenced mathematical ideas and philosophy. In: *The Australian Mathematics Teacher* 60/1, S. 17–23.

DERS. (2007): Der mathematische Roman als literarisches Werk – Eine Untersuchung im US-amerikanischen Mathematikunterricht. In: *Der Mathematikunterricht* (MU) 1/2, S. 89–92.

STEWART, IAN (1995): *Die Reise nach Pentagonien*. Heidelberg-Berlin-Oxford: Spektrum Akademischer Verlag.

DERS. (1997): *Die gekämmte Kugel*. Heidelberg-Berlin-Oxford: Spektrum Akademischer Verlag.

DERS. (2001): *Flatterland*. Perseus Publishing. [In Übersetzung: *Flacherland*. München: Beck.]

TORBERG, FRIEDRICH (1999): *Der Schüler Gerber*. Wien: Zsolnay.

TROJAN, JOHANNES (1979): Das Quadrat. In: Beyer, K. (Hrsg.): *Ode an den Sauerstoff und andere Scherzgedichte*. Berlin: Stapp, S. 61.

WAGENSCHEIN, MARTIN (1982): *Verstehen lehren*. Weinheim-Basel: Beltz.

WETH, THOMAS (1999): *Kreativität im Mathematikunterricht*. Hildesheim-Berlin: Franzbecker.

Zitierte eigene Arbeiten

BECKMANN, ASTRID (1994): Der Schimmelreiter von Theodor Storm als Themenbeispiel für fächerübergreifenden Mathematikunterricht. In: *Mathematik in der Schule* 32/3, S. 145–156.

DIES. (1995): *Der literarische Mathematikunterricht*. Bad Salzdetfurth-Hildesheim: Franzbecker.

DIES. (1997): *Beweisen im Geometrieunterricht der Sekundarstufe I*. Hamburg-Münster-London: LIT.

DIES.(1999): Mit Theodor Storm durch Mathematisieren zur Exponentialfunktion. In: *Mathematik in der Schule* 37/1, S. 16–18.

DIES. (2000): Die literarische Parabel als Ausgangspunkt für fächerübergreifenden Mathematikunterricht. In: *mathematiklehren* 99/1, S. 59–64.

DIES. (2003): *Fächerübergreifender Unterricht – Konzept und Begründung*. Hildesheim-Berlin: Franzbecker.

DIES. (2003a): *Fächerübergreifender Mathematikunterricht*. Band 1: Ein Modell, Ziele und fachspezifische Diskussion. Hildesheim-Berlin: Franzbecker.

DIES. (2003b): *Fächerübergreifender Mathematikunterricht*. Band 3: Mathematikunterricht in Kooperation mit dem Fach Deutsch. Hildesheim-Berlin: Franzbecker.

DIES.(2005): Kommunikation als fächerverbindendes Thema von Mathematik und Informatik mit Aspekten aus Deutsch und Physik. In: Engel, Joachim; Vogel, Rose; Wessolowski, Silvia (Hrsg.): *Strukturieren – Modellieren – Kommunizieren*. Hildesheim-Berlin: Franzbecker, S. 119–132.

DIES. (2006): *Experimente zum Funktionsbegriffserwerb*. Köln: Aulis.

BECKMANN, ASTRID; SRIRAMAN, BHARATH (2007): Verschiedene Perspektiven zur Verbindung von Literatur und Mathematik. In: *Der Mathematikunterricht* (MU), 1/2, S. 75–87.

BECKMANN, ASTRID; ANNEN, MELANIE (2008): Fächerübergreifender Unterricht zwischen Deutsch und Mathematik – Gedichte als Zugang zur Mathematik. In: Beckmann, Astrid (Hrsg.): *Ausgewählte Unterrichtskonzepte im Mathematikunterricht in unterrichtlicher Erprobung*. Band 5: Fächerübergreifender Mathematikunterricht. Hildesheim-Berlin: Franzbecker, S. 147–163.

Hinweis: Zum Teil wurden hieraus einzelne Textstellen übernommen.

Weitere Hinweise

Themenheft MU 1/2: Fächerübergreifender Mathematikunterricht, Jg. 53, H. 1/2, März 2007

SCIENCEMATH-PROJEKT: *www.sciencemath.ph-gmuend.de* (Koordination: Pädagogische Hochschule Schwäbisch Gmünd, Prof. Dr. Astrid Beckmann).

GEDICHTESAMMLUNG der Autorin mit mathematischem Gehalt: *www.matex.net.tc* [Hinweis: Die Seite wird zur Zeit nicht mehr gepflegt].

Beate Kröpfl, Madeleine Strauss

»Die wilden Vier im geheimnisvollen Zahlenhaus«
Mathematik – Deutsch: Ein fächerverbindendes Projekt in einer fünften Schulstufe

Sprachliche und mathematische Kompetenzen erwerben; Bewusstsein über Sprache als Mittel der Kommunikation, des Denkens entwickeln; die Fähigkeit, eine Fachsprache in eine Alltagssprache zu übersetzen und so das Verstehen zu erleichtern; Wissen vernetzen; Erziehung zur Eigenständigkeit; SchülerInnen neugierig machen; Spaß am Lernen vermitteln; eigene Grenzen überschreiten; den Horizont erweitern [...].

Das sind einige Ziele, die die Autorinnen sich in ihrem fächerverbindenden Projekt am BG/BRG St. Martinerstraße in Villach gesetzt haben, und sie sollten durch eine Zusammenarbeit im Deutsch- und Mathematikunterricht erreicht werden. Dabei ging es uns darum, praktikable, leicht einsetzbare Unterrichts- und Übungseinheiten zu entwerfen, die ohne zu großen organisatorischen Aufwand (Auflösen des Stundenplans, Stundenblockung, Vertretung ...) in der ersten Klasse umgesetzt werden können. Einzige Voraussetzung im administrativen Bereich war, dass die Mathematik- und Deutsch-Kolleginnen die Möglichkeit hatten, die Klasse immer wieder auch gemeinsam zu unterrichten.

Die Unterrichtseinheiten sollten vor allem Textverständnis, genaues Lesen, logisches Überlegen, Versprachlichung mathematischer Handlungen und das Verständnis für den Zusammenhang zwischen der Fachsprache Mathematik und der Muttersprache bzw. Kommunikationssprache Deutsch fördern.

Innerhalb der Stunden, in denen gemeinsam gearbeitet wurde, war die Lernatmosphäre angenehm, weil Neues, Ungewohntes gezeigt und vor allem getan wurde, die Schülerinnen und Schüler erschienen motiviert und interessiert. Die »Früchte« dieser Kooperation sind ein »Mathekrimi«, ein Spiel und zahlreiche Arbeitsblätter (z. B. zum *Zahlenteufel* von Hans Magnus Enzensberger, zu Textgleichungen, römischen Zahlen, Maßen, ein »Vokabelheft« und jede Menge weiterer Ideen für die Zusammenarbeit).

Der positive Rückblick auf die gemeinsame Arbeit hat uns veranlasst, die Gründe, die für ein solches Projekt sprechen, aufzuschreiben und nochmals zu reflektieren.

Die wilden Vier ist ein Krimi um einen verschwundenen Mathematikprofessor und dessen Schüler, die ihn in einem geheimnisvollen und verschlüsselten Zahlenhaus suchen.

Abb. 1:

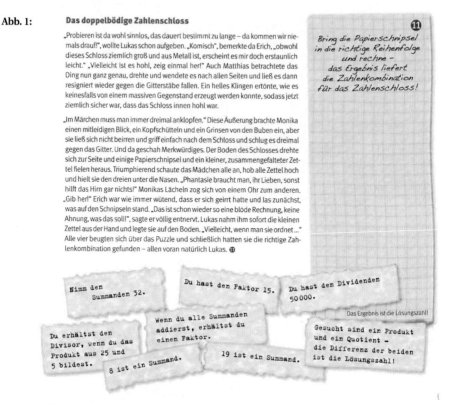

Das doppelbödige Zahlenschloss

„Probieren ist da wohl sinnlos, das dauert bestimmt zu lange – da kommen wir niemals drauf!", wollte Lukas schon aufgeben. „Komisch", bemerkte da Erich, „obwohl dieses Schloss ziemlich groß und aus Metall ist, erscheint es mir doch erstaunlich leicht." „Vielleicht ist es hohl, zeig einmal her!" Auch Matthias betrachtete das Ding nun ganz genau, drehte und wendete es nach allen Seiten und ließ es dann resigniert wieder gegen die Gitterstäbe fallen. Ein helles Klingen ertönte, wie es keinesfalls von einem massiven Gegenstand erzeugt werden konnte, sodass jetzt ziemlich sicher war, dass das Schloss innen hohl war.

„Im Märchen muss man immer dreimal anklopfen." Diese Äußerung brachte Monika einen mitleidigen Blick, ein Kopfschütteln und ein Grinsen von den Buben ein, aber sie ließ sich nicht beirren und griff einfach nach dem Schloss und schlug es dreimal gegen das Gitter. Und da geschah Merkwürdiges. Der Boden des Schlosses drehte sich zur Seite und einige Papierschnipsel und ein kleiner, zusammengefalteter Zettel fielen heraus. Triumphierend schaute das Mädchen alle an, hob alle Zettel hoch und hielt sie den dreien unter die Nasen. „Phantasie braucht man, ihr Lieben, sonst hilft das Hirn gar nichts!" Monikas Lächeln zog sich von einem Ohr zum anderen. „Gib her!" Erich war wie immer wütend, dass er sich geirrt hatte und las zunächst, was auf den Schnipsel stand. „Das ist schon wieder so eine blöde Rechnung, keine Ahnung, was das soll!", sagte er völlig entnervt. Lukas nahm ihm sofort die kleinen Zettel aus der Hand und legte sie auf den Boden. „Vielleicht, wenn man sie ordnet ..." Alle vier beugten sich über das Puzzle und schließlich hatten sie die richtige Zahlenkombination gefunden – allen voran natürlich Lukas. ⊕

Bring die Papierschnipsel in die richtige Reihenfolge und rechne – das Ergebnis liefert die Zahlenkombination für das Zahlenschloss!

Nimm den Summanden 32.

Du hast den Faktor 15.

Du hast den Dividenden 50000.

Du erhältst den Divisor, wenn du das Produkt aus 25 und 5 bildest.

Wenn du alle Summanden addierst, erhältst du einen Faktor.

8 ist ein Summand.

19 ist ein Summand.

Gesucht sind ein Produkt und ein Quotient – die Differenz der beiden ist die Lösungszahl!

Das Ergebnis ist die Lösungszahl!

Ein Auszug (Abb. 1) soll verdeutlichen, wie Sprache und Mathematik ineinander greifen: Die Aufgabe ist nicht zu lösen, wenn der Text nicht genau gelesen wird, umgekehrt ist es notwendig, die Lösungszahl zu finden, wenn man die Kinder auf ihrem Weg weiterhin begleiten will. So erleben die Schülerinnen und Schüler den Zusammenhang beider Fächer auf ganz natürliche Weise. Sie finden sich in einer ihnen vertrauten Alltagssituation wieder, Lernen wird mit Spielerischem verbunden und als Herausforderung gesehen.

Fächerverbindender Unterricht Deutsch-Mathematik

Welchen Nutzen gibt es für das Fach Mathematik?

Mathematik kann als formale Sprache gesehen werden, die in die Alltagssprache zu übersetzen ist. Man kann versuchen, »Mathematik zu erzählen«. Dabei ergeben sich die Möglichkeit und auch die Notwendigkeit, die mathematischen Aktivitäten zu reflektieren und eine Zusammenfassung und Rückschau zu formulieren, die sich nicht in mathematischen Details verliert, sondern die die Grundgedanken und wesentlichen Schritte herausarbeitet.

Die Sprache hat im Mathematikunterricht eine wesentliche Bedeutung bei der Verständigung über Zusammenhänge und Begriffe sowie bei deren Präzisierung. Wenn sich bei den SchülerInnen aus der Umgangssprache allmählich der Gebrauch einer Fachsprache entwickeln soll, ist die Förderung der Fähigkeit, mathematische Sachverhalte umgangssprachlich darstellen zu können, weiterhin von Bedeutung. Das sollte in Unterrichtsgesprächen eingeübt werden.

Die Sprache hat in diesen Fällen die Aufgabe, den Prozeß des Verstehens zu aktivieren und die gewonnenen Einsichten zu festigen. Auf diese Weise nimmt mit der Sachkompetenz auch die Sprachkompetenz zu. (Gallin/Ruf/Sitta 1985, S. 17)

Beim Schreiben verlangsamen und klären sich die Gefühle und Gedanken, nehmen Gestalt an und fordern zur Stellungnahme heraus. Wer schreibt, übernimmt in besonderer Weise Verantwortung für seine Position, öffnet sich der Kritik. (Vgl. ebd., S. 9)

Auf diesen Überlegungen basierend sind die Ziele des fächerübergreifenden Projekts für den Bereich der Mathematik folgend formuliert:
- Im Mathematikunterricht sollen Schülerinnen und Schüler über ein selbst gewähltes Thema auch aus dem Stoff der Mathematik schreiben und sprechen können. Sie sollen dabei ihr methodisches Vorgehen beschreiben und Zusammenhänge sowohl anschaulich als auch sprachlich verständlich darstellen (mündlich oder schriftlich).
- Dem Verstehen, dem Analysieren von Zusammenhängen, dem Reflektieren der eigenen Lernerfahrungen und Formulieren eigener Gedanken kommen somit eine neue Bedeutung zu.
- Kindern wird das Lernen der Mathematik auf natürliche Weise erleichtert, indem ihnen gezeigt wird, wie sie am besten von den Fähigkeiten ihres Verstandes Gebrauch machen können. Es ist wichtig, dass Kinder über Mathematik diskutieren und ihr Wissen danach richtig anwenden.

Welchen Nutzen gibt es für das Fach Deutsch?

Wenn die Sprache in anderen Fächern, in diesem Fall im Mathematikunterricht, an Bedeutung gewinnt, indem sie als Kommunikationsmittel bewusst wahrgenommen und eingesetzt wird, so bedeutet das, dass wesentliche sprachliche Kompetenzen, wie sie zum Beispiel in den Bildungsstandards für den Deutschunterricht formuliert werden, trainiert und gefördert werden. Außerdem kann ein veränderter Blick auf die Sprache, der durch das Erkennen von Unterschieden, sowohl zur formalen Sprache der Mathematik als auch zu Sprachvarietäten im Deutschunterricht führt, einen neuen Zugang zur Sprache insgesamt ermöglichen.

Im *Kompetenzbereich Lesen* der Bildungsstandards für die achte Schulstufe wird dies besonders deutlich. Zunächst greift das Textverständnis viele Fähigkeiten auf, die eigentlich nur im Fach Deutsch als solche definiert sind. So sollen Schülerinnen und Schüler zum Beispiel ein allgemeines Verständnis von Texten entwickeln, explizite Informationen ermitteln, eine textbezogene Interpretation entwickeln und den Inhalt von Texten reflektieren.[1]

Zum Standard »Explizite Informationen ermitteln« gehören unter anderem die Teilkompetenzen »Schüler/innen können zentrale und detaillierte Informationen in unterschiedlichen Texten und Textabschnitten finden« und »Schüler/innen können Informationen aus Grafiken, Tabellen, Schaubildern und Bild-Text Kombinationen ermitteln« – Fähigkeiten, die dem Fach Deutsch eine zentrale Rolle in der Verbindung mit anderen Fächern zukommen lassen.

Dennoch bedeutet »Lesen« in beiden Fächern nicht immer das Gleiche. Mathematische Texte können Formulierungen von Aufgaben, die Entdeckung mathematischer Sachverhalte, ihre Anwendung und ihren Beweis zum Inhalt haben. Sie haben – gemessen an umgangssprachlichen Texten – eine hohe Informationsdichte und sind häufig als streng lineare Argumentationsketten aufgebaut. Ein nachfolgender Argumentationsschritt kann in der Regel erst dann verarbeitet werden, wenn alle vorausgehenden Schritte verstanden worden sind. Dagegen können bei alltagssprachlichen Texten Verständnislücken gegebenenfalls auch zunächst übersprungen und aus dem Gesamtverständnis gefüllt werden.

Grundsätzlich kommen für das Textverstehen in beiden Fächern unterschiedliche Lesestrategien zur Anwendung:

Deutsch	Mathematik
Lesen *von vorne nach hinten* (linear)	Lesen *von hinten nach vorn* (von der Frage ausgehend)
Schlüsselwörter	nur, was zur Beantwortung der Frage nötig ist
wie ein Zug: man schaut aus dem Fenster und nimmt einzelne Informationen und Eindrücke mit.	*wie ein Känguru:* man springt immer wieder von der Frage in den Text und wieder zurück zur Frage

Wenn Schülerinnen und Schüler ihr mathematisches Handeln mündlich oder schriftlich reflektieren, so bedeutet dies wiederum, dass Schlüsselkompetenzen des Deutschunterrichts trainiert werden.

Dabei kann das Bewusstsein für die Bedeutung eines fundierten Fachvokabulars entstehen, das heißt konkret, der Wortschatz erweitert werden. Auch an eine Präsentation mathematischer Inhalte werden dieselben Anforderungen gestellt wie an die mündliche Darstellung eines beliebigen anderen Themas. Die sprachliche Darstellung mathematischer Inhalte folgt vorgegebenen Strukturen, was sich förderlich auf die allgemeine Fähigkeit zur Strukturierung von Texten auswirkt.

Die positive Rückkoppelung des im Mathematikunterricht erworbenen sprachlichen Wissens auf den Deutschunterricht erscheint also offensichtlich.

Welchen Nutzen gibt es für die Schülerinnen und Schüler?

Dass eine Ausweitung, Veränderung und Neugestaltung des Unterrichtens in einer sich schnell verändernden Gesellschaft, die an die Schule die unterschiedlichsten Anforderungen stellt, mehr denn je erforderlich ist, darüber herrscht Einigkeit auf Seiten aller am schulischen oder wirtschaftlichen Leben Beteiligten und Interessierten. Wir sehen uns heute sowohl in der Gesellschaft als auch im Wirtschaftsleben durch die Globalisierung und den wachsenden Konkurrenzkampf mit völlig neuen Anforderungen konfrontiert, auf die die Schule zu reagieren hat, als jene Instanz, die den jungen Menschen ein (Über)Leben in diesem Umfeld ermöglichen soll.

Es wird also immer notweniger bei SchülerInnen Schlüsselqualifikationen zu trainieren, die zunehmend an Bedeutung gewinnen:
- Denken in Zusammenhängen
- Problemlösevermögen
- Teamfähigkeit und Kommunikationsbereitschaft
- Argumentationsfähigkeit
- Selbständigkeit
- Bereitschaft zu lebenslangem Lernen
- Kreativität u. v. a. m.

Der fächerübergreifende Unterricht Deutsch Mathematik bietet sich dazu an. Der Umstand, dass Schülerinnen und Schüler dabei mehr als im traditionellen Unterricht zu selbständigem Arbeiten und Denken angehalten werden, bewirkt auch, dass sie den neuen Unterrichtsformen gegenüber aufgeschlossen sind. Nicht zuletzt auch deshalb, weil sie darin einen neuen, zielorientierten und lustvollen Umgang mit dem Thema und auch im sozialen Miteinander erleben.

Außerdem erscheint die Beziehung zu den Lehrerinnen und Lehrern, die in einer solchen Art von Unterricht von Belehrenden zu Begleitern/Begleiterinnen werden, deutlich verbessert.

Im rätselhaften Zahlenhaus

❼ *Welches Alter kann nicht stimmen?*

Das Ergebnis ist die Lösungszahl!

Schließlich standen sie alle im Inneren der Villa und der helle Kegel des Taschenlampenlichts irrte durch den großen Raum. Er fiel auf alte, schwere Möbel, dunkle Bilder, verschnörkelte Lampen, einen riesigen Luster, der von der hohen Decke hing, und mehrere Perserteppiche. „Wow, der Fuchs haust ja in einem wahren Museum, wahrscheinlich ist der ganze Krempel auch noch wertvoll!" Erich war beeindruckt. Monika hatte die Bilder an der Wand näher betrachtet. „Glaubt ihr, wir haben einen adeligen Mathelehrer? Diese ganzen Typen hier auf den Bildern scheinen ja so etwas wie seine Ahnen zu sein, heißen alle ‚von Zweistein' – steht hier zumindest auf den Tafeln darunter." „Ja genau, und die römischen Zahlen geben wohl das Alter an!", meinte Lukas, als er auch schon zu rechnen anfing, von wann bis wann die Herrschaften gelebt hatten. ❼

Leonardo von Zweistein
MCDLI–MDVI

Amadeo von Zweistein
MDCCLVI–MDCCCXCI

Albert von Zweistein
MDCCCLXXIX–MCMLV

Welchen Nutzen gibt für die Lehrerinnen und Lehrer?

An dieser Stelle muss vielleicht der Befürchtung entgegengetreten werden, DeutschlehrerInnen, müssten ein Mathematikstudium absolvieren und MathematiklehrerInnen zu ExpertInnen für Sprache avancieren, um diese Art von fächerübergreifendem Unterricht anbieten zu können. Die Tatsache, dass man im Team arbeitet, garantiert, dass man jederzeit auf fachliche Hilfe der Partnerin, des Partners zurückgreifen kann.

Natürlich ergeben sich sowohl für LehrerInnen als auch für SchülerInnen neue Anforderungen. Beide Teile benötigen ein hohes Maß von Flexibilität. Andere Aufgabenstellungen, neue Unterrichtsformen, die Auseinandersetzung mit dem Partnerfach, ein Mehraufwand an Differenzierung und immer wieder neue Anstöße zur Kooperation unter Kolleginnen und Kollegen, erfordern Kommunikation, gemeinsame Planungen und Absprachen auch außerhalb des Klassenzimmers. Diese Anstrengungen lohnen sich jedoch: Man eröffnet neue Blickwinkel, erfährt neue Dimensionen von Unterricht, erlebt Schülerinnen und Schüler in neuen Aktionszusammenhängen und wird so den Ansprüchen eines individuellen Bezugs zum Einzelnen gerecht.

Für die Lehrenden kann fächerübergreifender Unterricht bedeuten, dass Teamarbeit als positiv, erleichternd, befruchtend und freudvoll erlebt wird. Der Horizont wird erweitert, neue Aufgaben machen den Schulalltag spannender und – das ist vielleicht der wichtigste Punkt – das Ergebnis ist stark motivierend: Schülerinnen und Schüler arbeiten selbständiger, zielorientierter und sie trainieren beinahe »unbemerkt« zahlreiche Kompetenzen.

Daraus folgt: Der gemeinsame Unterricht in Deutsch-Mathematik baut Fenster in die Wände zwischen den beiden Fächern ein, bildet fachliche Brücken, thematisiert das verbindende Medium Sprache und fördert so die SchülerInnen in ihrer sprachlichen Ausdrucksfähigkeit, in ihrer sprachlichen Bewusstheit. Darüber hinaus werden durch einen fächerverbindenden Unterricht Schülerinnen und Schüler von einer anderen Seite wahrgenommen, deutlicher und bewusster als eigenständige, individuelle Persönlichkeiten erlebt, denen man etwas zutrauen kann und muss. Er leistet einen entscheidenden Beitrag zu einem lebendigen und zeitgemäßen Unterricht und stellt eine echte Vorbereitung für das Leben nach der Schule dar.

Das Sichtbar-Machen der Gedankenwelt der Schülerinnen und Schüler, die Auseinandersetzung mit den Mitgliedern eines Lernteams, die Versprachlichung von Lösungswegen und Lernerfahrungen, all das bietet Möglichkeiten zur Annäherung an ein Thema von verschiedenen Richtungen, zur Vertiefung und zu einem ganz individuellen Umgang mit Aufgabenstellungen.

Die im Deutsch-Mathematik-Unterricht eingesetzten Methoden fördern darüber hinaus ganz besonders die Eigenständigkeit und Selbstverantwortung der Lernenden, was nach Peter Gallin nachhaltiges, kompetenzorientiertes Lernen ermöglicht.

Das ganze Leben ist komplex, die Kinder sehen so, dass auch in ihrer täglichen Welt viele Querverbindungen existieren. Mathematik und Deutsch finden überall statt.

Anmerkung

1   Vgl. *http://www.ph-ooe.at/fileadmin/user_upload/bildungsstandards/BIST-D8-VO-01.01.2009-LFB.pdf* [Zugriff: 17.7.2009].

Literatur

Bildungsstandards Deutsch, Kompetenzbereich Lesen: http://www.ph-ooe.at/fileadmin/user_upload/bildungsstandards/BIST-D8-VO-01.01.2009-LFB.pdf [Zugriff: 17.7.2009].

Gallin, Peter; Ruf, Urs; Sitta, Horst (1985): Verbindung von Deutsch und Mathematik – ein Angebot für entdeckendes Lernen. Basisartikel. In: *Praxis Deutsch* 70, S. 17–27. [Textgleich in: *mathematiklehren* 1985 (9), S. 17–2.]
Online: http://www.dialogischer-mathematikunterricht.de/kreislauf.html [Zugriff: 20.7.2009].

Gallin, Peter; Ruf, Urs (1988): *Sprache und Mathematik in der Schule: Auf eigenen Wegen zur Fachkompetenz*. Seelze: Kallmeyer 1998.

Strauss, Madeleine; Kröpfl, Beate (2008): *Die wilden Vier im geheimnisvollen Zahlenhaus. Ein Mathekrimi*. Der Mathekrimi entstand im Rahmen eines Projekts »Mathematische Bildung von der 5.–8. Schulstufe«. Wien: BMUKK.

Werner Gaggl

»Forschung und Sprache«
Ein Projekt im Rahmen des naturwissenschaftlichen und sprachlichen Unterrichts

1. Einleitende Fragestellungen

Anknüpfend an die Konzepte des Forschenden Lernens (inquiry learning) und des Eigenverantwortlichen Arbeitens (EVA) wurde am BG und BRG in Leibnitz ein naturwissenschaftliches Projekt entworfen, das erstmals das Unterrichtsfach Deutsch einbinden konnte. Die SchülerInnen arbeiteten in diesem Rahmen etwa einen Monat lang jeweils zu zweit an Themen der Naturwissenschaften und der Literatur. Die LehrerInnen waren dabei fachkompetente Auskunftspersonen und hatten beratende und vermittelnde Funktion.

Die Idee für eine Zusammenarbeit zwischen den Fächern Deutsch und Naturwissenschaften entstand im Herbst, während einer gemeinsamen Fahrt zur Schule. Wie es unter LehrerInnen üblich ist, wenn sie sich außerhalb des Unterrichtes treffen, unterhielten wir uns über unsere SchülerInnen. Immer wieder kamen dabei auch Themen zur Sprache, für die es sonst nicht viel Zeit und Raum gibt. Wir tauschten uns aus, reflektierten den eigenen Unterricht und arbeiteten manches auf. Schon oft waren es die spontanen Ideen, die zufälligen Zusammentreffen, die zu neuen Wegen führten. So auch dieses Mal.

Eine Kollegin, die in einer sechsten Klasse das Fach Deutsch unterrichtete, beklagte das geringe Interesse der SchülerInnen am Deutschunterricht. Die Diskussion zwischen der Deutschlehrerin und dem Lehrer der naturwissenschaftlichen Fächer kristallisierte sich um Fragen wie:

- Was ist Sprache? Was bedeutet Sprache in einer Naturwissenschaft?
- Wie sehr reduziert sie sich auf das bloße Mitteilen und Anleiten?
- Was kann man als LehrerIn tun, wie kann man fördern, wodurch Interesse wecken?

Das Herz einer Deutschlehrerin hängt an Literatur. Was tun, wenn das Interesse der SchülerInnen in einer realgymnasialen Klasse darauf so gar nicht ansprechen will? Wie stärkt man die Kompetenz der SchülerInnen bei Präsentationen, wie verbessert man das sprachliche Ausdrucksvermögen? Wie bringt man ihnen das Wesen von Sprache nahe?

2. Schulische Rahmenbedingungen und Ausgangssituation

An der Schule gibt es bereits seit Jahren eine Zusammenarbeit der naturwissenschaftlichen Fächer Biologie, Chemie und Physik. Ein fachübergreifender naturwissenschaftlicher Laborunterricht (NWL) verfolgt als Ziel, die Qualität und Attraktivität des Realgymnasiums zu verbessern. In der vierten Klasse beginnend, arbeiten
jeweils zwei der genannten Unterrichtsfächer an gemeinsamen Themen. In der
sechsten Klasse ist Biologie mit Physik gekoppelt. Darüber hinaus werden im Rahmen des NWL die SchülerInnen zum Eigenverantwortlichen Arbeiten angeleitet.
Forschendes Lernen beginnt in der sechsten Klasse mit kleinen Schülerprojekten,
die in den Folgejahren ausgeweitet werden und in der achten Klasse mit einer
selbständigen Arbeit auf dem Niveau einer Proseminararbeit schließen.

Für das hier beschriebene Projekt war für die sechste Klasse zunächst das Thema
»Geschichte der Naturwissenschaften« angedacht. Historische Experimente sollten
nachvollzogen, hinterfragt und präsentiert werden. Durch die Verbindung eines
gemäßigten konstruktivistischen Ansatzes mit einer Neuinterpretation bereits bekannten naturwissenschaftlichen Wissens sollte im Zeitraffer Gedankengut der Biologie durch die SchülerInnen assimiliert werden.

3. Idee und Plan

Der ursprüngliche Projektplan wurde nach dem geschilderten Gespräch teilweise
verworfen und abgeändert. Das Unterrichtsfach Deutsch wurde neben Biologie und
Physik in das Projekt eingebunden. Neue Arbeitstitel wie »Forschung und Sprache«
oder »Naturwissenschaftliche Literatur« zeigten die Richtung. Das Ziel war, die
sprachlichen Fertigkeiten der SchülerInnen in den Naturwissenschaften zu verbessern. Die Bearbeitung naturwissenschaftlicher Themen und der adäquate Sprachgebrauch sollten geübt werden. Darüber hinaus ermöglichte die Einbindung des
Deutschunterrichtes, dass sich die SchülerInnen projektartig auch mit Werken der
Literatur beschäftigen konnten. Zugleich sollte der Zusammenhang zwischen dem
jeweiligen Weltbild und dem Sprachgebrauch vermittelt werden. Die Kollegin, die in
der Klasse Physik unterrichtete und im NWL mit Biologie zusammengebunden war,
wurde »eingeweiht«. Sie war offen für solche Versuche und musste nicht lange überzeugt werden.

Natürlich bringt so eine Idee die ursprüngliche Planung des Unterrichtes ziemlich durcheinander, ist mit großer Mehrarbeit verbunden und braucht Lehrende, die
mit Idealismus an ihr Ziel glauben. Der fachübergreifende Ansatz mit der geplanten
Ausweitung der Thematik legte in logischer Konsequenz die Einbeziehung weiterer
Unterrichtsfächer nahe. Angedacht wurden:

- Deutsch: Literatur und Naturwissenschaft
- NWL: Naturwissenschaft und Sprache
- Religion: Vom Mythos zum Logos
- Latein: Naturwissenschaftlich-literarische Texte.

Schließlich blieb es aber bei Biologie, Physik und Deutsch (mit einer philosophisch-religiösen Komponente, vgl. Kapitel 5.1 Forschungsthemen).

4. Darlegung des Konzepts

> Die Ziele des Projektes sind weit gesteckt. Sie reichen von der Vermittlung des genauen und spezifischen Sprachgebrauchs in den Naturwissenschaften bis zur Erwartung, Sprache als Basis einer (naturwissenschaftlich geprägten) menschlichen Kultur zu erleben. Dass die verwendete Sprache auch ein Weltbild widerspiegelt, soll durch einen historischen oder kulturellen Vergleich erkennbar werden.

Das »Forschende Lernen« und das »Eigenverantwortliche Arbeiten« (vgl. Klippert) sind didaktische Konzepte, die für das Unterrichtsfach NWL besonders geeignet sind. Schülerinnen und Schüler können vielfältige Kompetenzen des naturwissen-schaftlichen Arbeitens erwerben, wenn der Unterricht die Elemente des forschen-den Lernens aufgreift. In diesem Zusammenhang wurde Eigenverantwortliches Ar-beiten als neue Methode in den NWL-Unterricht der Oberstufe integriert. Begin-nend in der sechsten Klasse werden die SchülerInnen angeleitet, selbst forschend tätig zu werden. Dafür müssen sie sich ein lohnendes Thema suchen und eine Fra-gestellung aufwerfen. Von ihr ausgehend muss das Thema bearbeitet und in weite-rer Folge der Versuch unternommen werden, die Fragestellung einer Lösung zuzu-führen. Ganz im Sinne des aristotelischen Gedankens durchlaufen die SchülerInnen dabei all jene Phasen, die für naturwissenschaftliche Forschung kennzeichnend sind: Fragestellung – Beobachtung – Erklärung.
Was lernen SchülerInnen dabei?
- Naturwissenschaftliches Denken
- Versprachlichung von Vorgängen
- Anwenden von Fachsprache
- Einüben von Fachwörtern

Der Arbeitstitel unseres Projekts in der sechsten Klasse sollte »Forschung und Spra-che« lauten. In den Vorgesprächen zwischen den LehrerInnen und den SchülerIn-nen einigte man sich auf die nachfolgenden formalen und organisatorischen Vorga-ben.

Die Zeitdauer war für etwa einen Monat (Doppelstunden im NWL, sowie Deutschstunden) anberaumt. Die Arbeitsphasen sollten für die SchülerInnen frei wählbar sein. Die Kommunikation in der Zeit außerhalb der schulischen Präsenz-phase sollte mittels Internet-Plattform und E-Mail erfolgen.

Der anfallende Kostenaufwand musste rechtzeitig geklärt werden und ein Treffen am Beginn und am Ende des NWL-Blockes sollte dem Projekt einen klaren sozialen Rahmen geben.

In inhaltlicher Hinsicht wurde die Beschäftigung mit dem Zeitraum 16., 17., 18., und 19. Jahrhundert vorgegeben. Das umschließt die historischen Epochen der Re-naissance, der Aufklärung, des Realismus und des Naturalismus.

Die von den SchülerInnen geleistete Arbeit sollte in eigenständiger Weise in Zweiergruppen (Tandems) möglichst im Zusammenhang mit einem historischen Experiment durchgeführt werden. Sie bestand in selbständiger Recherche, Quellensuche zum gewählten Thema und in der Vorbereitung der dafür notwendigen Arbeitsmittel. Darüber hinaus mussten die SchülerInnen in regelmäßigen Abständen Rückmeldungen an die begleitenden LehrerInnen über den Arbeitsfortschritt geben und schlussendlich ein Lern- und Forschungstagebuch vorlegen.

Ziele des Projekts und auch Grundlage für die Beurteilung waren:

- Die Bearbeitung eines selbst gewählten Themas sowohl in inhaltlicher als auch in sprachlicher Weise
- Die Vorstellung dieses Themas mittels einer Präsentation. Sie konnte mit einem Text, einem Poster, einem Bild oder einem Experiment anschaulich vorgeführt werden (Dauer von etwa zehn Minuten)
- Die Ausführung einer praktischen Arbeit (Experiment, Vorführung, Theater)
- Das Vorlegen einer Zusammenfassung als einseitiges Handout (Text und Abbildungen)
- Das Gestalten eines großformatigen Posters zum Thema (in Farbe 70 x 90 cm)

Die Beurteilung erfolgte durch Punkte für Mitarbeit und Aktivitäten während des Arbeitsprozesses sowie für die abschließende Präsentation.

Auch die Rolle der LehrerInnen sollte sich während dieses Projekts insofern verändern, als sie nicht VermittlerInnen von Inhalten, sondern TutorInnen, Kontakt- und Auskunftspersonen sein würden.

5. Durchführung

Ein bereits im ersten Semester im Rahmen des NWL durchgeführtes Vorprojekt war für die SchülerInnen ein Beispiel, wie sie im zweiten Semester bzw. in den folgenden Schuljahren selbständig an die eigenen Themen herangehen sollten.

Als Beispiel für die naturwissenschaftliche Arbeitsweise in diesem Vorprojekt diente der Bau einer Lochkamera (camera obscura). Das Vorprojekt wurde geplant, um an einem einfachen, fächerübergreifenden Thema den SchülerInnen Arbeitsweisen und Lernziele einsichtig zu machen, die sie auf ihre selbständige forschende Arbeit im zweiten Semester vorbereiteten sollten.

Die nötigen Arbeitsschritte enthielten bereits die wesentlichen Elemente, die sie auch für das fächerübergreifende Projekt »Forschung und Sprache« brauchen würden:

- Sammeln von Informationen
- Verfassen einer Beschreibung
- Selbstbau einer Lochkamera
- Herstellen von Aufnahmen
- Entwicklung der Bilder
- Erklärung und Präsentation

5.1 Einige Forschungsthemen des Projekts

Die SchülerInnen mussten sich die Themen für ihre Arbeit selbst suchen. Dabei wurden sie von den LehrerInnen beraten und in ihrer Kreativität bestärkt. Je nach Interesse wandten sie sich mehr der Technik und den Experimenten oder mehr dem Theater und der Literatur zu.

Im Sinne des Forschenden Lernens ging es dabei nicht bloß um zusammenfassende Erklärungen, sondern sachliche Fragestellungen mussten den Ausgangspunkt und das Motiv zur Beschäftigung mit dem Thema bilden. Eine naturwissenschaftliche Herangehensweise an das Thema, in der das Kausalitätsprinzip und die Hypothesenbildung angewendet und gezeigt werden, sollte exemplarisch durchlebt werden: Fragestellung – Beobachtung – Erklärung.

Das Ergebnis (die Erkenntnis) sollte dem Publikum bei einer öffentlichen Präsentation ansprechend vermittelt werden. Im Sinne des NWL-Unterrichts mit einer Betonung des Experimentellen, musste die Arbeit auch eine praktische Komponente beinhalten. Eine Folge der Einbeziehung des Unterrichtsfaches Deutsch war, dass neben einem naturwissenschaftlichen Experiment auch eine andere praktische Arbeit (szenische Aufführung, Herstellung einer Broschüre, etc.) zulässig war. Schließlich wurden folgende Themen fixiert:

- *Osmose*: Dabei ging es um Grundlagen, das Prinzip der Osmose, historische Fakten, Osmosekraftwerk, Umkehrosmose. Ein Experiment sollte das Phänomen zeigen.
- Das Thema *Tod und Verwüstung* lief zunächst unter dem Arbeitstitel »Naturgifte und Epidemien«. Das Projekt befasste sich mit Giftpflanzen und ihrer Wirkung. Sie wurden schon immer als Mordwaffe eingesetzt. Pest und Pocken richteten große Verwüstungen an.
- Die Ausgangsfrage »Wetterfrosch – Wahrheit oder Lüge?« führt die Schüler zur Auseinandersetzung mit dem Thema *Das Thermometer*. Es umfasste nicht nur die technische Seite, sondern auch den Mythos Wetterfrosch.
- *Die Dampfmaschine:* Dazu wurde gefragt: Wer hat sie wirklich erfunden? Welche ist die effektivste? Wo ist sie heute noch in Gebrauch?
- Das Drama *Die Physiker* von Dürrenmatt bot sich für die Aufführung einer Schlüsselszene an. Dabei beschäftigten sich die Schülerinnen mit dem Inhalt, sammelten Informationen über den Autor, erkannten die Physiker als handelnde Menschen.
- *Das Faust-Thema* forderte einen Literaturvergleich zwischen Goethes *Faust* und Thomas Manns *Faustus* heraus. Die literarischen Hintergründe und die naturwissenschaftlichen Gedanken von Faust als Wissenschaftler waren Schwerpunkte dieser Arbeit.
- Das Thema *Galileo Galilei* beabsichtigten die SchülerInnen in Form einer Zeitung aufzubereiten. Eine Biographie von Brecht, die Biographie von Galilei, Machtverhältnisse in der Zeit Galileis, Originaltexte und Übersetzungen, Bibel und Buch im Vergleich, Protokolle zu Experimenten, Feedback zu Projekt und Thema bildeten den Inhalt.

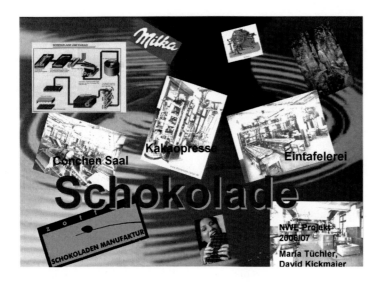

- *The wonderful saga of the Turiner Grabtuch*, wie auf Wunsch der Schüler der vollständige Titel lauten sollte, hatte die Frage »Heilige Reliquie oder Fälschung?« als Ausgangspunkt und beleuchtete auch den Konflikt zwischen Forschung und Kirche. Das hoch gesteckte Ziel des Experiments war es zu zeigen, wie ein Körper auf einem Stoffgewebe abgebildet werden kann.
- Mit *Hoch hinaus* war die Geschichte der Ballonfahrt gemeint, vielleicht mit einem Bezug zu *In 80 Tagen um die Welt* von Jules Verne. Das Experiment dazu war der Bau eines funktionierenden Heißluftballons.
- *Leonardo Da Vinci* – Anatomist oder Leichenschänder?« So lautete der originale Wortlaut des Schülervorschlages für ihr Thema. Das Fremdwort »Anatomist« zeigt, woran im Projekt wirklich gearbeitet werden musste. Das sehenswerte Ergebnis war jedenfalls ein skurriler Kurzfilm mit Leichenraub und simulierten anatomischen Studien.
- Das Thema *Schokolade* erntete einen Heiterkeitserfolg, als die beiden SchülerInnen von einer Exkursion zu einer Schokolademanufaktur nicht nur mit Videomaterial, sondern auch mit dreihundert (!) Tafeln gekaufter Schokolade zurück kamen, womit klar war, was am Elternabend unbedingt verkauft werden musste.

5.2 Organisation und Zeitablauf

Von Anfang April bis Mitte Mai erstreckte sich die eigentliche Arbeit am Projekt. Zunächst gab es eine Informationsphase. Dabei wurde den SchülerInnen das Konzept erklärt und die Aufgabe gestellt. Für die eigentliche Arbeitsphase standen insgesamt zwölf Unterrichtsstunden zur Verfügung. Diese setzten sich aus stunden-

Heilige Reliqu...

Das TurinerGrabtuch
-oder Fälschung eines Künstlers?

planmäßigen Unterrichtsstunden der Fächer »Deutsch« und »Naturwissenschaftliches Labor« zusammen. An den Freitagen wurde durch drei im Stundenplan glücklicherweise hintereinander liegende Stunden eine zusammenhängende Arbeitszeit möglich. Die zwölf Schulstunden schienen insgesamt knapp bemessen zu sein, aber manches lässt sich in der Schule und während der Unterrichtszeiten nicht erledigen und so kamen noch zahlreiche Stunden in der unterrichtsfreien Zeit dazu. Außerdem haben unsere Erfahrungen gezeigt, dass die SchülerInnen während der Unterrichtszeit sich allzu leicht ablenken lassen und die Stunden weniger intensiv nutzen, wenn der zeitliche Rahmen großzügiger ist. Mit großer Regelmäßigkeit kommt es in den Tagen vor einer Präsentation zu Zeitengpässen und diese sind eine wesentliche Motivation, die Arbeit doch noch zu Ende zu bringen, zumal sich niemand in der Öffentlichkeit eine Blöße geben will.

Vor der öffentlichen Präsentation erfolgte ein letzter Probedurchlauf. Dabei wurden die Referate gehalten und die SchülerInnen waren selbst ihr kritisches Publikum. Später am Präsentationsabend hatten alle ihre eigenen Aufgaben und damit wenig Gelegenheit die anderen Gruppen zu sehen. Die Schlusspräsentation erfolgte im Rahmen eines Elternabends. Nach einer Einleitung und der Vorstellung des Konzeptes wurden gruppenweise und gleichzeitig parallel in zwei Lehrsälen die Versuche, Plakate und Vorführungen gezeigt. Die Theaterstücke wurden anschließend in der Pausenhalle aufgeführt und fanden ein sehr interessiertes Publikum.

6. Evaluation

Die SchülerInnen wurden einige Tage nach ihren Präsentationen gebeten, einige Leitfragen frei zu beantworten und eine persönliche Stellungnahme abzugeben.

Insgesamt gab es recht positive Rückmeldungen – große Akzeptanz für das Projektkonzept und die Vorgaben.

Von LehrerInnenseite aus blieb anzumerken, dass das Projekt recht kurzfristig in der beschriebenen Form geplant und durchgeführt wurde. Manches musste spontan entschieden werden, manches war zu wenig durchdacht. Es fehlten Erfahrungen, ob der zeitliche Rahmen passt, ob die Aufgabe von den SchülerInnen bewältigt werden kann. Diese wurden, und das ist eine wichtige Erkenntnis, im Vorfeld zu wenig in die Projektplanung eingebunden. Schwierigkeiten gab es auch, die SchülerInnen zum genauen Einhalten der gesetzten Termine zu bewegen. Nach einer anfänglichen Euphorie war bald ein eher schleppender Fortschritt bemerkbar, und die in der Schule zur Verfügung gestellte Zeit wurde nicht immer nutzbringend verbraucht. Dennoch, der Umgang mit Zeitressourcen, die individuelle Planung und Zeiteinteilung gehören zu den Prinzipien des Eigenverantwortlichen Arbeitens und sind ein wichtiger Bestandteil von projektorientiertem Unterricht.

Sicht der SchülerInnen

Zur Veranschaulichung der SchülerInnensicht dient die von einem beteiligten Schüler verfasste Pressemitteilung. Der Text spiegelt zugleich das Niveau der SchülerInnen beim Verfassen einfacher Berichte wider.

Resümee des Projektabends der 6.b

Am Mittwochabend fand im BG/BRG Leibnitz eine Projektvorstellung der 6.b statt.
Die Schüler haben sich, unter der Leitung von Frau Prof. Murschitz, Frau Prof. Strohmeier und Herrn Prof. Gaggl, mit dem Thema »Naturwissenschaft und Sprache« befasst. Die

Schüler stellten paarweise verschiedene wissenschaftliche Themen, untermalt mit Filmen und Versuchen, vor. Der Hintergrundgedanke dieses Projekts war, eine fächerübergreifende Verbindung zwischen naturwissenschaftlichen Fächern und Deutsch zu schaffen.

Nach mehreren Wochen Vorbereitungszeit und auch intensiver Arbeit in den Stunden, konnte das Projekt schließlich den Eltern, Lehrern und Freunden vorgetragen werden.

Der Abend startete mit einer Schauspielszene aus dem Theaterstück »Die Physiker« von Friedrich Dürrenmatt mit einer anschließenden Erklärung der gesellschaftlichen Zwickmühle, in der sich Forscher befinden, die revolutionäre, aber für die Welt gefährliche Entdeckungen machen. Gleich darauf gab es eine Präsentation zum Thema »Schokolade«, woraufhin auch diverse Naschereien verkauft und verkostet wurden. Aufgrund der großen Anzahl der Präsentationen wurde zeitgleich das Projekt »Gift« gestartet. Hier wurde mit Hilfe einer Säure ein Antimonniederschlag erzeugt. Es folgten die Präsentation »Da Vinci – Anatom oder Leichenschänder«, bei der seine anatomischen Tätigkeiten hinterfragt wurden und ein sehr amüsanter Film, der zur Veranschaulichung diente. Zum Thema »Blitzableiter« wurde währenddessen gezeigt, wie Blitzableiter funktionieren. Anschließend liefen im NWL- bzw. Chemie-Saal die Projekte »Turiner Grabtuch«, in dem etwas über das Geheimnis des bekannten Relikts erklärt wurde, und »Dampfmaschine«, bei der das Prinzip dieser wichtigen Erfindung erläutert wurde. Ohne Unterbrechung starteten die Präsentationen »Hoch hinaus« und die »Faust-Thematik«.

In »Hoch hinaus« wurde über die Geschichte der Heißluftballonfahrt referiert und ein Kurzfilm zu dem selbstgebauten Modell gezeigt. Die »Faust-Thematik« beschrieb J. W. Goethes Dramen und nahm auf die Figur des Homunkulus Bezug und stellte sich auch Fragen zum möglichen Bau eines künstlichen Menschen. Weiters wurden die Themen Osmose, mit der Erklärung des osmotischen Drucks, und das Thema »Thermometer«, mit der Erklärung des Galileo-Thermometers und des Mythos Wetterfrosch, den Gästen nähergebracht. Schließlich wurde auch über den Streit um den Gedanken vom heliozentrischen und geozentrischen Weltbild in der Renaissance gesprochen. Auch zur Brown'schen Molekularbewegung gab es einen ausführlichen Bericht.

Nach einer kurzen kulinarischen Pause wurde der Abend letztendlich von einer Szene aus dem Theaterstück Bert Brechts »Das Leben des Galilei« und eine Abschlussrede von den Professoren, die sich sehr für das Projekt engagiert hatten, zum Ausklang gebracht.

8. Schluss

Das Unterrichtsfach »Naturwissenschaftliches Labor« (NWL) am BG und BRG Leibnitz hat sich seit 1995 im Fächerkanon des Realgymnasiums als schulautonomer Gegenstand mit eigenem Lehrplan etabliert. Dabei arbeiten die naturwissenschaftlichen Fächer Biologie, Chemie und Physik fachübergreifend an gemeinsamen Themen. Das NWL war wohl ein Zusammenschluss naturwissenschaftlicher Fächer, jedoch offen für neue Entwicklungen. Ein Qualitätssprung ergab sich durch die konsequente Anwendung der Arbeitssprache Englisch in bestimmten Unterrichtseinheiten. Eine Weiterentwicklung erfolgte auch durch die Einbeziehung des Konzeptes von Eigenverantwortlichem Lernen. Die Zusammenarbeit mit dem Fach Deutsch war der jüngste Versuch, im NWL eine noch höhere Qualität zu erreichen. Sie hat in der sechsten Klasse vielversprechend begonnen, konnte jedoch in der achten Klasse aus personellen Gründen nicht mit denselben Intentionen weitergeführt werden. Dennoch kamen einige Punkte auch bei den SchülerInnenarbeiten in der achten Klasse wieder zum Tragen. Auf die Frage, ob sich ihr sprachliches Ausdrucksvermögen durch diese Projekte verbessert habe, meinten vier SchülerInnen, dass das eher nicht zutreffe, vier weitere gaben an, dass es teilweise zutreffen würde, aber 14 SchülerInnen bejahten diese Frage voll und ganz.

Literatur

Bardy-Durchhalter, Manfred; Strametz, Barbara; Radits, Franz (2009): *Problemorientiertes forschendes Lernen in authentischen Lernumgebungen.* Frühjahrsschule der Fachgruppe Biologiedidaktik des VBIO. Wien: AECC.

Bell, Thorsten (2006): *Forschendes Lernen.* Kiel: IPN – Leibniz-Institut für die Pädagogik der Naturwissenschaften (= Piko-Brief, Nr. 6).

Brecht, Bertolt (1938/2008): *Leben des Galilei.* Frankfurt/M.: Suhrkamp.

Dürrenmatt, Friedrich (1961/1998): *Die Physiker.* Zürich: Diogenes.

Fenkart, Gabriele; Kröpfl, Beate (2008): *Mitschrift vom Wahlpflichtfachseminar »Sprachkompetenz in Deutsch, Mathematik und den Naturwissenschaften«.* Salzburg-Heffterhof, 25.–26. Februar.

Goethe, Johann Wolfgang (1808/2006): *Faust: Der Tragödie erster und zweiter Teil.* Frankfurt: Beck 2006 (= Jubiläumsausgabe zum 175. Todestag).

IMST (2009): *»Forschendes Lernen«.* Online: http://imst.uni-klu.ac.at/imst-wiki/index.phpKategorie: Forschendes_Lernen [Zugriff: 10.7.2009].

Klippert, Heinz (2008): *Methoden-Training.* Weinheim: Beltz, 18. unveränd. Aufl.

Ders. (2008): *Eigenverantwortliches Arbeiten und Lernen.* Weinheim: Beltz (Sonderausgabe).

Mann, Thomas (1947/1995): *Doktor Faustus: Das Leben des deutschen Tonsetzers Adrian Leverkühn, erzählt von einem Freunde.* Frankfurt: Fischer.

Merzyn, Gottfried (2005): *Fachbestimmte Lernwege zur Förderung der Sprachkompetenz. Sprache – zentrales Medium auch im naturwissenschaftlichen Unterricht.* Gekürzte Fassung. Manuskript. Universität Lüneburg. Online: http://www.learn-line.nrw.de/angebote/fidsneu/downloads/5_naturwissenschaften_mercyn.pdf [Zugriff: 10.7.2009].

NWL (2009): *Naturwissenschaftliches Labor am BG und BRG Leibnitz.* Online: http://www.nwl.at [Zugriff: 10.7.2009].

Pörksen, Uwe (1986): *Deutsche Naturwissenschaftssprachen: historische und kritische Studien.* Tübingen: Gunter Narr.

Röd, Wolfgang (1999): *Geschichte der Philosophie.* In 12 Bänden. Bd. 7: Die Philosophie der Neuzeit 1: Von Francis Bacon bis Spinoza. München: C.H. Beck.

Wintersteiner, Werner (Hrsg., 2005): *ide – Informationen zur Deutschdidaktik. Zeitschrift für den Deutschunterricht,* H. 3: »Abenteuer Wissenschaft«

4
Verstehen durch Lesen, Schreiben und Erzählen

Fächerverbindende Strategien und Techniken

Gabriele Fenkart

Sachtexte und Sachbücher
im Unterricht aller Fächer
Geschlecht und Textsorte in der Leseerziehung

1. Lesen und Fachkultur

Leseerziehung und Schreibunterricht erfahren erst in den letzten Jahren eine Aufwertung im Bewusstsein der Lehrenden. Dies liegt wohl auch daran, dass in der Ausbildung der jetzt im Beruf stehenden LehrerInnen beide Bereiche in den stark fachwissenschaftlich orientierten Studienplänen der 70er, 80er und auch noch 90er Jahre des vergangenen Jahrhundert kaum vorkamen, obwohl die didaktische Forschung sich intensiv damit beschäftigte. Das Auseinanderklaffen von Deutschdidaktik und Deutschunterricht macht aber auch deutlich, dass die Basis für Leseerziehung und Schreibunterricht schon in der Lehrerinnenbildung gelegt werden muss. Spätestens nach PISA 2003 begannen die Pädagogischen Institute, heute die Pädagogischen Hochschulen, in der LehrerInnenfortbildung mit der Durchführung von Lesedidaktiklehrgängen – zunächst mit der Zielgruppe der DeutschlehrerInnen. In einem zweiten Schritt folgten Seminare und Seminarreihen für LehrerInnen aller Fächer.

Mehr noch als im Fach Deutsch wird in anderen Fächern deutlich, dass die »Markierung« oder »Nicht-Markierung« *Geschlecht* in den einzelnen Fachkulturen (z.B. Naturwissenschaften, Sprachen) und in den Textsorten (Sachbücher, Romane) wesentlich die Auswahl und den Umgang mit Texten, in weiterer Folge mit Büchern, beeinflusst. Lesen ist weiblich konnotiert – »markiert« – und wird von den Kindern und Jugendlichen so wahrgenommen: mehrheitlich Frauen lesen vor, Frauen arbeiten in Kindergärten und Volksschulen[1], mehr Frauen unterrichten Deutsch als beispielsweise Physik. Die Auswahl der Lektüre und die Bevorzugung bestimmter Textsorten, vorwiegend fiktionaler Literatur, im Deutschunterricht verstärkt bei den Lernenden diese Wahrnehmung und trägt zur Hierarchisierung der Fächer bei. Es scheint gesellschaftlicher Konsens, dass sich Mädchen für das »weiche« Fach Deutsch mehr interessieren und Buben für das »harte« faktenorientierte Fach Physik. Solange diese Zuordnungen von den Lehrenden dieser Fächer – sowohl an Schulen wie auch an Universitäten – nicht hinterfragt und von den FachlehrerInnen weiter gegeben werden, tradieren sie Habitus und Fachkultur weiter. LehrerInnen tendieren in deutlich geschlechtsspezifisch markierten Fächern wie zum Beispiel

Deutsch (weiblich) im Gegensatz zu Physik (männlich) dazu, Interessen und Defizite mit Geschlecht zu erklären. Dabei werden individuelle Vorbedingungen wie Begabungen, Schwächen, punktuelles Spezialwissen außer Acht gelassen. Auch soziale Herkunft steht hier als Erklärungsmuster nicht an erster Stelle, sondern das Geschlecht:»Ihm liegt Deutsch eben nicht« oder»Mädchen sind technisch nicht so begabt, es genügt, wenn sie in Physik fleißig auswendig lernen«. Gesellschaftliche Erwartungshaltungen in Bezug auf Interessen und Fähigkeiten werden konstruiert und perpetuiert. Aber auch FachlehrerInnen, die diese geschlechtsspezifischen Zuschreibungen von Gesellschaft und eigener Disziplin nicht hinterfragen, sehen im Klassenzimmer geschlechtsspezifische Zielgruppen vor sich sitzen. LehrerInnen sind in zweierlei Hinsicht prägend: sie tragen zur Sozialisation als»Trägerinnen beider Kulturen, der Geschlechter- und der Fachkulturen, bei und geben so den Lernenden sowohl für die Geschlechterrolle als auch für die Fachkultur des eigenen Unterrichtsfaches ein Orientierungssystem vor« (Willems 2005, S. 163).

Lesen als ein Kernbereich des Deutschunterrichts ist doppelt weiblich markiert: einmal als Teilbereich eines weiblichen Faches von mehrheitlich weiblichen Lehrkräften unterrichtet und einmal in der Auswahl der Texte. Nach wie vor bestimmen Romane die Klassenlektüren: Kinder- und Jugendromane in der Sekundarstufe I und literarische Texte in der Sekundarstufe II. Sachbücher kommen im Deutschunterricht nur selten vor. Sie finden sich eher im Bereich der privaten Lektüre. Gerade Sachtexte könnten schon auf einer frühen Lesestufe Mädchen interessante naturwissenschaftliche und technische Felder zeigen und ihnen Möglichkeiten der Identifikation mit anderen als den traditionellen Berufsbildern öffnen.

Neben dem gewünschten sich Einüben in sachorientiertes Lesen bietet eine solche Textauswahl einen Blick in diese Bereiche und zwar bevor die Schullaufbahnentscheidungen (6. und 8. Schulstufe) für ein naturwissenschaftliches Realgymnasium, humanistisches oder neusprachliches Gymnasium oder für berufsbildende Schulen getroffen werden. Häufig entscheiden 12- bis 14-Jährige bzw. deren Eltern über ihre Zukunft in der Phase des pubertären Sich-Ausprobierens in der weiblichen oder männlichen Geschlechterrolle. Es ist gerade in dieser Entwicklungsphase sehr schwierig, sich gegen die gesellschaftliche Geschlechterzuordnung von Fachinteressen zu wenden (vgl. Bartosch 2009, S. 6 f.). Beim Lesen von Sachtexten und Sachbüchern auf diesen Jahrgangsstufen kann man bei den jungen Leuten Sachinteresse und Faszination an einem Thema, an einem Lebenslauf unabhängig vom Fachinteresse, also unabhängig von einem Unterrichtsfach, wecken – noch bevor das Unterrichtsfach gewählt oder abgewählt wird.

In den anderen»Sach-Fächern« dominieren zwar Sachtexte und Sachbücher, am häufigsten wird aber in den Schulbüchern gelesen. Lesen steht dabei jedoch nicht als Lehr*inhalt* im Vordergrund. Das Lesen der Texte dient der Information und dem Lernen, Anleitungen und Aufgabenstellungen sollen verstanden und umgesetzt werden. Häufig wird erwartet, dass die SchülerInnen sinnerfassendes Lesen beherrschen und die dazu notwendigen Lesestrategien bereits mitbringen.

Leseerziehung hört jedoch nicht in der Volksschule auf und kann in der Sekundarstufe nicht nur von einem einzigen Fach weitergeführt werden. Leseerziehung ist ein fächerübergreifendes Unterrichtsprinzip (BMUKK 1999/2002)[2], das daher in allen Fächern verfolgt werden soll. Erst das Zusammenwirken aller Fächer sichert eine hohe Lesekompetenz in verschiedenen Textsorten und verschiedenen Fachgebieten.

2. Begriffsklärung

Wie weit gefasst der Bereich der Sachtexte und Sachbücher ist, zeigt die Vielfalt an Begriffen, die dafür bemüht werden: Man spricht von *sachorientierten Texten, Gebrauchstexten* (Bedienungsanleitungen, Gesetzestexten etc.), *instruktiven Texten, Informationstexten, regulativen Texten, nicht-fiktionalen Texten,* von *Fachtexten* und entsprechend von S*achbüchern, Wissensbüchern, Fachbüchern, Ratgeberliteratur.* Folgt man der Einteilung der Printmedien nach den im Buchhandel gebräuchlichen Warengruppen, wie sie nach 1945 üblich werden, gibt es bei den nicht-fiktionalen Buchgruppen *Fachbücher Naturwissenschaften, Fachbücher Geisteswissenschaften, Schulbücher, Hobby-, Freizeit- und Reiseliteratur* und *Sachbücher* (Kerlen 2001, S. 244 ff.).

Sachtexte sind als »*Gebrauchstexte*« im Deutschunterricht schon lange vorhanden, als Briefe, Anleitungen, Berichte, Beschreibungen, Protokolle. In den Deutsch-Schulbüchern findet man sie vorwiegend in den Sprachbüchern in thematischen Zusammenhängen wie Zeitungswesen, Werbung, Kinderarbeit, Haustiere etc.

In den 1970er Jahre gewinnen die Sachtexte mit dem lernzielorientierten Unterricht an Bedeutung und passen auch gut zum erweiterten Textbegriff der Literaturwissenschaft, die den Textbegriff auf Medien ausdehnt. Textintention und Manipulation durch Sprache werden Unterrichtsgegenstand; das Kommunikationsmodell, die Sprache der Werbung und der Politik finden Eingang in die Lehrpläne und Schulbücher. Man spricht in diesem Zusammenhang von *persuasiven* und *apellativen* Texten. Die traditionelle Trennung in Literaturunterricht auf der einen Seite und in Sprachunterricht auf der anderen Seite bleibt aber in der Schulbuchproduktion und im Unterricht weiter bestehen und ist bis heute zu beobachten (Ulshöfer 1970).

Insgesamt bleibt das Unterrichten von Sachtexten aber ein kleines Segment – das gilt auch noch für die 1980er Jahre. Man beschäftigt sich in dieser Zeit auch mit Fachtexten und als Folge davon mit den Begriffen »*Fachsprache*« und »*Alltagssprache*«. Auch populäre Sachbücher und Sachtexte kommen dazu. Im Zentrum des Interesses steht aber weniger die Entwicklung von Lesekompetenz als die Entwicklung von Sprach- und kommunikativer Kompetenz (vgl. dazu Melenk 2005, S. 12). Was an Sachtexten gelernt und gelehrt werden soll, ist das »kritische Lesen«. Kritisch, weil es die Begriffe hinterfragt, weil es die Intention und die persuasiven Strategien des Autors/der Autorin hinterfragt.

Der Paradigmenwechsel, den wir mit der Entwicklung von Bildungsstandards erleben, weg von der Input-Orientierung der operationalisierten Lernziele der 1970er Jahre hin zur Outputorientierung, der Überprüfbarkeit und Vergleichbarkeit von Schülerkompetenzen unseres Jahrzehnts, stellt Sach- und Fachtexte erneut ins Zentrum der Betrachtung: Wir sollten unsere SchülerInnen dazu befähigen, Texte, mit denen sie in der Schule, in der weiterführenden Ausbildung und im Berufs- bzw. Alltagsleben, und nicht zuletzt in den internationalen Vergleichstests konfrontiert werden, zu verstehen und ihre Intentionen kritisch zu bewerten.

Auch in der Mathematik-Didaktik gibt es schon in den 1970er Jahren die Auseinandersetzung mit Texten, vor allem auch mit literarischen Texten, die mathematische Inhalte transportieren (siehe auch Astrid Beckmann in diesem Buch).

Heute reagieren Buch- und Medienmarkt auf die Bereitschaft einer breiten Leserschaft, populärwissenschaftliche Bücher aus den Bereichen der Mathematik und der Naturwissenschaften zu lesen. Simon Singhs Romane *Fermats letztes Satz* und *Codes*, Rudolf Taschners neuestes Sach?- Fach?-Buch *Zahl, Zeit, Zufall* erleben enorme Auflagen. Es gibt eine herrliche Auswahl an Büchern über Zahlen, an Romanen über Mathematiker für Erwachsene, Jugendliche und Kinder. Auch Internetportale bieten textbasierte Seiten an.[3]

3. Lesen von Sachtexten im Deutschunterricht

Lesen von Sachtexten ist wesentlicher Bestandteil unseres Alltags. Schülerinnen und Schüler lesen in Schulbüchern, lesen sachorientierte fachspezifische Texte, lesen Zeitungen und Zeitschriften, lesen digitale Texte. Auch LehrerInnen lesen mehr Sachtexte als literarische Texte. Dennoch denken viele, wenn von Lesen die Rede ist, an erzählende Literatur. Sie denken eher an ein Buch als an eine Zeitschrift oder einen digitalen Text. Die zentrale Stellung von literarischen Texten im Deutschunterricht liegt im Fach begründet. Die Arbeit mit sachorientierten Texten vertieft und erweitert Lesestrategien aus dem Literaturunterricht, Wissen über Texte und ihre Funktion, Intention und über Zielgruppen.

KIM- und JIM-Studien sowie Begleitstudien zu PISA zeigen aber deutlich, dass Sachtexte, Sachbücher und Zeitschriften im Leben Jugendlicher eine bedeutendere Rolle spielen als Romane. Sie bevorzugen diese Genres in ihrer Freizeit und sie brauchen sie um zu lernen.

Wie Margit Böck und Silvia Bergmüller in ihrer Studie zu PIRLS erheben, lesen 36 Prozent der 9- bis 10-Jährigen jeden Tag oder fast jeden Tag Sachbücher, aber nur 23 Prozent Geschichten und Romane. Immerhin 22 Prozent nennen als tägliche Lektüre Texte im Internet, 20 Prozent Zeitschriften und noch 17 Prozent Zeitungen (Böck/Bergmüller 2009b).

In der Begleitstudie der beiden Autorinnen zu PISA 2006, in der es um die 15- bis 16-Jährigen geht, wird sichtbar, dass lediglich 5 Prozent der Jugendlichen Sachbücher mehrmals in der Woche lesen, aber immerhin noch 13 Prozent Romane und Erzählungen. Am häufigsten werden Tageszeitungen (49 %), E-Mails und Webseiten (41 %), sowie Zeitschriften (22 %) gelesen (Abb. 1) (Böck/Bergmüller 2009a, S. 363).

Aus der Gegenüberstellung geht hervor, dass das Bücher-Lesen in dieser Zeitspanne den stärksten Einbruch erlebt, gerade auch beim Sachbuch-Lesen. Das Lesen von Tageszeitungen und das digitale Lesen nehmen am stärksten zu. Zwar unterscheiden die Autorinnen bei den 9- bis 10-Jährigen nicht, welche Texte im Internet gelesen werden, geben bei den 15- bis 16-Jährigen aber E-Mails und Webseiten an. Dennoch kann vermutet werden, dass neben diesen interaktiven Bereichen vor

Abb. 1: Vergleich der Freizeitlektüre (erstellt nach Böck/Bergmüller 2009, S. 363, Abb. 9.3.3)

	9-/10-Jährige (PIRLS) in % täglich oder fast jeden Tag	15-/16-Jährige (PISA) in % mehrmals in der Woche
Sachbücher	36	5
Romane, Erzählungen	23	13
Texte im Internet (9/10J.) E-Mails, Webseiten (15/16J.)	22	41
Tageszeitungen	17	49
Zeitschriften, Magazine	20	22

allem Informationen gesucht und gelesen werden. Das heißt, das Leseinteresse verschiebt sich hin zum Informationslesen und zu den Zeitungen.

Einerseits muss also der Deutschunterricht das literarische Lesen weiter fördern, um einen Kontrapunkt zu bieten und dem Bildungsauftrag nachzukommen. Andererseits ist es aber auch notwendig, dem sachorientierten Lesen einen höheren Stellenwert zu geben und vor allem auch digitales Lesen und (kritisches) Lesen von Zeitungen und Zeitschriften in den Unterricht zu integrieren.

In PISA 2000 stand die Lesekompetenz im Mittelpunkt. Die dort getesteten Textsorten waren nur zu einem geringen Teil erzählende Texte. Wenn bei PISA von Lesekompetenz die Rede ist, ist nur zu einem kleinen Prozentsatz (12 %) literarisches Lesen gemeint (Abb. 2).

Nur 12 Prozent der PISA-Aufgaben stammen aus dem Bereich der erzählenden Texte. Im Deutschunterricht beschäftigen wir uns aber zu großen Teilen nur mit diesen Texten. 40 Prozent sind Sachtexte, wie zum Beispiel Beschreibungen, Anweisungen, Argumentationen, 38 Prozent sind nicht-kontinuierliche Texte, also Textsorten, die im Deutschunterricht eher im Schreibunterricht vorkommen. In den anderen Fächern werden zwar hauptsächlich solche Texte angeboten, Lesetechniken und Lesestrategien werden aber in den anderen Fächern nicht unterrichtet.

Auch wenn in allen Gegenständen fachspezifische Leseerziehung stattfinden muss, sollte der Deutschunterricht nicht-fiktionale Texte in Leselisten, Lesetagebücher und Leseportfolios aufnehmen. Vor allem die zahlreichen Mischformen, die Information, Dokumentation, Bericht und narrative Elemente verbinden, finden großen Anklang bei beiden Geschlechtern. Buben erhalten sich ihr Leseinteresse durch populärwissenschaftliche Bücher und Mädchen finden Zugang zu naturwissenschaftlichem und/oder sachorientiertem Lesen. Ein vielfältiges Angebot in den Leselisten öffnet den Zugang zum Lesen und fördert neues Leseinteresse und Leselust.

Wenn wir im Deutschunterricht hauptsächlich mit literarischen Texten arbeiten, unterstützen wir unsere SchülerInnen nicht beim Erwerb von Lesestrategien und

Abb. 2: Verteilung der Aufgaben nach Art der Texte in Prozent (vgl. Deutsches PISA-Konsortium
2001, S. 81)

Textsorte	Textsorte	Prozent
Kontinuierliche Texte	Erzählende Texte	12 %
	Sachtexte	40 %
Nicht-kontinuierliche Texte	Diagramme, Grafiken, etc.	38 %

Lesekompetenzen für Textsorten, die sie in der Schule und in der Berufswelt brauchen, und die zum Beispiel bei PISA getestet werden, und wir lesen und analysieren auch nicht jene Texte, die sie am meisten interessieren.

4. Lesen in allen Fächern

Wenn wir im Sach-Fachunterricht zwar Texte als Lern*medium* verwenden, diese fachspezifischen Texte aber nicht als Lern*gegenstand* betrachten, versäumen wir eine wichtige theoretische und praktische Auseinandersetzung mit jenen Texten, die Grundlage für Verstehen, Lernen und kritisches Lesen bilden. Wir lassen auch außer Acht, dass informierendes Lesen für viele der Unterhaltung dient und Leseinteresse fördert.

In allen Fächern brauchen SchülerInnen Wissen über spezifische Muster und Strukturen der verschiedenen Textsorten, über Intention und Strategie. Im aktiven Lesen und Schreiben von Fachtexten erleben sie eine Einführung in Konzepte zum Beispiel naturwissenschaftlicher Denk- und Arbeitsweisen. Jede Fachdisziplin hat eigene Lesarten und Lesestrategien.

Leseerziehung ist mit der Grundschule nicht abgeschlossen und kann vom Deutschunterricht alleine in den weiterführenden Schulen nicht geleistet werden. Die anderen Fächer dürfen nicht voraussetzen, dass die Kinder als »fertige« Leser und Leserinnen in die Sekundarstufe I kommen und sie dürfen auch nicht voraussetzen, dass Jugendliche in für sie neuen oder komplexeren Themenbereichen ohne gezielte Anleitung in der Sekundarstufe II Texte verstehen und analysieren können.

Die Arbeit mit Sachtexten ist für manche LehrerInnen nicht neu. Die Bedeutung, die sie jetzt bekommt aber schon. Die Arbeit mit sachorientierten Texten wird differenzierter gesehen:

- Lesestrategien sollen bewusst vermittelt werden
- in allen Fächern
- in ihrer Bedeutung für Mädchen und Buben
- in ihren Auswirkungen im DaZ und DaF-Unterricht
- in der Schnittstelle zwischen Grundschule und Sekundarstufe I

5. Bewusstes Lesen in allen Fächern

Gelesen wird auf jeden Fall: täglich, in allen Fächern, in Printmedien und digitalen Medien. Daher findet auch täglich Leseunterricht statt – bewusst und unbewusst, gesteuert und ungesteuert. (Fachspezifisches) Lesen sollte daher auch als wichtiger Teil jeder Fachkultur angeleitet werden.

● Wenn Textaufgaben und Arbeit mit Texten gezielt eingesetzt werden, lernen SchülerInnen ihrem Lesealter entsprechend und dem Fach entsprechend Lesestrategien und Lesetechniken kennen.

● Wenn Schulbuchtexte auch in ihrer Textqualität kritisch hinterfragt und mit anderen Texten ergänzt werden, lernen SchülerInnen die Schulbücher auch als Lesebücher, Nachschlagewerke und »Wissensbücher« kennen.

● Wenn Lehrer und Lehrerinnen aller Fächer Texte methodisch aufbereiten und Leseangebote machen bzw. Lesetipps aus dem eigenen Fach geben, gewinnt Lesen an Attraktivität für beide Geschlechter, geschieht »undoing gender«. Vor allem Männer fungieren hier als wichtige Vorbilder für Buben in der Pubertät.

● Wenn Leselisten um Sachbücher, Biographien, Dokumentationen etc. erweitert werden, erhalten wir das Leseinteresse auch nach dem Leseknick und erhöhen Text- und Lesekompetenz.

● Wenn populärwissenschaftliche Texte aus Zeitschriften und Texte aus Sachbüchern in den Unterricht integriert werden, eröffnen sie Anwendungsbereiche scheinbar enger Fachinhalte und wecken so das Interesse von fachlich weniger interessieren Schülerinnen – vor allem Mädchen – für naturwissenschaftliche Themen.

Textauswahl und Aufgabenstellung bedeuten für die Lehrkräfte eine fachliche und methodisch-didaktische Herausforderung, gilt es doch altersgemäße Literatur zu finden und methodisch gut aufbereitet im Unterricht einzusetzen. Zahlreiche Jugendzeitschriften (z. B. *JÖ, TOPIC, Geolino*), Leseinitiativen und Leseplattformen (z. B. *www.lesenintirol.at, www.antolin.de*), der Österreichische Buchclub etc. bieten Material und teilweise auch entsprechende Arbeitsaufgaben an. Auch die Lehrmittel-Verlage entwickelten in den letzten Jahren ein vielfältiges Angebot.

Dennoch bleibt es Aufgabe der LehrerInnen geeignete aktuelle Texte für den Unterricht aufzubereiten. Voraussetzung dafür sind grundlegende Kenntnisse von Textstruktur und Aufgabenerstellung, die in der LehrerInnenausbildung, vor allem aber auch in der Fortbildung angeboten werden müssen.

Vergleicht man die PISA-Definitionen von Grundbildung zeigt sich, dass allen gemeinsam das Verstehen, Erkennen, Analysieren (Reflektieren, Schlüsse Ziehen, Argumentieren) und Anwenden im weitesten Sinn ist. Basis dafür ist jeweils eine Aufgabenstellung – ein (fachsprachlicher) Text.

Ziel ist, die gesellschaftliche Teilhabe, die verantwortungsbewusste Mitgestaltung des Lebens als reflektierende Bürger vorzubereiten (Abb. 3).

Kompetenzmodelle sind Stufenmodelle. Folgt man dem Gedanken der stufenweisen Aneignung von Lese-Kompetenzen, wird deutlich, dass unsere SchülerInnen

Abb. 3: Grundkompetenzen

Lesekompetenz	Naturwissenschaftliche Grundbildung	Mathematische Grundbildung
Die Fähigkeit, schriftliches Textmaterial zu *verstehen*, zu *nutzen* und darüber zu *reflektieren*, um eigene Ziele zu erreichen, das eigenen Wissen und Potenzial weiter zu entwickeln und am gesellschaftlichen Leben *teilzuhaben*. (Hervorhebung, G. F.)	Die Fähigkeit, naturwissenschaftliches Wissen *anzuwenden*, naturwissenschaftliche Fragen zu *erkennen* und aus Belegen Schlussfolgerungen zu ziehen, um Entscheidungen zu *verstehen* und zu treffen, welche die natürliche Welt und die durch menschliches Handeln an ihr vorgenommenen Veränderungen betreffen.	Die Fähigkeit zu *erkennen* und zu *verstehen*, welche Rolle, die Mathematik in der Welt spielt, fundiert mathematisch zu *argumentieren* und sich auf eine Weise mit der Mathematik zu befassen, die den Anforderungen des gegenwärtigen und künftigen Lebens einer Person als konstruktivem, engagiertem und reflektierendem Bürger entspricht.

in zunehmend heterogenen Klassen sich auch auf unterschiedlichen Lesekompetenzstufen befinden. Daher scheint es sinnvoll, Lesetexte einerseits mit unterschiedlichem Schwierigkeitsgrad anzubieten und andererseits bei gleichen Texten die Aufgabenstellung nach Kompetenz zu differenzieren.

Damit fordert und fördert man Lesestrategien und Lesetechniken, zum Beispiel:

- Detailfragen
- Überblicksfragen
- Fragen nach der Intention
- Fragen nach Zusammenhängen
- Fragen nach Widersprüchen
- Fragen nach der Zielgruppe
- Fragen nach der Textstruktur
- Multiple-Choice-Fragen
- True-False-Fragen

So verlangen Detailfragen ein anderes Lesen als Überblicksfragen. Fragen nach der Intention verlangen eine höhere Textkompetenz ebenso wie Fragen, die auf Textzusammenhänge oder Widersprüche zielen. Mit Multiple-Choice-Tests und True-False-Tests lässt sich die Genauigkeit des Lesens und die Aktivierung von Wissen steuern, je nachdem ob die verlangten Antworten wortwörtlich im Text zu finden sind oder erst erschlossen bzw. mit vorhandenem Wissen und anderen Textpassagen verglichen werden müssen. Außerdem lesen die SchülerInnen beim Suchen nach Antworten und Schlüsselwörtern die Texte unbewusst mehrmals durch. Mit gezielten Fragen kann man sie so vom orientierenden zum selektiven Lesen führen (vgl. Kapitel 6.3).

Vorwissen und Vorerfahrung beziehen sich auch auf Textsortenkenntnis und »Wissen« um (fachspezifische) Textmuster und verbunden damit Wissen über

Abb. 4: Lesekompetenzstufen (zusammengestellt nach Baumert 2002, S. 15 f.)

1. **Kompetenzstufe: Oberflächliches Verständnis einfacher Texte und elementare Lesefähigkeiten**
   - Inhalt und Form muss vertraut sein
   - Nur offensichtliche Verbindungen zwischen Gelesenem und Alltagswissen werden hergestellt

2. **Kompetenzstufe: Herstellen einfacher Verknüpfungen und grobes Textverständnis**
   - Einfache gedankliche Verknüpfungen zwischen Textteilen sind möglich
   - Eine begrenzte Anzahl von konkurrierenden Informationen darf enthalten sein
   - Einfache Schlussfolgerungen aus Textteilen
   - Verbindung zwischen Alltagswissen + eigener Beurteilung auf Basis von persönlichen Erfahrungen und Einstellungen

3. **Kompetenzstufe: Integration von Textelementen und logische Schlussfolgerungen**
   - Verschiedene Teile eines Textes können in Zusammenhang gebracht werden, auch wenn die Information erst erschlossen werden muss
   - Das Gelesene wird genau erfasst
   - Vorhandenes spezifisches Vorwissen wird zur Bewertung herangezogen

4. **Kompetenzstufe: Detailliertes Verständnis komplexer Texte und externe Kenntnisse**
   - Formal und inhaltlich unbekannte, relativ lange und komplexe Texte können gelesen werden
   - Informationen können entnommen und genutzt werden
   - Sprachliche oder inhaltliche Schwierigkeiten können sinngemäß bewältigt werden
   - Externes Wissen wird zum Textverständnis eingesetzt

5. **Kompetenzstufe: Flexible Nutzung unvertrauter und komplexer Texte**
   - ExpertenleserInnen können komplexe, unbekannte, lange Texte für verschiedene Zwecke flexibel nutzen
   - Sprachliche Nuancen können interpretiert werden
   - Feine sprachliche Nuancen werden interpretiert
   - Das Gelesene wird in Vorwissen aus verschiedenen Bereichen eingebettet und kritisch bewertet

Lesestrategien. Dieses spezifische Wissen wird im idealen Fach-Unterricht von der Lehrkraft vermittelt, angeleitet und geübt. Wesentlich ist hier die Vorstellung der Lesekompetenz*stufen*. So ist es durchaus möglich, dass durchschnittliche LeserInnen im Fach Deutsch (3. Kompetenzstufe, siehe Abb. 4) Schwierigkeiten beim Lesen von Texten im Fach Chemie haben, weil sie entweder in einem bestimmten Bereich noch kein Vorwissen haben, das Thema für sie neu ist oder ihnen fachspezifisches Vokabular fehlt und sie mit der Textsorte (z. B. Definition oder Versuchsanleitung) noch nicht konfrontiert waren. Sie befinden sich in dieser fachspezifischen Textsorte auf einer niedrigeren Stufe. Auch kompetente erwachsene LeserInnen (4. und 5. Kompetenzstufe) werden an sich immer wieder feststellen, dass sie komplexe Zusammenhänge in weniger vertrauten Fachgebieten nur mit Schwierigkeit erschließen können, vor allem wenn der Text sehr dicht und mit Fachtermini versehen ist. Es ist also durchaus möglich, dass LeserInnen sich in verschiedenen Fächern (und dort bei neuen Sachgebieten) auch auf verschiedenen Niveaustufen befinden.

Die folgende vereinfachte Zusammenstellung der Lesekompetenzstufen nach PISA soll die Progression in Stufen verdeutlichen (Abb. 4).

Zusammenfassend lässt sich sagen, dass es um das Zusammenwirken von zumindest vier Bereichen geht, die die Lesekompetenz beschreiben:

- *Textebene:* Form, Struktur, Komplexität, sprachliche Nuancen
- *Inhaltliche Ebene:* Wissen, Sach- und Fachwissen, Alltagswissen, Vorwissen, Weltwissen
- *Kognitive Ebene*: Schlussfolgern, Erschließen, Vergleichen, Hinterfragen, Analysieren, Interpretieren etc.
- *Ebene der Verknüpfung und Anwendung:* Kritische Bewertung und kritischer Vergleich, Anwendung bzw. Nutzung in Bereichen, die auch über das Sachgebiet hinaus gehen

6. Didaktische Strategien in der Textarbeit in allen Fächern

Ausgehend von der Layoutierung von Sachbuchtexten und der Gestaltung von Zeitungsseiten einerseits und den Popularisierungsstrategien in Sachbüchern andererseits lassen sich Lesestrategien ableiten und methodisch-didaktische Settings für Aufgabenstellungen entwickeln.

6.1 Strategien der Popularisierung als Lesehilfe und Aufgabe

Ein wesentliches Kriterium für die Bestimmung des Niveaus ist die Zielgruppe, für die ein Text geschrieben wird. Gierlich (2005, S. 28) differenziert zwischen fach*interner* und fach*externer* Kommunikation. Für den Unterricht ist es interessant, ob der Text fachliche Vorkenntnisse voraussetzt, ob er für fachliche Laien ohne Vorkenntnisse geschrieben ist, ob Erwachsene, Kinder oder Jugendliche die AdressatInnen sind. Die Bandbreite der Anforderungen erstreckt sich hier von *Spectrum der Wissenschaft* bis *Geolino* oder *Topic*, vom Fachbuch und Schulbuch bis zu einem Sachbuch aus der Reihe *WAS IST WAS* (vgl. Gierlich 2005, S. 28).

Fachsprachliche Texte können ebenso »dicht« sein wie »Dicht-ung«, wie poetische Texte. Um dem anspruchsvollen Text gerecht zu werden, darf kein Wort gestrichen werden. Je populärer (hier: einfacher) zu lesen sowohl Sachtexte wie auch literarische Texte sind, desto mehr Popularisierungsmaßnahmen, wie zum Beispiel Redundanz, Erklärung, beispielhafte Erzählung etc., wurden eingesetzt. Je weniger Fach- oder Sachwissen von der Zielgruppe erwartet werden kann, desto einfacher muss der Text geschrieben sein. Populärwissenschaftliche Zeitschriften und Bücher sind für ein zwar interessiertes aber fachlich wenig vorgebildetes Publikum geschrieben. In diesen Publikationen sind die Seiten mit Illustrationen, nicht-kontinuierlichen Texten (Tabellen, Grafiken) und Bildern aufgelockert. Sie bieten viele kurze und unterschiedliche Textsorten an, zum Beispiel biographische Details, nar-

Abb. 5: Strategien der Popularisierung (Gierlich 2005, S. 29)

Strategien der Popularisierung	
inhaltlich	*sprachlich*
• *Reduktion* der Informations*fülle*: Einzelheiten, die nur für den Fachmann von Interesse sind, werden wegelassen • *Reduktion* der Informations*dichte*: Die Informationen folgen nicht »Schlag auf Schlag«, sondern werden mehr oder weniger ausführlich erläutert, mit Beispielen anschaulich gemacht usw. • *Visualisierung*: Bilder und grafische Darstellungen • *Personalisierung* von Forschung: Ein komplexes Sachgebiet wird z. B. dadurch vorgestellt, dass ein typischer Tagesablauf eines Forschers geschildert wird; ähnlich: • Schilderung eines *konkreten* Falles • Lebendige Schilderung einer Szene • Einbeziehung von Emotionen • Darstellung des Verlaufs, der *Geschichte von Forschung* • Hinweis auf *Auswirkungen und Nutzen* einer Entdeckung	• Einfache Wortwahl; Fachbegriffe werden erklärt oder vermieden • Einfacher Satzbau • Metaphern und Vergleiche • Zitate von mündlichen Aussagen • Aufwertende Wortwahl (Niederhauser: »Rhetorik der Wichtigkeit«) • Komparative, Superlative

rative Sequenzen, Zeitleisten. Sie arbeiten vor allem auch mit typographischen Möglichkeiten im Layout.

Der Schweizer Physiker und Linguist Jürg Niederhauser (1997 und 1999, zit. nach Gierlich 2005, S. 29) hat dazu verschiedene Strategien der Popularisierung erstellt, die Gierlich folgendermaßen zusammenfasst (Abb. 5). Sowohl die inhaltlichen wie auch die sprachlichen »Popularisierungsstrategien« lassen sich im (Lese)Unterricht in allen Fächern einsetzen:

a) Lesestrategien und Wissen über den Text

Die SchülerInnen lernen in der (fachspezifischen) Textanalyse, wie Texte »funktionieren« und nützen dieses Textwissen, um sich neuen oder schwierigen Texten zu nähern. Sie »scannen« den Text nach etwaigen Lesehilfen wie Worterklärungen und Visualisierungen oder lesen zunächst einzelne leichter zugängliche Abschnitte wie biographische Details oder Schilderungen etc.

SchülerInnen in der Sekundarstufe II können mehrere Texte zu einem eingegrenzten Thema auf verschiedenen Niveaus vorgelegt bekommen und sollen diese miteinander vergleichen. Dieser Vergleich kann einen Zeitungstext, einen Schulbuchtext und einen Text aus einer Kinderzeitschrift oder aus einem Kindersachbuch umfassen. Interessant ist dabei der Vergleich sowohl auf inhaltlicher wie auf sprachlicher Ebene.

b) Arbeitsaufgaben zum Text

Arbeitsaufgaben nützen diese Mechanismen, indem sie gezielt danach fragen:
- Erklärung von Fachbegriffen, falls diese nicht gegeben sind
- Erklärung einer Metapher im Kontext
- Interpretation einer mündlichen Aussage im Textzusammenhang
- Interpretation von (auffallend) aufwertender Wortwahl in Zusammenhang mit der Autorenintention oder in Hinblick auf die Zielgruppe. (»Was meinst du, warum in dieser Schilderung besonders viele Komparative und Superlative verwendet werden? – »An wen richtet sich dieser Text?«)
- Eine sachliche gehaltene Textstelle soll in eine lebhafte Schilderung umgeschrieben werden. Dazu müssen aber weitere Details aus dem Text herangezogen werden oder extern recherchiert werden.
- Eine Chronologie der Ereignisse soll in Form eines Info-Kastens erstellt werden.
- Eine Zeitleiste soll erstellt werden
- Ein wenig strukturierter, wenig popularisierter Text soll sowohl inhaltlich als auch sprachlich für eine jüngere Zielgruppe umgearbeitet werden

Manche dieser Aufgabenstellungen, die in die Textproduktion und Reproduktion gehen, können vor allem mit Textverarbeitungsprogrammen gut hergestellt werden und bieten so einen zusätzlich Anreiz.

6.2 Strategien des Textdesigns als Lesehilfe und Aufgabe

Weiteren Einblick in die Produktion von Texten bieten Aufgaben, die Textdesign oder Seiten-Layout – in der Sachbuchproduktion und in den Jugendzeitschriften sind es zumeist Doppelseiten (ein Thema → eine Doppelseite) – zum Thema der Beschäftigung machen. Unsere alltägliche Lesepraxis zeigt, dass wir auch in anspruchsvolleren Tageszeitungen und Wochenzeitschriften schon lange nicht mehr ausführliche Artikel über mehrere Seiten ohne Tabellen, Grafiken, Zwischenüberschriften, Spiegelstriche und Info-Kästen zu lesen bekommen. Digitale Texte verstärken diesen Eindruck noch. Wir haben uns daran gewöhnt, auch in Fachartikeln mit nicht-kontinuierlichen Textpassagen zu arbeiten und Abbildungen einzufügen.

Die Medienwissenschaftler Joachim Blum und Hans-Jürgen Bucher (1998; zit. nach Gierlich 2005, S. 30) bezeichnen die Verbindung von Text und Grafiken als *Textdesign* und solche Texte als *Clustertexte*. Sie beschreiben verschiedene Möglichkeiten der Seitengestaltung (zusammengestellt und gekürzt nach Gierlich 2005, S. 30):
- *Funktionale Zerlegung:* Ein (kürzerer) Text wird durch Tabelle, Grafik, Chronik, etc. ergänzt.

Abb. 6: Zeitungsseite Gas-Dampf-Kraftwerk **Abb. 7:** Zeitungsseite Vogelgrippe

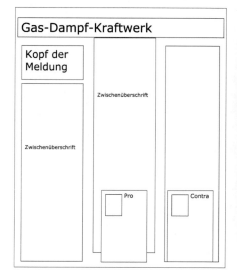

- *Thematische Zerlegung:* Ein komplexes Thema wird mit verschiedenen Textsorten beleuchtet: Analyse, Interview, Hintergrund, Chronik etc. (siehe auch funktionale Zerlegung)
- *Perspektivische Zerlegung:* Pro- und Contra-Statements, Kommentar, Interview
- *Strategische Zerlegung:* Einzelne Elemente werden gezielt hervorgehoben oder ausgeblendet.

a) **Lesestrategien und Wissen über den Text**

Hier geht es darum Zeitungsseiten oder Doppelseiten in Jugendsachbüchern mit Seiten in Sach- und Fachbüchern zu vergleichen und den SchülerInnen die einzelnen Elemente der Zerlegung vor Augen zu führen bzw. sie diese in selbstständiger Beschäftigung erarbeiten zu lassen. Dazu kommen Fragen zur Intention des Autors/der Autorin und zur vermuteten Zielgruppe, kritische Einschätzung der Textqualität (z. B. sachlich, polemisch, appellativ; informierend, narrativ) und die Frage nach den Leerstellen eines Textes (Was fehlt, wurde weggelassen, warum? Was müsste man ergänzen, um den Text lesbarer zu machen?)

b) **Arbeitsaufgaben zum Text**

Mit diesem Wissen ausgestattet können SchülerInnen auf jeder Altersstufe angeleitet werden, selber eine Zeitungsseite oder eine Doppelseite für ein Sachbuch zu ei-

nem bestimmten Thema zu erstellen und die Möglichkeiten der Zerlegung anzuwenden:

- Arbeiten in heterogenen Gruppen mit differenzierenden Aufgabenstellungen
- Verfassen von Pro- und Contra-Statements (von ExpertInnen) zu einem Thema
- Interview mit einer Expertin/einem Experten zu einem Teilaspekt
- Info-Kasten mit Chronik
- Info-Kasten mit Erklärung eines Fachbegriffs oder eines Aspekts
- Kasten farblich unterlegen lassen, wenn man mit Textverarbeitungsprogrammen arbeitet
- Verfassen eines Kommentars
- Verfassen eines Interviews mit einem Forscher/einer Forscherin, mit Personen des öffentlichen Lebens etc.
- Erstellen einer Zeitleiste
- Erstellen einer Tabelle/Grafik auf Basis der im Text enthaltenen Daten
- Verschriftlichen von Tabellen und Grafiken
- Finden von geeigneten Überschriften für Tabellen und Grafiken (= Zusammen-fassen)
- Hervorheben von einzelnen Elementen durch Orientierungsmarken (siehe 6.3)

6.3 Strategien der Layoutierung als Lesehilfe und Aufgabe

Neben den bereits genannten Formen von Textdesign bzw. Seiten-Layout lassen
sich weitere Elemente aus der Typographie als Lesehilfen und für Aufgabenstellungen nutzen.[5] Selbst Fachbücher arbeiten mit Marginalien etc.

**Typographische Orientierungsmarken als Lesestrategien (a)
und Arbeitsaufgaben (b)**

- *Haupt- und Zwischenüberschriften*

- *Kolumnentitel*

   a) Sie helfen beim ersten orientierenden Lesen, sich dem Text zu nähern, Vorwissen zu aktivieren und sich einen Überblick zu verschaffen.
   b) Das treffende Formulieren von Zwischenüberschriften und Kolumnentitel erfordert mehrmaliges auch kursorisches Lesen, Verstehen und Zusammenfassen.

- *Marginalien*

   a) Marginalien sind in Sach- und Schulbüchern häufig anzutreffen. Liest man sie
   fortlaufend, erhält man eine rasche Übersicht und eine praktische Zusammenfassung von wichtigen Inhalten und sammelt nützliche Phrasen aus der
   Fachsprache.
   b) Mit dem eigenständigen Formulieren von Marginalien für Texte, auch Schulbuchtexte, trainieren die SchülerInnen kursorisches und selektives Lesen und

Zusammenfassen bzw. Exzerpieren. Vor allem, wenn dies auch digital machbar ist, erhöht das den Anreiz, treffend und dem Layout entsprechend kurz und präzis zu formulieren.

- *Spiegelstriche, Großpunkte*

  a) Das bewusste Lesen von Information, die mittels Spiegelstrichen oder Großpunkten organisiert sind, führt vom Lesen zum Memorieren und kommt vor allem visuellen Lerntypen entgegen.

  b) Die Aufgabenstellung, aus einem kontinuierlichen Text eine vorgegebene Anzahl von Einzelinformationen herauszufiltern und mit Spiegelstrichen zu sortieren, trainiert die Reduktion auf das Wesentliche und das Formulieren in Schlüsselbegriffen oder Schlüsselphrasen.

  Umgekehrt kann eine Aufgaben lauten, die durch Spiegelstriche gegliederten Informationen in einen Langtext oder in eine Grafik etc. umzuformulieren.

- *Schriftart, Schriftgröße*

- *Farbe*

- *Markierung einzelner Wörter* (fett, kursiv, unterstrichen, farblich unterlegt)

  a) Alle diese Markierungen sind als Lesehilfen zu nutzen: sie gliedern den Text, machen über- und untergeordnete Kapitel/Informationen sichtbar, bieten Leseanker in schwierigen Texten, markieren Schlüsselwörter, Begriffe, Definitionen, direkte Reden etc.

  Das Wissen um diese Ordnungsstrategien hilft den SchülerInnen, sich neuen, schwierigen Themen zu nähern. Sie sind eher bereit komplexe Texte zu lesen, wenn sie solche Textmarken nützen können.

  b) Beim Erstellen von Texten oder eigenen Arbeiten können SchülerInnen dieses erworbene Wissen anwenden.

7. Resümee

In dieser Form der Leseerziehung und Textarbeit wird deutlich, dass es verschiedene Sprachregister gibt, die wir nicht nur in sozialen Situationen je nach Bedarf aktivieren, sondern dass es gerade in Sachfächern Fachsprachen (und auf einer weiteren Abstraktionsebene auch Formelsprachen) gibt. Mit diesem textbasierten und produktionsorientierten Unterricht wird der Wechsel von der Fachsprache in die Alltagssprache, von der Alltagssprache in eine Fach- und Formelsprache trainiert. Diese Transferleistungen fördern Lesekompetenz, Recherchekompetenz und Sachkompetenz. Darüber hinaus entwickeln SchülerInnen Schreibkompetenzen auch in den Sachfächern, die sie für weiterführende Arbeiten wie Portfolios, Fachbereichsarbeiten etc. gut brauchen können.

Entgegen den anfangs aufgezeigten fachkulturellen Markierungen (Lesen/Schreiben – Sprachfächer – weiblich versus Sachorientierung – Sachfächer – männlich) eröffnet sich hier die Möglichkeit, diese stereotypen Zuordnungen aufzubrechen.

SchülerInnen, die sich nicht für sachorientierte, naturwissenschaftliche Themen interessieren, nähern sich den Themen über textbasiertes Arbeiten.

SchülerInnen, die eine hohe Affinität zu diesen Bereichen haben, entwickeln auf Basis ihres (Vor)Wissens Lese- und Schreibkompetenzen, die sie sonst vielleicht nur widerwillig üben würden.

Das Gelesene bzw. das eigene Wissen muss angewendet und genutzt werden. Für viele SchülerInnen, die Schwierigkeiten im Erfassen und Verstehen von theoretischen Zusammenhängen haben, ist dies eine Gelegenheit sich vertiefend mit einem Sachthema zu befassen und die Anwendung in Alltagssituationen nachzuvollziehen.

Anmerkungen

1   In Österreich sind 90 Prozent der Lehrkräfte in den Volksschulen weiblich, in den Hauptschulen 70%, in den Gymnasien immerhin noch 61Prozent und in den Berufsbildenden Schulen 51Prozent (Statistik Austria 2009, S. 67).
2   *http://www.bmukk.gv.at/schulen/unterricht/prinz/Leseerziehung1594.xml* [Zugriff: 27.7.2009].
3   U.a. *www.mathematik-unterrichten.de* von Astrid Beckmann; *http://math.space.or.at* von Alexander Mehlmann u.a.
4   Sehr ausführlich dazu: Ballstaedt 2009.
5   *http://www.oecd.org/dataoecd/36/56/35693281.pdf* (S. 18) [Zugriff: 27.7.2009].

Literatur

BALLSTAEDT, STEFFEN-PETER (1997): *Wissensvermittlung. Die Gestaltung von Lernmaterial.* Weinheim: Beltz Psychologie Verlagsunion.

BARTOSCH, ILSE (2009): »Mädchen sind begabt für Sprachen – Burschen sind begabt für Naturwissenschaften und Mathematik!« Naturphänomen oder Ausdruck eines didaktischenDefizits? In: Wallner, Burgi: *Geschlechtersymmetrie in der Schule.* In: *IMST Newsletter* 30, S. 6–7.

BAUMERT, JÜRGEN u.a. (Hrsg.; 2001): *Pisa 2000. Basiskompetenzen von Schülerinnen und Schülern im internationalen Vergleich.* Opladen: Leske & Budrich.

BAUMERT, JÜRGEN; ARTELT, CORDULA; KLIEME, ECKHARD u.a. (Hrsg., 2002): *PISA 2000 – Die Länder der Bundesrepublik Deutschland im Vergleich. Zusammenfassung zentraler Befunde.* Berlin: Max-Planck-Institut für Bildungsforschung. Online: http://www.mpib-berlin.mpg.de/PIsa/PISA_E_Zusam menfassung2.pdf [Zugriff: 27.7.2009].

BECKMANN, ASTRID: http://www.mathematik-unterrichten.de [Zugriff: 27.7.2009].

BÖCK, MARGIT; BERGMÜLLER, SILVIA (2009): Lesegewohnheiten der Schüler/innen und Leseförderung an den Schulen. In: Schreiner, Claudia; Schwantner, Ursula (Hrsg.): *PISA 2006. Österreichischer Expertenbericht zum Naturwissenschafts-Schwerpunkt.* Graz: Leykam.
Online: http://www.bifie.at/buch/322 [Zugriff: 27.7.2009].

BÖCK, MARGIT; BERGMÜLLER, SILVIA (2009): Lesegewohnheiten und Leseeinstellung. In: Suchan, Birgit; Wallner-Paschon; Schreiner; Christina; Schreiner, Claudia (Hrsg.): *PIRLS 2006. Die Lesekompetenz am Ende der Volksschule – Österreichischer Expertenbericht.* Graz: Leykam.
Online: http://www.bifie.at/book/export/html/395 ([Zugriff: 27.7.2009].

BMUKK: *Grundsatzerlass zum Unterrichtsprinzip Leseerziehung* 1999/2002.
Online: http://www.bmukk.gv.at/schulen/unterricht/prinz/Leseerziehung1594.xml [Zugriff: 4.6.2009].

GIERLICH, HEINZ (2005): Sachtexte als Gegenstand des Deutschunterrichts – einige grundsätzliche Überlegungen. In: Fix, Martin; Jost, Roland (Hrsg.): *Sachtexte im Deutschunterricht. Für Karlheinz Fingerhut zum 65. Geburtstag.* Baltmannsweiler: Schneider (= Diskussionsforum Deutsch, Bd. 19), S. 25–48.

KERLEN, DIETRICH (2003): *Einführung in die Medienkunde.* Ditzingen: Reclam.

MEHLMANN, ALEXANDER; TASCHNER, BIANCA; TASCHNER, RUDOLF; WINKLER, REINHARD: http://math. space. or.at [Zugriff: 4.6.2009].

MELENK, HARTMUT (2005): Sachtexte im Deutschunterricht – eine historische Skizze. In: Fix, Martin; Jost, Roland (Hrsg.): *Für Karlheinz Fingerhut zum 65. Geburtstag.* Baltmannsweiler: Schneider (= Diskussionsforum Deutsch, Bd. 19), S. 2–9.

STATISTIK AUSTRIA (2009): *Bildung in Zahlen 2007/08. Schlüsselindikatoren und Analysen.* Online: http://www.statistik.at/web_de/dynamic/services/publikationen/5/publdetail?id=5&listid=5&d etail=508 [Zugriff: 4.6.2009].

WILLEMS, KATHARINA (2005): Fachkulturen und Gender – Kulturelle Bedeutungsproduktionen durch Lehrkräfte. In: *Schule im Gender Mainstream. Denkanstöße – Erfahrungen – Perspektiven.* Hrsg. vom Ministerium für Schule, Jugend und Kinder des Landes Nordrhein-Westfalen, Düsseldorf, und dem Landesinstitut für Schule. Soest, 1. Auflage. Online: http://www.learn-line.nrw.de/an-gebote/gendermainstreaming/reader/index.html [Zugriff: 4.6.2009].

ULSHÖFER, ROBERT: *Methodik des Deutschunterrichts. Mittelstufe I.* Stuttgart: Klett 1952 und 1970.

Josef Leisen

Leseverstehen und Leseförderung in den Naturwissenschaften

1. Einleitung

Wie reagieren wohl die Fachlehrkräfte, z. B. in den Natur- oder Gesellschaftswissen-schaften, auf die Forderung »Leseförderung ist die Aufgabe aller Fächer«? Spontan werden sie die Aufgabe zurückweisen mit dem Verweis darauf, das gehöre doch wohl in den Deutschunterricht, das sei nicht ihre Sache. Ergänzend verweisen sie darauf, dass das einfach nicht auch noch zu schaffen sei: die Bildungsstandards ver-langen eine Kompetenzorientierung des Unterrichts[1], die Fachdidaktik fordert eine Kontextorientierung, die Pädagogik drängt auf Diagnostik und Sprachförderung usw. und dann auch noch Leseförderung in den Fächern. Da ließe sich einfach nichts mehr draufpacken, denn der Stoff sei ohnehin kaum zu schaffen. Und zu gu-ter Letzt: Fachlehrkräfte sind für die Leseförderung ja auch nicht ausgebildet und sind auch nicht der verlängerte Arm der DeutschlehrerInnen.

Die Argumente sind alle berechtigt und nachvollziehbar und lassen sich von außen kommend auf der Ebene der Appelle nicht entkräften. Die Argumentation muss an anderer Stelle, nämlich im Fach und am Fach ansetzen: Leseförderung ist Aufgabe des Faches, weil das Fachlernen dabei gewinnt. Leseförderung im Fach darf nicht als Tribut an andere Fächer, deklariert werden, sondern als Tribut an das Ler-nen im eigenen Fach. Der Gewinn kommt dem eigenen Unterricht und dem Verste-hen im Fach zugute. Wer Sachfachlehrkräfte überzeugen und gewinnen möchte, muss an der Sache ansetzen: *Meine* Leseförderung in *meinem* Fachunterricht bringt Lernerfolge *meiner* SchülerInnen in *meinem* Fach. Da bekanntlich alles seinen Preis hat, muss bei der Leseförderung im Fach mit Mehraufwand und Unterrichtszeit »be-zahlt« werden. Nicht der Preis ist das entscheidende, sondern der Gewinn unter dem Strich.

Die Rolle, die dem jeweiligen Unterrichtsfach bei der Förderung von Lesekompetenz zukommt, sollte nicht als extracurriculare Aktivität verstanden werden. Es kommt vielmehr darauf an, die Leseförderung so in den Unterricht zu integrieren, dass sie – basierend auf den Materialien und Anforderung der Fächer – zum Teil des Unterrichtsgeschehens wird. [...] Die Leseförderung in den Fächern dient also letztlich dem fachlichen Lernen. (Artelt 2008, S. 20)

2. Die Vielfalt der Sachtexte

Das Angebot an Sachtexten ist umfangreich und umfasst:
- Authentische Texte (Anleitungen, Anzeigen, Gebrauchstexte, Nachrichten, Kataloge ...),
- Sach- und Fachmagazine,
- Nachschlagewerke und Lexika,
- populärwissenschaftliche Veröffentlichungen,
- Biographien und Geschichten,
- Wissenschaftsromane,
- Online-Artikel und Forumsbeiträge,
- Sachtexte in Lehrbüchern.

Sachtexte in Schulbüchern machen nur ein kleines, auf den Unterricht bezogenes, Segment der Sachtexte aus. Da sie jedoch für das organisierte Lernen im Fach konzipiert und gestaltet sind, kommt ihnen im Fachunterricht eine Vorzugsrolle zu. Die Didaktik des Einbezugs der anderen Sachtexte ist noch kaum entwickelt und könnte durchaus noch Schätze bergen.

3. Sprachliche Schwierigkeiten beim Lesen von Sachtexten

Was ist für SchülerInnen so schwer an den naturwissenschaftlichen Sachtexten? Sachtexte im Unterricht sind in erster Line Lehrbuchtexte, die nicht freiwillig gelesen werden, sondern sind »Pflichtlektüre«, so wie auch meistens die Schullektüre im Literaturunterricht. Die Sachtexte im Unterricht sind Texte zum (organisierten) Lernen. Es sind in der Regel nichtkontinuierliche Texte und hinsichtlich Aufbau und Sprache sind sie sehr fachspezifisch.

Im Gegensatz zu Erzähltexten haben Fachtexte einen deskriptiven und analytischen Charakter und dienen in erster Linie der Informationsvermittlung. Fachtexte sind nicht vorrangig ästhetisch oder stilistisch strukturiert, sondern genügen fachlichen und fachsprachlichen Anforderungen. Fachtermini gelten als wesentlicher Bestandteil einer Fachsprache. Fachbegriffe, die auch im Alltag vorkommen (z. B. Spannung, Kraft, Markt, Verfassung ...), dort aber eine andere Bedeutung haben, schaffen besondere Probleme. Daneben gibt es auch solche Fachbegriffe, die den SchülerInnen noch unbekannt sind und wie eine Vokabel oder ein Fremdwort gelernt werden müssen (z. B. Induktion, Push- und Pull-Faktoren ...). Die deutsche Sprache erlaubt Komposita, die dann oftmals als Wortungetüme wahrgenommen werden (z. B. Gleichspannungsquelle, Magnetfeldänderungen, Marktstrategien ...). Auf der Textebene kommen gehäuft verkürzte Nebensatzkonstruktionen vor und es werden komplexe Attribute anstelle von Attributsätzen verwendet, ebenso erweiterte Nominalphrasen und die unvermeidliche Verwendung von Passiv und Passiversatzformen. Die Liste ließe sich noch fortsetzen.

Mit diesen Texten werden Lernende und Lehrende im Unterricht konfrontiert und sie müssen sich ihnen stellen. Das ist der Ansatzpunkt, um Fachlehrkräfte von

der Leseförderung an Sachtexten zu überzeugen: Wenn die Lernenden diese Texte
mittels Lesestrategien besser verstehen, dann ist dem Fachunterricht geholfen und
das fachliche Verstehen wird gefördert. Erfahrungsgemäß lassen sich Fachlehrkräfte
überzeugen, dass es ihre Aufgabe ist, das Lesen von Sachtexten mit Lesestrategien
zu fördern, wenn es an der Sache angebunden ist und der Sache dient.

3.1 Schwierigkeiten auf der Wortebene

schwierige Wörter	Beispiele
viele Fachbegriffe	Oszilloskop, Pull- und Push-Faktoren, Subsidiarität, Cortisol
die Verwendung von Adjektiven auf *-bar, -los, -arm, -reich* usw. und mit dem Präfix *nicht, stark, schwach* …	steuerbar, unsichtbar nicht leitend, schwach leitend
viele Komposita	luftleer, Rahmengesetzgebung, Anodenquelle, Braunkohletagebau, Kohlenstoffdioxidkonzentration,
viele Verben mit Vorsilben	weiterfliegen, zurückfließen, hindurchtreten, beschließen, abdampfen, einschmelzen
viele substantivierte Infinitive	das Verschieben
fachspezifische Abkürzungen	60-Watt, ACTH (adreno-cortico-tropes Hormon), DNA

3.2 Schwierigkeiten auf der Satzebene

schwierige Sätze	Beispiele
bevorzugte Nebensatztypen sind Konditionalsätze, Finalsätze und Konsekutivsätze	Damit die Elektronen vom Schirm zur Anode zurückfließen können, ist der Glaskolben innen mit einem schwach leitenden Überzug versehen.
viele verkürzte Nebensatzkonstruktionen	Tritt ein Lichtbündel von Luft in Wasser ein, so … Taucht ein Körper in eine Flüssigkeit ein, dann … Die aus K abgedampften Elektronen werden …
viele unpersönliche Ausdrucksweisen	In Oszilloskopen und beim Fernsehen benutzt man Braunsche Röhren.
Verwendung komplexer Attribute anstelle von Attributsätzen	Die aus K abgedampften Elektronen werden zu A hin beschleunigt. … eine nach oben wirkende Auftriebskraft
erweiterte Nominalphrasen	Beim Übergang vom optisch dichteren in den optisch dünneren Stoff …
unvermeidliche Verwendung von Passiv und Passiversatzformen	Sie wird durch die Heizbatterie H zum Glühen erhitzt. Die Flamme lässt sich regulieren.

Abb. 1: Passung von Lesenden und Text

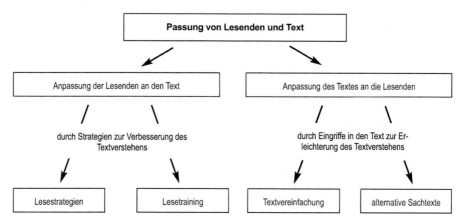

4. Die Passung von Lesenden und Text

Leseverstehen ist dann erfolgreich, wenn Lesende und Text zusammenpassen. Dann nämlich bewältigen die Lesenden die mit dem Text verbundenen Schwierigkeiten, nutzen den Text, um Informationen zu entnehmen, Sinn zu konstruieren und um mentale Schemata im fachlichen Begriffsgefüge auszubauen.

Bei der Passung von Lesenden und Text gibt es im Unterricht grundsätzlich zwei Möglichkeiten:

- *Anpassung der Lesenden an den Text:* Die Lesenden werden in ihrer Lesekompetenz geschult, indem Lesestrategien vermittelt und trainiert werden.
- *Anpassung des Textes an die Lesenden:* Der Text wird vereinfacht und an die Fähigkeiten der Lesenden angepasst.

Die eine Vorgehensweise ist offensiv, die andere ist defensiv.

Wenn man SchülerInnen langfristig die Kompetenz vermitteln will, sich Texte eigenständig zu erschließen, dann muss der Unterricht Gelegenheiten dazu bieten und die Texterschließung muss immer wieder trainiert werden. Deshalb ist die *Anpassung der Lesenden an den Text* die vordringlichste Aufgabe, um Lesekompetenz aufzubauen und zu entwickeln (Abb. 1).

Die Anpassung der Lesenden an den Text bedarf der Unterstützung durch die Lehrkraft und des Trainings durch entsprechende Übungen. Die Lehrkraft muss zum Einsatz von Lesestrategien anleiten. Entsprechend den Fortschritten der SchülerInnen werden die Hilfen allmählich reduziert. So müssen gerade in den unteren Klassenstufen Bewältigungshilfen für sprachliche und fachliche Stolpersteine gegeben werden. Zu beachten ist, dass das Vorwissen und das vorausgesetzte Weltwissen aktiviert werden. Eventuell sind dazu Vorübungen hilfreich. Lesekompetenz wird maßgeblich entwickelt, wenn SchülerInnen lernen, Wörter, Sätze und Textteile kon-

textuell selbst zu erschließen. Wenn andere Darstellungsformen genutzt und Leseprodukte erstellt werden, so fördert das nachweislich die Selbstständigkeit in der
Bewältigung von Sachtexten. Wenn SchülerInnen dann auch noch angeleitet werden, mentale Modelle zu bilden und ein Lesebewusstsein zu entwickeln, dann werden sie durch diese Unterstützungen zur Lesekompetenz im Umgang mit Sachtexten geführt.

Es gibt Sachtexte, die können von SchülerInnen nicht erfolgreich bewältigt werden. Dann ist eine *Anpassung des Textes an die Lesenden* geboten. Es soll beispielsweise ein fachliches Problem erklärt werden. Die Erklärungen im Fachtext sind jedoch derart verdichtet, dass dieses Ziel mit diesem Text nicht erreicht werden kann.
Wenn Erschließungshilfen auch nicht weiterhelfen, dann muss der Text vereinfacht
oder es muss ein alternativer Text gesucht werden, der passend ist.

Eine Textvereinfachung kann erreicht werden, indem die Fachsprache reduziert
wird und sprachliche und fachliche Stolpersteine im Vorfeld entfernt werden. Wenn
eine Gliederung und ein gutes Layout Übersicht und Struktur bieten, dann fördert
es das Leseverstehen. Eingebundene Bilder als Semantisierungshilfen dienen der
Textentlastung, ebenso wie die Bereitstellung von Vorwissen und vorausgesetztem
Weltwissen. Weitere Entlastungen und sprachliche Erschließungsmittel (z. B. Be-
griffslexikon) können beigegeben werden. Alle genannten Textvereinfachungen erfordern teils massive Eingriffe in Text, hin bis zur Verfassung eines neuen Sachtextes,
der zur Lerngruppe passt. Sachtexte aus Lehrbüchern sind schon oft für muttersprachige Lernende sehr schwer, für schwache LeserInnen oder für Lernende mit
Migrationshintergrund sind sie in der Regel sprachlich überfordernd. Für diese
Lernergruppe müssen die Sachtexte im Bedarfsfall an die LeserInnen angepasst
werden.

5. Lesesituationen und Lesestile im Unterricht

Wann wird wie im Fachunterricht gelesen? Sachtexte werden in den unterschiedlichsten Situationen im Unterricht (Lesesituationen) unter lesedidaktischer Absicht
eingesetzt. Folgende Lesesituationen als Beispiele treten häufig im Unterricht auf:

- SchülerInnen suchen gezielt Informationen aus einem Abschnitt im Lehrbuch
  heraus, die sie in der nachfolgenden Unterrichtsphase nutzen (Informations-
  suche).
- Die SchülerInnen erhalten einen Text mit Arbeitsaufträgen; die Ergebnisse werden anschließend im Plenum vorgestellt und diskutiert (angeleitete Erarbeitung
  des Themas).
- In arbeitsteiliger Gruppenarbeit erschließen sich die SchülerInnen anhand von
  Texten selbstständig neue Inhalte; diese notieren sie stichpunktartig auf einer Folie und präsentieren sie anschließend im Plenum (eigenständige Erarbeitung des
  Themas).
- Als Hausaufgabe lesen die SchülerInnen einen Abschnitt im Lehrbuch und be-
  antworten dazu gestellte Fragen (Sicherung des Gelernten).
- Als Hausaufgabe müssen die SchülerInnen eine Zusammenfassung zu einer

Doppelseite aus dem Lehrbuch anfertigen (Textproduktion).
- Nach einem überfliegenden Lesen findet im Plenum eine Anschlusskommunikation als Wirkungsgespräch statt (Wirkungsgespräch).
- Zur Vorbereitung eines Referates erhalten die SchülerInnen Texte, Datenmaterialien und etliche Internetadressen (eigenständige Texterschließung).
- Im Rahmen eines Lesetrainings der gesamten Jahrgangsstufe bearbeiten die SchülerInnen verschiedene Texte mit der jeweils passenden Lesestrategie (Lesetraining).

Der Verwendungszweck des Textes und die Leseabsicht bestimmen den Lesestil und die Lesetechniken (Lesearten):
- *Orientierendes Lesen* (skimming): Den Text ausgehend von Überschriften, grafischen Hervorhebungen oder Bildern überfliegen, um entscheiden zu können, was man sich genauer anschauen möchte.
- *Extensives (kursorisches) Lesen*: Häufiges und schnelles Draufloslesen umfangreicher oder vielfältiger Texte, um möglichst schnell ein globales Verständnis zu erreichen.
- *Selektives (suchendes) Lesen* (scanning): Gezieltes Heraussuchen gewünschter Informationen (z. B. Wörter, Daten) durch Überfliegen, um Aufgaben zu bearbeiten.
- *Intensives (detailliertes, totales) Lesen*: Der Text wird intensiv mit Strategien gelesen, um ihn als Ganzes im Detail zu verstehen und zu bearbeiten.
- *Zyklisches Lesen*: Einen Text zunächst orientierend, dann extensiv und danach intensiv lesen, manchmal wiederholt extensiv und intensiv.

Alle Lesestile kommen im Fachunterricht vor und müssen bewusst gemacht und an passenden Fachtexten geübt werden. Der passende Lesestil fördert das fachliche Verstehen und ist nicht Selbstzweck.

6. Leseprinzipien für Sachtexte

Welche Leseprinzipien sollten unbedingt berücksichtigt werden? Die Schulpraxis zeigt, dass die Lehrkräfte der Sachfächer und insbesondere der naturwissenschaftlichen Fächer mit der Lesedidaktik wenig oder gar nicht vertraut sind. Die Lesedidaktik der Sachtexte hat in der Ausbildung der FachlehrerInnen noch keinen Platz gefunden. Durch Berücksichtigung fundamentaler Leseprinzipien kann das Leseverstehen im Unterricht auf die richtige Spur gebracht und es können grobe Fehler vermieden werden. Die folgenden Prinzipien sind aus der Modellierung des Leseprozesses und aus den Überlegungen zum Aufbau einer Lesekompetenz abgeleitet.

6.1 Prinzip der eigenständigen Auseinandersetzung

Die LeserInnen werden durch geeignete Lesestrategien (vgl. Abschnitt 7) und gute Arbeitsaufträge zur eigenständigen Bearbeitung des Textes angeleitet.

Lesen ist keine passive Rezeption dessen, was im jeweiligen Text an Information enthalten ist, also keine bloße Bedeutungsentnahme, sondern aktive (Re-)Konstruktion der Textbedeutung, also Sinnkonstruktion. Aus dieser Modellierung folgt die unterrichtliche Konsequenz, dass sich die Lesenden mit dem Text angeleitet durch sinnvolle Arbeitsaufträge mehrfach beschäftigen und somit in einem zyklischen Bearbeitungsprozess Bedeutung konstruieren.

6.2 Prinzip der Verstehensinseln

Die Texterschließung geht von dem aus, was schon verstanden wird (sog. Verstehensinseln), und fragt nicht umgekehrt zuerst nach dem, was noch nicht verstanden ist.

In jedem Fachtext gibt es Inseln des Verstehens. Das sind Textteile, die von den Lesenden bereits verstanden werden, aber umgeben sind von Textteilen, die ihnen noch unverständlich erscheinen. Die bereits bekannten Fachbegriffe (Fachnomen, Fachverben, Fachadverbien) sind häufig solche Verstehensinseln. Andererseits bereiten die neuen Fachbegriffe Verstehensprobleme. Die Unterstützung des Leseverstehens besteht nun gerade darin, ausgehend von diesen »Verstehensinseln« das noch Unverstandene verstehbar zu machen. Das geschieht durch beigegebene Lesehilfen, Strategieempfehlungen, Kohärenzhinweise. Durch den Blick auf das Verstandene wird das Könnensbewusstsein gestärkt.

6.3 Prinzip der zyklischen Bearbeitung

Die LeserInnen werden mit immer anderen Aufträgen in Zyklen zur erfolgreichen produktiven Bearbeitung des Textes angeleitet.

Die zyklische Bearbeitung eines Sachtextes kann unter verschiedenen Perspektiven erfolgen, der fachlich-inhaltlichen, der sprachlichen oder pragmatischen Perspektive. Eine intensive Auseinandersetzung mit dem Text zwingt den Text zunächst orientierend, dann extensiv und danach intensiv lesen, manchmal wiederholt extensiv und intensiv zu lesen. Das Textverstehen ist bei komplexen und anspruchsvollen Sachtexten ein langsam aufbauender Prozess, der der zyklischen Bearbeitung bedarf.

6.4 Prinzip des Leseprodukts

Die Lesenden erzeugen beim Lesen ein Leseprodukt, zum Beispiel eine andere Darstellungsform.

Sachtexte haben im Lernprozess eine Schlüsselrolle, indem sich die Lernenden erstens mit den Sachverhalten auseinandersetzen und zweitens neuen »Input« erhalten, der ein Weiterlernen eröffnet. Leseaufgaben mit eingebundenen Lesestrategien leiten dazu an und lenken den Lernprozess.

Ziel der Leseaufgabe ist jeweils ein Produkt, das der Lehrkraft Rückschlüsse auf den Grad des Textverstehens und den Umgang mit dem Sachtext erlauben. Lehrkräfte machen die Erfahrung, dass Lernende im Leseprozess stecken bleiben oder Texte nur teilweise nutzen können. Weil Leseprobleme so individuell sind wie das Lesen selbst, bedarf es der individuellen Diagnose. Dazu muss der Leseprozess ausgewertet werden können. Dieser wird auswertbar, indem eine Leseaufgabe gegeben wird (oft basierend auf der Strategie 6: Den Text in eine andere Darstellungsform übertragen), die zu einem Leseprodukt führt, zum Beispiel Flussdiagramme, Tabellen, Mindmaps, Bildertische, Kartentische, Präsentationen …

Leseprodukte haben mehrfache Funktionen:

- *Beschäftigungsgrad*: Wenn ein Leseprodukt erstellt werden muss, so beschäftigen sich die Lernenden intensiver und eingehender mit dem Text.
- *Textumwälzung*: Der Text wird durch eine entsprechende Aufgabenstellung mehrfach umgewälzt und mit verschiedenen Aufträgen aus verschiedenen Perspektiven angegangen.
- *Diagnoseinstrument*: Das Lesprodukt ist die sichtbare und damit auswertbare Seite des Leseprozesses und ist damit ein diagnostisches Instrument, an dem die Lehrkraft den Stand der Lesekompetenz erkennen kann.
- *Anschlusskommunikation*: Das individuell oder in Gruppenarbeit erstellte Leseprodukt muss im Plenum kommuniziert, verglichen, ausgewertet und bewertet werden. Leseprodukte sind ideale Instrumente, um eine Anschlusskommunikation zu initiieren.

6.5 Prinzip der Anschluss- und Begleitkommunikation

Unter Anschluss- und Begleitkommunikation zu einem Text wird die geplante oder ungeplante, die formelle oder informelle Kommunikation im Zusammenhang mit einer Lektüre verstanden.

Ein gutes Beispiel für Begleitkommunikation im Kindesalter sind beispielsweise die Gespräche zwischen Eltern und Kindern beim Betrachten oder Vorlesen eines Bilder- oder Kinderbuches. Auch der informelle Austausch von jugendlichen LeserInnen über ein Buch in der Gruppe Gleichaltriger ist ein solches Beispiel, ebenso wie das formelle, von der Lehrkraft geleitete Unterrichtsgespräch über den Text.

Die Anschlusskommunikation bei literarischen Texten und bei solchen, die im Interessenbereich der Lesenden liegen, kann Unterhaltungs- und Genusswert haben; sie trägt zur Steigerung und Stabilisierung der Leseintensität und -motivation bei. Die informelle Anschlusskommunikation zu Sachtexten findet in der Regel in Gruppen von LeserInnen statt, die sich für ein gemeinsames Thema oder Hobby interessieren, zum Beispiel Computer, Sport, Fotografie etc. Diese Kommunikation bewegt sich innerhalb eines kleinen abgeschlossenen Kreises und wird oftmals auf einem hohen Expertenniveau mit Fachvokabular und Fachsprache geführt.

Die Anschluss- und Begleitkommunikation zu einem Sachtext im Unterricht hingegen richtet sich an alle lesenden SchülerInnen der Klasse; sie hat die Funktion, den Verstehensprozess zu unterstützen und zu vertiefen. Untersuchungen zeigen, dass sich in der Regel nur die leistungsstarken SchülerInnen, die Vorwissen aktivieren können oder solche, die gerne kommunizieren, an einem derartigen Unterrichts»gespräch« beteiligen und dass auch zumeist nur diese davon »profitieren«. Auch schafft das fragend-erarbeitende Unterrichtsgespräch häufig zu wenig Verbindlichkeit, da die Erträge nicht systematisch oder oft genug kontrolliert werden.

Leider wird häufig zu frühzeitig und vorschnell im Plenum über den Sachtext bzw. über dessen Inhalte gesprochen, mit der Folge, dass sich die SchülerInnen – und hier insbesondere die sprachschwachen – noch nicht hinreichend selbstständig mit dem Sachtext auseinandersetzen konnten (vgl. Prinzip der eigenständigen Auseinandersetzung). Damit auch diese SchülerInnen am Unterrichtsgespräch teilnehmen können, sollten solche Gespräche erst im Anschluss an eine intensive Eigenlektüre und erst nach einer erfolgreichen Aufgabenbearbeitung am Sachtext erfolgen. Das erstellte Leseprodukt eignet sich besonders gut für die Anschlusskommunikation im Unterricht.

6.6 Prinzip der Metakognition und Reflexion

Durch Metakognition werden die Lesenden zur Reflexion ihrer eigenen Leseprozesse angeleitet, damit sie ihre Lesefortschritte selber kontrollieren, Verstehensillusionen aufdecken und somit auf die Organisation ihres Wissens beim Lesen Einfluss nehmen.

Lernende brauchen den Nachdruck des Unterrichts, um an Texte strategisch heranzugehen und um zu überprüfen, ob und was sie in welcher Tiefe verstanden haben. Die folgenden Fragen fordern die Lernenden auf, ihre Aufmerksamkeit im Sinne einer Verstehensüberwachung auf die eigenen Leseprozesse zu richten:

1. *Verständnisfragen*: Habe ich die zentralen Begriffe und die Aufgabenstellung verstanden?
2. *Verknüpfungsfragen*: Habe ich Ähnliches schon in anderen Texten gelesen, mit welchem Wissen kann ich das Gelesene verknüpfen?
3. *Strategiefragen*: Welches ist die beste Lesestrategie für diesen Text und warum ist sie die beste Strategie?
4. *Reflexionsfragen*: Ist mein Verständnis des Textes tatsächlich plausibel? Welche Bedeutung besitzt dieser Text in einem größeren Zusammenhang?

Die positiven Wirkungen der Metakognition und der Reflexion lassen sich damit begründen, dass die Aufmerksamkeit auf den eigenen Leseprozess gerichtet wird. Die Lesenden vergewissern sich ständig darüber, ob sie den Text auch wirklich verstanden haben und Illusionen über vermeintliches Verstehen werden durch die Verständnisfragen reduziert. Die Lesenden werden zur Konstruktion von Selbsterklärungen angeregt und dazu, neue Informationen in das bereits bestehende Vorwissen zu integrieren. Der konstruktivistischen Auffassung zufolge erfolgt beim Erwerb von Wissen stets die aktive Konstruktion einer intelligenten Wissensorganisation durch die Lernenden. Verknüpfungsfragen fördern deshalb die Fähigkeit der LeserInnen, Analogien zu bilden; dies wiederum hilft ihnen bei der Konstruktion und Organisation ihres Wissens. Die Lehrkraft sollte darauf achten, dass die Metakognition und Reflexion immer in einen spezifischen inhaltlichen Zusammenhang eingebettet sind.

7. Zehn Lesestrategien für das intensive Lesen von Sachtexten im Unterricht

Eine *Lesestrategie* ist ein Handlungsplan, der hilft, einen Text gut zu verstehen. Lesestrategien zielen auf einen eigenständigen Umgang mit Texten. Die Lesehilfen und die Arbeitsaufträge leiten und führen den Leser unterstützend durch die Texterschließung. Lesestrategien haben Werkzeugcharakter: Mit ihrer Hilfe können sich die Lesenden den Text möglichst selbstständig erschließen. Es gibt eine Vielzahl von Lesestrategien, die sich in Umfang, Anspruchsniveau und Unterstützungsgrad unterscheiden.

1. Fragen zum Text beantworten
2. Fragen an den Text stellen
3. Den Text strukturieren
4. Den Text mit dem Bild lesen
5. Im Text farborientiert markieren
6. Den Text in eine andere Darstellungsform übertragen
7. Den Text expandieren
8. Verschiedene Texte zum Thema vergleichen
9. Schlüsselwörter suchen und Text zusammenfassen
10. Das Fünf-Phasen-Schema anwenden[2]

Die genannten Lesestrategien unterstützen das intensive Lesen und werden im Anhang detaillierter beschrieben. Da Lehrbücher in den Sachfächern auf das intensive Lesen hin konzipiert sind, nimmt dieser Lesestil beim Lernen einen großen Raum ein. Deswegen und weil das intensive Lesen den SchülerInnen beim Leseverstehen erfahrungsgemäß die größten Probleme bereitet, muss es unbedingt geschult werden.

8. Die Integration des Sachtextes in den laufenden Unterricht

Die Integration des Sachtextes in den laufenden Unterricht sollte – orientiert an der Lesedidaktik der Sprachfächer – gestuft in verschiedenen Phasen geschehen:
- *Einführung*: Die SchülerInnen werden über den Leseprozess vorinformiert.
- *Vorwissensaktivierung*: Das Vorwissen zu dem Thema, das beim Leseprozess eingebunden werden muss, wird aktiviert.
- *Erstrezeption*: Die Erstrezeption dient dem Überblick und der Vorbereitung der späteren Detailrezeption.
- *Wirkungsgespräch*: Die SchülerInnen äußern sich reihum zum Text. Dabei erfährt die Lehrkraft Näheres über den Verstehensgrad und kann das weitere Vorgehen darauf abstimmen.
- *Detailrezeption*: Die Detailrezeption erfolgt über eine zum Text passende Lesestrategie.
- *Verständnisüberprüfung*: Die offenen Fragen werden gestellt und soweit möglich von den MitschülerInnen beantwortet; gegebenenfalls greift die Lehrkraft ein.
- *Anschlusskommunikation*: Der Text wird in Bezug zu Eigenerfahrungen und Fremderfahrungen und in weitere Kontexte gesetzt.

● Eventuell *Textproduktion*: Die Textproduktion fällt den SchülerInnen bekanntlich noch viel schwerer als die Textrezeption.

Dieser Vorgehensweise liegen folgende Prinzipien zugrunde:
● *Prinzip der Einbindung*: den Textinhalt sinnstiftend in den Unterrichtskontext einbinden;
● *Prinzip der Aktivierung*: das Vorwissen durch Vorübungen und Wiederholungsphasen aktivieren;
● *Prinzip der Verbalisierung*: die Erstrezeption durch Verbalisierung dessen, was schon verstanden wurde, einleiten;
● *Prinzip der Anleitung*: zur Detailrezeption durch gezielte Leseaufträge anleiten;
● *Prinzip der Überprüfung*: das Verständnis durch Fragen oder Austausch in der Gruppe überprüfen;
● *Prinzip der Kontextualisierung*: den Text in relevante Kontexte setzen;
● *Prinzip der Eigenerstellung*: einen eigenen Text, gegebenenfalls mit Hilfestellung, erstellen.

Anschluss- und Begleitkommunikationen dienen vorrangig dazu, das Textverständnis bei den LernerInnen zu kontrollieren und zu überwachen. Gerade sprachschwache SchülerInnen brauchen im Unterricht dazu einen Anstoß und eine Unterstützung.

9. Alternative Texte im Naturwissenschaftlichen Unterricht

Die Integration alternativer Texte, zum Beispiel authentische Texte (Anleitungen, Anzeigen, Gebrauchstexte, Nachrichten, Kataloge), Sach- und Fachmagazine, Sachbücher, Nachschlagewerke und Lexika, populärwissenschaftliche Veröffentlichungen, Biographien und Geschichten, Wissenschaftsromane, Online-Artikel und Forumsbeiträge u. Ä. in den naturwissenschaftlichen Unterricht hat keine Tradition. Authentische Texte werden gelegentlich in Arbeitsblätter mit Arbeitsaufträgen integriert. Nachschlagewerke werden für Referatvorbereitungen genutzt; zunehmend und fast nur noch online (z. B. Wikipedia). Ganzschriften haben im naturwissenschaftlichen Unterricht keine Tradition und bleiben der privaten Lektüre überlassen. Eine Didaktik naturwissenschaftlicher Ganzschriften ist ein Desiderat. Nachfolgend wird der szenische Dialog als eine alternative (Sach)Textform beschrieben und erläutert.

Der szenische Dialog ist eine Literaturform, die zum Fach- und Sprachlernen genutzt werden kann, indem Fachinhalte und Fachmethoden narrativ verkleidet oder in einen fachlichen Disput zwischen verschiedenen Protagonisten eingebunden werden. Das Musterbeispiel ist der berühmte Dialog von Galileo Galilei. (Dieses Werk brachte Galilei bekanntlich vor die Inquisition und Bertolt Brecht nimmt darauf Bezug in seinem Theaterstück *Leben des Galilei*.)

Im szenischen Dialog werden Sachverhalte und Aushandlungsprozesse lebendig dargestellt, indem die Protagonisten kontrovers disputieren, Argumente aus verschiedenen Perspektiven einbringen und diese gegenseitig abwägen. Ein szenischer Dialog ist darüber hinaus didaktisch konzipiert und mehrschichtig aufgebaut. Er ist an einem konkreten, unterrichtsrelevanten naturwissenschaftlichen Sachverhalt bzw. Idee festgemacht und er argumentiert fachmethodisch und wissenschaftstheoretisch an genau diesem Inhalt. Der Dialogtext macht tote Sachverhalte und abgeschlossene Diskussionsprozesse lebendig und bringt ferne Prozesse ganz nahe. Er hat Beispielcharakter für das fachlich korrekte Argumentieren, für den fachlichen Disput und für das wissenschaftstheoretische Streitgespräch.

Der szenische Dialog ist das philologische Pendant zum Experiment. So wie ein Experiment ausgewertet wird, so kann mit dem Dialogtext gearbeitet werden. Es findet eine Arbeit am Text statt: Textpassagen werden philologisch untersucht, Fragen werden beantwortet, das Textverständnis wird im Plenum diskutiert, fachliche Argumente werden herauskristallisiert und synoptisch gegenübergestellt, ergänzende Begleittexte werden eingebunden, Leerstellen werden ausgefüllt, zu vorgegebenen Einzelargumenten schreiben SchülerInnen selbst Dialoge, der szenische Dialog wird in verteilten Rollen gelesen und eventuell fortgeschrieben. Das Textverständnis wird hermeneutisch aufgebaut. Ein Beispiel findet sich im Internet unter Leisen (2008).

10. Anhang: Zehn Lesestrategien für das intensive Lesen von Sachtexten

Eine *Lesestrategie* ist ein Handlungsplan, der hilft, einen Text gut zu verstehen. Lesestrategien zielen auf einen eigenständigen Umgang mit Texten. Die Lesehilfen und die Arbeitsaufträge leiten und führen die LeserIn unterstützend durch die Texterschließung. Lesestrategien haben Werkzeugcharakter: Mit ihrer Hilfe kann sich die LeserIn den Text möglichst selbstständig erschließen. Es gibt eine Vielzahl von Lesestrategien, die sich in Umfang, Anspruchsniveau und Unterstützungsgrad unterscheiden.

Die folgenden zehn Strategien zur Texterschließung haben sich bei Sachtexten in allen Fächern bewährt.

Strategie 1: Fragen zum Text beantworten

Dem Text sind Fragen beigefügt, die die Lesenden anleiten, sich mit dem Text intensiver zu beschäftigen. Es handelt sich um eine herkömmliche und oft eingesetzte Strategie, die bei jedem Text eingesetzt werden kann.

- Man sollte mit leichten Fragen beginnen und die schweren Fragen ans Ende setzen.
- Es können Fragen gestellt werden, die sich auf eine explizit im Text angegebene Information beziehen. Diese Fragen sind in der Regel leicht zu beantworten.
- Es können auch Fragen gestellt werden, die sich auf tiefer eingebettete oder implizit angegebene Informationen beziehen. Diese Fragen werden nur noch von einem Teil der Lernenden beantwortet und eignen sich daher, um zu differenzieren.

● Schließlich können auch Fragen gestellt werden, die auf einer wesentlich höheren Kompetenzstufe liegen: Zur Beantwortung muss der Text im Detail verstanden sein, wenn beispielsweise etwas selbstständig erklärt werden und dabei spezielles Wissen genutzt werden muss.

Strategie 2: Fragen an den Text stellen

Bei dieser Strategie stellt die LeserIn gegebenenfalls nach einem Beispiel selbst Fragen an den Text und beantwortet sie auch (zumindest teilweise) selbst.

● Bei der Aufgabenstellung empfiehlt es sich anzugeben, wie viele Fragen gestellt werden sollen, welches Anspruchsniveau sie haben sollen und wie sie beantwortet werden sollen.

● Mit der Methode kann man das Anspruchsniveau differenzieren, indem man Fragen zu Einzelinformationen verlangt, aber auch Fragen stellen lässt, die auf die Tiefenstruktur des Textes abzielen.

● Bei dieser Strategie muss vorab geklärt werden, welche Fragen gestellt werden sollen: Sollen Fragen gestellt werden, auf die der Text eine Antwort gibt? Dann müssen Frage und Antwort im Verstehenshorizont der LeserInnen liegen und das Anspruchsniveau darf nicht zu hoch sein.

Sollen Fragen gestellt werden, die die Lesenden noch nicht beantworten können, auch wenn die notwendige Information im Text enthalten sein sollte? Dies ist oftmals der Fall, wenn es sich um tief eingebettete Information handelt, z.B. wenn unterschiedliche Textteile miteinander vernetzt oder bewertet werden müssen.

Sollen Fragen gestellt werden, auf die der Text keine Antwort gibt, die die Lesenden aber interessieren, z.B. Fragen, die Bezüge zu anderem Wissen herstellen?

● Die Beantwortung der Fragen kann u.a. durch Partneraustausch erfolgen. Besonders geeignete Fragen bzw. Antworten können im Plenum aufgegriffen werden. Die Fragen können gegebenenfalls kategorisiert und zum Weiterlernen genutzt werden.

Strategie 3: Den Text strukturieren

Bei dieser Strategie teilt die LeserIn den Text in Sinnabschnitte ein und formuliert Überschriften.

● Diese Strategie bietet sich bei schlecht gestalteten Texten an und bei solchen, deren Textteile unterschiedlichen Kategorien angehören (z.B. Informationen, Beschreibungen, Erklärungen, Interpretationen, Bewertungen, Beispiele, Erläuterungen, Kommentare, Zusätze, Exkurse ...), die gestalterisch aber nicht deutlich voneinander abgehoben sind.

● Die Strategie verlangt von den Lesenden zu abstrahieren, denn die Lernenden müssen kategorisieren und Oberbegriffe finden.

● Verschiedene Lösungen können als Anlass zum Austausch im Plenum genommen und zum Weiterlernen genutzt werden.

- Die Textstruktur lässt sich auch am Rand durch Randmarken – gegebenenfalls unter Verwendung von Kürzeln – kennzeichnen: Thema, Beobachtung, Erklärung, Definition, Bedingung, Merkmal, Beispiel, Zusammenfassung.
- Eigene Bewertungen des Textes können durch Symbole am Rand vorgenommen werden: ? (= fragwürdig), ! (= wichtig), ⚡ = Widerspruch) ... Fortgeschrittene LeserInnen werden eigene Symbole verwenden.

Strategie 4: Den Text mit dem Bild lesen

Bei nichtkontinuierlichen Sachtexten mit Bildern, Tabellen, Grafiken oder Zeichnungen wird die LeserIn zur vergleichenden Text-Bild-Lektüre angeleitet.
- Die Strategie umfasst unter Umständen auch die Text-Tabelle- oder Text-Grafik-Lektüre.
- Die Strategie spricht verschiedene Wahrnehmungskanäle an und aktiviert das Vorwissen der LeserInnen in unterschiedlicher Weise.
- Der Text enthält oft Informationen (z. B. Daten, Fakten, Begriffe), die nicht im Bild vorkommen und umgekehrt. Diese wechselseitigen Leerstellen schriftlich auszufüllen, ist ein guter Arbeitsauftrag.
- Manche LeserInnen beginnen gewohnheitsmäßig grundsätzlich mit der Lektüre des Textes und anschließend mit der des Bildes; eine andere Lesergruppe geht grundsätzlich umgekehrt vor. Beide Vorgehensweisen begründen sich in der individuellen Wahrnehmung und beide haben ihre Vorzüge.

Strategie 5: Den Text farborientiert markieren

Sachtexte sind gekennzeichnet durch Fachbegriffe, Objekte, Personen, Gegenstände an verschiedenen Orten und Zeiten, die in vielfältigen Relationen zueinander stehen.

Um Ordnung und Übersicht zu erhalten, markieren die LeserInnen Begriffe oder Textteile verschiedener Kategorien farblich differenzierend. Dadurch entsteht ein übersichtliches Beziehungsgefüge im Text, das zur weiteren Arbeit einlädt.
- Diese Strategie wirkt zunächst sehr formal und ohne Bezug zum Inhalt. Der Zweck liegt darin, dass sie auf nachfolgende Strategien vorbereitet. Die Fachbegriffe sind oft Anker, für das inhaltliche Arbeiten am Text. Diese Strategie darf auf keinen Fall Selbstzweck sein.
- Die Idee dieser Strategie besteht darin, dass sich die LeserInnen immer wieder und mehrfach mit immer neuen Bearbeitungsaufträgen mit dem Text auseinandersetzen (Prinzip der zyklischen Bearbeitung). Durch das schrittweise und gestufte Vorgehen entwickeln sich allmählich Textbezüge und Sinnstrukturen. Die der Vorgehensweise zugrunde liegende Idee sollte den Lernenden vorab verdeutlicht werden.
- Von den markierten Begriffen sind viele bekannt und fungieren als Verstehensinseln, von denen die weitere Erschließung ausgehen kann.
- Die farbige Markierung von Begriffen oder Textteilen verschiedener Kategorien

knüpft an Strategie 3 (Den Text strukturieren) an und ist eine gute Vorbereitung für Strategie 9 (Schlüsselwörter suchen und den Text zusammenfassen).

Strategie 6: Den Text in eine andere Darstellungsform übertragen

Die Übertragung in eine andere Darstellungsform ist Prinzip und Strategie gleichermaßen. Bei dieser sehr effizienten und oft einsetzbaren Strategie übersetzt die LeserIn den Text in eine andere Darstellungsform (Skizze, Bild, Tabelle, Strukturdiagramm, Prozessdiagramm, Mindmap, Graph …).
- Dieser Auftrag fördert die aktive eigenständige Auseinandersetzung der Lesenden mit dem Text und fördert die (Re-)Konstruktion des Textverständnisses. Bei der Überführung in andere vorgegebene Darstellungsformen findet das eigentliche Textverständnis statt. Das zwingt die Lernenden dazu, von einer anderen Seite an den Text heranzugehen.
- Beim Wechseln der Darstellungsform wird der Begriffsapparat mehrfach umgewälzt.
- Die Übersetzung in eine andere Darstellungsform ist der erste Schritt, sich vom Ursprungstext zu lösen. Hierbei ist Kreativität und Abstraktionsvermögen gefordert. Oftmals wird dabei auch das visuelle Gedächtnis trainiert und veranlasst, dass sich der Leser vom Ursprungstext löst.
- Der jeweilige Text bestimmt, welche Darstellungsform angemessen ist. Für Prozesse sind Begriffsnetze, Struktur- und Flussdiagramme geeignet. Mindmaps bieten sich an, wenn der Vernetzungsgrad nicht zu groß ist.
- Anspruchsvoll und lernfördernd ist es, wenn die Lernenden eigenständig die Darstellungsform wählen können. Dadurch schafft man zusätzliche Lerngelegenheiten. Es kann aber auch sinnvoll sein, einen Hinweis auf mögliche Darstellungsformen zu geben.
- Bei dieser Variante kommen in der Regel verschiedene Lösungen zustande, die Anlass zur Kommunikation im Plenum geben und zum Weiterlernen genutzt werden können. Eine Lehrerlösung bietet sich gegebenenfalls als Ergänzung an.
- Es empfiehlt sich, den Wechsel der Darstellungsform in Partner- oder Gruppenarbeit durchzuführen. Dadurch wird der Begriffsapparat erneut umgewälzt und kommunikativ verwendet. Erfahrungsgemäß ist diese Methode durch eine intensive Kommunikation in den Gruppen gekennzeichnet.

Strategie 7: Den Text expandieren

Viele Fachtexte sind so stark verdichtet, dass man sie kaum zusammenfassen kann. Das Expandieren des Textes durch Beispiele und Erläuterungen ist in diesen Fällen die angemessene Strategie.
- Die LeserIn expandiert den Text durch Anreicherung mit Zusätzen, Erläuterungen, Beispielen, Erklärungen, Skizzen oder weiteren Informationen.
- Meist ist ein Adressatenbezug (z. B. »für deinen jüngeren Bruder«, »für einen Laien«) sinnvoll.

● Die Strategie ist sehr anspruchsvoll und erfordert hohe Kompetenzen im Bereich des Wissens und der Darstellung. Gegebenenfalls sind weitere Hinweise und Hilfen sinnvoll.

Strategie 8: Verschiedene Texte zum Thema vergleichen

In Lehrbüchern der verschiedenen Verlage finden sich zu den gängigen Unterrichtsthemen Texte, die sich hinsichtlich des Anspruchsniveaus, des Sprachniveaus, des Textumfangs, der Gestaltung, der Textverständlichkeit und der didaktischen Absicht unterscheiden. Die vergleichende Bearbeitung verschiedener Texte bringt einen lernfördernden Mehrwert.

● Die vergleichende Lektüre mehrerer Texte zu demselben Thema erhöht das Verstehen. Verständlichkeitsmängel des einen Textes werden durch Qualitäten des anderen Textes ausgeglichen und umgekehrt.

● Durch den Vergleich von Texten können die Wirkung, der Adressatenbezug und die Textart thematisiert werden.

● Es bietet sich als weitere Aufgabe eine adressatenorientierte Textproduktion an. »Schreibe einen Text für: deine Schwester im x. Schuljahr, deinen Mitschüler, der krank ist und den Stoff nachholen will, für deinen Opa, der klug ist, aber aus seiner Schulzeit viel vergessen hat«.

● Eine Variante dieser Strategie ist die sogenannte Koch-Eckstein-Methode: Zunächst wird den LeserInnen ein kurzer anspruchsvoller Sachtext zur Lektüre gegeben. Anschließend wird ein zweiter Text präsentiert, den die LeserInnen Satz für Satz durchgehen und beurteilen, ob die Informationen auch im ersten Text enthalten sind (a), nicht enthalten sind (b), mit dem Text verträglich, aber nicht ausdrücklich enthalten sind (c). Auf diese Weise lernen die Lernenden den ersten Text sehr genau zu lesen. Besonders effektiv zeigt sich diese Methode, wenn sie mit metakognitiven Fragen begleitet ist, die die Selbstbeobachtung fördern, nämlich:

– die Einschätzung des eigenen Textverständnisses,
– die Einsicht in die Gründe für die eigenen Defizite beim Textverstehen,
– die Beobachtung der Veränderung der eigenen Leistungen beim Textverstehen.

Strategie 9: Schlüsselwörter suchen und den Text zusammenfassen

Diese Strategie ist zwar fester Bestandteil im Repertoire vieler Lehrkräfte, muss aber mit Bedacht eingesetzt werden: Wenn Fachtexte viele Fachbegriffe enthalten, die alle als Schlüsselwörter markiert werden könnten, dann ist diese Strategie unergiebig, zumal diese Texte kaum zusammengefasst werden können. Diese Strategie bietet sich bei breit angelegten und expandierten Texten an.

Durch Strategie 3 (Den Text strukturieren) und Strategie 5 (Farborientiert markieren) kann gute Vorarbeit zum erfolgreichen Einsatz dieser Strategie geleistet werden.

- Schlüsselwörter sollen den Text aufschließen. Wie können die LeserInnen diese Schlüsselbedeutung erkennen, wenn sie den Text nicht oder nur teilweise verstehen? Sie können allenfalls »interessante« oder »verdächtige« Wörter als vermeintliche Schlüsselwörter markieren. Erst wenn man den Inhalt verstanden hat, ist man fähig, Schlüsselwörter zu entdecken und zu nutzen.
- Eine häufig praktizierte Alternative zu dem Arbeitsauftrag lautet: »Unterstreicht alle Wörter, die hiermit oder damit zu tun haben …«. Die Lernenden können nun erfolgreicher am Text arbeiten, allerdings ist das Entscheidende von der Lehrkraft vorgegeben. Die eigentliche Aufgabe, das eigenständige Suchen der Schlüsselwörter, wird ihnen abgenommen.
- Mit folgenden Aufträgen kann die Lehrkraft Hilfestellungen geben:
  - Drei-Stufen-Verfahren: »Markiere mit dem Bleistift erst Wörter, die du als Schüsselwörter vermutest. Vergleiche anschließend deine Schlüsselwort-Kandidaten mit deinem Nachbarn. Zum Schluss werden sie gemeinsam in der Klasse verhandelt.«
  - Vorschläge sammeln und gemeinsam kategorisieren: »Macht Vorschläge. Welche Wörter sollen wir unterstreichen?«
  - Anzahl der Schlüsselwörter eingrenzen: »Unterstreiche im Text maximal x Schlüsselwörter.«
  - Merkzettel entwickeln: »Stelle dir zu dem Text einen Merkzettel her, der maximal 10 Wörter enthalten darf.«
- Die Lernenden können auch schrittweise angeleitet werden, die Schlüsselwörter zu identifizieren: In einem ersten überfliegenden Lesen wird ein Globalverständnis angestrebt, das noch nicht auf ein detailliertes fachliches Verstehen ausgerichtet ist. Den Lernenden sollte Mut gemacht werden, sich folgende Fragen zu stellen:
  - Worum geht es überhaupt?
  - Wie wirkt der Text auf mich?
  - Womit bringe ich den Text in Verbindung? Woran erinnert er mich?
  - Was könnte wichtig sein?
- Der natürliche Leseprozess geht von dem Verstandenen aus, um das Nichtverstandene zu erschließen, und geht nicht umgekehrt vor. Dieses Vorgehen wird durch die Theorie des Textverstehens gestützt (konstruktivistisches Verständnis).
- Lehrbuchtexte sind in der Regel hoch verdichtet und können nicht weiter komprimiert werden. »Lest den Text und fasst ihn in Kernaussagen zusammen.« Ein solcher Arbeitsauftrag überfordert den Lerner und sogar manchen Experten.
- Eine Textproduktion in Form einer Zusammenfassung ist bekanntermaßen eine besonders anspruchsvolle Aufgabenstellung und ohne begleitende bzw. vorbereitende Unterstützung eine Überforderung.

Strategie 10: Das Fünf-Phasen-Schema anwenden

Das Fünf-Phasen-Schema ist ein bewährtes Texterschließungsverfahren und nutzt viele der vorangehenden Strategien als Teilstrategien. Es ist ein umfangreiches Er-

Das Fünf-Phasen-Schema zur Texterschließung

1. Orientiere dich im Text

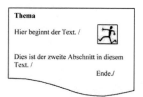

- Überfliege den Text.
- Suche das Thema.
- Suche zugehörige Bilder, Skizzen, Tabellen, etc.
- Registriere Abschnitte.
- Registriere Besonderheiten.

2. Suche Verstehensinseln

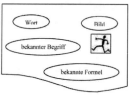

- Starte von dem, was du verstehst, nämlich den Verstehensinseln.
- Verstehensinseln sind die Teile, die du schon verstehst und von denen die Erschließung ausgeht.

3. Erschließe abschnittsweise

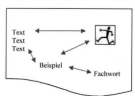

- Setze die Verstehensinseln zueinander in Beziehung und integriere sie in das, was du schon weißt.
- Hier gehst du detailliert und gründlich vor. Ein genaues Lesen und Mitdenken ist wichtig.
- Nutze Hilfsmittel, mache dir Schemata, schreibe dir Dinge anders auf, etc.

4. Suchen den „roten Faden"

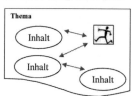

- Nun hast du vielleicht den roten Faden verloren. Suche ihn und lies den Text noch mal und verbinde die Abschnitte geistig miteinander.
- Erstelle dir eine kleine Gliederung als roten Faden.
- Fasse den Text in wenigen Sätzen zusammen.

5. Reflektiere abschließend

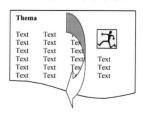

- Suche den Sinn des Textes und ordne ihn für dich neu.
- Überprüfe, was du verstanden hast.
- Schreibe einen eigenen Text.

schließungsverfahren, das komplett auf eigenständige Erarbeitung abzielt. Dazu werden den Lernenden Lesehilfen in Form einer Anleitung bereitgestellt. Die fünf Phasen sind:

1. Orientiere dich im Text
2. Suche Verstehensinseln im Text

3. Erschließe den Text abschnittsweise Satz für Satz
4. Suche den roten Faden
5. Überprüfe, was du verstanden hast

Das Fünf-Phasen-Schema beginnt mit einer vorbereitenden Orientierung (orientierendes Lesen – skimming), gefolgt vom Aufsuchen von Verstehensinseln (extensives Lesen und selektives Lesen). Im zentralen dritten Schritt werden inhaltliche Details erschlossen (intensives Lesen). Im vierten Schritt wird der Text reflektiert und in das Wissensnetz eingebunden. Im fünften und letzten Schritt wird das Verstandene überprüft. Das Fünf-Phasen-Schema ist somit die Standardform des zyklischen Lesens. Dem Fünf-Phasen-Schema liegen folgende Prinzipien zu Grunde:

- Das verstehende Lesen wird durch ein orientierendes Lesen vorbereitet (vom orientierenden zum verstehenden Lesen).
- Die Lernenden werden zum mehrfachen, zyklischen Bearbeiten des Textes unter immer neuen und anderen Gesichtspunkten geführt und verführt (Prinzip der zyklischen Bearbeitung).
- Es wird niemals gefragt »Was verstehst du nicht?« Stattdessen wird immer von dem ausgegangen, was die Lernenden schon verstehen (Verstehensinseln suchen und davon ausgehen).
- Die Lernenden übersetzen den Text in eine andere Darstellungsform (Wechsel der Darstellungsform).
  Die Lernenden reflektieren den Text und suchen den roten Faden (Textreflexion).
- Die Lernenden sollten am Ende eine Gliederung, ein Strukturdiagramm, eine Tabelle, ein Flussdiagramm, eine kommentierte Bildfolge oder eine andere Darstellungsformen an der Hand haben, womit sie losgelöst vom Ursprungstext eine eigene Textproduktion erstellen können. Die Textproduktion gehört zum Anspruchsvollsten des Fachunterrichts und ist ohne Zwischenstufe selten erfolgreich.
- Bei der Erstellung der Leseanleitung nach dem Fünf-Phasen-Schema muss zunächst der dritte Schritt festgelegt werden: Mit welcher Strategie kann der Text detailliert gelesen werden? Diese Strategie muss in den ersten beiden Schritten vorbereitet und in den letzten beiden Schritten fortgeführt werden. Andernfalls behindern sich die Strategien unter Umständen gegenseitig.

Anmerkungen

1 In Österreich gelten Bildungsstandards bis jetzt für die Fächer Deutsch, Mathematik und Englisch.
2 Siehe Abschnitt 10, S. 228–230.

Literatur

ARTELT, CORDULA (2008): *Förderung von Lesekompetenz als Aufgabe aller Fächer. Basismodul.* Entwurfsfassung vom 3.6.2008. Bamberg. Online: http://www.leseforum.bayern.de/download.asp? DownloadFileID=076713524acdd7d955bd9d15567858b7 [Zugriff: 1.7.2009]. http://www.leseforum.bayern.de/index.asp?MNav=6

BUNDESMINISTERIUM FÜR BILDUNG UND FORSCHUNG (Hrsg.; 2007): *Förderung von Lesekompetenz – Expertise.* Bildungsforschung Bd. 17. Bonn-Berlin. Online: http://www.bmbf.de/pub/bildungsreform _band_siebzehn.pdf [Zugriff 20.6.2009].

LEISEN, JOSEF (2008): Die copernicanische Wende – Mit szenischen Dialogen Entstehungs- und Durchsetzungsprozesse von Ideen darstellen. In: *Naturwissenschaften im Unterricht Physik* 103, S. 34–41 [auch unter: http://www.friedrichonline.de/data/2A90DE48405647108E6361EF1FF62 B07.0.pdf].

OHM, UDO; CHRISTINA KUHN; FUNK, HERMANN (2007): *Sprachtraining für Fachunterricht und Beruf. Fachtexte knacken – mit Fachsprache arbeiten.* Münster: Waxmann (= FÖRMIG Edition, Bd. 2).

SCHIESSER, DANIEL; NODARI, CLAUDIO (2007): *Förderung des Leseverstehens in der Berufsschule.* Zürich: Baugewerbliche Berufsschule Zürich.

STUDIENSEMINAR KOBLENZ (Hrsg., 2009): *Sachtexte lesen im Fachunterricht der Sekundarstufe.* Seelze-Velber: Kallmeyer-Klett.

Manfred Bergunde

Von Subjekt zu Subjekt
Unterrichtspraktische Anregungen für die fachspezifische Sprachförderung im mathematisch-naturwissenschaftlichen Unterricht

1. Zum Titel

In der Praxis des mathematisch-naturwissenschaftlichen Unterrichts stehen wir vor der Aufgabe, Erkenntnisse zu vermitteln, die einen hohen Grad an Objektivität beanspruchen. Der Darstellung dieser Objektivität sowie der Präzision der Aussage dienen spezielle sprachliche Stilmittel der Fachsprachen, die zugleich Distanz zu den Lesenden herstellen, ihnen das Gefühl von Sterilität des Wissens vermitteln und durch verdichtete Komplexität den Zugang zum Inhalt erschweren.

Als Lehrer habe ich selbst in einem langjährigen Entwicklungsprozess mein mentales Schema auf diesen Sprachstil eingestellt, aber meine SchülerInnen sind noch auf dem Wege dahin. Es ist nicht vorrangig unsere Aufgabe, die mathematisch-naturwissenschaftlichen Erkenntnisse möglichst objektiv in den Raum zu stellen, sondern dafür zu sorgen, dass die Erkenntnisse im Subjekt SchülerIn ankommen, dass die SchülerInnen sich diese Erkenntnisse zu Eigen machen können und mit ihnen ihr Leben besser meistern und aktiv die Gesellschaft und die menschliche Kulturentwicklung gestalten können. Das heißt nicht, dass wir unseren SchülerInnen die Schwierigkeiten der Fachsprache ersparen sollten. Im Gegenteil: Sie sollten wohldurchdacht an diese Schwierigkeiten herangeführt werden, damit sie mit ihnen umzugehen lernen, ohne sich in eine Distanziertheit zum Fach fallen zu lassen.

2. Leseförderung als Teil einer umfassenderen Sprachförderung

Die sprachlichen Kommunikationsformen Lesen – Sprechen – Hören – Schreiben hängen eng miteinander zusammen. Förderung in einer dieser Formen erweist sich als ein wichtiges Fördermittel für eine andere Form.

Beim Lesen lassen sich sprachliche Defizite insofern gut beobachten, als ein Text, der zu erlesen ist, unverrückbar feststeht: Die mündliche Kommunikation findet im mathematisch-naturwissenschaftlichen Unterricht in der Regel »live« statt, sie kann jederzeit den wechselseitigen Verständnismöglichkeiten angepasst werden. Beim Schreiben wählen die SchülerInnen diejenigen Ausdrucksmittel, die ihnen zur Verfügung stehen. Beim Lesen hingegen sind sie auf Gedeih und Verderb den Ausdrucksmitteln, welche die/der AutorIn gewählt hat, ausgeliefert.

Mit Blick auf den Unterricht in der Sekundarstufe setze ich den Schwerpunkt dieses Artikels auf die Leseförderung. Auf die Sprachförderung durch Schreiben werde ich besonders bei meinen Ausführungen über mathematische Texte eingehen.

3. Naturwissenschaftliche Fachtexte

3.1 Typische Leseschwierigkeiten

Allgemein lässt sich bei naturwissenschaftlichen Texten auf folgende Charakteristika deuten, die das sinnentnehmende Lesen erschweren können: Naturwissenschaftliche Texte enthalten sehr dichte Informationen und Argumentationsketten, haben einen hohen Anteil von Fachbegriffen und fachspezifischen Redewendungen, benutzen häufig einen unpersönlichen Stil, vermischen Alltags- und Fachsprache (in beiden gibt es gleiche Wörter mit verschiedenen Bedeutungen), sie sind in hohem Maße diskontinuierlich (enthalten Bilder, Tabellen, Diagramme und Formeln sowie Verweise zwischen verschiedenen Texten oder Textteilen), haben einen hohen Abstraktionsgrad, so dass es schwierig oder kaum möglich ist, sich das Beschriebene bildlich vorzustellen, sie knüpfen an vorausgesetztes und vernetztes Fachwissen an. Daraus ergeben sich Konsequenzen für die Lesestrategien.

Nehmen wir als Beispiel einen hoch komprimierten Text mit vielen Fachbegriffen. Die Lesestrategie, Wichtiges zu markieren und den Text zusammenzufassen, hat geringe Erfolgschancen, denn erstens kann ein/e SchülerIn nicht ermessen, was wirklich wichtig ist, solange er/sie noch um elementares Grundverständnis ringt, und zweitens kann er/sie ebenso wenig einen Text zusammenfassen, dessen Bedeutung ihm/ihr noch verborgen ist. Statt den Text zusammenzufassen, sollte der/die SchülerIn ihn erst einmal aufweiten, Teilbedeutungen erkunden, um mit Hilfe der Teilbedeutungen Zusammenhänge und Strukturen zu erkennen, die sich dann am Ende der Erschließungsarbeit zusammenfassen lassen.

Auch das sehr anregende Prinzip des Wechsels der Darstellungsform (Leisen 2005) greift nicht ohne ein minimales Vorverständnis für das, was in anderer Form dargestellt werden soll. Wenn hingegen in einem Text bereits »Verstehensinseln« (Leisen 2006 und in diesem Band) erobert wurden, hilft ein Wechsel der Darstellungsform durchaus. Es kommt also u. a. auch auf das Erschließungsstadium an, welche Methode sinnvoll zu wählen ist.

Die sprachlichen Besonderheiten der Fachtexte stellen SchülerInnen mit Migrationshintergrund vor besondere Probleme. Abgesehen von der möglichen Problematik, dass die Texte an Erfahrungen anknüpfen, von denen herkunftsbedingt nicht unbedingt auszugehen ist, sollten die Lehrkräfte sich auch bewusst sein, dass zum Beispiel die Bezugswörter vieler Pronomina nur durch die Kenntnis der Genera eindeutig erkennbar sind. Das ist für gebildete Muttersprachler ein unaufwändiger Automatismus, für Nicht-Muttersprachler kann es eine schwer überwindbare Hürde sein. Auch eine Kenntnis der Andersartigkeit grammatischer Strukturen in den Muttersprachen der Migrantenkinder könnte der Lehrkraft einige Leseprobleme ins Licht der Aufmerksamkeit rücken.

Manche grammatischen Besonderheiten sind auch für unsere muttersprachlichen SchülerInnen ein Problem. Deutsch-KollegInnen schlagen beim Einblick in mathematisch-naturwissenschaftliche Fachtexte gelegentlich die Hände über dem Kopf zusammen: Manche Satzkonstruktionen werden im Deutschunterricht erst Jahre später behandelt, als sie im Fachunterricht schon eingesetzt werden!

Das ist nicht weiter schlimm, wenn Fachlehrkräfte nur darüber Bescheid wissen. Der Deutschunterricht hat die Aufgabe, Sprachstrukturen systematisch und tiefgründig abzuhandeln. Wenn die Fachlehrkräfte zum Beispiel wissen, dass Relativsätze, Passiv-Konstruktionen oder gar der Konjunktiv im Deutschunterricht erst später behandelt werden, müssen sie beim Gebrauch dieser sprachlichen Mittel Verständnisschwierigkeiten einkalkulieren und Hilfen geben. Dazu ist es gar nicht nötig, den Deutschunterricht zu antizipieren. Jedes Kind lernt wichtige Satzkonstruktionen seiner Muttersprache zunächst kennen, indem es sie ohne grammatische Erläuterungen hört, nachspricht, selbst gebraucht, korrigiert wird, und gegebenenfalls auf Nachfrage, Alternativen formuliert bekommt. In gleicher Weise können SchülerInnen in die Fachsprache eingeführt werden; es reichen hier und da kleine sprachliche Erläuterungen ohne Anspruch auf Systematik. Wie für viele andere Probleme der Fachsprache im Unterricht gilt auch hier: Ein Bewusstsein der Lehrkraft für die Existenz der Probleme ist schon eine wesentlicher Schritt zur Lösung derselben.

3.2 Drei Lesestilrichtungen

Unterstellen wir einmal, dass eine gründliche Auseinandersetzung mit einem Fachtext angestrebt wird. Während des Leseprozesses kann die/der LeserIn dem Text gegenüber verschiedene Haltungen einnehmen, die sich in drei »Lesestilrichtungen« niederschlagen.

3.2.1 Die sammelnde Lesestilrichtung

Die erste Stilrichtung bezeichne ich als die »sammelnde«: Die/der LeserIn sammelt sich selbst, richtet die eigene Aufmerksamkeit auf den Text, sammelt erste Eindrücke, überfliegt den Text, verweilt an verschiedenen Stellen, die sie/ihn ansprechen, schaut sich Bilder an, liest gezielt Überschriften und Zusammenfassungen, sammelt Erinnerungen und Assoziationen, die der Text in ihr/ihm auslöst, sammelt Fragen an den Text und entwickelt eine Beziehung zu dem Text und der bevorstehenden Erschließungsarbeit. Hier überwiegt der Bottom-up-Prozess, d.h. vornehmlich spricht der Text zur/zum LeserIn, deren/dessen Aktivität darauf gerichtet ist, sich von dem Text ansprechen zu lassen und als Reaktion auf erste Signale des Textes diverse Bereiche ihres/seines eigenen mentalen Schemas wachzurufen.

Fachtexte, die stark auf Vorwissen aufbauen, setzen Lesende voraus, die dieses parat haben. Unerfahrene SchülerInnen begehen bei solchen Fachtexten leicht den

Fehler, in der Annäherung an den Text die sammelnde Lesestilrichtung zu überspringen oder stark zu verkürzen. Selbst wenn sie prinzipiell im Besitz des nötigen Vorwissens sind, kann es sein, dass dieses nicht so zur Verfügung steht, dass die Muster, die der Text liefert, an das Vorwissen angegliedert werden können. Das mag daran liegen, dass die Erinnerung an das Vorwissen verblasst ist oder dass Eindrücke, die beim Erwerb des Vorwissens mit ins Gedächtnis eingegangen sind, aber für den neuen Text bedeutungslos oder gar störend sind, den direkten Zugang zum Vorwissen versperren.

In einer sammelnden Lesephase vor einer schwierigen Bedeutungskonstruktion sollte die/der LeserIn möglichst optimistisch und gegenüber eigenen Unzulänglichkeiten tolerant sein. Die Aktivierung des Vorwissens erspart während der Sinnkonstruktion unter Umständen mühsames und frustrierendes Ausgraben aus dem Archiv des Langzeitgedächtnisses. Das Entwickeln von Fragen und das Aufsuchen positiver emotionaler Zugänge zum Text schafft Aufnahmebereitschaft und -fähigkeit.

Wenn die Lehrkraft plant, die Eindrücke und Assoziationen der SchülerInnen während der Annäherung an den Text anschließend im Unterricht zu thematisieren, ist es wichtig, auf das soziale Klima zu achten: In der Annäherungsphase sind nämlich die SchülerInnen in der Regel gegenüber den Inhalten des Textes in der Rolle der (partiell) »Unwissenden«; ihre ersten Sammlungen können sehr subjektive Reaktionen sein, emotional geprägt, beladen mit Irrtümern und in die Irre führenden Assoziationen – behaftet mit dem Risiko, sich bloßzustellen. Hier besteht eine besondere Chance für die Lehrkraft, Achtung und Wertschätzung gegenüber den Schülerpersönlichkeiten zum Ausdruck zu bringen!

3.2.2 Die konstruierende Lesestilrichtung

Die zweite Lesestilrichtung bezeichne ich als die »konstruierende«: Die/der LeserIn konstruiert den Sinn des Textes im Wechsel vom Bottom-up- und Top-down-Prozess (von der/dem LeserIn ausgehend, auf den Text gerichtet), nimmt Elemente des Textes ins Bewusstsein und versucht, sie in ihr/sein mentales Schema einzupassen, trägt umgekehrt Elemente des eigenen mentalen Schemas an den Text heran und prüft, wie sie zum Text passen, baut das mentale Schemas aus und vernetzt neue Inhalte mit alten, revidiert unter Umständen alte Inhalte und Strukturen. Für die Erfassung von Strukturen im Text ist es dabei oft erforderlich, im Gedächtnis die wesentlichen zu kombinierenden Elemente *parallel* zur Verfügung zu halten, obwohl sie *sequenziell* aufgenommen worden sind. Dies ist eine Anforderung, an der SchülerInnen gelegentlich scheitern, weil die zu kombinierenden Elemente im mentalen Schema noch zu flüchtig repräsentiert sind oder weil noch nicht ausgemacht ist, welche Elemente die wesentlichen sind.

Schwierigkeiten bei der Bedeutungskonstruktion können sprachlicher oder fachlicher Natur sein, das lässt sich oft nicht genau auseinanderhalten, die Übergänge sind fließend. Dennoch lohnt es sich, auf Verständnisprobleme unter beiden Aspekten zu blicken. Wenn das Problem eher im Sprachlichen liegt, gibt es eine Reihe von

Entschlüsselungstechniken: komplizierte Sätze in Teilsätze auflösen, »Strukturmarker« (z. B. Konjunktionen) beachten, Synonyme und Umschreibungen für unverständliche Begriffe im Text suchen usw.

Wenn das Problem eher am fehlenden Vorwissen liegt und sich nur auf geringe Textdetails, zum Beispiel bestimmte Begriffe, beschränkt, ist es oft möglich, aus dem Kontext das fehlende Wissen zu ergänzen. Bei größeren Lücken bleibt nichts anderes übrig, als sich das Vorwissen zu erarbeiten.

Wenn das Problem in den Schwierigkeiten der Fachsprache liegt, kann es nützlich sein, Texte mit ähnlichem, aber schon weitgehend bekanntem Inhalt heranzuziehen und selektiv unter dem Aspekt zu lesen, wie die Fachsprache dort gebraucht wurde. Eine Umschreibung fachsprachlicher Formulierungen in Alltagssprache könnte als »Zwischendurch-Übersetzung« des zu bearbeitenden Textteiles nützlich sein. Gibt es Probleme mit der Formelsprache, so hat sich das Ausdeuten der Formel mit Beispielen bewährt. Diese Unterscheidungen zeigen bereits, dass es zur Förderung der Lesekompetenz wichtig ist, mit den SchülerInnen die Einschätzung zu üben, über welche Ebenen sich die Leseprobleme erstrecken.

Schließlich gibt es noch den Fall, dass weder die (fach-)sprachlichen Schwierigkeiten noch die rein fachlichen im Vordergrund stehen, sondern einfach zu viel an eventuell schwer vorstellbaren oder noch wenig angereicherten Informationen verarbeitet werden muss, sodass einfach der Arbeitsspeicher im Gehirn überfordert ist. Erfahrungsgemäß sinkt die Beanspruchung, wenn die Informationen erst einmal in kleinen Portionen wiederholt, ausgeschmückt und zusammengefasst werden, ehe sie zum Einbau in eine größere Struktur verwendet werden. So wie ein Klavierspieler bei einem schwierigen Stück zwar alle zum Ausführen erforderlichen Informationen in den Noten findet und dennoch Details trainieren muss, bis sie das Gehirn nur noch minimal belasten, ehe er das ganze Stück spielen kann, so muss ein Leser bei einem naturwissenschaftlichen Fachtext, der nicht für ein Hintereinanderweglesen geeignet ist, Stück für Stück erarbeitet, ehe sein Gehirn die Puzzleteile zusammensetzen kann.

Unter diesem Aspekt der übenden Entlastung des Gehirns lässt sich die Wirksamkeit mancher Methode, wie sie zum Beispiel im Methodenhandbuch (Leisen 2003) vorgeschlagen wird, verstehen. Wenn sich dazu noch ein Spaßfaktor gesellt (Spaß an gruppendynamischen Prozessen, am Rätseln und Puzzeln, am Entdecken, am kreativen Darstellen ...), kann der Lernprozess nachhaltig gefördert, das Gelernte später auch zusammen mit guten Gefühlen erinnert werden.

3.2.3 Die absetzende Lesestilrichtung

Die dritte Lesestilrichtung bezeichne ich als die »absetzende«: Die/der LeserIn setzt sich innerlich vom Text ab, geht die Spuren ab, die der Text in ihrem/seinem mentalen Schema hinterlassen hat, gewichtet, bewertet, beurteilt, konzentriert sich auf das als wesentlich Erachtete, extrahiert, memoriert, vernetzt. Diese Tätigkeiten erlebe ich als vornehmlich geleitet vom (erneuerten) eigenen Schema, der Top-Down-Prozess überwiegt.

Aus dem Deutschunterricht ist bekannt, dass es SchülerInnen gibt, die einen Text gut nacherzählen können, aber Schwierigkeiten haben, eine Inhaltsangabe zu verfassen. Um eine Inhaltsangabe zu verfassen, muss man sich vom Text absetzen können, Distanz einnehmen. Auch wenn es bei den naturwissenschaftlichen Fachtexten in der Regel nicht um die Problematik Nacherzählung oder Inhaltsangabe geht, benötigen die SchülerInnen auch hier die Fähigkeit sich abzusetzen und müssen diese Fähigkeit übend erwerben. Das stellt die Lehrkraft vor ein Vermittlungsproblem. Es ist hilfreich, den SchülerInnen ein Repertoire an Fragen zur Verfügung zu stellen, deren Beantwortung ein Absetzen erfordert: »Was bedeutet das gerade Gelesene? Kann ich es zusammenfassen? Wie wird es weitergehen? Warum drückt sich der Autor so aus? Wie würde ich es sagen? Stimmt die Argumentation, könnte es nicht auch anders sein? ...«

Damit die SchülerInnen aber auch ihren Prozess der Bedeutungskonstruktion durch solche Fragen unterbrechen, muss diese Art zu unterbrechen geübt werden. Dazu eignet sich einerseits die Methode des »Reziproken Lehrens« (Palinscar/ Brown 1983), in der eine außenstehende Person diese Unterbrechungen an geeigneten Stellen hervorruft, bis es dem Übenden gelingt, sich selbst entsprechend zu unterbrechen.

Eine weitere Möglichkeit besteht in beispielhaften Demonstrationen, zum Beispiel mit der Methode des »Lauten Denkens« (Schoenbach et al. 2006). Diese Methode hat sich im Rahmen des kalifornischen Leseförderprojektes »Reading for Understanding« (© WestEd, Kalifornien; vgl. Schoenbach et al. 2006) als sehr erfolgreich erwiesen.

3.3 Textbeispiele

3.3.1 Biologie-Text *Der Maulwurf*

Der Maulwurf ist ein Text für ca. zehnjährige SchülerInnen (Hausfeld/Schulenberg 2004). Er beginnt mit den bekannten Maulwurfshaufen, schildert die Lebens- und Ernährungsweise sowie Besonderheiten des Körperbaus und der Sinne in Beziehung zu jener, er endet mit dem Hinweis darauf, dass der Maulwurf unter Naturschutz steht. Er spricht die SchülerInnen durch die Abbildung eines niedlich aussehenden Tieres und die Schilderung erstaunlicher Tatsachen emotional an. Der Sprachstil ist unkompliziert, der Text lässt sich flüssig herunterlesen, da er kontinuierlich geschrieben ist, keine weitumfassenden Bezüge oder Argumentationen enthält, keine Lücken, die die Lesenden gedanklich ausfüllen müssen, keine Abstraktionen, er setzt kein besonderes Vorwissen voraus, verwendet kaum Fachbegriffe, die nicht aus dem Alltag bekannt sind. Einziges Problem ist die Fülle von lose miteinander vernetzten Informationen zu verschiedenen Aspekten.

Da der Text es den Lesenden leicht macht, sich mit ihm anzufreunden, und keine Aktivierung von Vorwissen voraussetzt, wird die sammelnde Lesestilrichtung als Einstieg zwar nützlich, aber nicht für den Leseerfolg ausschlaggebend sein. Wegen des leichten Einstiegs lässt sich an diesem Text auch eine Methode üben, die sich später, beim Vorliegen eines schwerer zugänglichen Textes als hilfreich erweisen kann: kurze symbolische Randnotizen (z. B. auf einer Kopie) über »Verstehenshorizonte« (Müller/Roebbelen 2004). Die verwendeten Symbole (»✓« für »Das wusste ich schon.« oder »Jetzt weiß ich es.« / »!« für »Das ist neu für mich.« / »?« für »Das verstehe ich nicht.« / »??« für »Das will ich fragen.«) können erst einmal gesetzt werden, im Laufe der Sinnkonstruktion und des Absetzens Überblick über den eigenen Stand der Texterschließung geben und je nach Entwicklung des Verstehens geändert werden. Eine besondere Chance, die diese Methode eröffnet, liegt darin, dass die Lehrkraft, die ihre SchülerInnen ermuntert, auch Unverständnis und eventuell mit weiteren Symbolen Emotionen zu dokumentieren, ihnen zugleich signalisieren kann, dass die symbolisierten Befindlichkeiten zum Lesen dazugehören und von der Lehrkraft ernst genommen werden.

Zurück zum Maulwurfstext: Auch der lokalen Sinnkonstruktion stellt der Text wenige Hindernisse in den Weg. Schwierig ist es, die Fülle von Informationen im Überblick zu behalten, da beim Weiterlesen neuere Informationen die Erinnerung an ältere überdecken. So stellt sich die Hürde, absatzübergreifende Sinnzusammenhänge, die einen Argumentationsstrang ergeben, zu erfassen. Eine Hilfe ist hier die Empfehlung, Absätze mehrfach zu lesen, sodass ihre Inhalte überblickt werden und gleichzeitig oder nebeneinander im Bewusstsein zur Verfügung stehen, und die Absätze mit Zwischenüberschriften zu versehen. Damit begeben sich die Lesenden bereits in die absetzende Lesestilrichtung, in der sie dann später noch die Überschau über die einzelnen Absätze zu einer Gesamtüberschau zusammenfassen können.

Der Vorschlag, Wichtiges zu unterstreichen, hat bei so einem Text zur Folge, dass nicht wenige SchülerInnen fast den ganzen Text unterstreichen werden. Da hilft auch die Einführung der denksportlichen Komponente, die Zahl der unterstrichenen Wörter zu limitieren, nicht viel, sondern fördert allenfalls eine Zufallsauswahl, die kein Zeichen erhöhten Textverständnisses ist, es sei denn, die SchülerInnen kommen durch diese Komponente auf die Idee, die die Lehrkraft ihnen lieber gleich hätte geben können: Wichtigkeit ist nicht per se definiert, sondern nur unter einem Aspekt zu beurteilen, also muss erst einmal dieser Aspekt gewählt werden. Aspekte, die sich für den vorliegenden Text anbieten würden, ergäben sich zum Beispiel aus solchen Fragestellungen: »Wie passen die körperlichen Merkmale des Maulwurfs zu seiner Lebensweise?« oder »Warum ist es wichtig, den Maulwurf unter gesetzlichen Schutz zu stellen?«. Beide Fragestellungen verleihen sehr unterschiedlichen Textstellen »Wichtigkeit«.

3.3.2 Biologie-Text *Das Gehirn – ein Kosmos im Kopf*

Dieser Text (Bergau 2006) schildert zuerst Erlebnisse einer Popsängerin bei Aufnahmen im Tonstudio und beschreibt dann unter jeweiligem Rückbezug auf die Erlebnisse Gehirnfunktionen und aktive Bereiche des Gehirns. Zum Schluss ergänzt er noch ein wenig die Erlebnisse und liefert zugehörige Informationen über das Gehirn nach.

Die Erlebnisschilderung mit einem Bild der jungen Sängerin vor einem Mikrofon weckt Emotionen und ermöglicht es den Lesenden, sich über die Identifizierung mit der Person auch für das dargestellte Fachwissen zu erwärmen. Eine zentrale schematische Abbildung vom Großhirn enthält neben den Beschriftungen über die Lage verschiedener Zentren auch noch dazu passende Bildchen aus dem Alltag junger Menschen, wodurch das Sachlich-Schematische ebenfalls an die Sphäre des Persönlichen angeknüpft wird. Eine dritte schematische Abbildung über die Grobeinteilung des gesamten Gehirns bleibt im Sachlichen. Der Sprachstil ist unkompliziert, der Text setzt im Großen und Ganzen kein besonderes Vorwissen voraus, die wichtigsten Fachbegriffe werden im Text eingeführt, aber für das Detailverständnis treten dann doch unerklärte Fachbegriffe auf. Der Text stellt mehrfach Rückbezüge von Fachinformation zu Erlebnisberichten her; diese fallen nicht schwer, weil die Berichte sehr eindrücklich sind und die Lesenden sich die Situationen leicht vorstellen können.

Sprünge zwischen Text und Abbildungen sind hilfreich, aber i. a. nicht nötig. Eine gewisse Schwierigkeit liegt darin, sich die verschiedenen neuen Informationen über das Gehirn zu merken. Will man die Fakten behalten, ist man gut beraten, regelmäßig aus dem Text heraus- und in die zentrale Abbildung hineinzuspringen und anschließend von der Absprungstelle aus weiterzulesen.

Die Bedeutungskonstruktion der wichtigsten Inhalte scheint nicht schwer zu fallen, zumal der mehrere Absätze umfassende Aspekt, dass im Gehirn verschiedene Bereiche zusammenarbeiten, sowohl in Überschriften als auch in einer eingeschobenen Kurzzusammenfassung gesondert herausgestellt wird. Die wenigen für das Detailverständnis benötigten Fachbegriffe, die nicht im Text erklärt werden, sind allerdings Anlass, in Phasen der konstruierenden Lesestilrichtung Klärungsversuche zu starten und Entscheidungen zu treffen: Ein Versuch, die Fachbegriffe aus dem Kontext heraus zu erschließen, wird wohl eher fehlschlagen, so bleibt die Markierung unbekannter Wörter, Nachschlagen oder Formulieren von Fragen, die zum Beispiel in den Unterricht eingebracht werden können; oder man trifft die Entscheidung, das betreffende Detail zu übergehen.

3.3.3 Chemie-Text *Essigherstellung gestern und heute*

Der Text (Blume et al. 1999) beschreibt die einfachste Herstellung von Essig, die historische Verwendung und Bedeutung des Essigs, moderne Herstellungsverfahren, mit Vorrichtungen zur Förderung der chemischen Prozesse, und schließlich die Besonderheiten verschiedener Varianten, in denen Essig auf den Markt kommt. Im Wesentlichen geht es in dem Text um sehr sachliche Inhalte; eine emotional positive Einstimmung mag von der historischen Schilderung ausgehen.

Fachtermini werden im Text i. a. erläutert. Der Text stellt jedoch Ansprüche an den Wortschatz, der im Übergang zwischen Fach- und Alltagssprache liegt: Holzbottich, umlaufend, Holzspäne, Rollspäne, Siedlungsmöglichkeiten (für Bakterien), Abluft. Diese Begriffe (außer den Siedlungsmöglichkeiten) sind aber in die Abbildungen einbezogen und können aus ihnen erschlossen werden. Sprünge aus dem Text zu den Bildern (mit anschließenden Rücksprüngen) erleichtern verständnisbilden-de Vorstellungen, die Bilder fassen aufgezählte Fakten zusammen (memorierende Wirkung).

Typische Merkmale der Satzkonstruktionen sind: teilweise Nominalstil, unper-sönlicher Stil, Passiv, gehäufte Konstruktionen mit nachgestelltem Subjekt (zum Beispiel »Durch ... entstehen ...«), Satzeinschübe und teilweise schwieriger Ge-brauch von Pronomina, zum Beispiel: »... hat sich der Alkohol in sogenannten *Roh-essig* verwandelt. Er muss – genau wie junger Wein – noch lagern ... Dazu pumpt man ihn ...« (wen?) oder »... die sogenannte *Maische* ... Das ist ein Gemisch ...« (Ge-nus-Wechsel).

Für das Verständnis des Wesentlichen sind keine besonderen Vorkenntnisse er-forderlich. Ein gründlicheres Verständnis der Herstellungsverfahren erfordert aller-dings Rückgriffe auf vorangehende Texte, in denen die chemischen Prozesse und die Rolle der Essigsäurebakterien erläutert werden. Wenn die Lesenden diesen Rückgriff unterlassen, können sie das Nötige auch direkt aus dem Text erschließen.

Dieser Text ist ein geeigneter Anwendungsfall für Lesetraining nach der Methode des »Reziproken Lehrens« (s. o.), das zwar für die Leseförderung schwacher LeserIn-nen durch stärkere LeserInnen konzipiert wurde, aber auch in Partnerarbeit »auf gleicher Augenhöhe« produktiv einsetzbar ist: A liest den Text vor, B hakt an geeig-neten Stellen mit Sachfragen zu dem gerade Gelesenen, mit Aufforderungen zur Zu-sammenfassung des gelesenen Abschnitts und antizipierenden Fragen ein. Diese Einhaktechnik bedarf der Übung und trainiert sowohl die Fragenden als auch die Befragten auf bewusste Steuerung des Leseprozesses.

Eine weitere Methode, die für einen Überblick über diesen Text gut geeignet ist und sich zugleich an diesem Text wegen seiner nicht zu hohen Komplexität gut einüben lässt, ist die Anfertigung eines Begriffsnetzes (auch »Concept Map«, Leisen 2003). Beim Begriffsnetz werden Begriffe auf Kärtchen geschrieben und so angeord-net, dass sie übersichtlich durch Beziehungspfeile verbunden werden können; die Beziehungspfeile werden, vornehmlich durch Verben, so beschriftet, dass die Be-griffe und Pfeilbeschriftungen zusammen gelesen in nahezu vollständigen Sätzen die Beziehung zwischen den Begriffen beschreiben. Das Begriffsnetz hat gegenüber einer MindMap® den Vorteil, sich nicht immer weiter zu verzweigen, sondern auch Zusammenhänge wie Wechselbezüge und Kreisläufe darstellen zu können. Gerade ein Herstellungsprozess, in dem verschiedene Komponenten in einen Zusammen-hang gebracht werden und teilweise auch Kreisläufe entstehen, fordert so eine Dar-stellung geradezu heraus. Selten gibt es nur eine einzige richtige Darstellung der Zu-sammenhänge, sodass die Aufgabe, so ein Begriffsnetz in Gruppenarbeit anzuferti-gen, intensive Diskussionen über den Textinhalt provoziert.

Für die Begriffsnetz-Methode unterscheide ich zwei Varianten. Bei der Anfänger-Variante werden die Begriffe auf Kärtchen vorgegeben (max. eine oder zwei Joker-Kärtchen zur Selbstbeschriftung), sodass nur noch die Anordnung der Begriffe und die Beschriftungspfeile ausdiskutiert werden müssen. Das bringt die SchülerInnen gelegentlich in Versuchung, sich vom Text zu lösen und unkritisch nach Begriffsver-knüpfungen zu suchen, ohne zu überprüfen, ob ihre Verknüpfung mit der Aussage im Text übereinstimmt. Dieses Risiko ist bei der Fortgeschrittenen-Variante geringer, bei der die SchülerInnen selbst die Begriffe aus dem Text auswählen müssen, um die Struktur darzustellen. Dennoch wird auch bei dieser Variante die Lehrkraft das Ergebnis bis ins Detail überprüfen müssen, wenn sie daraus ersehen will, ob die SchülerInnen den Text gründlich durchdacht haben.

3.3.4 Physik-Text *Hat der Strom seinen Namen zu Recht?*

Der Text (Dorn/Bader 1992) beschreibt elektrostatische Experimente und zieht aus ihnen den Schluss, dass elektrische Ladung »Mengencharakter« habe, und dass elektrischer Strom fließende Ladung sei. Der Text beginnt mit einem Rückgriff auf eine Textstelle von sechs Seiten zuvor, ohne Hinweis, voraussetzend, dass diese Stelle noch in Erinnerung ist. Dann wirft er die Frage nach der Existenz einer *elektrischen Substanz* auf, eine Frage, die SchülerInnen nicht ohne Weiteres von sich aus stellen würden. Ein motivierender Bezug zur Lebenswelt der SchülerInnen fehlt. Wenigstens versucht der Text eine persönliche Einbindung, indem er immer wieder die Wir-Form benutzt.

Nach der Eingangsfragestellung wechselt der Text zwischen Versuchsbeschreibungen und partiellen Schlussfolgerungen (Versuchsinterpretationen), die sich schließlich zur Gesamtargumentation zusammensetzen. Zwei Abbildungen sind beigefügt: ein Foto von einer speziellen Versuchssituation und eine schematische Skizze vom Versuchsaufbau, in der durch Pfeile ein Teil der Versuchsabläufe angedeutet ist. Einige Fachbegriffe werden verwendet, die auf den Seiten zuvor schon behandelt wurden, der Fachbegriff »Ladung« wird neu eingeführt, indem er bei der Interpretation des ersten Teilversuchs als Ersatzformulierung für eine vermutete elektrische »Substanz« einfach benutzt wird. Eine schlaglichtartige Zusammenfassung der Textseite findet sich am Ende, rot umrahmt.

Aus den geschilderten Charakteristika bezüglich emotionaler Ansprache und vorausgesetztem Fachwissen wird deutlich, dass eine gründliche Sammelphase zu empfehlen ist. Eine Motivation könnte zum Beispiel von der provozierenden Frage ausgehen: »Wo bleibt der Strom, wenn der Stromkreis unterbrochen wird?«

Für das Lesen von solchen Fachtexten im Unterricht hat es sich bewährt, die SchülerInnen kurze Notizen über erste Eindrücke, Erwartungen und Fragen an den Text sowie über ihr Vorwissen einzeln anfertigen zu lassen und diese untereinander auszutauschen und zu sammeln. Nach dem Austausch fühlt sich der/die schwächere LeserIn nicht so allein mit dem Textproblem; die Sammlung bekannter Fakten und aufgeworfener Fragen wird reichhaltiger. Eine Rückschau auf diese Sammlung während des Konstruktionsprozesses und am Ende des Leseprozesses kann zur Wiederherstellung von Überblick und Motivation, aber auch zur neuerlichen Aktivierung von Fragen an den Text dienlich sein.

Ein Überfliegen der Bilder mit ihren Untertexten, der Überschrift und der eingerahmten Zusammenfassung verrät den Lesenden schnell, in welchen »Schubladen ihres Archivs« sie ihr zu aktivierendes Vorwissen zu suchen haben. Eine Besonderheit dieses Textes ist der mehrfache Wechsel zwischen Versuchsbeschreibungen und

Schlussfolgerungen. Für die Bedeutungskonstruktion stellen diese verschiedenartigen Textteile unterschiedliche Anforderungen dar. Es kann für einige SchülerInnen hilfreich sein, beim ersten Überfliegen des Textes am Rand zu markieren, wo der Text einen Versuch beschreibt und wo er schlussfolgert. Bei den Textteilen mit Versuchsbeschreibungen ist es in der Regel nötig, zwischen Beschreibung und Abbildungen hin- und herzuspringen und die gerade aufgenommene Information in Beziehung zu der Information an der gerade angesprungenen Stelle zu setzen. Dazu muss die mentale Repräsentation der gerade aufgenommenen Information bereits stark genug sein, um den Sprung und die Konfrontation mit der anderen zu überstehen. In der Phase der Bedeutungskonstruktion muss auch Unverstandenes diesen Prozess überstehen – das Festhalten von Unverstandenem im Bewusstsein kann sich erfahrungsgemäß als recht schwierig erweisen.

Da die Argumentationskette des Textes auf den Versuchen aufbaut, ist für ein Verständnis derselben eine genaue Vorstellung von den Versuchsabläufen erforderlich. Bei der Textarbeit eignet sich u. a. folgende Vorgehensweise: A erklärt B unter Zuhilfenahme des Buchs den Versuchsaufbau und -ablauf. Dann erklärt B für A dasselbe aus dem Gedächtnis.

Um die Details des Ablaufs bildlich vor Augen zu bekommen, bietet sich die Darstellung in einer Filmleiste an (vgl. z. B. Leisen 2003). Die Filmleiste hat den Vorteil, zeitliche Veränderungen bildlich gut darstellen zu können. Die Filmleiste kann von der Lehrkraft so vorbereitet werden, dass unveränderliche Details bereits auf jedem Bild zu sehen und die veränderlichen wegretuschiert sind. Dann brauchen die SchülerInnen nur noch das Veränderliche zu skizzieren. Obwohl der Text in der roten Umrahmung bereits eine Zusammenfassung vorgibt, lohnt es sich, die SchülerInnen in einer abschließenden Absetzungsphase eigene vornehmen zu lassen.

Bei einer gründlichen Bearbeitung nach den hier aufgelisteten Vorschlägen erreichten meine SchülerInnen mindestens ebenso gehaltvolle und durchaus anders formulierte Zusammenfassungen wie die im Buch. Sie sollten in Gruppenarbeit ein »Lernplakat« mit einer Schlagzeile und einem kurzen Begründungstext von maximal drei Sätzen und maximal 30 Wörtern erstellen. Diese vorgegebene Beschränkung löste intensive Diskussionen über das Wesentliche im Text aus.

3.3.5 Physik-Text *Kernkraftwerke (1.–3.)*

Der Text (Dorn/Bader 1992) stellt physikalische Prozesse im Reaktor, seine Funktionsweise und Steuerung dar und soll hier nur hinsichtlich seines Unterschiedes zum vorigen Physik-Text behandelt werden.

Dieser Text ist gegenüber dem vorigen deutlich umfangreicher, komplexer und wohl auch abstrakter, baut stärker auf Vorwissen auf, führt viele neue Fachbegriffe ein und verwendet viele, die als bekannt vorausgesetzt werden. Um die SchülerInnen auf den Text einzustimmen, lohnt es sich, ein kleines Quiz mit Auswahlantworten vorauszuschicken. Das versetzt sie in eine fragende Haltung und öffnet ihr Interesse. Da jeder Jugendliche schon dies und das über Kernkraftwerke gehört hat, haben alle die Chance, die eine oder andere richtige Antwort zu erraten.

Die Vielfalt an klärungsbedürftigen Textinhalten legt das Bereitstellen von Nachschlagewerken nahe – auch zur Binnendifferenzierung, damit schnellere SchülerInnen sich noch Ergänzungen erarbeiten können.

Als sehr hilfreich erweist sich die Methode freibleibender Randnotizen, wie sie zum Beispiel in dem erfolgreichen kalifornischen Leseförderprojekt »Reading for Understanding« (Schoenbach et al. 2006) als »Talking to the Text« bezeichnet wird. »Freibleibend« soll ausdrücken: Notiert werden die oben erwähnten Verstehenshorizonte, Fragen, Worterklärungen, Übertragungen, Skizzen, kurz alles, was an Überlegungen zum Text aufkommt und besser beim Text direkt steht als nebenbei auf einem Notizblatt. Bei einem so komplexen Text reicht der Rand im Buch in der Regel nicht aus, außerdem kann man nicht selbstverständlich davon ausgehen, dass die SchülerInnen ins Buch hineinschreiben. Hier hilft eine Kopie der Textspalten und Abbildungen mit großzügigen Lücken.

Der Auftrag an die Schülergruppen, abschließend ein Begriffsnetz (s. o.) anzufertigen und der Klasse zu präsentieren, ist trotz der oben geschilderten Einschränkung geeignet, für die Lehrkraft unschätzbare Hinweise auf Fehler und Lücken im Verständnis zu Tage zu fördern. In einem nachbereitenden Quiz zum Beispiel können solche Schwachstellen gezielt für ein Angebot von falschen Wahlantworten (Distraktoren) verwendet werden.

4. Mathematische Fachtexte

4.1 Besonderheiten mathematischer Fachtexte

Mathematische Fachtexte haben ihre eigenen Besonderheiten: Gegenüber den naturwissenschaftlichen Fachtexten treten in mathematischen in gesteigertem Maße komplexe Bezüge, Formelelemente und verkürzende Floskeln auf. Der Text kann extrem komprimiert sein, wesentliche Aussageelemente können sprachlich unscheinbar auftreten, wie zum Beispiel in dem Satz: »Zu jedem $a \in \mathbf{R}_0{}^+$ existiert genau ein $x \in \mathbf{R}_0{}^+$ mit $x^2 = a$.« (Für Nicht-Mathematiker sei bemerkt: In diesem Satz gibt es kein einziges Detail, das nicht von wesentlicher Bedeutung wäre.) Außerdem haben mathematische Texte häufig etwas sehr Ausgrenzendes: Wer sie »ein bisschen« versteht, steht um kein »bisschen« besser da, als wer sie gar nicht versteht.

Da die mathematische Fachsprache sehr knapp und eindeutig formuliert, steht die Lehrkraft leicht vor der Situation, dass nicht zu unterscheiden ist, ob die SchülerInnen ein eher sprachliches oder eher fachliches Problem haben. Obwohl beide Problemaspekte ineinander übergehen können, ist es zweckmäßig, sie so gut wie möglich zu unterscheiden und verschieden anzugehen.

Gelegentlich ist von MathematikkollegInnen die These zu hören: Einen Sachverhalt hat man erst dann richtig verstanden, wenn man ihn in eigenen Worten ausdrücken kann. Von SchülerInnen hört man immer wieder: Eigentlich habe ich das verstanden, ich kann es nur nicht in Worte fassen. Das Spannungsfeld zwischen diesen Aussagen wirft die Frage auf: Wie viel Sprache ist zum Mathematikverständnis nötig?

Ich schlage vor, sich einmal die bildliche Darstellung eines mathematischen Sachverhaltes genau anzuschauen. Wie viel können Sie daraus entnehmen, ohne es in Worte zu fassen? Verbalisieren Sie dann die Erkenntnisse aus der Abbildung in Alltagssprache, mit möglichst wenigen Fachbegriffen. Schließlich verbalisieren Sie unter Verwendung präziser fachsprachlicher Formulierungen. Ihre Beobachtungen werden individuell unterschiedlich ausfallen. Vielleicht erleben Sie, dass Sie einiges, was Sie später verbalisieren, auch schon präverbal erfassen konnten. Die Nutzung der Alltagssprache setzt einen neuen Auseinandersetzungsprozess in Gang: Die Sprache verstärkt die Repräsentation der dargestellten Sachverhalte im Bewusstsein, ruft vielleicht neue Assoziationen zu anderen Sachverhalten hervor, lässt Sie auch kritisch prüfen, ob Sie den Sachverhalt treffend in Worte gefasst haben, und veranlasst Sie damit, die Darstellung noch genauer zu beobachten. Die Fachsprache schließlich könnte Ihr Bedürfnis nach Klarheit und Prägnanz der Aussage befriedigen. Vielleicht machen Sie bei diesem Experiment auch die Erfahrung, dass der Slogan »Ein Bild sagt mehr als viele Worte« je nach Situation auch umgekehrt gelten kann: »Ein Wort sagt mehr als viele Bilder.«

Es ist wichtig, auch die präverbalen Denkschritte als Bestandteil des Verstehensprozesses ernst zu nehmen und wert zu schätzen, den Nutzen der Versprachlichung zu verdeutlichen und über den Zwischenschritt der Verbalisierung in Alltagssprache den Wert der Fachsprache zu vermitteln.

Bitte denken Sie mit mir über das folgende Phänomen nach: Sprache, die nicht gedankenlos daher geplappert wird, ist in der Regel mit inneren Bildern verbunden. Diese inneren Bilder mögen unbewusst beteiligt sein, vielleicht so abstrakt sein, dass die Verwendung des Bildbegriffs fragwürdig erscheint, das Ausmaß ihrer Beteiligung mag verschieden eingeschätzt werden. Jedenfalls ist es wichtig, den SchülerInnen die Möglichkeit zu geben, reichhaltige innere Bilder zu erzeugen. Dies erscheint umso dringlicher, je mehr uns eine bildüberladene (Medien-)Umwelt Bilder von außen einprägt, sodass das Gehirn vielleicht mehr damit beschäftigt ist, diese zu verarbeiten, als eigene zu erzeugen.

Im Mathematikunterricht bietet sich auf Grund der Eindeutigkeit der Fachsprache eine Möglichkeit, die innere Bilderzeugung an Hand von überprüfbaren Ergebnissen zu trainieren: Einfache geometrische Sachverhalte oder Konstruktionen werden von der Lehrkraft beschrieben, die SchülerInnen versuchen, sich diese vorzustellen oder sie zu skizzieren. Eine Diskussion der Resultate ist geeignet, interessante Erkenntnisse über den Sprachgebrauch zu Tage zu fördern. Solche Übungen können auf Grund ihres Rätselcharakters sehr motivierend wirken und am Beginn eines Unterrichts die Aufmerksamkeit sammeln.

4.2 Tätiges Lesen

Wer als Mathematiklehrkraft in Berührung mit der Leseforschung kommt und von der Methode der Antizipation hört, mag sich zunächst fragen, ob die SchülerInnen bei einem mathematischen Fachtext dazu überhaupt in der Lage seien. Schließlich haben sie schon genug damit zu tun, den Inhalt nachzuvollziehen, wie sollen sie ihn dann vorausahnen? Anders als bei einem Erzähltext hilft hier nicht ein Fundus an selbst erlebten oder gehörten Begebenheiten aus dem Alltag, um Vermutungen über den »Ausgang der Geschichte« anstellen zu können. Doch so aussichtslos ist die Sache nicht. Das Antizipieren stellt sich fast von selbst ein bei der traditionellen Methode, »mit Zettel und Stift« zu lesen: Man probiert dargestellte Rechenwege noch einmal selbst aus, füllt Lücken aus, vollzieht noch einmal nach und memoriert durch die schreibende Wiederholung, visualisiert durch Skizzen, und wenn man in eine Argumentations- oder Herleitungskette bereits hineingefunden hat, probiert man auch gerne aus, auf den Rest alleine zu kommen.

Diese Art des Umgangs mit mathematischen Fachtexten ist es wert, geübt und gepflegt zu werden, da sich die SchülerInnen dabei gleichzeitig gute Voraussetzungen für die Bearbeitung von Textaufgaben erarbeiten. Kontraproduktiv sind dagegen die Versuche mancher Lehrkraft, ihren SchülerInnen die Mühen der eigenständigen Erarbeitung eines Fachtextes zu ersparen.

4.3 Kreativer Umgang mit Textaufgaben

Das selbstständige Erarbeiten von mathematischen Lehrbuchtexten kann man den SchülerInnen, wenn man es denn will, noch weitgehend ersparen, doch spätestens wenn die SchülerInnen an Textaufgaben scheitern, wird die Notwendigkeit einer fachspezifischen Sprachförderung deutlich. Da oft einzelne Wörter von entscheidender Bedeutung sind, liegt es nahe, die Kategorie »Signalwörter« zu eröffnen. Die Praxis zeigt aber, dass eine Sammlung dieser Richtung weisenden Wörter leicht ausufern und schnell Wörter aufnehmen kann, die je nach Umfeld in verschiedene Richtungen weisen. So ist zum Beispiel das Wort »addiere« eine eindeutige Anweisung, hingegen führt die Anweisung »vermehre« oder »erhöhe« je nach Präposition »um« oder »auf« zu verschiedenen Bedeutungen der nachfolgenden Angabe und in Verbindung mit dem Objekt, das entweder einen absoluten Wert oder ein Vielfaches der im Subjekt genannten Größe angibt, auch noch zu verschiedenen Rechenarten. Die Hoffnung, durch eine Übersetzung von Signalwörtern in ein Rechenschema zu Lösungen zu gelangen, ohne den Satzzusammenhang verstehen zu müssen, kann nicht erfüllt werden. Dazu ist die Sprache zu lebendig, vielfältig und unsystematisch.

Es ist erstrebenswert, die SchülerInnen mit möglichst vielfältigen Formulierungen vertraut zu machen. Da eine trockene Auflistung von Formulierungsvarianten nicht den Lerndispositionen vieler SchülerInnen entgegenkommt, empfehle ich, solche Varianten ohne Anspruch auf Vollständigkeit, aber dafür kreativ mit ihnen zu erkunden. Dabei bietet sich anfänglich an, Aufgaben unter Beibehaltung ihres Inhaltes einfach umzuformulieren, am besten unter Abänderung der Wörter, die man tendenziell zu »Signalwörtern« erklären würde. Eine weiter führende Übung wäre die Erfindung neuer Kontexte bei gleicher mathematischer Struktur. Das Erfinden und Austauschen von Aufgaben kann sehr motivierend und erfahrungsträchtig sein und produktive Auseinandersetzungen über die Bedeutungen der Formulierungen hervorrufen.

Eine andere Form kreativer Auseinandersetzung mit Textaufgaben ist die Anfertigung von Skizzen, Visualisierungen. Dazu gehören zum Beispiel die traditionellen »Planskizzen«. In Lehrerseminaren habe ich ausprobiert, solche Textaufgaben mit gegenständlichen Inhalten visualisieren zu lassen, die traditionell vielleicht nicht unbedingt mit solchen Planskizzen belegt werden. Dabei lautete die Vorgabe, eine Skizze anzufertigen, die mit sparsamen Mitteln auskommt und möglichst gute Hinweise auf die mathematische Struktur gibt. Ziel war es, Darstellungen zu entwerfen, die den SchülerInnen als Muster gegeben werden können, um sie in die Lage zu versetzen, sich mit eigenen Darstellungen beim Lösen von Textaufgaben zu behelfen.

Die Sparsamkeit der Darstellungen war mir im Hinblick auf die Verwendbarkeit bei einer Klassenarbeit wichtig. Mehrere Lehrkräfte hatten Schwierigkeiten, mit sparsamen Mitteln auszukommen: Die Kreativität setzte sich über die Ökonomie hinweg. Ferner zeigten sich sehr individuelle Gestaltungen. Es scheint also sinnvoll, den SchülerInnen nur Muster vorzuführen, um sie dann ihre eigenen Darstellungen ausprobieren, innerhalb der Gruppe die individuellen Gestaltungen vergleichen und so ein Repertoire aufbauen zu lassen, aus dem sich ihr jeweiliger individueller Stil herausbildet.

Interessant war die Beobachtung, dass bei längerem Grübeln über eine Visualisierung mathematischer Strukturen Formen »neu entdeckt« wurden, die längst bekannt sind und in der Mathematik standardmäßig eingesetzt werden: Koordinatensysteme, Säulen- und Kreisdiagramme, Zuordnungspfeile und vieles mehr. Besonders hervorzuheben ist die Tabellen-Form, da sie bereits ein Strukturmuster vorgibt und die Aufmerksamkeit gezielt auf strukturell wichtige Textinformationen lenkt.

4.4 Eigene Erklärungstexte

Mathematische Begründungen und Argumentationen sind traditioneller Bestandteil des Unterrichts, vor allem in Form des »Beweises«. In neueren Bildungsstandards, zum Beispiel in den deutschen Bildungsstandards für den Mittleren Abschluss[1], werden sie als Schülerkompetenzen eingefordert und in den daran geknüpften Lernstandserhebungen untersucht. Bestrebungen, die schulische Praxis für individuelle Lernwege zu öffnen, führen u.a. zu binnendifferenzierenden Maßnahmen, zu denen auch gegenseitige Erklärungen des Lernstoffs gehören.

Die meisten Mathematiklehrkräfte kennen das Erlebnis, dass eine holperig und ungenau formulierte Schülererklärung bei den MitschülerInnen besser ankommt als die wohlgesetzte, fachlich richtige Erklärung der Lehrkraft. An dieser Diskrepanz lässt sich arbeiten: Erstens sollte es ein Ziel sein, dass SchülerInnen ihre Erklärungen präzisieren und sprachlich verbessern können, zweitens sollten die SchülerInnen auch in die Lage versetzt werden, exakte Erklärungen auf höherem sprachlichen Niveau zu verstehen und drittens sollte die Lehrkraft in der Lage sein, die SchülerInnen sprachlich »dort abzuholen, wo sie stehen«, ohne wesentliche inhaltliche Abstriche zu machen.

Wenn die SchülerInnen erste Fähigkeiten im Erklären erworben haben, können sie sich mit der sehr produktiven Methode, Erklärungsbriefe zu schreiben, weiter entwickeln. Solche Briefe sind in Fachkreisen bekannt als »Anna-Briefe« oder als Briefe an eine Mars-Amöbe, die die irdischen Verhältnisse verstehen möchte. Ich habe mich für einen menschlichen Adressaten entschieden und ihm den Namen Niki gegeben. Mit dem gewählten Namen haben die SchülerInnen die Möglichkeit, sich ein Mädchen oder einen Jungen vorzustellen. Hier finden Sie Beispiele für solche »Niki-Briefe«:

Beispiele für Erklärungsbriefe

Geübter Aufgabentyp bei ca. 10-jährigen SchülerInnen:
Schreibe als Term, berechne dann.

Addiere zum $\underbrace{\text{Produkt der Zahlen 24 und 4}}_{24 \cdot 4}$ die Zahl 18.

Zusätzliche Erklärungsaufgabe:

Niki klagt: »Bei solchen Texten komme ich immer durcheinander.«
Schreibe einen Brief an Niki. Erkläre, wie man die Aufgaben am besten löst.

Brief 1:
Liebe Niki! Meine Aufgaben habe ich folgendermaßen gelöst:
1. Ich lese mir den Text stückweise durch und mache Notizen, z. B. wenn da steht: »Subtrahiere«, schreibe ich schon mal ein »–«.
2. Wenn da steht: »Subtrahiere von der Summe der Zahlen 48 und 16«. Dann schreibe ich schon mal (48 + 16) –.
3. Wenn ich mir die Stücke zu einem Term zusammen gereimt habe, rechne ich das Ergebnis aus.
4. Ich bin FERTIG!
Ich hoffe, ich habe dir ein bisschen geholfen. Viel Spaß beim Lösen der Aufgaben! Deine J.

Brief 2:
Hallo Niki, ich wollte dir die Erklärung zu den Textaufgaben schreiben.
Die Erklärung: Also eigentlich ist es ganz leicht!!!
Wenn da steht: Subtrahiere von der Summe der Zahlen 44 und 36, heißt es: dass du von der Summe was wegnimmst, also – rechnest.
Wenn da steht: Addiere zu 37 die Differenz der Zahlen 40 und 33, dann heißt es: Dass du die 37 schon hast und die Differenz der Zahlen 40 und 33 dazu rechnen musst, also + rechnen.
Wenn in der Aufgabe eine Aufgabe steht, z. B. 40 + 66 oder 30 – 16 u.s.w., muss eine Klammer rum. Damit man auch das richtige Ergebnis hat, weil: Die Klammer muss zuerst gerechnet werden, z. B. Subtrahiere von der Zahl 33 die Differenz der Zahlen 13 und 9.
Rechnung: 33 – (13 – 9) = 33 – 4 = 29
Erklärung: Die Klammer musste bei der Aufgabe 13 und 9 hin, sonst käme was anderes heraus, weil sonst könnte man ja nicht die 33 und die Differenz subtrahieren, sondern man müsste die Aufgabe 33 – 13 – 19 (rechnen). Die würde man ja nicht – sondern + rechnen, weil man die ja beide von 33 subtrahiert.
Viel Spaß noch!

Diese Anbindung von Erklärungstexten an eine fiktive persönliche Beziehung bringt Gefühle und Gemüthaftes in den Mathematikunterricht, was sonst nicht immer so leicht gelingt. So manche SchülerInnen werden auf diese Weise intensiver in mathematische Fragestellungen eingebunden und fühlen sich persönlich, »ganzheitlich« angesprochen.

Es liegt im pädagogischen Fingerspitzengefühl der Lehrkraft, zu entscheiden, inwieweit sie Rechtschreib- und Grammatikkorrekturen an solchen Texten vornehmen will oder lieber nicht.

5.5 Lautes Denken

Das »Laute Denken« beim Lösen von mathematischen Problemen ist den Mathematiklehrkräften nichts Unbekanntes. Neu wird für viele sein, dieses Mittel als systematisch einsetzbare Methode für Beobachtung, Austausch und Vermittlung von Lesestrategien einzusetzen. Als solche ist sie ein wesentlicher Bestandteil des Leseförderprojektes »Reading for Understanding« (Schoenbach et al. 2006). Kurz gesagt, besteht sie darin, dass man laut liest und dabei auch die Gedanken, die sich zu dem Text einstellen, sowie die Gedanken zur Steuerung des Leseprozesses mit ausspricht.

Ein Beispiel hierzu findet sich bei Bergunde (2008). Um diese Methode im Unterricht praktizieren zu können, müssen erst einmal die geeigneten (sozialen) Randbedingungen hergestellt werden: Motivation, Vertrauen, Aufbau einer Lerngemeinschaft. Das ist ausführlich in dem Buch *Lesen macht schlau* (Schoenbach et al. 2006) dargestellt.

Diese Methode erfordert Übung, selbst bei versierten LeserInnen; bei ihnen laufen viele Lesesteuerungsprozesse (nahezu) unbewusst ab; diese zu benennen, erfordert gute Selbstbeobachtung und Reflexion während des Lesens. Sehr aufschlussreich ist es, wenn Lehrkräfte, die diese Methode praktizieren wollen, sie zunächst im Kollegium ausprobieren, möglichst mit KollegInnen anderer Fächer. Sie werden erstaunt feststellen, wie verschieden die typischen, zu Tage tretenden Denk- und Leseweisen in den unterschiedlichen Fächern sind. Aus diesen Erfahrungen lässt sich für die Fächer übergreifende Zusammenarbeit großer Nutzen ziehen.

Anmerkung

1   Entspricht der zehnten Schulstufe (Mittlere Reife).

Literatur

Bergau, Manfred (Hrsg., 2006): *Prisma Biologie 7–10*. Stuttgart: Klett, S. 262 f.

Bergunde, Manfred (2008): Förderung der Lesekompetenz in der Mathematik. In: *LI-Reihe Lesekompetenz*, 3. Teil, 4. Auszug. Online: http://www.li-hamburg.de/fix/files/doc/Text%20Lesekompetenz%20in%20der%20mathematik.2.pdf [Zugriff: 29.5.2009].

BLUME, RÜDIGER; KUNZE, WOLFGANG; OBST, HEINZ; ROSSA, EBERHARD; SCHÖNEMANN, HEINRICH (Hrsg., 1999): *Chemie 10.* Ausgabe Berlin Sekundarstufe I. Berlin: Cornelsen, S. 336.

DORN, FRIEDRICH; BADER, FRANZ (Hrsg., 1992): Hat der Strom seinen Namen zu Recht? In: *Physik – Mittelstufe.* Hannover: Schroedel, S. 128.

DORN, FRIEDRICH; BADER, FRANZ (Hrsg., 1992): Kernkraftwerke. Abschnitt 1. bis 3. In: *Physik – Mittelstufe.* Hannover: Schroedel, S. 304–306.

HAUSFELD, RAINER; SCHULENBERG, WOLFGANG (Hrsg., 2004): *BIOskop Gymnasium 5/6.* Braunschweig: Westermann, S. 62.

LEISEN, JOSEF (Hrsg., 2003): *Methoden-Handbuch Deutschsprachiger Fachunterricht* (DFU). Bonn: Varus [1999, mit Ergänzungslieferung 2003].

DERS. (2005): Wechsel der Darstellungsformen. In: *Unterricht Physik,* H. 87, S. 10f.

DERS.(2006): Ein Sachtext – Zehn Strategien zur Bearbeitung von Sachtexten. In: *Naturwissenschaften im Unterricht – Physik,* H. 5, S. 12–23.

MÜLLER, ASTRID; ROEBBELEN, INGRID (2004): Verstehenshorizonte nutzen. In: *Praxis Deutsch,* H. 187, S. 15.

PALINSCAR, ANNEMARIE; BROWN, ANN L. (1983): Reciprocal Teaching of Comprehension Monitoring Activities, Technical Report No 269. Cambridge, Mass.

SCHOENBACH, RUTH: GREENLEAF, CYNTHIA; CZIKO, CHRISTINE; HURWITZ, LORI; GAILE, DOROTHEE (Hrsg., 2006): *Lesen macht schlau.* Berlin: Cornelsen Scriptor.

Martina Nieswandt*

Verstehen durch Schreiben im naturwissenschaftlichen Unterricht

1. Überblick

»Writing to Learn Science« – Lernen von Naturwissenschaften durch Schreiben – ist ein Thema, das NaturwissenschaftslehrerInnen, -didaktikerInnen und kognitive PsychologInnen in ganz Europa, Nordamerika und Australien seit den späten 1970er Jahren beschäftigt. Aktuelle Studien bestätigen die große Bedeutung dieses Themas für eine naturwissenschaftliche Bildung.

Im Folgenden werde ich kurz auf die Geschichte der »Writing-to-Learn«-Bewegung eingehen und danach einige aktuelle Studien vorstellen, die Einblicke in das Spektrum dieses Forschungsgebiets ermöglichen. Am Ende des Artikels beschäftige ich mich mit den Implikationen für zukünftige Forschung und die Unterrichtspraxis.

2. Ein kurzer historischer Abriss der »Writing-to-Learn«-Bewegung

Während der späten 1970er and 1980er Jahren war »Writing-to-Learn« eine U.S.-weite Bewegung die ursprünglich unter dem Namen »Writing Across the Curriculum« (WAC) gegründet wurde. Sie hatte zum Ziel, Schreiben sowohl als Methode zum Lernen von Inhalten verschiedener Schulfächer, als auch zur Förderung von Schreibkompetenz einzusetzen. Schreiben wurde als »powerful mode of learning« (Soven 1988, S. 13) bezeichnet und als eine Möglichkeit für SchülerInnen »to form meaning […] to acquire a personal ownership of ideas conveyed in lectures and textbooks« (Connolly 1989, S. 2f.) angesehen. WAC, nun umbenannt in »Writing-to-Learn« (Connolly/Vilardi 1989), war an Universitäten, Colleges und High Schools – vor allem in den mathematischen, naturwissenschaftlichen und sozialwissenschaftlichen Fächern – verbreitet. Naturwissenschafts- und MathematikprofessorInnen sowie LehrerInnen in diesen Fächern arbeiteten oft mit KollegInnen aus den Englischabteilungen zusammen. Schreibaufgaben zielten auf das Verfassen verschiedenster Textarten, von Laborberichten, Aufsätzen und Erzählungen hin zu freiem Schreiben sowie abgeschlossenen und strukturierten Aufgaben. SchülerInnen erhielten hierfür oft Anleitungen, die sie in die Charakteristik und Formate der unterschiedlichen Textarten einführen (einen Überblick über diese Projekte finden Sie bei Nieswandt 1997). Während sich einige Projekte auf den kommunikativen Aspekt des Schreibens konzentrierten, insbesondere während der »Writing Across the Curriculum«-Bewegung, fokussierte »Writing-to-Learn« auf expressives, erklärendes Schreiben, das als eine Aktivität vestanden wurde, die den schrittweisen Aufbau individuellen Verstehens unterstützt (Connally 1989). Die ProtagonistInnen dieser Bewegung unterstrichen, dass die SchülerInnen durch das erklärende Schreiben Verknüpfungen herstellen, sich intensiver mit der Materie auseinandersetzen und dadurch ein Konzeptwandel erleichtert würde, während das kommunikative Schreiben als Mittel angesehen wurde, um, gesteuert durch die Ziele und das Wissen der Lehrenden, Wissensbestände zu testen (Connally 1989, S. 2 f.). Durch das Fehlen systematischer Evaluierungen der angestrebten Effekte, verlor die »Writing-to-Learn«-Bewegung in den 90er Jahren, trotz der von kognitiven PsychologInnen wie Bereite/Scardamalia oder Hayes/Flower entwickelten Schreibmodelle, an Bedeutung (Bereiter 1980; Bereiter/Scardamalia 1985, 1987; Hayes/Flower 1980). Nichtsdestotrotz ist die »Writing-to-Learn«-Bewegung nie ganz verschwunden und tauchte Mitte der 1990er Jahre als »Writing-to-Learn Science« (WLS) insbesondere in Nordamerika und Australien in Kreisen der Naturwissenschaftsdidaktik wieder auf.

3. Zu aktuellen theoretischen Forderungen und Forschungsansätzen von »Writing-to-Learn Science« (WLS)

Die Durchsicht der Literatur zu WLS zeigt zwei theoretische Perspektiven, die in verschiedene Forschungsrichtungen münden. Ich werde die zugrunde liegenden Theorien kurz erörtern und parallel dazu Beispiele aus verschiedenen Studien anführen, in denen diese Theorien zur Anwendung kommen.

Die erste theoretische Perspektive ist als eine *erkenntnistheoretische Orientierung* anzusehen, die WLS als einen Prozess konzeptualisiert, in dem SchülerInnen etwas über die Funktion der klassischen Formen naturwissenschaftlichen Schreibens lernen, wie zum Beispiel Labor- oder Forschungsberichte (Prain 2006). Basierend auf den Erkenntnissen von systemisch-funktionalen Linguisten wie Halliday und Martin (1993) betont dieser Zugang, dass die erkenntnistheoretische Perspektive der Naturwissenschaften als Methode der Welterklärung, als Sammlung von Wissensbeständen und als Weg der Erkenntnisgewinnung, untrennbar mit der Entwicklung einer sich entfalteten, spezifischen naturwissenschaftlichen Sprache verbunden ist (Prain 2006, S. 181). Zudem wurden verschiedene Formen mit entsprechenden Makro-Strukturen entwickelt und aufgebaut, die naturwissenschaftliches Schlussfolgern, Argumentieren und Diskutieren abbilden und dadurch den Charakter der Naturwissenschaften als Disziplin und Forschungsfeld begreifbar machen können (Prain 2006, S. 182). Klein (1999, S. 230) hebt hervor, dass SchülerInnen, die die allgemeinen Regeln und Ziele wissenschaftlichen Schreibens kennen, eher fähig sind, Informationen gründlich zu verarbeiten während sie Beziehungen zwischen verschiedenen Ideen konstruieren und dadurch eine naturwissenschaftliche Bildung erwerben. Daraus resultiert, dass sich die Forschung ebenso auf strukturelle und funktionale Aspekte der verschiedenen Arten naturwissenschaftlichen Schreibens, wie Beschreibungen, Erklärungen, Präsentationen und Diskussionen (Unsworth

2001) richtet, wie auf die Fachsprache und auf das Wissen, das die SchülerInnen benötigen, um diese verschiedenen Genres zu verstehen und reproduzieren zu können (Martin/Veel 1998; Unsworth 2000, 2001). Man nimmt allgemein an, dass die beste pädagogische Methode, um Naturwissenschaft durch Schreiben zu lernen, das Imitieren der naturwissenschaftlichen Schreibpraxis oder vereinfachter Versionen ist. In diesem Kontext ist die Rolle der Sprache vorgegeben und Mittel zum Zweck, sie unterscheidet sich dabei deutlich von der Alltagssprache. Gee (2004) und andere (z. B. Martin 1993, Halliday 1993, Venuti 2000) betonen, dass die Alltagssprache aufgrund ihrer Strukturen, Muster und Wortbedeutungen ungeeignet für das Lernen von Naturwissenschaften ist, weil Alltagssprache dazu neigt, Details kausaler und anderer systematischer Zusammenhänge zu verschleiern, welche jedoch zentral für naturwissenschaftliches Begründen sind. Deshalb erscheint es unmöglich, durch die einfache Übersetzung von Alltagssprache in wissenschaftliche Fachsprache im Unterricht die Genres der Naturwissenschaften zu stärken.

Übersetzt in die Unterrichtspraxis bedeutet dies, dass WLS ein »Wissens-Erzählens«-Modell anstrebt, in dem die SchülerInnen Konzepte naturwissenschaftlicher Vorstellungen, mentale Modelle und ihr Vorwissen in längeren Aufsätzen oder schriftlichen Antworten auf Fragen verknüpfen und darstellen sollen. Das Schreiben erfolgt hier in einer linearen Form: Die SchülerInnen bekommen vorstrukturierte Schreibaufgaben, wählen sich ein Thema aus, aktualisieren ihr Wissen, entwerfen einen Text, lesen ihren Entwurf Korrektur und erstellen eine Endversion. Das Potential des Schreibens als transformatives und rekursives Werkzeug des Wissensaufbaus wird gemindert und dadurch auch das Potential, naturwissenschaftliche Konzepte durch »Writing-to-Learn« sinnvoll zu verstehen und zu begreifen.

Die zweite theoretische Perspektive von WLS wird von Prain (2006, S. 184) als *diversifying writing approach*, also *differenzierender Zugang*, bezeichnet, der betont, dass Schreiben mehr als ein Mittel ist, um Wissen zu reproduzieren. Vielmehr ist Schreiben als eine Methode anzusehen, die die SchülerInnen dabei unterstützt, naturwissenschaftliche Konzepte und ihre Zusammenhänge, naturwissenschaftliche Methoden und Praxis, sowohl im als auch außerhalb des Klassenzimmers, zu verstehen. Wissenschaftler wie Boscolo/Mason (2001), Hand/Keys (1999), Hildebrand (1998, 1999), Nieswandt (1996, 1997), Prain/Hand (1996), Rivard/Straw (2000), Stadler et al. (2001) beziehen sich auf sozialkonstruktivistische Lerntheorien, die Schreiben als einen Vorgang ansehen, bei dem Lernende ihre eigenen sprachlichen Fähigkeiten, konzeptionellen und ontologischen Kategorien und Rahmenkonzepte anwenden, um ihr Verstehen in Bezug auf die angestrebten naturwissenschaftlichen Konzepte und Fachsprache zu entwickeln und zu zeigen (Prain 2006, S. 185). In diesem Kontext ist Schreiben eine Methode, vergleichbar mit Diskussionen, die es den Lernenden ermöglicht, naturwissenschaftliche Konzepte und Methoden zu erklären, neue Konzepte und ihre Bedeutungen mit ihrem Vorwissen zu verknüpfen und eine kritische Sicht auf die Anwendungen von Naturwissenschaften im täglichen Leben und in der Technologie zu entwickeln. Im Gegensatz zur gesprochenen Sprache, die oft wiederholend und unklar ist sowie formale Fehler aufweist (Aebli 1991), vermag das Schreiben die Fähigkeiten der SchülerInnen anzuregen, ihr Wissen zu ordnen und ihre Vorstellungen zu reflektieren (Mason/Boscolo 2000) sowie ihre Vorkenntnisse in ein stimmigeres und besser strukturiertes Wissensgebäude einzubauen (Nieswandt 2001, Rivard/Straw 2000). Diese Prozesse werden als stimulierend für die Entwicklung einer naturwissenschaftlichen Grundbildung angesehen (Wellington/Osborn 2001).

Im Kontext von Bereiter/Scardamalias Modell des Schreibens (1987) werden diese Funktionen des Schreibens mit einem »Wissens-Transformations«-Modell in Verbindung gebracht, in dem die Aneignung von Wissen durch Interaktion von inhaltlichen und diskursiven Prozessen erfolgt. Keys (1999, S. 120 f.) wendet dieses Modell auf das naturwissenschaftliche Arbeiten an. Auf der inhaltlichen Ebene müssen die SchülerInnen zunächst die relevanten Daten erkennen, ihre Bedeutung bestimmen, sinnvolle Rückschlüsse ziehen und konzeptionelle Strukturen entwickeln und diese gleichzeitig mit ihrem Vorwissen abgleichen. Auf der diskursiven Ebene müssen die Lernenden entscheiden, für welche Zuhörerschaft und auf welche Weise sie die Bedeutung der Daten vermitteln möchten und eine geeignete Sprache hierfür wählen. Sie müssen sich einen Kanon an Argumenten zurechtlegen und sich für eine Schreibgattung entscheiden. Da die Ergebnisse aus dem inhaltlichen und dem diskursiven Feld in einem iterativen und dynamischen Prozess interagieren, kann dieser Prozesse nicht als linear und hierarchisch angesehen werden. Fragen zur Wahl einer angemessenen Sprache und des Satzbaus lassen die Bedeutung der fachlichen Inhalte an Klarheit gewinnen, während das Ziel, bestimmte Inhalte einem konkreten Publikum näherbringen zu wollen, Auswirkungen auf das Textverfassen hat. Um solche Prozesse anzuregen, eignet sich der Einsatz von Mitteln der Kommunikation, die im naturwissenschaftlichen Bereich eher ungewöhnlich sind, wie Geschichten, Gedichte, Theaterstücke, Werbung, Comics oder Raps (Key 1999).

Der differenzierende Schreibansatz verdeutlicht, dass die wissenschaftliche Sprache aus einer Mischung von Alltags- und wissenschaftlicher Grammatik besteht, und dass sich die Konzepte nicht paradigmatisch voneinander unterscheiden (Lemke 2004). Jede Sprache wird als eine komplexe Mischung aus beobachtetem und theoretischem oder theoriegeladenem Vokabular angesehen. Daher können Alltagssprache, Metaphern und Analogien durchaus dem Zweck einer Erklärung von Theorien bestimmter Inhalte dienen (Prain 2006, S. 186). Es gibt zahlreiche Forscher, die in ihren Arbeiten das Potential von Alltagssprache und Fachsprache, Metaphern und Analogien (Klein 2007) oder multimodalen Darstellungen (Hand/Gunell/Ulu 2009) für das Lernen von Naturwissenschaften und ihrer speziellen Fragestellungen zeigen, während andere pädagogische Zugänge entwickeln und deren Auswirkung auf das Schreiben und das konzeptuelle Verstehen untersuchen. Zum Beispiel haben Hand und KollegInnen (Hand/Prain/Wallace 2002; Hand/Wallace/Yang 2004; Keys/Hand/Prain 1999) ein Konzept namens »Science Writing Heuristic« (SWH) entwickelt. Es handelt sich dabei um eine halb-strukturierte Lernumgebung, die SchülerInnen hilft, Muster in ihren gewonnenen Daten zu erkennen, diese Daten zusammen mit ihrem Vorwissen zu nutzen, um Hypothesen zu entwickeln und zu unterstützen sowie durch die Herstellung sinnvoller Verknüpfungen zwischen den Daten, Hypothesen und Belegen neues Wissen zu konstruieren. Ursprünglich als Ersatz für traditionelle Laborformate entwickelt, ermöglicht SWH den SchülerInnen mehr Eigenständigkeit und Verantwortung im Bezug auf die Art und Weise, wie sie ihr Wissen zum Ausdruck bringen. Darüber hinaus stellt SWH eine Struktur zur Unterstützung des Denkprozesses bereit. Mehrere Studien konnten zeigen, dass das SWH eine hilfreiche Unterstützung für das forschende Entdecken, Schreiben und konzeptionelle Verstehen der SchülerInnen ist (Rudd/Greenbowe/Hand/Legg 2001, Hand, Wallace/Yang 2004, Hohenshell/Hand 2006).

Weiters haben Hand, Gunel und Ulu (2009) in einer neueren Untersuchung statistisch relevante Mittelwertsdifferenzen zwischen Physiklernenden zeigen können, die das Thema Elektrizität unterstützt durch multimodale Darstellungsweisen (mathematische und graphische) in einem WLS-Zugang lernten und solchen, die auf herkömmliche Weise unterrichtet wurden. Die Autoren ziehen aus ihren Ergebnisse den Schluss, dass das Schreiben ein erkenntnistheoretisches Werkzeug ist (Prain 2006). Es fordert die SchülerInnen heraus, vorhandenes Wissen zu aktualisieren und durch den Prozess des Schreibens reichere Verknüpfungen zwischen verschiedenen Elementen des Wissens herzustellen (Hand et al. 2009, S. 238). Aber die Studie geht noch über die erkenntnistheoretische Funktion des WLS-Ansatzes hinaus und berührt den differenzierenden Aspekt des Schreibens und reflektiert in diesem Zusammenhang das »Wissens-Transformations«-Modell von Breiter/Scardamalia (1987). Die SchülerInnen in der Studie von Hand et al. (2009) haben nicht einfach nur verschiedene Darstellungsweisen in ihre Texte eingebaut, indem sie ein physikalisches Gesetz (hier das Induktionsgesetz von Faraday) und dessen Darstellungsarten umformten, so als würde das Schreiben einem Modell des Wissen-Erzählens im Sinne einer einfachen Reproduktion folgen, die SchülerInnen entwickelten und erklärten auch die Zusammenhänge zwischen den benutzen Modellen und Darstellungsarten einem jüngeren Publikum.

Auf diese Weise mussten die SchülerInnen parallel zum Prozess des Wissenserwerbs und -begreifens, Wissen in neue Zusammenhänge stellen und ihm neue Strukturen geben. So gelangten sie zu einem neu konstruierten Wissen (epistemologische Funktion des Schreibens), das sie, um es dem jüngeren Publikum verständlich zu machen, in einer adäquaten Sprache kommunizieren mussten. Der Wert des Schreibens lag für die SchülerInnen von Hand et al. (2009) und anderen (z. B. Keys 1999; Klein/Piacente-Cimini/ Williams 2007; Nieswandt 1996, 2001) nicht in der Beherrschung des formalen Gebrauchs wissenschaftlichen Schreibens, sondern darin, das Entdecken von Wissen zu ermöglichen (Connolly 1989, S. 5) und gleichzeitig durch das Formulieren und Schreiben für andere, denken zu lernen. Howard und Barton (1986, zit. nach Yore 2003, S. 701) betonen, dass dieser Ansatz es den SchülerInnen ermöglicht, das Schreiben zu nutzen, um ihre geistigen Fähigkeiten auszubauen, einen eigenen Sinne zu konstruieren und effektiver mit anderen zu kommunizieren.

4. Herausforderungen für den WLS-Ansatz: Die Entwicklung eines sinnvollen Verstehens naturwissenschaftlicher Konzepte durch den Einsatz von »Written Extended-Response Questions« (WERQ) (Fragen mit ausführlichen Antwortmöglichkeiten)

Im Folgenden werde ich einen WLS-Ansatz unter Berücksichtigung der »Wissens-Transformations«-Funktion des Schreibens vorstellen und diskutieren. Im Speziellen möchte ich die Herausforderungen und Erfolge im Aufbau von sinnvollem Verstehen naturwissenschaftlicher Konzepte diskutieren, die durch die Implementierung von Schreibaufgaben in den alltäglichen Unterricht in multikulturellen, städtischen und innerstädtischen Klassen in Nordamerika erreicht werden können. Beginnen werde ich mit der Definition der theoretischen Schlüsselbegriffe (*sinnvolles Verstehen* und die *Ebenen naturwissenschaftlicher Konzepte*), es folgt eine kurze Darstellung, wie sinnvolles Verstehen bewertet werden kann. Das Kapitel schließt mit der Beschreibung und Diskussion der Herausforderungen und Erfolge von speziellen, in den Unterricht eingebetteten Schreibaufgaben.

4.1 Sinnvolles Verstehen

Das sinnvolle Verstehen von naturwissenschaftlichen Konzepten ist ein komplexes Phänomen, das nicht nur verschiedene Arten des Wissens reflektiert, sondern auch die Fähigkeit, diese Wissensarten zu einem kohärenten Verständnis zu verknüpfen. Zum Beispiel erfordert ein sinnvolles Verstehen der Evolutionstheorie das Verstehen einzelner Konzepte wie das der Populationsbiologie oder von noch komplexeren Konzepten wie das der Ökosysteme (*deklaratives* oder *Faktenwissen*). Diese wiederum setzen sich aus vielfältigen individuellen Konzepten (z. B. Produzent, Konsument, Destruent, Nahrungskette, Energiefluss) zusammen und ergeben, bestimmten Gesetzmäßigkeiten und Modellen folgend, ein neues Konzept – das der Evolutionstheorie. Letzteres beschreibt das *prozedurale Wissen* (Konzepte, Regeln, Algorithmen), das zusammen mit dem deklarativen Wissen Teile des sinnvollen Verstehens bildet. Ebenso ist es zum Verstehen des Säure-Basekonzepts notwendig, dass SchülerInnen einerseits wissen, wie Säuren und Basen definiert sind und andererseits verstehen, wie Chemiker wie Brønsted und Lowry oder Lewis, bestimmten Regeln und Algorithmen folgend, ihre spezifischen Säure- und Basentheorien aufgestellt haben. Sinnvolles Verstehen beinhaltet außerdem ein *strukturelles Wissen* (leitende Prinzipien, Schemata, mentale Modelle) und das *Wissen warum* zum Beispiel Ökosysteme wichtige Faktoren des evolutionären Wandels sind. Zu guter Letzt umfasst sinnvolles Verstehen *strategisches und konditionales Wissen*, das Wissen darüber wann, wo und wie das Wissen angewandt werden soll und warum es wichtig ist, dieses genau so zu tun (Paris/Cross/Lipson 1984, Shavelson/Ruiz-Primo/Wiley 2005). Physiker zum Beispiel wissen sofort, dass sie das 1. Newtonsche Gesetz anwenden müssen, wenn sie mit einem Problem im Kontext von Kraft und Bewegung konfrontiert sind, während Novizen auf diesem Gebiet zunächst mit oberflächlichen Merkmalen der Problemstellung beschäftigt sind (Chi/Feltovich/Glaser

1981). SchülerInnen, die Physik in der 11. oder 12. Schulstufe lernen, sind zwar keine Experten in Physik, doch kann man sie auch nicht als Novizen ansehen. Sie sind auf dem Wege, ein strategisches Wissen zu entwickeln, fraglich ist jedoch, in welchem Umfang (quantitativ und qualitativ) und wie gut dieses Wissen bisher strukturiert bzw. organisiert ist. Mit Bezug auf Ausubels (1977) Sichtweise von sinnvollem Verstehen, definiere ich das strategische Wissen von OberstufenschülerInnen als die Fähigkeit, neu gelernte Konzepte in neuen Situationen und Szenarien im Unterricht anzuwenden, sowie diese Wissen konsistent und adäquat zu nutzen, wenn sie mit naturwissenschaftlichen Phänomenen im Unterricht oder im Alltag konfrontiert werden. Dies beinhaltet zum Beispiel die Fähigkeit, neue Information als etwas anderes als das bisher Gewusste wahrzunehmen, Widersprüche zu erkennen und Erklärungen zu konstruieren, um Wissenskonflikte auszubalancieren oder auch Verknüpfungen zwischen verschiedenen Teilen der Information herzustellen (Chan/ Burtis/Bereiter 1997). Daher sollte zum Beispiel das Verstehen der verschiedenen Säure-Basetheorien nicht als akademische Übung angesehen werden, vielmehr sollen die SchülerInnen wissen, wann, wie und warum sie diese verschiedenen Theorien anwenden müssen, um chemische Reaktionen oder Umweltphänomene wie den sauren Regen erklären zu können, oder auch wozu und wie Säuren als Nahrungs- und Getränkezusätze verwendet werden.

4.2 Ebenen wissenschaftlicher Konzepte

Die besprochenen Beispiele zeigen, dass naturwissenschaftliche Konzepte oft sehr komplex und abstrakt sind. Das kann für Lernende eine Hürde auf dem Weg der Entwicklung eines sinnvollen Verständnisses dieser Konzepte sein. Lawson/Alkhoury/ Benford/Clark/Falconcer (2000) entwickelten ein Klassifizierungssystem für naturwissenschaftliche Konzepte, die ich in meinen Arbeiten zu WLS nutze (Nieswandt/ Bellomo 2009). Sie klassifizierten naturwissenschaftliche Konzepte als *deskriptiv*, *theoretisch* oder *hypothetisch*. Zum besseren Verständnis folgt nun eine kurze Zusammenfassung dieser Arbeit (für weiterführende Erläuterungen und eine theoretische Untermauerung siehe Lawson et al. 2000).

Deskriptive Konzepte helfen uns, Erfahrungen zu ordnen und zu beschreiben. Es ist anzunehmen, dass diese Form von Konzepten am leichtesten zu lernen ist, da aus der Erfahrung ein Sinn, eine Bedeutung, rekonstruiert wird, und daher sollten diese Konzepte als erstes gelernt werden, wenn man neues Wissen aufbauen will. Beispiele für deskriptive Konzepte, die beobachtet und beschrieben werden können, sind »ein Sessel«, »das Gehen« oder das Konzept, dass »ein Tier nachtaktiv ist«. Ich möchte betonen, dass obwohl deskriptive Konzepte dem frühkindlichen Lernen ähnlich sind, Jugendliche und Erwachsene leichter ein sinnvolles Verstehen von komplexeren Konzepten entwickeln, wenn sie sich zuvor gelernter deskriptive Konzepte bewusst werden, die Vorraussetzungen der komplexen Konzepte sind.

Die zweite Art von Konzepten sind nach Lawson und Kollegen die *theoretischen Konzepte*. Diese Konzepte können nicht direkt beobachtet werden, werden jedoch auf der Grundlage andere Informationen und Theorien als solche akzeptiert. »Ein

Atom« oder »Luftdruck« können zum Beispiel nicht beobachtet werden, egal wie lange ein/e Beobachter/in wartet; der Sinn und die Bedeutung dieser Phänomene konstruiert sich nur aus indirekten Beweisen und Theorien. Trotz der Bemühungen von LehrerInnen Modelle, Analogien oder Computersimulationen zu verwenden, um den Lernprozess zu erleichtern, sind solche theoretischen Konzepte oft für SchülerInnen und Erwachsene gleichermaßen schwierig zu erfassen. Das Bereitstellen und der Umgang mit vielen Beispielen, die die theoretischen Konzepte untermauern, anstelle des reinen Memorierens der Konzepte, können zur Akzeptanz und zu sinnvollem Verstehen der theoretischen Konzepte führen.

Die dritte Kategorie von Konzepten liegt zwischen den deskriptiven und theoretischen, sie wird als *hypothetisches Konzept* bezeichnet. Hypothetische Konzepte können nicht beobachtet werden, doch es ist anzunehmen, dass, wenn man nur lange genug abwartet, sie irgendwann beobachtet und beschrieben werden können. Lawson et al. nennen als Beispiele für hypothetische Konzepte die »natürliche Selektion« oder die »Bildung von Arten« und ich möchte hier das Konzept der »ökologischen Entwicklung« hinzufügen.

4.3 Erkennen und Beurteilen von sinnvollem Verstehen von naturwissenschaftlichen Konzepten durch Schreibaufträge

Kognitive Forschungsansätze zum Lernen haben gezeigt, dass erfolgreiche SchülerInnen, ähnlich wie ExpertInnen, elaborierte, gut differenzierte und in hohem Maße integrierte Rahmenkonstrukte zu verwandten Konzepten entwickeln (Chi et al. 1981, Mintzes/Wandersee/Novak 1997). Um diese komplexen Strukturen zu beurteilen, werden verschiedenartige Methoden benötigt, die die sich unterscheidenden aber überlappenden Wissensarten für sinnvolles Verstehen abbilden können (Shavelson et al. 2005). Die Menge des deklarativen Wissens der SchülerInnen (wissen »dass«) und ihres prozeduralen Wissens (wissen »wie«) wird mithilfe von standardisierten Tests gemessen, während die Struktur und Qualität des deklarativen Wissens mit Concept Maps erfasst wird (Novak 1998). Concept Maps sind graphische Darstellungen, die *Knotenpunkte* (Begriffe und Konzepte), *Verbindungslinien* (Pfeile, die in einer Richtung von einem Konzept zum anderen zeigen) und *Verbindungsphrasen* (sie erklären die Verknüpfungen der Knotenpunkte untereinander) beinhalten. Zwei Knoten, die durch eine beschriftete Linie miteinander verbunden sind werden als Propositionen bezeichnet. Die Anordnung dieser Propositionen determiniert die Struktur der Concept Map als hierarchisch oder linear, was Hinweise auf die Struktur des Wissens der SchülerInnen gibt. Obwohl Concept Maps valide und reliable Instrumente sind, die oft in der Forschung (jedoch weniger von LehrerInnen) verwendet werden und sie als repräsentative Vertreter der »Struktur des Wissens« der SchülerInnen (Yin/Vanides/Ruiz-Primo/Ayala/Shavelson 2005, S. 166) interpretiert werden können, erlauben sie nicht die Beurteilung von *systematischem* oder *strategischem* Wissen. Andere bekanntere und oft im Unterricht eingesetzte Beurteilungsinstrumente sind Multiple-Choice Tests und Fragen mit kurzen oder ausführlichen Antwortmöglichkeiten, die, abhängig davon wie sie formuliert sind, zwar deklaratives und/oder prozedurales Wissen abfragen können, aber nur in seltenen Fällen das strukturelle Wissen (»wann«, »wo« und »wie« es anzuwenden ist) abbilden können.

Die eigentliche Herausforderung bei der Entwicklung von Schreibaufgaben, die alle Wissensarten abbilden können und die SchülerInnen dazu anregen, alle drei Konzeptebenen aktiv zu verknüpfen, liegt darin, den Lehrenden zu vermitteln, diese Aufgaben in ihrer Unterrichtspraxis auch tatsächlich einzusetzen. Der Druck der auf den Lehrenden lastet, einerseits den SchülerInnen eine Vielzahl von Konzepten zu vermitteln und sie gleichzeitig auf Hochleistungstests vorzubereiten führt oft dazu, dass die LehrerInnen Testfragen verwenden, die von Testbanken wie von der Firma LJGroup (*www.ljcreate.com*) oder fast allen Buchverlagen zur Verfügung gestellt werden. Einige High Schools haben eigene online Testbanken für LehrerInnen und SchülerInnen, die sie verwenden können, um sich auf standardisierte Tests vorzubereiten (z. B. South Caldwell High School). Diese Testfragen fokussieren auf das Reproduzieren von Fakten (deklaratives Wissen) und das prozedurale Wissen der SchülerInnen, sind aber nicht auf die Verknüpfung der drei Konzeptebenen ausgerichtet. Anstelle von sinnvollem Verstehen ist auswendig gelerntes und lineares Wissen das Resultat dieses naturwissenschaftlichen Unterrichts. Wissend, dass die Lehrenden oft unter Zeitmangel leiden, ist es notwendig, ihnen Schreibaufgaben zur Verfügung zu stellen, die sich leicht als Lernaufgaben in ihren Unterrichtsalltag integrieren lassen und auch als Testfragen verwendet werden können. Obwohl es mir ein Anliegen ist, Schreibaufträge auf verschiedene Zielgruppen auszurichten (Nieswandt 2001), stelle ich hier ausschließlich Aufgaben vor, die als AdressatInnen die LehrerInnen (oder ForscherInnen) fokussieren. Diese Aufgaben ermöglichen dennoch einen WLS-Unterricht (wie oben beschrieben) mit dem Schwerpunkt auf der zweiten Perspektive, der Differenzierung durch das Schreiben. Diese Entscheidung basiert auf Erkenntnissen aus Fokusgruppendiskussionen mit LehrerInnen über die besten Arten von Schreibaufgaben, die sie auch tatsächlich einsetzen würden *und* die es den SchülerInnen ermöglichen, ein sinnvolles Verstehen naturwissenschaftlicher Konzepte zu entwickeln, während sie an diesen Aufgaben arbeiten. Gleichzeitig wünschten sich die LehrerInnen schriftliche Aufgaben, die es ihnen ermöglichen, das sinnvolle Verstehen der Lernenden zu beurteilen. In Zusammenarbeit mit zwei Doktorandinnen der Naturwissenschaftsdidaktik, von denen die eine außerdem eine erfahrene Biolgoielehrerin und die andere eine erfahrene Chemieleherin ist, habe ich Schreibaufgaben entwickelt, die das Potential haben, bei den Lernenden nicht nur das deklarative und prozedurale Wissen hervor zu locken und zu dokumentieren, sondern auch ihr strukturelles und strategisches Wissen.

Diese speziellen Schreibaufgaben sind eine Art von »Essay-Fragen«, in denen die SchülerInnen durch ein hypothetisches Szenario anregt werden, neu gelernte naturwissenschaftliche Konzepte zu reorganisieren und mit ihrem Vorwissen zu einem »integrierten Bedeutungsnetz« zu verweben (Rivard/Straw 2000, S. 568), während sie ihre Antworten formulieren. Wir bezeichnen diese Schreibaufträge als *Written Extended-Response Questions* (WERQ), also Fragen mit ausführlichen Antwortmöglichkeiten, um sie von anderen Arten von Schreibaufgaben in Essayform unter-

Abb. 1: Beispiele für »Written Extended-Response Questions« (WERQ)

● *Unterrichtseinheit zur Evolutionstheorie* (Nieswandt/Bellomo 2009, S. 338):

Seehunde können, während sie Fische jagen, bis zu 45 Minuten unter Wasser bleiben, ohne zu atmen. Die Vorfahren der Seehund konnten dagegen nur wenige Minuten unter Wasser bleiben. Nutze die Konzepte der Mutation und der genetischen Drift, um zu erklären, wie sich die Fähigkeit entwickelt hat, lange ohne zu atmen tauchen zu können.

Weißes Fell bei Tieren (beispielsweise bei Eisbären) entsteht durch das Fehlen eines chemischen Pigments. Biologen glauben, dass die Vorfahren der Eisbären dunkles Fell hatten. Nutze die Theorie der natürlichen Selektion (z.B. gerichtete Selektion), um zu erklären, wie sich die weiße Fellfarbe der Eisbären entwickelt haben könnte.

● *Unterrichtseinheit über einfache Maschinen* (verändert nach Lehner 1997):

Manche NaturwissenschaftlerInnen und ArchäologInnen glauben, dass die alten Ägypter in der Zeit als die Pyramiden gebaut wurden, in der Lage waren, mit einfachen Maschinen große und schwere Steine über große Strecken zu transportieren und in große Höhen zu heben. Erkläre, wie es möglich wäre, mit einfachen Maschinen die Pyramiden zu bauen.

● *Unterrichtseinheit zur chemischen Bindung* (verändert nach General Chemistry online):

Die Straßenmeistereien streuen im Winter Salz auf die Straßen. Bei Kontakt mit Eis oder Schnee sorgt das Salz, Natriumchlorid (NaCl), dafür, dass der Schmelzpunkt des Eises sinkt. Auf diese Weise werden Eis und Schnee zu flüssigem Wasser, anstatt zu gefrieren oder wieder zu gefrieren, so dass das Wasser bei Sonnenbestrahlung verdunsten kann. Erkläre, wie der Schmelzpunkt von Eis durch das Natriumchlorid abgesenkt wird.

scheiden zu können, die sich zum Beispiel auf einfache Aufgaben wie Definieren, Zuhören, Beschreiben beziehen und von den Lernenden lediglich erwarten, sich auf ein isoliertes Konzept zu konzentrieren (Nieswandt/Bellomo 2009). Dieser letztere Typus von Schreibaufgaben wird eher als Anwendungsbeispiel von WLS in seiner erkenntnistheoretischen Funktion klassifiziert. Beispiele für WERQ aus den Bereichen der Biologie, Physik und Chemie werden in Abbildung 1 angeführt.

LehrerInnen verwenden WERQ Beispiele häufig zur abschließenden Beurteilung einer Unterrichtseinheit, einige ForscherInnen nutzen sie, um die naturwissenschaftlichen Alltagsvorstellungen oder Präkonzepte der SchülerInnen zu erfassen (Bishop/Anderson 1990), oder um zu beobachten, wann die SchülerInnen von Alltagsvorstellungen zu wissenschaftlicheren Konzepten wechseln (Jensen/Finley 1996, Settlage 1994). Um die Antworten der SchülerInnen auf die WERQ-Aufträge zu analysieren, haben wir ein sechsschrittiges Analyseverfahren entwickelt, das es uns ermöglicht zu beurteilen, ob die SchülerInnen zur Bearbeitung der Aufgaben alle wichtigen Konzepte auf den drei verschiedenen Ebenen (deskriptiv, hypothetisch und theoretisch) nutzen (Nieswandt/Bellomo 2009).

● Die Antworten der SchülerInnen werden in Abschnitte untergliedert, die die verschiedenen Gedanken und Ideen widerspiegeln. Die Abschnitte enthalten sowohl Phrasen als auch vollständige Sätze.

- In jedem Abschnitt werden die genannten Fachbegriffe hervorgehoben, wenn diese nur umschrieben sind, wird der Fachbegriff benannt.
- Jeder Fachbegriff und jede Umschreibung eines Fachbegriffs wird dann einer der drei konzeptuellen Ebenen (deskriptive, hypothetisch und theoretisch) zugeordnet.
- Jeder Abschnitt, der einen Fachbegriff oder eine Umschreibung enthält, wird nun mit einer exemplarischen Antwort unter Berücksichtigung des Alters, der Schulstufe und des Lehrplans verglichen. Die Abschnitte werden danach klassifiziert, ob sie Überschneidungen mit der exemplarischen Antwort aufweisen oder nicht. Gibt es Teilüberschneidungen, so wird der fehlende Teil notiert.
- Die Antworten der SchülerInnen werden holistisch bewertet und unter dem Gesichtspunkt klassifiziert, ob der Fachbegriff oder die Umschreibung sinnvoll eingesetzt wurde, um verschiedene Konzepte und/oder Konzeptebenen miteinander zu verknüpfen und dadurch ein umfassendes Verstehen des Sachverhalts dokumentiert wird. Auch bei diesem Schritt geben die exemplarischen Antwortmuster vor, wie die Konzepte miteinander verknüpft sein sollten, damit man von einem sinnvollen Verstehen sprechen kann. Werden Konzepte lediglich horizontal auf einer Ebene verknüpft (z. B. nur auf der deskriptiven Ebene), so bezeichnen wir diese als »one-concept-level links«, eine Verknüpfung zwischen zwei verschiedenen Ebenen (z. B. theoretische und hypothetische) nennen wir »cross-concept-level links« und Vernetzungen, die sich über alle drei Ebenen (deskriptive, hypothetische und theoretische) erstrecken, bezeichnen wir als »multi-concept-level links«.
- Im letzten Schritt suchen wir nach Mustern in den Antworten der SchülerInnen, sowohl innerhalb jeder Schreibaufgabe als auch zwischen verschiedenen Schreibaufgaben. Sicherlich ist dieser Schritt für ForscherInnen wesentlich interessanter und bedeutsamer als für LehrerInnen.

Das hier beschriebene qualitative und systematische Vorgehen bei der Analyse der SchülerInnenantworten auf die WERQ-Aufträge ist sicherlich eher für die Forschung von NaturwissenschaftsdidaktikerInnen geeignet als für LehrerInnen in ihrer täglichen Unterrichtsarbeit. Das Verfahren ist zeitintensiv und müsste, um zu reliablen Ergebnissen zu führen, von mindestens zwei unabhängigen Personen durchgeführt werden, deren Kodierungen verglichen und diskutiert werden müssen, um Abweichungen in den Interpretationen zu reflektieren. LehrerInnen können die zugrunde liegende Idee in einem mehr ganzheitlichen Verfahren verfolgen, das dennoch eine systematische Analyse ermöglicht. Zunächst sollten die LehrerInnen eine Beispielantwort formulieren, mit der später die Antworten der SchülerInnen verglichen werden; dies tun sie ohnehin in verschiedenen Formaten, zum Beispiel wenn sie für eine schriftliche Arbeit einen Erwartungshorizont erstellen. Der Unterschied zu diesen Erwartungshorizonten (die die erwarteten Schlüsselbegriffe oder -konzepte auflisten) ist, dass in diesem Falle ein zusammenhängender Text erstellt wird. In diesem Text werden die relevanten Konzepte auf verschiedenen Ebenen sinnvoll miteinander verbunden und verknüpft, um das hypothetische Szenario zu erklären. Im nächsten Schritt klassifizieren die LehrerInnen die verschiedenen Konzeptebenen (deskriptiv, hypothetisch und theoretisch) und untersuchen, wie sie miteinander verknüpft sind (one-, cross-, oder multi-level links). Während die ersten beiden Schritte durchaus Zeit in Anspruch nehmen, wird die Analyse und Zuordnung der SchülerInnenantworten deutlich schneller gehen. Parallel mit der Hervorhebung der Fachbegriffe in den Texten der SchülerInnen kann der Vergleich mit der Musterantwort erfolgen. Eine einfache Auflistung der relevanten Konzepte kann mit dem niedrigsten Reflexionsniveau gleichgesetzt werden, das reines Auswendiglernen widerspiegelt und daher ein sinnvolles Verstehen der naturwisschaftlichen Phänomene vermissen lässt. Um eine Abstufung zu erhalten, können die Kategorien mit Punkten versehen werden, die je nach Kategorie unterschiedlich hoch sein können. Die Art und Anzahl der Verknüpfungen gibt den Lehrenden Auskunft über den Grad des sinnvollen Verstehens, den die SchülerInnen bis zu diesem Zeitpunkt erreicht haben.

5.   Das Schreiben in den naturwissenschaftlichen Unterricht einbetten – Herausforderungen und zukünftige Ziele

Nieswandt und Bellomo (2009) haben in einer Studie am Thema der Evolutionstheorie mit SchülerInnen der zwölften Jahrgangsstufe untersucht, ob WERQ geeignet ist, um sinnvolles Verstehen darzustellen. Die Ergebnisse dokumentieren, dass es den SchülerInnen schwer fällt, zu erklären und zu schlussfolgern, auch fehlt ihnen das Wissen darüber, wie sie verschiedene Konzepte zur Evolutionstheorie sinnvoll miteinander verknüpfen können. Die detaillierte Sechsschrittanalyse zeigt, dass die SchülerInnen zwar ein gewisses Verständnis über die Evolutionstheorie entwickelt haben, ihnen jedoch ein strategisches Wissen fehlt, das es den TeilnehmerInnen der Studie ermöglicht hätte, ihr Wissen über die Evolutionstheorie im Kontext der WERQ-Aufträge zu nutzen und anzuwenden. Darüber hinaus ist festzuhalten, dass die SchülerInnen, unter Berücksichtigung der Noten, die sie von ihren LehrerInnen bekommen hatten, als gute SchülerInnen galten, die sowohl die Unterrichtseinheit zur Evolution als auch den ganzen Biologiekurs erfolgreich abgeschlossen haben.

Diese Ergebnisse unterstreichen die Diskrepanz zwischen den guten Schulnoten der SchülerInnen, die das Vorhandensein eines sinnvollen Verstehens nahe legen, und ihren Antworten auf die WERQ-Aufgaben. Die verwendeten WERQ-Aufgaben, die als Testfragen eingesetzt wurden, waren konsistent mit der üblichen Prüfungspraxis (Stiggins 1999). Die SchülerInnen konnten entsprechende Übungsfragen während der Unterrichtseinheit bearbeiten. Trotzdem waren sie offensichtlich nicht in der Lage, das Wissen, das sie sich zuvor angeeignet hatten, sinnvoll in der Testsituation der Studie anzuwenden. Die Forschungslage zum Transferwissen ist, in Bezug darauf ob und wann Transfer möglich ist, uneinheitlich. Barnetts und Cecis (2002) Taxonomie des vertikalen und horizontalen Transfers zugrunde legend, sollte man neun Schlüsseldimensionen (erlernte Fertigkeiten, Veränderung der Durchführung, Gedächtnisanforderungen, Wissensdomänen, räumlicher, zeitlicher, funktionaler und sozialer Kontext sowie die Ausführungsart) beachten, wenn man die Wahrscheinlichkeit eines Transfers abschätzen möchte. In der Studie von Nieswandt/Bellomo scheint ausschließlich der funktionale Kontext verändert worden zu sein. Während der Unterrichtseinheit zur Evolutionstheorie bekamen die SchülerInnen WERQ-Fragen entweder als Hausaufgabe, als Schulaufgabe, die im Unterricht bearbeitet wurde oder auch als Quiz oder Test. Diese wurden freiwillig und ohne Notendruck bearbeitet, im Gegensatz zu den Aufgaben, die am Ende der Einheit in der Studie eingesetzt wurden, die verpflichtend waren. Barnett und Ceci (2002, S. 623) vermuten, dass Veränderungen im funktionalen Kontext von Unterschieden in der Motivation begleitet werden, was einen Teil der Differenzen in den gezeigten Leistungen erklären könnte.

Eine weitere Erkenntnis aus der Studie von Nieswandt und Bellomo (2009) ist, dass den SchülerInnen die Fähigkeit fehlt, eine hypothetische Geschichte zu konstruieren, die die Evolution der Seehunde oder des Eisbären erklären könnte (siehe Abbildung 1). Die WERQ-Aufgaben haben die SchülerInnen nicht explizit dazu aufgefordert, eine hypothetische Geschichte zu konstruieren, doch wir sind davon ausgegangen, dass die SchülerInnen wussten, was sie tun sollten. Ähnlich wie in anderen Studien (z. B. Clerk/Rutherford 2000) hatten die SchülerInnen in der Studie von Nieswandt und Bellomo Schwierigkeiten, die Intention der Fragen zu erkennen. Sie konzentrierten sich auf einzelne Details, wobei sie das »große Bild« aus den Augen verloren und wichtige Details, die zur Erklärung einer komplexen Theorie verknüpft werden müssen, ausblendeten.

Die Ergebnisse unserer Studie (Nieswandt/Bellomo 2009) legen nahe, dass (i) das Bearbeiten von WERQ-Aufträgen schwierig ist, dass (ii) die Lehrenden ihre SchülerInnen auf die kognitiven Anforderungen und den Subtext, der für die Bearbeitung der Fragen notwenig ist, aufmerksam machen müssen, und (iii) sollten die funktionalen Kontexte, in denen diese Aufgaben eingesetzt werden, konstant gehalten werden. Um allen diesen Anforderungen gerecht werden zu können, erscheint es sinnvoll einen Leitfaden für Lehrende zu entwickeln, damit sie WERQ gewinnbringend für ihre SchülerInnen einsetzen können. Solch ein Leitfaden sollte kognitive Strategien ansprechen, die notwendig sind, um eine angemessene Antwort zu entwickeln und zu formulieren, wie zu wissen, was man tun soll, warum man dies tun soll und wie man die gegebenen Konzepte als Sprungbrett nutzt. Ebenso ist es wichtig zu erkennen, wann und wie man ergänzende Informationen, die nicht in der Aufgabe gegeben werden (z. B. eine hypothetische Geschichte), anwenden muss, um eine sinnvolle Erklärung für das Phänomen zu konstruieren. Ergänzend sollte solch ein Leitfaden auch Informationen zum Transferwissen enthalten, die besonders wichtig für ForscherInnen sind, die WERQ-Aufgaben als Evaluierungsinstrument für die Erhebung sinnvollen Verstehen einsetzen möchten.

Zum Schluss ist noch zu sagen, dass die vorgestellte Studie von Nieswandt und Bellomo in zwei Klassen der zwölften Schulstufe an zwei unterschiedlichen städtischen High Schools durchgeführt wurde, die trotz einer multikulturellen Schülerschaft keine Lernenden mit Englisch als zweiter oder dritter Sprache unterrichten. So konnten wir keine Erfahrungen darüber sammeln, in wieweit Sprachbarrieren einen Einfluss auf die Bearbeitung von WERQ-Aufgaben haben. In einer laufenden Studie arbeite ich mit vier NaturwissenschaftslehrerInnen in verschiedenen inner- und vorstädtischen High Schools in einer Metropolregion im mittleren Westen der USA zusammen, die alle deutliche Anteile von Englisch lernenden SchülerInnen auf verschiedenen Niveaus in ihren Biologie-, Chemie-, und Physikklassen unterrichten. Die LehrerInnen setzen die gemeinsam entwickelten WERQ-Aufträge in ihrem alltäglichen Unterricht als Hausaufgaben, Schulaufgaben oder Tests ein. Eine erste Sichtung der SchülerInnenantworten gibt Hinweise darauf, dass die Bearbeitung von WERQ-Aufgaben für Englisch lernende SchülerInnen eine echte Herausforderung ist. Selbst wenn die Sprachkenntnisse der SchülerInnen ausreichen, um den Instruktionen zu folgen und sie das Potential haben, ein sinnvolles Verstehen von naturwissenschaftlichen Konzepten im Verlauf des Unterrichts zu entwickeln, zeigen ihre Antworten, dass ihr Englisch nicht immer ausreicht, um ihre Gedanken angemessen zu Papier zu bringen. Diese Hürde besteht für alle SchülerInnen ohne angemessene Sprach- und Schreibkompetenzen, doch für nicht-muttersprachige SchülerInnen ist sie besonders hoch. Oft zeigen Englisch lernende SchülerInnen ein relativ hohes Sprachniveau auf gesellschaftlicher Ebene, was Lehrende oft als fließendes Englisch interpretieren und diesen SchülerInnen somit weniger zusätzliche Unterstützung anbieten als sie eigentlich brauchen würden. Beim Lernen von Naturwissenschaften lernen alle SchülerInnen eine neue Fachsprache wobei sie mit einer Fülle von Fachbegriffen und Konzepten konfrontiert und dabei von ihren LehrerInnen mit angemessenen Hilfestellungen unterstützt werden, um diese zu verstehen und zu lernen. Nicht-MuttersprachlerInnen haben in der englischen Sprache im Gegensatz zu MuttersprachlerInnen noch kein »akademisches Sprachniveau« erreicht, das Cummins (2001, S. 65) umschreibt als ein Wissen über selten genutztes Vokabular der englischen Sprache und über die Fähigkeit, komplexe schriftliche oder mündliche Sprachkonstrukte zu interpretieren oder gar selbst zu formulieren. Obwohl ich derzeit erst am Anfang eines Projektes stehe, das zum Ziel hat, WERQ in den alltäglichen Unterricht multikultureller Klassen zu implementieren, zeigen bereits die ersten Erfahrungen, wie wichtig es ist, den Englisch lernenden SchülerInnen besondere Hilfestellung zu geben. Der nächste Schritt wird sein, dass wir den SchülerInnen spanische Anleitungen für WERQ-Aufträge geben, während ihre englischsprachigen PartnerInnen diese Anleitungen auf Englisch bekommen. Interviews mit den Lehrenden haben darüber hinaus gezeigt, dass es vielen SchülerInnen unabhängig von deren Englischkenntnissen, auch an grundlegenden Schreibfähigkeiten (von Rechtschreibung über Grammatik und Satzbau zu Exposition) fehlt und dass sich die Lehrenden überfordert fühlen, derartige Fähigkeiten und Fertigkeiten im naturwissenschaftlichen Unterricht zu lehren. Die von uns entwickelten Anleitungen werden daher simple Beispiele des Schreibens in verschiedenen Genres ebenso enthalten wie Anregungen, die computerunterstützten Schreibressourcen zu nutzen. Im weiteren Verlauf des Forschungsprojektes werden wir testen, ob eine vorgeschaltete Diskussion auf Spanisch zur Frage welche Inhalte wie in die Antwort eingebaut werden sollten, nicht nur zu besseren Schreibprodukten, sondern auch zu einem besseren und bedeutungsvolleren Verstehen von naturwissenschaftlichen Konzepten führt. Es bleibt abzuwarten, ob solche relativ einfachen Strategien, die selbstverständlich von den LehrerInnen unterstützt werden müssen, geeignet sind, eine kognitive und emotionale Überlastung der Englisch lernenden SchülerInnen bei der Bearbeitung von WERQ-Aufgaben zu vermeiden. Ebenso ist noch offen, ob dadurch das Potential von WERQ, ein sinnvolles Verstehen naturwissenschaftlicher Konzepte zu initiieren und zu unterstützen, sowohl für MuttersprachlerInnen als auch für Nicht-MuttersprachlerInnen ausgeschöpft werden kann.

Anmerkung

* Übersetzung aus dem Englischen von Anja Lembens.

Literatur

AEBLI, HANS (1991): *Zwölf Grundformen des Lehrens*. Stuttgart: Klett-Cotta.

AUSUBEL, DAVID P. (1977): The facilitation of meaningful verbal learning in the classroom. In: *Educational Psychologist*, Jg. 12, H. 2, S. 162–170.

BARNETT, SUSAN M.; CECI, STEPHEN J. (2002): When and where do we apply what we learn? A taxonomy for far transfer. In: *Psychological Bulletin*, Jg. 128, H. 4, S. 612–637.

BEREITER, CARL (1980): Development in writing. In: Gregg, Lee W.; Steinberg, Erwin R. (Eds.): *Cognitive processes in writing*. Hillsdale, NJ: Erlbaum, S. 73–93.

BEREITER, CARL; SCARDAMALIA, MARLENE (1985): Wissen-Wiedergeben als ein Modell für das Schreiben von Instruktionen durch ungeübte Schreiber. In: *Unterrichtswissenschaft*, Jg. 13, S. 319–333.

DIES. (1987): *The psychology of written composition*. Hillsdale, NJ: Erlbaum.

BISHOP, BETH A.; ANDERSON, CHARLES W. (1990): Student conceptions of natural selection and its role in evolution. In: *Journal of Research in Science Teaching*, Jg. 27, H. 5, S. 415–427.

BOSCOLO, PIETRO; MASON, LUCIA (2001): Writing to learn, writing to transfer. In: Tynjälä, Päivi; Mason, Lucia & Lonka, Kirsti (Eds.): *Writing as a learning tool*. Amsterdam: Kluwer Press, S. 83–104.

BROWN, THEODORE E.; LAURINO, JOSEPH; CANNON, DONALD (2009): *Printed test bank for chemistry: The central science 11/E*. Upper Saddle River, NJ: Pearson. Online: http://www.pearsonhigh ered. com/educator/academic/product/0,3110,0136012515,00.html [retrieved April 2009].

CHAN, CAROL; BURTIS, JUD; BEREITER, CARL (1997): Knowledge building as a mediator of conflict in conceptual change. In: *Cognition and Instruction*, Jg.15, S. 1–40.

CHI, MICHELENE T. H.; FELTOVICH, PAUL J.; GLASER, ROBERT (1981): Categorizing and representation of physics problems by experts and novices. In: *Cognitive Science*, Jg. 5, S. 121–152.

CLERK, DOUGLAS; RUTHERFORD, MARGARET (2000). Language as a confounding variable in the diagnosis of misconceptions. In: *International Journal of Science Education*, Jg. 22, H. 7, S. 703–717.

CONNOLLY, PAUL (1989): Writing and the ecology of learning. In: Connolly, Paul; Vilardi, Teresa (Eds.): *Writing to learn mathematics and science*. New York-London: Teachers College Press, S. 1–14.

CONNOLLY, PAUL; VILARDI, TERESA (Eds.; 1989): *Writing to learn mathematics and science*. New York: Teachers College Press.

CUMMINS, JIM (2001): Assessment and intervention with culturally and linguistically diverse learners. In: Hurley, Sandra Rollins; Tinajero, Josefina Villamil (Eds.): *Literacy assessment of second language learners*. Boston: Alley and Bacon.

GENERAL CHEMISTRY: http://antoine.frostburg.edu/chem/senese/101/solutions/faq/why-salt-melts -ice.shtml [retrieved January 2009].

GEE, JAMES PAUL (2004): Language in the science classroom: Academic social language as the heart of school-based literacy. In: Saul, Wendy E. (Ed.): *Crossing borders in literacy and science instruction:*

Perspectives in theory and practice. Newark, DE: International Reading Association/National Science Teacher Association, S. 13–32.

HALLIDAY, MARTIN A. K. (1993): Some grammatical problems in scientific English. In Halliday, Martin A. K.; Martin, James R.: *Writing science: Literacy and discursive power.* London: Falmer Press.

HALLIDAY, MARTIN; MARTIN, JAMES R. (1993): *Writing science: Literacy and discursive power.* London: Falmer Press.

HAND, BRAIN M.; KEYS, CAROLYN W. (1999): Inquiry investigation. In: *The Science Teacher,* Jg. 66, H.4, S. 27–29.

HAND, BRAIN M.; GUNEL, MURAT; ULU, CUNEYT (2009): Sequencing embedded multimodal representations in a writing to learn approach to teaching of electricity. In: *Journal of Research in Science Teaching,* Jg. 46, H. 3, S. 225–247.

HAND, BRAIN M.; PRAIN, VAUGHAN; WALLACE, CAROLYN W. (2002): Influences of writing tasks on students' answers to recall and higher-level test questions. In: *Research in Science Education,* Jg. 32, S. 19–34.

HAND, BRIAN M.; WALLACE, CAROLYN W.; YANG, EUN-MI (2004): Using a science writing heuristic to enhance learning outcomes from laboratory activities in seventh-grade science: Quantitative and qualitative aspects. In: *International Journal of Science Education,* Jg. 26, H. 2, S. 131–149.

HAYES, JOHN R.; FLOWER, LINDA S. (1980): Identifying the organization of writing processes. In: Gregg, Lee W.; Steinberg, Erwin R. (Eds.): *Cognitive processes in writing.* Hillsdale, NJ: Erlbaum, S. 3–30.

HILDEBRAND, GAEL M. (1998): Disrupting hegemonic writing practices in schools science: Contesting the right way to write. In: *Journal of Research in Science Teaching,* Jg. 35, H. 4, S. 345–362.

HILDEBRAND, GAEL M. (1999): *Breaking the pedagogical contract: Teachers' and students' voices.* Paper presented at the annual meeting of the National Association for Research in Science Teaching, Boston.

HOHENSHELL, LIESL M.; HAND, BRIAN M. (2006): Writing-to-learn strategies in secondary school cell biology: A mixed method study. In: *International Journal of Science Education,* Jg. 28, H. 2–3, S. 261–289.

HOWARD, VERNON A.; BARTON, JOHN H. (1986): *Thinking on paper.* New York: Quill.

JENSEN, MURRAY S.; FINLEY, FRED N. (1996): Changes in students' understanding of evolution resulting from different curricular and instructional strategies. In: *Journal of Research in Science Teaching,* Jg. 33, H. 8, S. 879–900.

KEYS, CAROLYN, W. (1999): Revitalizing instruction in scientific genres: connecting, knowledge production in the writing to learn in science. In: *Science Education,* Jg. 83, S. 115–130.

KEYS, CAROLYN, W.; HAND, BRAIN, M.; PRAIN, VAUGHAN; COLLINS, SUSAN (1999): Using the science writing heuristic as a tool for learning from laboratory investigations in secondary science. In: *Journal of Research in Science Teaching,* Jg. 36, H. 10, S. 1065–1084.

KLEIN, PERRY, D. (1999): Reopening inquiry into cognitive processes in writing-to-learn. In: *Educational Psychological Review,* Jg. 11, H. 3, S. 203–270.

KLEIN, PERRY, D.; PIACENTE-CIMINI, SABRINA; WILLIAMS, LAURA A. (2007): The role of writing in learning from analogies. In: *Learning and Instruction,* Jg. 17, H. 6, S. 595–611.

LAWSON, ANTON E.; ALKHOURY, SOUHEIR; BENFORD, RUSSELL; CLARK, BRIAN R.; FALCONCER, KATHLEEN A. (2000): What kinds of scientific concepts exist? Concept construction and intellectual development in college biology. In: *Journal of Research in Science Teaching,* Jg. 37, H. 9, S. 996–1018.

LEHNER, M. (1997). *The Complete Pyramids.* London: Thames and Hudson.

LEMKE, JAY (2004): The literacies of science. In: Saul, Wendy E. (Ed.): *Crossing borders in literacy and science instruction: Perspectives on theory and practice.* Newark, DE: International Reading Association/National Science Teacher Association.

MARTIN, JAMES R. (1993): Life as a noun: Arresting the universe in science and humanities. In: Halliday, Martin A. K.; Martin, James R. (Eds.): *Writing science: Literacy and discursive power.* London: Falmer Press, S. 221–267.

MARTIN, JAMES R.; VEEL, ROBERT (1998): *Reading science: Critical and functional perspectives on discourses of science.* London: Routledge.

MASON, LUCIA; BOSCOLO, PIETRO (2000): Writing and conceptual change. What changes? In: *Instructional Science,* Jg. 28, H. 3, S. 199–226.

MINTZES, JOEL J.; WANDERSEE, JAMES H.; NOVAK, JOSEPH D. (1997): Meaningful learning in science: The human constructivist perspective. In: Phye, Gary D. (Ed.): *Handbook of academic learning: Construction of knowledge.* San Diego, CA: Academic Press, S. 405–447.

NIESWANDT, MARTINA (1996): Erhöhung des Lernerfolgs im Chemieunterricht durch eigentätige, schriftliche Auseinandersetzung mit Lerninhalten. In: Gräber, Wolfgang; Bolte, Claus (Hrsg.): *Fachwissenschaft und Lebenswelt: Chemiedidaktische Forschung und Unterricht.* Kiel: IPN, S. 219–236.

DIES. (1997): *Verstehendes Lernen im Chemieunterricht: Schreiben als Mittel.* Kiel: IPN.

DIES. (2001): Problems and possibilities for learning in an introductory chemistry course from a conceptual change perspective. In: *Science Education,* Jg. 85, H. 2, S. 158–179.

NIESWANDT, MARTINA; BELLOMO, KATHERINE (2009): Written extended-response questions as classroom assessment tools for meaningful understanding of evolutionary theory. In: *Journal of Research in Science Teaching,* Jg. 46, H. 3, S. 333–356.

NOVAK, JOSEPH D. (1998): *Learning, creating, and using knowledge: Concept maps as facilitating tools in schools and corporations.* Mahwah, NJ: Lawrence Erlbaum Associates.

PARIS, SCOTT G.; CROSS, DAVID R.; LIPSON, MARJORIE Y. (1984): Informed strategies for learning: A program to improve children's reading awareness and comprehension. In: *Journal of Educational Psychology,* Jg. 76, H. 6, S. 1239–1252.

PRAIN, VAUGHAN (2006): Learning from writing in secondary science: some theoretical and practical implications. In: *International Journal of Science Education,* Jg. 28, H. 2–3, S. 179–201.

PRAIN, VAUGHAN; HAND, BRAIN M. (1996): Writing and learning in secondary science: Rethinking practices. In: *Teaching and Teacher Education,* Jg. 12, S. 609–626.

RIVARD, LÉONARD P.; STRAW, STANLEY B. (2000): The effect of talk and writing on learning science. In: *Science Education,* Jg. 84, S. 566–593.

RUDD, JAMES A. II; GREENBOWE, THOMAS J., HAND, BRAIN M.; LEGG, MARGARET L. (2001): Using the science writing heuristic to move toward an inquiry-based laboratory curriculum: an example from physical equilibrium. In: *Journal of Chemical Education,* Jg. 78, S. 1680–1686.

SETTLAGE, JOHN (1994): Conceptions of natural selection: A snapshot of the sense making process. In: *Journal of Research in Science Teaching,* Jg. 31, H. 5, S. 449–457.

SHAVELSON, RICHARD J.; RUIZ-PRIMO, MARIA ARACELI; WILEY, EDWARD W. (2005): Windows into the mind. In: *Higher Education,* Jg. 49, S. 413–430.

SOUTH CALDWELL HIGH SCHOOL. http://sc.caldwellschools.com/education/components/testbank/default.php?sectiondetailid=28608&sc_id=1173882334 [retrieved April 2009].

SOVEN, MARGOT (1988): Beyond the first workshop: What else can you do to help faculty? In: McLeod, S.H. (Ed.): *Strengthening programs for writing across the curriculum.* San Francisco (= New directions for teaching and learning, No. 36), S. 13–20.

STADLER, HELGA; BENKE, GERTRAUD; DUIT, REINDERS (2001): How do boys and girls use language in physics classes? In: Komorek, Michael; Behrendt, Helga; Dahncke, Helmut; Duit, Reinders; Gräber, Wolfgang; Kross, Angela (Hrsg.): *Research in science education – Past, present, and future.* Dordrecht, The Netherlands: Kluwer Academic Press, S. 531–533.

STIGGINS, RICHARD J. (1999): Are you assessment literate? In: *High School Magazine,* Jg. 6, H. 5, S. 20–23.

UNSWORTH, LEN (2000): Investigating subject-specific literacies in school learning. In: Unsworth, L. (Ed.): *Researching language in schools and communities.* London: Continuum (Cassell).

DERS. (2001): *Teaching multiliteracies across the curriculum: Changing contexts of text and image in classroom practice.* Buckingham, England: Open University Press.

VENUTI, LAWRENCE (2000): *The translation studies reader.* New York: Routledge.

WELLINGTON, JERRY; OSBORN, JONATHAN (2001): *Language and literacy in science education.* Buckingham, England: Open University Press.

YIN, YUE; VANIDES, JIM; RUIZ-PRIMO, MARIA ARACELI; SHAVELSON, RICHARD J.; AYALA, CARLOS C. (2005): Comparison of two concept mapping techniques: Implications for scoring, interpretation, and use. In: *Journal of Research in Science Teaching,* Jg. 42, H. 2, S. 166–184.

YORE, LARRY D. (2003): Examining the literacy component of science literacy: 25 years of language arts and science education. In: *International Journal of Science Education,* Jg. 25, H. 6, S. 689–725.

Fritz Kubli

Narrative Aspekte in der Vermittlung der Naturwissenschaften

1. Der Stellenwert des Narrativen in den Naturwissenschaften

Oberflächlich gesehen scheinen Erzählungen dem methodischen Grundgedanken der Naturwissenschaften wesensfremd zu sein. Letztere gründen auf dem wiederholbaren Experiment und den daraus resultierenden Kausalrelationen, die oft sogar in mathematischer Form fassbar sind. Erzählungen, Romane und andere Spielarten der Literatur – *fictions* im Englischen – werden dagegen dem Spiel der Fantasie und der Einbildungskraft zugeordnet. Sie geraten damit in einen Gegensatz zu den gefestigten und experimentell bewiesenen Aussagen der Wissenschaften, die auf dem menschlichen Instrumentalhandeln basieren und damit in der realen Wirklichkeit wurzeln.

Dieser Gegensatz spricht nicht unbedingt gegen Fiktionen im Wissenschaftsprozess. Wesentliche Entdeckungen erfordern oft ein Neu- oder Umdenken. Geniale Hypothesen weisen der Forschung den Weg, und die großen Leistungen sind nicht ohne ein kreatives Potential möglich, d.h. ohne ein Denken, das über das unmittelbar Gegebene hinausgreift. Große Wissenschaftler lieferten sich in der Vergangenheit dem Spiel der Ideen aus, und oft versteht man sie besser, wenn man die geistigen Hintergründe, welche ihre Suche leiteten, kennt. Diese werden auch von den Lernenden dankbar aufgenommen, besonders dann, wenn sie dem besseren Verständnis dienen, wie diverse Befragungen zeigten (Kubli 1998, 2005a).

Untersucht man das Verhältnis von Experimentalhandeln und Erzählen genauer, stellt man indessen fest, dass erst die Verknüpfung von beiden Tätigkeiten zu wissenschaftlichen Aussagen führt. Dies hat damit zu tun, dass die Naturwissenschaften auf Beobachtungen und den daraus ableitbaren Schlüssen basieren. Bekanntlich hat Francis Bacon um 1600 von der Naturphilosophie verlangt, dass sie von den tatsächlichen Erfahrungen ausgeht und diese vom rein spekulativen Denken klar unterscheidet. Er hat damit eine Forderung gestellt, die der Zukunft den Weg hin zu den modernen Naturwissenschaften wies. Noch im selben Jahrhundert wurde in England die Royal Society gegründet, eine Vereinigung von Gelehrten, welche sich der *gemeinsamen* Erforschung der Umwelt widmen wollten. Diese kollektive Anstrengung setzt allerdings voraus, dass die Experimente beschrieben und ihre Resultate kommuniziert werden, damit andere sie überprüfen und darauf aufbauen können.

Damit wird dem narrativen Element eine Bedeutung zuerkannt, die leicht übersehen wird. Jedes Experiment wird zunächst von einem Einzelnen geplant und
durchgeführt. Erst anschließend können Resultate an andere mitgeteilt werden, wobei es für die naturwissenschaftliche Methode charakteristisch ist, dass der Forscher
darlegt oder eben erzählt, wie er zu seiner Einsicht gelangt ist. Naturwissenschaftler
sind darauf trainiert – oder sollten es wenigstens sein –, wissenschaftliche Ergebnisse immer zusammen mit den methodologischen Bedingungen zu sehen, die dazu
geführt haben. Nur so kann auch der Geltungsbereich einer Aussage richtig eingeschätzt werden.

Der eminente Naturwissenschaftler Robert Boyle verlangte in seinem 1661 erschienenen Buch *The Sceptical Chemist* explizit, dass in Publikationen Versuche so
klar und ausführlich beschrieben werden, dass die Lesenden sich als Zeugen fühlen
können (Kubli 2005a, S. 160). Eine gute wissenschaftliche Arbeit bezieht daher be-
freundete oder auch unbekannte Gelehrte in den Gedankengang ein – auch deren
vorauszusehende Einwände und Interessen. Das Experimentalhandeln wird daher
auf dem Hintergrund eines in gewisser Hinsicht *fiktiven Dialogs* mit anderen Gelehrten reflektiert, wobei es Ehrensache ist, dass man die relevanten Bedingungen in
die Berichte oder Erzählungen einbezieht.

Betrachtet man große Werke der naturwissenschaftlichen Literatur, wie etwa den
1610 veröffentlichten *Sidereus Nuncius* von Galilei, fällt auf, dass die Beschreibung
der gemachten Erfahrungen keineswegs trockene und pedantische Abhandlungen
sein müssen, wie dies unsere Schülerinnen und Schüler befürchten könnten. Im Gegenteil: Man kann sich kaum der Begeisterung verschließen, mit der Galilei seine
neuartigen Erfahrungen bei der Beobachtung des Mondes und des Jupiters in diesem Buch schilderte (Galilei 1980, S. 83 ff. und S. 111 ff. oder Galilei 1987, S. 100 ff.
und S. 123 ff.). Präzise Beschreibung und Herzblut bei der Darstellung schließen sich
keineswegs aus. Wenn so wortgewaltige Autoren wie Galilei vor die Öffentlichkeit
treten, ist die Lektüre ein ausgesprochenes Vergnügen. Lernende und Lehrende
können von dieser Sprachkraft gleichermaßen profitieren, sofern man diese Texte
wenigstens auszugsweise im Unterricht zugänglich macht.

2. Die zwei Modi des Denkens in den Naturwissenschaften

Der bekannte und allseits geschätzte amerikanische Erkenntnistheoretiker und
Pädagoge Jerome Bruner hat in seinem Buch *The Culture of Education* zwei Denk-
modi einander gegenübergestellt, die in unserem Zusammenhang von Bedeutung
sind. Es sind dies zum einen die narrative Konstruktion der Wirklichkeit (Bruner
1996, S. 115 ff.) und zum anderen das argumentative Denken. Während letzteres in
der Wissenschaftstheorie ausgiebig analysiert und diskutiert wurde, muss die narrative Konstruktion der Wirklichkeit genauer erläutert werden. Die von Boyle beschriebenen Forschenden, die ihre Leser zu Zeugen machen wollen, betten ihr Experimentalhandeln in eine sprachliche Beschreibung ein, die an andere vermittel-
bar ist. Imaginäre Gesprächspartner blicken daher gewissermaßen den Forschenden schon beim Experimentieren über die Schulter. Ein Laborjournal kann in die-

sem Sinn durchaus als Selbstgespräch aufgefasst werden, als Diskurs eines *ego* mit einem fiktiven alter ego. Der berühmte Kognitionspsychologe Wygotski hat in seinem 1934 in russischer Sprache erschienenen Buch *Denken und Sprechen* dargelegt, dass schon Kinder ihr eigenes Tun durch Selbstgespräche auf der Grundlage eines fiktiven Dialogs mit anderen Partnern interpretieren und steuern (Wygotski 1969, S. 20 ff., speziell S. 37).

Konkret setzte sich Wygotski mit einer Erkenntnis des Genfer Entwicklungspsychologen Jean Piaget auseinander. Piaget hatte in Kindergärten festgestellt, dass viele Kinder, zum Beispiel bei ihren Mal- oder Bastelarbeiten, ihr Tun in einer egozentrischen Sprache kommentieren – d. h. ihr Handeln mit einem laut gesprochenen Kommentar begleiten. Obschon andere Kinder in der Nähe sind, richten sich diese Botschaften nie an diese, sondern scheinen zu sich selber gesprochen zu sein. Piaget nannte dies ein *egozentrisches* Sprechen (Piaget 1923, 1924). Wygotskiy wies nun nach, dass dieses Sprechen, das später äußerlich wieder verschwindet, keineswegs abstirbt, sondern zu einem innerlich geführten Dialog mit sich selbst wird. In diesen Dialog wird offenbar eine Fremdperspektive einbezogen – als ob eine Bezugsperson das Tun der Kinder aufmerksam begleiten würde. Insofern darf man auch im Forschungsprozess annehmen, dass das Experimentalhandeln von vornherein auf einer *intersubjektiv* zugänglichen Ebene reflektiert wird.

Die Forschungstätigkeit kann daher nicht von narrativen Prozessen abgetrennt werden. Aber nicht nur die Produzenten, auch die Adressaten einer Publikation können der narrativen Konstruktion der Wirklichkeit nicht entgehen. Für letztere zeigt der Text eher Möglichkeiten auf, wie die Welt sein könnte. Im narrativen Denkmodus können fremde Tätigkeiten oder auch Fiktionen erfahrbar werden, die zum eigenen Handeln anregen können. Für die große Mehrheit der Lesenden waren Galileis Beschreibungen insofern fiktiv, als sie gar nicht die Möglichkeit hatten, diese Beobachtungen zu überprüfen. Sogar Kepler musste Galilei um eines seiner ausgezeichneten Fernrohre bitten, da er die von ihm beschriebenen Trabanten des Jupiters mit seinen eigenen Fernrohren nicht erkennen konnte.

Im Gegensatz zu dieser narrativen Konstruktion neigt das argumentative Denken eher dazu, ungültige Spekulationen als solche zu entlarven. Wir kennen im mathematischen Denken den Satz vom Widerspruch: Eine Argumentation, welche auf Widersprüche führt, kann nicht richtig sein. Insofern wirkt das argumentative Denken – bildlich gesprochen – eher mit der geballten Faust auf eine Fragestellung ein, während das narrative Vorgehen auf die Mitmenschen mit der geöffneten Hand zugeht. Es eignet sich daher vor allem für Einführungen in ein bestimmtes Sachgebiet oder in eine Denkweise – die natürlich durchaus argumentierend sein kann.

3. Der Stellenwert des Narrativen im Unterricht

Das soeben Gesagte lässt sich leicht an einem Beispiel erhärten. Nehmen wir das Thema »Luftdruck und Barometer« – einen für alle Naturwissenschaften inklusive Geographie und Wetterkunde grundlegenden Sachverhalt. Ohne einführende Erläuterungen werden die meisten Neulinge an der Quecksilbersäule im Glasrohr achtlos vorübergehen oder das Instrument mit einem Thermometer verwechseln (leider neigen unaufmerksame Lernende sogar in Prüfungen noch dazu). Man wird ihnen *erzählen* müssen, wie das Instrument über längere Zeiträume hinweg reagiert und welche Korrelationen zur Wetterentwicklung bestehen. Erzählend holen wir die Umwelt ins Klassenzimmer, sei es durch das Wort allein oder durch Bilder und andere Illustrationen. Natürlich ersetzt die Erzählung das reale Experiment nur unvollkommen. Es darf aber nicht übersehen werden, dass sie dem Experiment erst seine Bedeutung zuordnet. Erzählend machen wir klar, wo der Vorgang im Leben wurzelt. Nicht ohne Grund bemängeln die Lernenden die fehlenden Alltagsbezüge, wenn wir uns auf die Physik und ihre Berechnungen beschränken. Sie wollen ja berechtigterweise für das Leben und nicht für die Schule lernen. Erfolgreich Lehrende werden daher intuitiv zu Erzählungen greifen, wenn sie im Mienenspiel der Lernenden Ermüdungserscheinungen erkennen – weil ihnen die Verbindung zur *eigenen* Lebenswelt nicht mehr gegeben scheint. *Was bedeutet das zu Lernende für mich?* Erst wenn diese Frage der Lernenden geklärt ist, wird ihr Interesse geweckt.

Nun sagt ja der Volksmund eine Wetterbesserung voraus, wenn nicht etwa die Quecksilbersäule im Barometer, sondern die Frösche im Glas steigen. Der Unterschied liegt nicht nur darin, dass letzteres eine unsichere Prognose ist, sondern insbesondere auch darin, dass wir das Steigen der Quecksilbersäule verstehen können, wenn auch mit nicht zu unterschätzendem gedanklichen Aufwand. Dieser Aufwand verdient es, erläutert zu werden. Es ist für die Lernenden ermutigend, wenn sie erfahren, dass diese Einsicht auch den klügsten Gelehrten lange Zeit verborgen geblieben ist, obschon man empirisch Kenntnis davon hatte, dass in Kohlengruben die Saugpumpen das Wasser nur bis maximal etwa zehn Meter emporheben können. In meinem Buch *Mit Geschichten und Erzählungen motivieren* habe ich daher nebst vielen anderen Geschichten die Gegebenheiten geschildert, die es Pascal erlaubten, mit einem für die damalige Zeit großen, nicht nur gedanklichen, sondern auch experimentellen Aufwand Licht ins Dunkel zu bringen (Kubli 2005a, S. 157 ff.). Dies fällt in diesem Zusammenhang besonders leicht, weil das grundlegende Experiment von Pascals Schwager nach dessen schriftlich geäußerten Wünschen am Puy de Dôme durchgeführt worden ist und weil die ausgetauschten Briefe im Wesentlichen erhalten geblieben sind.

Die Wissenschaftsgeschichte ist nicht nur eine »Ansammlung der vergangenen Irrtümer«, wie dies ein Zürcher Kultusminister – seines Zeichens Arzt – einmal mokant ausgedrückt hat. Aus den Beispielen kreativer gedanklicher Anstrengungen und Erfolge lässt sich viel lernen, was in den herkömmlichen Lehrbüchern nicht enthalten ist. Unter uns Studenten galt es als Geheimtipp, möglichst Originalliteratur zu lesen, da diese oft wesentliche Elemente noch enthält, die in der Sekundärliteratur unterschlagen werden. Natürlich kann man dies unseren Schülerinnen und Schülern nicht zumuten, aber man sollte sich vielleicht doch als Lehrende ein Stück weit mit dieser Literatur vertraut machen. Wichtige Analytiker des naturwissenschaftlichen Unterrichts, wie etwa der Physiker Ernst Mach, haben daher nicht nur das experimentelle Instrumentarium im Unterricht entwickelt, sondern auch wichtige Originalliteratur einer interessierten Leserschaft zugänglich gemacht.

Wenn wir auf die Geschichte unserer Fächer eingehen, haben wir auch Gelegenheit, die Personen zu schildern, welche unser Sachgebiet maßgeblich geprägt haben. Wenn wir in kurzen Worten auf das übrige Werk der großen Gelehrten eingehen, können wir Lernende für Fächer interessieren, die diesen sonst eher weniger attraktiv erscheinen. Pascal ist ein gutes Beispiel – nebst Descartes, Newton und vielen anderen –, wie Gelehrte nebst dem Spezialwissen auch einem philosophischen Denken zuneigten, das unsere abendländische Kultur geprägt hat. Ich habe mich in meinem Unterricht immer bemüht, diese menschliche Seite zu betonen. Der – nicht einmal sehr große – Zeitaufwand für diese gelegentlichen Exkurse macht sich mehr als bezahlt, wenn sich erreichen lässt, dass sich die Aufmerksamkeit in der Klasse dadurch erfreulich erhöht.

Mir Erzählen lässt sich – im richtigen Moment und in der richtigen Dosis – beträchtlich auf das Verhalten der Klasse einwirken. Eine lethargische Klasse lässt sich ebenso aufwecken wie eine überaktive sich dämpfen lässt. Die Aufmerksamkeit steigt augenblicklich, wenn sich eine Geschichte ankündigt. Erzählungen und Experimente werden von vielen Lernenden sogar als gleichermaßen stimulierend betrachtet (Kubli 2005a, S. 31 ff.). Denn, nicht zu vergessen: Geschichten können weiter erzählt werden. Lernende erzählen nicht immer, aber doch gelegentlich, an Außenstehende, was sie in der Schule so lernen. Eine gute Geschichte wie etwa die Beschreibung des Experiments des Bürgermeisters von Magdeburg, Otto von Guericke, macht gerne die Runde, besonders dann, wenn wir eine abgewandelte Fassung im Unterricht live demonstrieren. Es fällt den Lernenden leichter, die eingängige Geschichte von den sechzehn Pferden (acht auf jeder Seite!) weiterzugeben, als umständlich das im Klassenzimmer durchgeführte Experiment zu beschreiben, wenn sie »aus der Schule plaudern« wollen.

4. Die Technik des (erfolgreichen) Erzählens im Unterricht

Wenn in einem Vortrag genügend Argumente zugunsten des Erzählens im Unterricht gebracht worden sind, taucht im Publikum gerne eine Frage auf: Wie wird man zu einem erfolgreichen Erzähler, gibt es Regeln oder gar Rezepte dafür? Sind spontan erzählte Gegebenheiten das Richtige, oder soll man sich eventuell an vorbereitete schriftliche Texte halten? Ich habe in meinem Buch *Plädoyer für Erzählungen im Physikunterricht* einige Anregungen zusammengestellt (Kubli 1998, S. 148 ff.), die vielleicht dienlich sind. Ich bin dezidiert der Meinung, dass im Allgemeinen der spontan gefasste Entschluss zu einer Erzählung erfolgreicher ist als ein schriftlich vorbereiteter Text.

Natürlich gibt es Ausnahmen, zum Beispiel wenn man eine besonders aussagekräftige (wenn möglich kurze) Textstelle einblenden will. Die spontan eingebrachte, auf die augenblickliche Situation im Klassengespräch passende Erzählung hat dagegen den Vorteil, dass auch ersichtlich wird, *warum* in diesem Augenblick erzählt wird. Welchen Punkt soll die Geschichte beleuchten, was kann – und soll – man daraus lernen, was motiviert *die Lehrenden* zu ihren Exkursen? Wenn sich aus dem Klassengespräch eine bestimmte Fragestellung ergibt, kann die Erzählung eine Antwort darauf sein. »Lektionen müssen Antworten sein« – dieser Grundsatz wurde uns in der Ausbildung beigebracht. Er gilt auch für das Erzählen. Nichts ist ermüdender für das Publikum als die Unklarheit, warum etwas erzählt oder diskutiert wird. Man fühlt sich dann vom Ort des Geschehens ausgeschlossen.

Die moderne Erzähltheorie hat den Prozess des Erzählens exzellent analysiert und kann unser Verständnis für den Erzählvorgang erheblich verbessern (Einzelheiten in Kubli 2005a und 2005b). Gute Erzählende eröffnen mit den Adressaten einen eventuell stummen, gedanklichen Dialog – indem sie mögliche Fragen vorwegnehmen oder ankündigen, was besonders neugierig macht, oder die (geneigten) Lesenden direkt ansprechen usw. Wichtig sind aber auch die Persönlichkeiten der Vortragenden, die so genannten »impliziten Erzähler«, die aus dem Text erschlossen werden können (Kubli 1998, S. 95 ff.). Erzählen, besonders spontanes Erzählen, macht vielen Menschen Mühe, weil sie spüren, dass im Erzählvorgang immer auch etwas von der Person der Erzählenden durchschimmert – ihre Wertungen, Emotionen, die Vernetzung ihres Denkens. Was will jemand mit der Erzählung bezwecken? Diese Frage stellen sich die Zuhörenden unbewusst. Geht es darum, die eigene Person in ein günstiges Licht zu stellen, oder will man sich wirklich an den Bedürfnissen der Zuhörenden orientieren? Die Antwort auf diese Fragen beeinflusst den Goodwill, den man den Sprechenden entgegenbringt. Ohne diesen wird es schwierig, das Publikum zu erreichen.

Man kann den Sachverhalt gelehrt ausdrücken: Erzählen ist ein performatives Geschehen. Erzählend wollen wir auf die Zuhörenden einwirken, Erzählen ist ein *Tun durch Sprechen* (Kubli 2005a, S. 38 ff.). Ist es der augenblicklichen Situation angepasst, will es den Zuhörenden zu besserem Verständnis verhelfen, oder will es schlicht und einfach die abgerissene Verbindung zum Publikum wieder herstellen? Wenn eine oder mehrere dieser Fragen bejaht werden können, wird die Erzählung kaum schlecht aufgenommen, d. h. man wird mit der Erzählung keineswegs Schiffbruch erleiden. Allerdings fällt es den meisten Lehrenden leichter, in einem entspannten Klima zu erzählen, als bei einem gestörten Verhältnis zur Klasse. Wie es eine Schülerin in einem Interview ausdrückte: Wenn man in einer Klasse Mühe hat, Erzählungen einzubringen, sollte man das *emotionale* Verhältnis zu ihr überdenken. Und man sollte gezielt nach Themen suchen, die das Verhältnis verbessern könnten.

Diese Randbedingungen guten Erzählens müssen erwähnt werden, wenn man mit einfachen Rezepten keine eitlen Hoffnungen wecken will, die dann letztlich enttäuscht werden. Natürlich ist es immer einfacher, wenn man einen Protagonisten in der dritten Person einführen kann, dem bestimmte Dinge widerfahren, als wenn man in der ersten Person erzählen muss (obschon letzteres besonders wirksam sein kann – in beiden Richtungen, zum Besseren oder zum Schlechteren). Wichtig ist, dass die eigene Freude am Erzählen sichtbar gemacht werden kann. Sie transportiert die Gedanken des Publikums durch die Geschichte. Der Erzählton verdient daher Beachtung. Pausen und Überraschungseffekte machen die Geschichte kurzweiliger. Und nicht zuletzt sei erwähnt, dass die Klasse auch einmal zum Lachen gebracht werden darf.

5. Erzählstoffe

Erzählstoffe finden sich an den verschiedensten Orten – selbst im Alltag. »Ich suche nicht, ich finde«, soll Picasso einem Besucher geantwortet haben, der ihn fragte, wie er zu seinen Sujets komme. Es lohnt sich aber, in einer bestimmten Richtung gezielt zu suchen. Es gibt so viel zu erzählen über den Werdegang unserer Wissenschaften. Die Geschichte verdeutlicht uns, worauf wir verzichten müssten, wenn die naturwissenschaftlichen Pioniere untätig geblieben wären. Ich denke dabei nicht nur an die technischen Anwendungen, obschon diese enorm erfolgreich waren und sind. Ich denke auch an unser Selbstbild als Menschen. Im Darwin-Jahr 2009 ist es sicher nicht abwegig, auf die Wege und Umwege der Evolutionslehre hinzuweisen. Diese Entdeckungen sind ja nicht einfach vom Himmel gefallen, sondern sie wurde durch andere Entdeckungen erst ermöglicht – nicht zuletzt durch die Klassifikation der Arten und die Verdeutlichung ihrer Verwandtschaftsbeziehungen, wie sie Linné und Cuvier ausgearbeitet haben.

Aber auch Liebigs Beiträge zur modernen Agronomie verdienen im Chemie- oder Biologieunterricht Erwähnung. Die Idee des Kunstdüngers ist beispielsweise im Nachhinein fast selbstverständlich – die Geschichte lehrt uns, dass auch dieses Verständnis der biologischen Wachstumsfaktoren nicht vom Himmel gefallen ist. Soll man Fritz Habers Beteiligung am Wettrüsten, seine Ermöglichung des Gaskrieges im ersten Weltkrieg, unterschlagen? Auch dieses Thema kann Werthaltungen der Lehrenden sichtbar machen. Schließlich hat schon Archimedes aktiv zur Entwicklung der Kriegsinstrumente bei der Verteidigung seiner Vaterstadt Syrakus gegen die anstürmenden Römer beigetragen.

Der Mathematiker Laplace ist im Zusammenhang mit der Wahrscheinlichkeitsrechnung im gymnasialen Unterricht präsent. Der Hinweis auf seinen berühmten Dämon, der in einem aus Atomen bestehend gedachten Universum die Bewegungszustände aller Partikel überblicken und daraus die künftigen Entwicklungen vorhersagen kann, verdient Erwähnung. Leider sind viele der im Gymnasium zugänglichen Stoffe so früh schon erforscht worden, dass uns die beteiligten Persönlichkeiten nur aus Anekdoten bekannt sind, die wir höchstens aus zweiter Hand kennen. Sagen sie deshalb vielleicht auch wenig über die historischen Fakten aus, so doch etwas über den Typus des wissenschaftlich Tätigen. So nehmen wir von Thales an, dass er unter anderem die Höhe der Pyramiden aus der Länge ihres Schattens abschätzen konnte. Wir sehen ihn aber auch als eher zerstreuten Gelehrten, der von einer Magd ausgelacht wird, weil er in einen Brunnen gefallen ist. Derartige Geschichten vermögen die vermittelten mathematischen Erkenntnisse im Menschlich-Allzumenschlichen zu verankern und dürften dem Erinnerungsvermögen unserer Zöglinge behilflich sein.

Eine Schwierigkeit ergibt sich daraus, dass viele dieser Anekdoten ins Allgemeinwissen eingedrungen sind und damit gelegentlich auch verfälscht wurden. Man möchte aber viel lieber auf die originalen Begebenheiten zurückgreifen. Ich habe daher in meinen Büchern versucht, nach Möglichkeiten auf die ursprünglichen Texte zurückzugreifen. So ist etwa die berühmte Geschichte vom Apfel, der Newton auf

den Kopf gefallen sein soll, in Voltaires Originalfassung (Kubli 2005a, S. 164) weit weniger spektakulär. Sie weist aber auf die Verbindungen des Fallgesetzes und der diesem zugrunde liegenden Gravitationskraft mit der Anziehung des Mondes hin, was
bekanntlich als wichtige Entdeckung Newtons in die Geschichte einging. Es lohnt
sich daher, diesen Text von Voltaire genau zu lesen. Auch die Geschichten, die über
Galilei im Umlauf sind, müssen oft mit Vorsicht behandelt werden (mehr dazu in
Kubli 1998, S. 35 ff.).

    Es ist nicht einmal ganz klar, welche von ihm beschriebenen Experimente wirk-
lich von ihm durchgeführt wurden und welche lediglich – allerdings geniale – Ge-
dankenexperimente waren. Historiker sind daher glücklich, aus einem Tagebuch-
blatt genügend beweiskräftige Hinweise auf ein tatsächlich durchgeführtes Experiment zu finden (Kubli 1998, S. 41).

6. Historisch-genetisch unterrichten

Wirkungsvoll ist der Einbezug der Geschichte in den Unterricht dann, wenn er auf
die geistigen Voraussetzungen der Klasse, auf den Entwicklungsstand der Lernenden Rücksicht nimmt. Glücklicherweise lässt sich in einigen Bereichen feststellen,
dass die ungeleitete geistige Entwicklung des Kindes Parallelen zur historischen
Entwicklung aufweist. Dies ist vor allem im Bereich der Welt- oder Kosmosvorstellungen der Fall, aber auch in bestimmten physikalischen Themenkreisen, wie etwa
der kindlichen Vorstellungen von Kraft, Bewegung und Energie, wo sich Parallelen
zu den Auffassungen erkennen lassen, die *vor* Newton den allgemeinen Auffassungen entsprachen. Galilei und Newton sind deshalb im Physikunterricht von zentraler Bedeutung, weil sie eine Wende von den alltäglichen Auffassungen des ungelei-
teten Denkens zu den wissenschaftlichen Begriffen hervorgebracht haben.

    Die Physikdidaktik wurde gegen Ende des 20. Jahrhunderts maßgeblich durch
eine systematische Suche nach Präkonzepten (oder Alltagsvorstellungen) der Kinder und Jugendlichen bereichert. Der Weg von diesen spontanen Begriffsbildungen
zu den wissenschaftlich anerkannten Vorstellungen und Begriffen ist sehr aufschlussreich (Näheres in Kubli 1981, 1983). Die Kenntnis davon lässt unseren Unterricht in dem Sinne effizienter werden, als er gezielter auf die tatsächlichen Probleme
eingehen kann, welche sich den Lernprozessen der Kinder oder Jugendlichen ent-
gegenstellen. Spontan gebildete Vorstellungen können nur durch die in der Wissenschaft gültigen Begriffe ersetzt werden, wenn erklärt wird, *warum* und auf welchem
Weg sie zu ersetzen sind. Und hier kann uns die Geschichte helfen.

    Eine Überarbeitung der mittelalterlichen, zumeist aristotelischen physikalischen
Begriffe drängte sich im historischen Kontext nicht zuletzt deshalb auf, weil aufgrund der damaligen Physik dem kopernikanischen Weltbild erhebliche Einwände
entgegengebracht werden konnten. Wenn sich die Erde dreht, sowohl um ihre Achse als auch in ihrer jährlichen Bewegung um die Sonne, warum merken wir nichts
davon? Warum fällt ein senkrecht empor geworfener Stein wieder am selben Ort zu
Boden, obschon die Erde sich unter ihm wegdreht? Warum drehen sich die Luft und
die Wolken mit, warum spüren wir keinen Fahrtwind? Mit den herkömmlichen phy-

sikalischen Auffassungen ließen sich diese Fragen nicht befriedigend beantworten, und es war erst die Einsicht in die Gesetze der Trägheit, welches zunächst bei Galilei und später bei Newton eine einheitliche kosmologische Sicht ermöglichte.

Es ist offensichtlich, dass bereits Kinder sich derartige Fragen stellen können. Galilei führte zu ihrer Beantwortung ein Relativitätsprinzip ein: Ein Gegenstand fällt in einem gleichförmig bewegten Bezugssystem genau so zu Boden wie in einem ruhenden. Bekannt ist seine rhetorische Frage, die auch im Unterricht diskutiert werden kann: Wo fällt ein Stein auf das Deck eines Schiffs, wenn er vom Schiffsjungen von der Mastspitze aus fallen gelassen wird? Macht er die Bewegung des Schiffs mit, oder schiebt sich das Schiff während seines Falles unter ihm durch, so dass er weiter hinten aufprallt? (Galilei 1987, Bd. 1, S. 220 ff.) Bereits zu jener Zeit war bekannt, was sich heute im Zeitalter der Eisenbahnen und Flugzeuge noch viel eindrücklicher zeigen lässt: Aus der Art, wie Gegenstände fallen, lässt sich nicht schließen, ob das Bezugssystem ruht oder ob es sich geradlinig-gleichförmig bewegt (ebd., S. 235). Damit war ein wichtiger Einwand gegen die Kopernikanische Idee aus dem Weg geräumt. Während Galilei das Trägheitsprinzip noch auf Kreisbewegungen bezog, war es Newton, der diesbezüglich Klarheit schaffte: Im kräftefreien Fall bleibt der Impulsvektor konstant (wie wir heute sagen würden).

Im Unterricht lassen sich viele Erkenntnisse in diesen Themenkreis einbetten. So folgt aus der Galileischen Überlegung auch die Parabelbahn beim horizontalen Wurf usw. (Galilei 1987, Bd. 1, S. 395 ff.). Wenn man das zentrale Problem von Galilei, wie sich die Kopernikanische Theorie mit unserer irdischen Physik verträgt, in diesen Zusammenhang bringt, wird das Denken einer Epoche – und auch der nachfolgenden – viel deutlicher hervortreten. Aus einer Vielzahl von Einzelerkenntnissen lässt sich eine klare Strategie des Suchens ableiten – sofern man die historische Entwicklung kennt.

Kopernikus hat aber nicht nur die tägliche Erddrehung, sondern bekanntlich vor allem auch die jährliche Bewegung um die Sonne postuliert und damit dem heliozentrischen System zum Durchbruch verholfen. Die Geschichte dieser Idee wurde von Jürgen Teichmann in seinem Buch *Wandel des Weltbildes* (1996) eingehend beschrieben, wobei die Berechnungen der Positionen und Bahnen der Planeten im Vordergrund stehen.

Den Kindern werden die Regeln der Planetenbewegung kaum bekannt sein. Auch die wenigsten Erwachsenen dürften in der Lage sein, ohne Anleitung Positionen der Planeten am Himmel zu erkennen. Ein Phänomen, das in der Frühzeit der Astronomie maßgeblich zur Idee der Heliozentrizität beigetragen hat, ist indessen das der Mondphasen, die mit der Bewegung von Sonne und Mond zusammenhängen und auch den Kindern bekannt sind. Der erste historisch zugängliche Heliozentriker, Aristarchos von Samos, hat bekanntlich aus dem Winkel, den die Sonne bei Halbmond mit dem Mond einschließt, eine Abschätzung des Sonnenabstands vorgenommen. Der von ihm berechnete große Sonnenabstand war wohl etwas zu klein verglichen mit den heutigen Daten, war aber trotzdem für seine Idee der Heliozentrik fundamental. Aristarchos folgerte aus den Abständen von Sonne und Mond, dass die Sonne eine im Vergleich zur Erde viel größere Ausdehnung haben müsse.

Daraus ließ sich begründen, dass die Sonne als das größere Gestirn sich nicht um die Erde drehen kann, sondern dass sich umgekehrt das kleinere um das größere drehen dürfte.

Der bekannte Physikdidaktiker Martin Wagenschein hat in seinem Büchern (Wagenschein 1970 usw.) immer wieder darauf hingewiesen, wie fruchtbar der Unterricht sein kann, wenn man von den tatsächlichen Problemen der Kinder oder Jugendlichen und von den Vorstellungen ausgeht, die sie sich spontan und ungeleitet von der Umwelt machen. Die historische Dimension fügt diesem Unterricht eine Farbgebung hinzu, die auch für nicht physikalisch Interessierte anregend wirkt. Nicht ganz überraschend haben ja auch die Gelehrten der Vergangenheit mit dem Problem gekämpft, wie sich unsere unmittelbaren sinnlichen Erfahrungen in ein überblickbares und logisch kohärentes System eingliedern lassen.

Hinsichtlich der Mondphasen trifft sich die Wissenschaftsgeschichte mit den kindlichen Kosmosvorstellungen, wie sich in einem Vortrag am Institut für Pädagogik der Naturwissenschaften in Kiel zeigen ließ (Kubli 1984). Das Verständnis der Mondphasen aufgrund der Beleuchtung durch die Sonne ist ein Problem, das auch für viele Erwachsene trotz der modernen Raumfahrt keineswegs in voller Klarheit gelöst ist. Während Erwachsene oft die Mondphasen mit der Mondfinsternis verwechseln und die teilweise Verdunkelung des Mondes auch bei den Mondphasen durch den Erdschatten erklären, denken sich Kinder gelegentlich den Mond als einen halbseitig leuchtenden Himmelskörper, der uns manchmal die leuchtende und dann wieder die dunkle Seite zudreht. In der Antike hat Berossos, genau so wie dies einige Kindern tun, die Hypothese von einer halbseitig selbstleuchtenden Mondkugel vertreten, die sich während eine Mondperiode einmal um ihre Achse dreht.

Die Einsicht, dass sich die Mondphasen mit der Beleuchtung des Mondes durch die Sonne erklären, war auch im Mittelalter umstritten. Klarheit schafften erst die Beobachtungen von Galilei. Seine riesige Freude darüber, als sich die Grenze des halbseitig leuchtenden Mondes als Schattengrenze herausstellte, ist nur auf dem Hintergrund der Gegenthese eines selbstleuchtenden Mondes zu verstehen. Mit seinem Fernrohr konnte er von Nacht zu Nacht verfolgen, wie sich einzelne Kraterränder dem Licht zudrehten. Da sich die Schattengrenze dauernd verändert, wenn neue Erhebungen vom Licht erfasst werden, wurde klar, dass der Mond ein Fremdleuchter sein muss (Galilei 1980 S. 87 ff.).

Der Genfer Entwicklungspsychologe Jean Piaget hat immer wieder betont, dass zwischen den kindlichen Fragestellungen und den vor Jahrhunderten an der wissenschaftlichen Front diskutierten Ideen enge Verbindungen bestehen, die man erzählend nutzen kann. Im Physikunterricht ist dies allerdings wesentlich einfacher als beispielsweise im Chemieunterricht. Grundlegende Konzepte wie etwa die Atomvorstellung gehen ja nicht direkt auf sinnliche Erfahrungen zurück. Indessen ist es beeindruckend, mit welch einfachen Mitteln diese weit reichenden Ergebnisse erhalten wurden – eine gute Waage gehörte dazu, und natürlich auch die von Boyle hoch gelobte Luftpumpe. Wenn man das wirklich imposante periodische System den Klassen erklärt, darf ein Hinweis auf die Anstrengungen, die schließlich dazu geführt haben, sicher nicht fehlen. Nicht zuletzt machen die Hinweise auf diese Anstrengungen auch das Wertsystem sichtbar, von dem sich die Forscher leiten ließen. Und diese Werte verdienen es, im mathematisch-naturwissenschaftlichen Unterricht diskutiert zu werden.

7. Werte im naturwissenschaftlichen Denken

Es wird in philosophischen Auseinandersetzungen gelegentlich betont, dass die Naturwissenschaften »wertfrei« seien. Wenn man ihre Geschichte verfolgt, stellt man fest, dass die Protagonisten keineswegs wertfrei agierten. Werte wie Klarheit des Erkennens, Orientierung in unsere Umwelt, das Bestreben, die Welt (besser) zu verstehen, Ehrlichkeit im Umgang mit anderen, Verlässlichkeit, Respekt vor Andersdenken usw. werden in den Naturwissenschaften hoch geschätzt. Natürlich decken sie nicht das ganze Spektrum wichtiger Werte ab: Solidarität mit Schwachen, emotionale Zuwendung zu unserer Mitwelt und Sorge für die Umwelt sind Werte, die uns von anderer Seite her nahe gelegt werden. Das naturwissenschaftliche Denken ist ein Teilaspekt unserer geistigen Existenz und darf solcher nicht verabsolutiert werden. Dies hat auch Konsequenzen für den Unterricht.

Gerade wenn wir im Unterricht erzählen, lässt sich nicht vermeiden, dass Werthaltungen zum Ausdruck kommen. Erzählungen können auch in einem sachlich orientierten Unterricht durchaus moralische Haltungen vermitteln. Peter Bichsel hat in seinen *Schulmeistereien* ausgeführt:

> Die wenigen Deutschen, die ich kenne, die während des Krieges in irgendeine Form des Widerstands gegangen sind – vielleicht auch nur in den inneren Widerstand – erzählen alle von einem Lehrer, der sie dazu anregte. Vielleicht auch nur anregte mit dem Tonfall, [...] mit der Begeisterung, wie er Latein unterrichtete oder von Schmetterlingen erzählte. (Bichsel 1998, S. 11)

Moralische Normen werden daher zumeist von *Persönlichkeiten* übermittelt, die ihre Werthaltungen auch in einem sachlichen Kontext sichtbar machen können. Ohne es auszusprechen, vermögen sie ihre Haltung kundzutun.

Ihre Erzählungen können *implizit* eine Werthaltung vermitteln, ohne diese explizit zu benennen. Sie können bei nur schwer formulierbaren moralischen Erkenntnissen oder Einsichten sogar der einzig mögliche Zugang sein. Sehr oft werden wir besser verstanden, wenn wir unsere Erkenntnisse nicht in dogmatischer Form, sondern eingepackt in eine Erzählung kundtun, wie dies in den großen Lehrbüchern der Menschheit immer wieder enorm erfolgreich praktiziert worden ist. Dass dabei die Persönlichkeit der Erzählenden eine wichtige Rolle spielt, haben wahrscheinlich die meisten von uns in ihrer Jugend erlebt. Besonders die Fachlehrer hatten es in schwierigen Fächern jeweils schwer, ihre Anliegen ins Spiel zu bringen (Kubli 1987). Es hängt entscheidend davon ab, ob sie sich als kompetente, den augenblicklichen Gegebenheiten gewachsene Persönlichkeiten darstellen können, ob sie die Stimmungen in der Klasse wahrnehmen und darauf einzuwirken vermögen. Erzählen ist dabei von besonderer Bedeutung – wobei am erfolgreichsten immer jene Lehrerinnen und Lehrer sind, die sich am besten in die seelischen Gegebenheiten der ihnen anvertrauten Zöglinge einfühlen können.

Wenn wir vergangene geistige Konflikte beleuchten oder gar mit Auseinandersetzungen in der Gegenwart in Verbindung bringen, wird unsere persönliche Haltung
sichtbar. Dabei können wir Wertungen kaum ausweichen, obschon dies vielen Lehrenden etwas Mühe bereitet. Diese Scheu ist jedoch wenig berechtigt. Lernende
wollen die Lehrenden als Personen mit einer bestimmten Identität wahrzunehmen.
An ihr wollen und sollen sie sich orientieren können. Auf diesem Weg erwerben sie
selber eine Identität, und sei es nur eine teilnehmende oder narrative Identität, indem sie sich als »Schüler(in) von …« ausweisen können.

8. Identifikationen und Fremdperspektiven im narrativen Unterricht

Der Physiker Markus Fierz, der sehr viel von Psychologie verstand – nicht ohne
Grund war er ein enger Vertrauter und Freund sowohl des legendären Nobel-
preisträgers Wolfgang Pauli als auch des Tiefenpsychologen Carl Gustav Jung –, hat
einmal etwas pointiert angemerkt, dass es seiner Ansicht nach keine relevanten
Lernprozesse ohne Identifikation mit der Lehrperson gibt. Dies bedeutet, dass wir
den Lernenden Gelegenheit geben sollten, uns und unser Denken genauer kennen
zu lernen. Natürlich werden die Lernenden unter anderem auch unsere Schwächen
zur Kenntnis nehmen. Dies schließt aber nicht aus, dass sie bemüht sind, *unsere*
Sicht des Unterrichtsgegenstands zu übernehmen – indem sie sich mit uns ein Stück
weit zu identifizieren versuchen. Je mehr wir von uns erzählend preisgeben (können), desto leichter fällt ihnen dies. Die von uns vorgetragene Fremdperspektive ist
dann für sie viel leichter fassbar.

Vielleicht muss an dieser Stelle ein wichtiger Einwand gegenüber der hier vorgetragenen Auffassung von gutem Unterricht besprochen werden. Der narrative Unterricht kann als *lehrerzentrierter* Frontalunterricht abqualifiziert werden. Natürlich
ist ein erzählendes Vorgehen weniger für Gruppenunterricht geeignet. Ich hoffe
aber gezeigt zu haben, dass der narrative Unterricht gleichermaßen lehrer- wie auch
schülerzentriert ist oder, anders gesagt, gleichermaßen sender- und empfänger-
zentriert sein muss, wenn er erfolgreich sein will. Im Kommunikationsprozess sind
die Adressaten ebenso wichtig wie die Erzählenden. Es kann nur in einer gleichge-
wichtigen Situation zu einer intensiven geistigen Wechselwirkung kommen. Weder
ein wortreicher Austausch in einer Gruppe noch eine intensive Beschäftigung mit
der Banknachbarin oder dem Banknachbarn kann diese ausgeglichene Wechselwirkung mit der Lehrperson ersetzen, die unter anderem auch Führungsfunktionen
übernehmen muss. Zu wünschen ist indessen, dass dieser Austausch gewissermaßen auf Augenhöhe stattfindet, dass wir die Adressaten als gleichwertige mündi-
ge Partner im Denkprozess ansprechen und sie in diesem Sinne für voll nehmen.

Dass geniale Experimente auf dem Demonstrationstisch oder im Schülerversuch
sehr anregend sein können, ist wohl selbstverständlich. Ebenso wichtig ist aber
auch, dass klar wird, wie wir die Experimente sehen und bewerten. Wir dürfen uns
daher nicht davor scheuen, im richtigen Ausmaß *unsere* Sicht der Dinge vorzutra-
gen, auch wenn dies für die Lernenden zunächst eine Fremdperspektive darstellt.
Die Fremdperspektive ist psychologisch insofern interessant, als wir uns gerne

durch sie unterhalten lassen. Wenn jemand seine Ansicht zu einem interessanten Gegenstand in einer uns verständlichen Form vorträgt, hören wir in der Regel gerne zu. Fernsehsendungen, Talk Shows und politische Diskussionen zeigen dies zur Genüge, besonders dann, wenn sie uns die Freiheit lassen, uns eine eigene Meinung zu bilden.

Lehrende müssen indessen damit leben, dass ihre Auffassungen von den Klassen kritisch hinterfragt werden. Trau, schau wem! Ist eine Devise, die auch die Lernenden leitet. Das Vertrauen, dass sie von den Lehrenden in die richtige Richtung beeinflusst werden, ist eine wichtige Grundlage des Vermittlungsprozesses. Zum Beispiel sollte sich das aktive Mitdenken im Unterricht auch in einer entsprechenden Note niederschlagen. Wenn die Prüfungen fair sind und richtig angesetzt werden, führt dies ebenfalls auf ein positives Lernklima. Auch diese Ebene der Diskussion ist wesentlich, wenn sich die Lernenden mit uns identifizieren sollen.

Die Orientierung an der sichtbar gemachten Identität der Lehrperson führt nicht immer, aber doch erstaunlich oft dazu, dass sich Lernende mit den von uns vorgetragenen Werten und Einsichten identifizieren. Diese Identifikation ist wichtig, wenn letztere ins eigene Repertoire übernommen und später im Umgang mit anderen Menschen vertreten werden sollen. Lehrende sind daher gut beraten, wenn sie sich die Frage vorlegen, wie sie persönlich zum zu vermittelnden Stoff stehen, welche positiven Seiten sie ihm abzugewinnen vermögen und weshalb sie ihn für die Lernenden als hilfreich und wertvoll erachten. Auf diese Weise sind sie auch in der Lage, nebst den Lehrinhalten mit gutem Gewissen ein Stück von sich selbst preiszugeben.

9. Argumentativer und narrativer Unterricht

Im Abschnitt 2 wurden zwei von Jerome Bruner hervorgehobene Modi des Denkens vorgestellt, die auch für die Reflexion des naturwissenschaftlichen Denkens von Bedeutung sind. Es stellt sich daher abschliessend die Frage, wie das argumentative und das narrative Element *im Unterricht* zueinander stehen sollen. Sie ist daher zunächst wohl dahin zu beantworten, dass Argumente und rationale Überlegungen in unseren Lektionen sehr wohl ihren Stellenwert und ihre Berechtigung haben. Sie zeigen indessen dann eine positive Wirkung, wenn sie in eine narrative Struktur eingebettet sind, welche den Weg zum dargestellten Diskurs aufzeigt und ebnet.

Es wurde bereits darauf hingewiesen, dass die Lernenden das Recht haben sollen, sich auch kritisch mit unseren Aussagen auseinanderzusetzen. Wenn sie dies tun, wechselt das Unterrichtsgespräch unvermeidlich vom narrativen in den argumentativen Modus. Sehr eindrücklich wurde mir dies in einer Lektion demonstriert, in der ich den Bremsweg eines Straßenfahrzeugs mit der Klasse diskutierte. Nach dem Coulombschen Reibungsgesetz müsste ein schwerer Lastwagen bei gleicher Oberflächenbeschaffenheit von Pneu und Strasse einen gleich langen Bremsweg haben wie ein Personenwagen. Anhand von überzeugenden experimentellen Demonstrationen konnte ich dessen Gültigkeit belegen. Die Klasse nahm mir jedoch den Schluss auf die Länge des Bremswegs schlicht nicht ab. »Warum darf dann ein Lastwagen nicht über das zulässige Höchstgewicht hinaus beladen werden, wenn das Gewicht keine Rolle spielt?« Dieses Gegenargument ließ sich offenbar nicht ohne weiteres entkräften. Jedenfalls rückte in der nächsten Lektion eine Gruppe von Schülern mit einem Bündel Papier an, wobei der Sprecher erklärte: »Mein Vater ist Anwalt, und er ist auf Verkehrsunfälle spezialisiert.« In den mitgebrachten Gesetzesunterlagen wurde tatsächlich explizit statuiert, dass das Gewicht der Ladung einen Einfluss auf die Länge des Bremsweges hat.

»Na schön!«, dachte ich, und nahm die Unterlagen zwecks intensiveren Studiums mit nach Hause. Etwas beunruhigt war ich, ehrlich gesagt, schon. Zum Glück war unter den Faktoren, welche den Bremsweg beeinflussen, auch der Zustand der Bremsen genannt. Damit löste sich für mich das Problem. Bei der Coulombschen Berechnung geht man davon aus, dass die Bremsscheiben im Radinnern die nötige Kraft aufbringen können, um die maximal mögliche, durch die Straßenverhältnisse bestimmte Bremswirkung zu erzeugen – was indessen bei einer großen Zuladung nicht mehr gewährleistet sein muss. Die »Coulombsche« Bremswegberechnung sieht von dieser zweiten Möglichkeit ab, was unter anderem dazu führt, dass die Fahrschüler den Bremsweg nach einer Formel berechnen können, die das Fahrzeuggewicht nicht berücksichtigt.

Das Beispiel zeigt, dass man immer die impliziten oder expliziten Voraussetzungen mit berücksichtigen muss, unter denen eine Aussage erfolgt. Ich konnte mich also mit der Klasse in Frieden einigen, ohne dass eine der Seiten das Gesicht verlieren musste. Beide hatten Recht, und, wie so oft, es zeigte sich, dass sich die Mühe lohnt, sorgfältig abzuklären, in welchen geistigen Bezugssystemen die Kontrahenten argumentieren. Es empfiehlt sich auch für uns Lehrende, den Voraussetzungen nachzuspüren, unter denen die Lernenden unseren Ausführungen zu folgen versuchen. Der Unterricht wird dadurch effizienter und einprägsamer. Er wirkt sicher nachhaltiger als wenn angelerntes Wissen, das keine Verankerung im spontanen Denken der Lernenden findet, in Prüfungen reproduziert und sehr oft kurz darauf wieder vergessen wird.

Es überrascht nicht, dass zwei Jahre später in der Abiturzeitung der Klasse dieser Vorfall als bemerkenswert erwähnt wurde, haben dabei doch der Lehrer *und* die kritisch mitdenkenden Schüler Entscheidendes gelernt. Die Episode ist nicht zuletzt aus folgendem Grund bedeutsam. Die Auseinandersetzung war nicht nur sachlich interessant – die Atmosphäre war auch emotional aufgeladen. Egal, ob wir argumentierend oder erzählend agieren, es ist wesentlich, dass auch Emotionen Raum gegeben werden kann. Sie sind das Salz in der Suppe oder der Energiespender der Auseinandersetzung.

Trotzdem möchte ich auf einen grundlegenden Unterschied hinweisen. Erzählend können wir im Allgemeinen die emotionalen Aspekte besser beleuchten und steuern, und diese als Energiespender nutzen, als dies eine noch so faire Argumentation vermag. Gute Geschichten sind daher nicht nur für Journalisten wertvoll, sondern auch für die Lehrenden, die sich täglich der Auseinandersetzung mit neugierigen – oder manchmal auch weniger neugierigen – Schülerinnen und Schülern stellen müssen.

Literatur

BICHSEL, PETER (1998): *Schulmeistereien.* Frankfurt/M.: Suhrkamp (= st 2841).

BRUNER, JEROME (1996): *The Culture of Education.* Cambridge (Mass.): Harvard University Press.

GALILEI, GALILEO (1980): *Sidereus Nuncius.* Frankfurt/M.: Suhrkamp (= stw 337).

DERS. (1987): *Schriften, Briefe, Dokumente.* 2 Bände. Dresden: Rütten & Loening.

KUBLI, FRITZ (1981, 1982²): *Piaget und Naturwissenschaftsdidaktik.* Köln: Aulis.

DERS. (1983): *Erkenntnis und Didaktik – Piaget und die Schule.* München: Reinhardt.

DERS. (1984): Kosmosvorstellungen von Kindern und die Astronomie im Unterricht. In: Hameyer, Uwe (Hrsg.): *Weltall und Weltbild.* Kiel: Institut für Pädagogik der Naturwissenschaften, S. 75–96.

DERS. (1987): *Interesse und Verstehen in Physik und Chemie.* Köln: Aulis.

DERS. (1998, 2002²): *Plädoyer für Erzählungen im Physikunterricht.* Köln: Aulis.

DERS. (2005a): *Mit Geschichten und Erzählungen motivieren.* Köln: Aulis.

DERS. (2005b): Science Teaching as a Dialogue – Bakhtin, Vygotsky and some Applications in the Classroom. In: *Science & Education* 14, No. 6, August, S. 501–534.

PIAGET, JEAN (1923): *Le langage et la pensée chez l'enfant.* Deutsch: *Denken und Sprechen des Kindes.* Düsseldorf: Schwann.

DERS. (1924): *Le jugement et le raisonnement chez l'enfant.* Deutsch: *Urteil und Denkprozess des Kindes.* Düsseldorf: Schwann.

TEICHMANN, JÜRGEN (1996³): *Wandel des Weltbildes.* Zürich: vdf Hochschulverlag.

WAGENSCHEIN, Martin (1970): *Ursprüngliches Verstehen und exaktes Denken.* 2 Bände. Stuttgart: Klett

WYGOTSKI, LEW S. (1969): *Denken und Sprechen.* Frankfurt/M.: Fischer.

Autorinnen und Autoren

Michael A. Anton, Prof. Dr.
hat in München Biologie und Chemie für das Lehramt an Gymnasien studiert und war
von 1974–1994 Lehrer. Seit 1994 ist er als Leiter der Abteilung »Didaktik und Mathetik der
Chemie« an der Ludwig-Maximilians-Universität in München. Besonderes Interesse gilt
dem Zusammenwirken von Fach-, Vermittlungs- und Erziehungswissenschaft zu einer gelingenden Lehrerbildung. Forschungsziel ist die Wirkungsweise von Experimenten auf
die Verstehensleistung der SchülerInnen. Seit 2000 betreut er schulchemische Projekte
und Anträge im österreichischen Bildungsprogramm IMST.
Kontakt: mao@cup.uni-muenchen.de

Astrid Beckmann, Prof. Dr.
ist Professorin für Mathematik und Mathematikdidaktik an der Pädagogischen Hochschule Schwäbisch Gmünd. Sie hat langjährige Schulerfahrungen, ist Autorin zahlreicher
mathematikdidaktischer Publikationen, Initiatorin verschiedener internationaler Netz-
werke und Koordinatorin des EU-Projekts ScienceMath.
Kontakt: astrid.beckmann@ph-gmuend.de

Manfred Bergunde, Diplom-Physiker
tätig als Mathematik- und Physiklehrer in Hamburg (verschiedene Gymnasien und Rudolf Steiner Schule), als Aufgabenentwickler für überregionale Tests in beiden Fächern
sowie als Fortbildner am Landesinstitut für Lehrerbildung und Schulentwicklung in
Hamburg und an der Pädagogischen Hochschule Tirol.
Kontakt: m_bergunde@gmx.de

Claus Bolte, Prof. Dr.
promovierte am Institut für die Pädagogik der Naturwissenschaften in Kiel, war mehrere
Jahre als Chemielehrer und als Wissenschaftlicher Assistent an der Universität Hamburg
tätig. Seit 2004 ist er Leiter der Abteilung Didaktik der Chemie an der Freien Universität
Berlin.
Kontakt: didaktik@chemie.fu-berlin.de

Edith Erlacher-Zeitlinger, Prof. Mag. MAS
ist AHS-Lehrerin für Deutsch, Geschichte und Darstellendes Spiel. Seit 2008 ist sie Lei-
terin des Institutes für Fachwissenschaft, Fachdidaktik und Pädagogik der Sekundarstufen I und II der Pädagogischen Hochschule, Viktor Frankl Hochschule Kärnten.
Kontakt: edith-erlacher@ph-kaernten.ac.at

Gabriele Fenkart, Mag.
ist AHS-Lehrerin für Deutsch und Englisch sowie Schulbibliothekarin. Sie arbeitet am Österreichischen Kompetenzzentrum für Deutschdidaktik (AECC-Deutsch) und als Schwerpunktkoordinatorin im IMST-Fonds des Instituts für Unterrichts- und Schulentwicklung, Universität Klagenfurt.
Kontakt: gabriele.fenkart@uni-klu.ac.at

Werner Gaggl, OStR. Mag.
unterrichtet am Bundesgymnasium und Bundesrealgymnasium in Leibnitz die Fächer Biologie, Chemie, Physik und Informatik sowie den schulautonomen Gegenstand Naturwissenschaftliches Labor. Außerdem ist er im Regionalen Netzwerk Steiermark und am Regionalen Fachdidaktikzentrum Biologie sowie als steirischer Landesfachkoordinator tätig.
Kontakt: wgaggl@gmx.at

Peter Gallin, Prof. Dr.
geboren 1946 in St. Moritz (Schweiz), studierte theoretische Physik an der ETH Zürich mit Diplomabschluss (1971). Anschließend war Peter Gallin zwei Jahre Assistent und bildete sich gleichzeitig zum Gymnasiallehrer für Mathematik und Physik weiter. Seine Dissertation befasst sich mit der n-dimensionalen Spiegelungsgeometrie. Von 1970 bis 2008 war er Mathematiklehrer am Gymnasium »Kantonsschule Zürcher Oberland« in Wetzikon und seit 1985 Professor für Fachdidaktik der Mathematik an der Universität Zürich, wo er neben der Gymnasiallehrerausbildung die Entwicklung und Verbreitung des Dialogischen Lernens vor allem im Bereich des Mathematikunterrichts auf allen Schulstufen betreut.
Kontakt: p.gallin@gmx.at

Maria-Rita Helten-Pacher, Mag.
ist AHS-Lehrerin für die Fächer Deutsch, Deutsch als Fremd- und Zweitsprache und Geschichte am Albertus Magnus Gymnasium in Wien. Gemeinsam mit Dr. Elisabeth Langer leitet sie die Arbeitsgruppe »Integriertes Fach- und Sprachlernen« im Auftrag des Stadtschulrats für Wien. Außerdem leitet sie den Lehrgang »Deutsch als Zweitsprache/Fremdsprache (Sekundarstufe I und II)« an der PH Wien (mit Mag. Anna Lasselsberger) sowie die »Arbeitsgemeinschaft Germanistik für AHS-LehrerInnen« beim Stadtschulrat für Wien (mit Mag. Martina Haunschmidt).
Kontakt: maria-rita.helten-pacher@univie.ac.at

Beate Kröpfl, Mag.
ist AHS-Lehrerin für Mathematik und Physik am BG/BRG St. Martin, Villach. Außerdem ist sie als Landeskoordinatorin für Bildungsstandards Mitarbeiterin der Pädagogischen Hochschule Kärnten und zuständig für den organisatorischen Ablauf der Baselinetestungen.
Kontakt: beate.kroepfl@schule.at

Fritz Kubli, Dr.
studierte Physik an der ETH in Zürich. Seither Gymnasiallehrer. Dissertation über »Louis de Broglie und die Entdeckung der Materiewellen«. Mitarbeit bei Jean Piaget in Genf.
Kontakt: kubli.fritz@schule.at

Elisabeth Langer, Mag. Dr.
unterrichtet am BRG und BORG 15, The European High School in Wien Chemie und European Studies. Sie ist außerdem als LehrerInnenaus- und -fortbildnerin an der Universität Wien bzw. als Referentin an verschiedenen Pädagogischen Hochschulen tätig. Gemeinsam mit Mag. Helten-Pacher leitet sie die Arbeitsgruppe »Integriertes Fach- und Sprachlernen« im Auftrag des Stadtschulrats für Wien.
Kontakt: elisabeth.l.langer@univie.ac.at

Josef Leisen, Prof.
ist Leiter des Staatlichen Studienseminars Gymnasien für das Lehramt an Gymnasien in Koblenz und Professor für Didaktik der Physik an der Universität Mainz.
Kontakt: leisen@studienseminar-koblenz.de

Anja Lembens, Prof. Dr.
legte das erste und zweite Staatsexamen für die Fächer Chemie und Biologie für das Lehramt an Gymnasien an der Universität Heidelberg ab. Es folgten jeweils mehrere Jahre als wissenschaftliche Mitarbeiterin an der Pädagogischen Hochschule Heidelberg sowie als Gymnasiallehrerin in den Fächern Chemie, Biologie und Naturphänomene. Nach einer Juniorprofessur an der Pädagogischen Hochschule Heidelberg wechselte sie an die Universität Wien, wo sie seit 2008 das Österreichische Kompetenzzentrum für Didaktik der Chemie leitet.
Kontakt: anja.lembens@univie.ac.at

Martina Nieswandt, Dr.
ist Associate Professor of Science Education am Illinois Institute of Technology in Chicago, U.S.A. in der Abteilung für die Mathematik und Naturwissenschaftsdidaktik. Sie promovierte an der Christian-Albrechts Universität in Kiel zum Thema Schreiben im Chemieunterricht. Ihre derzeitigen Forschungen untersuchen, wie Merkmale der Lernenden, der Lehrenden sowie schulspezifische Merkmale das sinnvolle Verstehen von naturwissenschaftlichen Konzepten beeinflussen. Schreiben im naturwissenschaftlichen Unterricht setzt sie als eine der Evaluierungsmethoden für sinnvolles Verstehen in ihren Forschungen ein.
Kontakt: mnieswan@iit.edu

Reinhard Pastille, PD Dr.
ist Privatdozent an der Freien Universität Berlin, war viele Jahre als Studiendirektor im Schuldienst tätig. Gegenwärtig engagiert er sich in der LehrerInnenaus- und -fortbildung und in verschiedenen naturwissenschaftsdidaktischen Schulprojekten.
Kontakt: didaktik@chemie.fu-berlin.de

Karsten Rincke, Dr.
hat in Kiel und Berlin für das Lehramt in Physik und Mathematik studiert. Nach dem Referendariat unterrichtete er drei Jahre an der Deutschen Schule in Madrid. Seit 2002 ist er wissenschaftlicher Mitarbeiter in der Arbeitsgruppe Physikdidaktik an der Universität Kassel.
Kontakt: rincke@physik.uni-kassel.de

Christa Rittersbacher, Dr.
ist Professorin für Bilinguales Lehren und Lernen (der Naturwissenschaften) an der
Pädagogischen Hochschule Karlsruhe. Forschungs- und Publikationsschwerpunkte:
(Frühes) Bilinguales Lehren und Lernen, integrierter Naturwissenschaftsunterricht, phä-
nomenologisch fundamentierte Lehr-Lernforschung. Ihr Konzept Multifokalen Unter-
richts stellt Inhalte auf dem Weg zum Verstehen in den Brennpunkt von Sprache, Kunst
(Ästhetik) und Sachfach.
Kontakt: rittersbacher@ph-karlsruhe.de

Urs Ruf, Prof. Dr.
geboren 1945 in Olten (Schweiz), studierte nach dem Primarlehrerdiplom (1966) Pädagogik, Germanistik und Psychologie. Ruf verfasste eine Dissertation zum Thema »Franz
Kafka – Das Dilemma der Söhne«. Von 1972 bis 1999 war er Gymnasiallehrer für Deutsch
und Philosophie am Gymnasium »Kantonsschule Zürcher Oberland« in Wetzikon. 1999
wurde Urs Ruf als Professor für Gymnasialpädagogik an die Universität Zürich berufen, wo
er heute als Ordinarius tätig ist. Seine Arbeitsgebiete umfassen Unterrichtsforschung und
Unterrichtsentwicklung, selbständiges und kooperatives Lernen, Didaktik des Deutsch-
und Mathematikunterrichts, Dialogisches Lernen, Kompetenzmodelle und Standards,
Pädagogische Diagnostik.
Kontakt: ruf@igb.uzh.ch

Angela Schuster, Mag. Dr. MAS
ist AHS-Lehrerin für Mathematik und Physik, dienstfreigestellt als Mitarbeiterin des Instituts für Unterrichts- und Schulentwicklung der Universität Klagenfurt (vor allem für die
Koordination des Universitätslehrgangs »Pädagogik und Fachdidaktik für Lehrer/innen
der Naturwissenschaften« sowie als Schwerpunktkoordinatorin im IMST-Fonds). Ar-
beitsschwerpunkte: Aktionsforschung, Unterrichts- und Schulentwicklung.
Kontakt: angela.schuster@uni-klu.ac.at

Fritz Schweiger, Univ.-Prof. Dr.
IFFB für Fachdidaktik und LehrerInnenbildung, Arbeitsgruppe für Didaktik der Mathematik und Informatik. Seine Arbeitsbereiche in der Mathematikdidaktik umfassen Didaktik der Analysis, Fundamentale Ideen sowie Mathematik und Sprache.
Kontakt: fritz.schweiger@sbg.ac.at

Madeleine Strauss, Mag.
ist AHS-Lehrerin für Deutsch, Französisch am BG/BRG St. Martinerstraße, Villach. Sie ist
im Leitungsteam des net-1-Projekts »Mathematische Bildung« und Mitarbeiterin der
Pädagogischen Hochschule Kärnten, zuständig für den Bereich Bildungsstandards
Deutsch.
Kontakt: madeleinestrauss@gmx.net

Didaktik wird als Vermittlungswissenschaft hauptsächlich mit dem Lehramt, dem Berufsbild der Lehrerin/ des Lehrers und der Institution Schule verbunden. Doch umfasst ihr Einsatzbereich weit mehr als das. Es bedarf daher einerseits der Expansion in Richtung einer „öffentlichen Didaktik", andererseits müssen die genannten Bereiche schärfer konturiert werden.

Einer dieser Bereiche ist die Literaturlehr- und -lernforschung. Sie betont die Schnittstellen zwischen Literaturwissenschaft, universitärer Fachdidaktik, Hochschuldidaktik und den Anforderungen schulischer und außerschulischer Didaktik.

Dieser Band bietet eine Bestandsaufnahme der gegenwärtigen Literaturlehr- und -lernforschung in ihren jeweiligen institutionellen Kontexten. Darüber hinaus formulieren die AutorInnen Wünsche und Ziele literaturdidaktischer Forschung und loten zukünftige Perspektiven aus. Mittels der weitsichtigen und reichhaltigen Analysen eröffnen sie nicht zuletzt einen internationalen Diskussionsraum für literaturdidaktische Fragen.

Susanne Hochreiter / Ursula Klingenböck / Elisabeth Stuck / Sigrid Thielking / Werner Wintersteiner (Hrsg.)

Schnittstellen

Aspekte der Literaturlehr- und -lernforschung
ide-extra, Band 14
244 Seiten
€ 27.90/sfr 45.90
ISBN 978-3-7065-4662-1

StudienVerlag

Im Buchhandel erhältlich und portofrei
unter **www.studienverlag.at**

ide –
informationen
zur deutschdidaktik

- **ide** ist die Zeitschrift für den Deutschunterricht.
- **ide** hält den Dialog zwischen der Praxis in der Schule und didaktischer Forschung aufrecht.
- **ide** ist das Podium für den ständigen Erfahrungsaustausch zwischen DeutschlehrerInnen in der Praxis.
- **ide** öffnet Klassenzimmer und Konferenzräume: Informationen und Kommunikation über Praxis und Projekte, über Erfahrungen, Reaktionen, über Wünsche und Horizonte.
- Für alle Schultypen. Für alle Schulstufen.

Themen 2010
1/10: Weltliteratur
2/10: Grammatik (und Textgestaltung)
3/10: Lehrer/innen.außen
4/10: Schreiben in der Sekundarstufe II

---

ide – informationen zur deutschdidaktik
erscheint 4x im Jahr
Jahresabonnement: € 39,50/sfr 63,90
Abonnement StudentInnen (mit Beilegung einer Inskriptionsbestätigung): € 29,00/sfr 47,90
Einzelheft: € 17,00/sfr 29,90
(Preise inkl. MwSt., zuzügl. Versand)

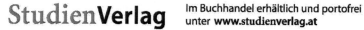

StudienVerlag   Im Buchhandel erhältlich und portofrei
unter **www.studienverlag.at**